Jego Świątobliwość Dalajlama
Howard C. Cutler

# Sztuka szczęścia

## w trudnych czasach

# Sztuka szczęścia

## w trudnych czasach

Jego Świątobliwość Dalajlama
Howard C. Cutler

Przełożyła Joanna Grabiak-Pasiok

REBIS

DOM WYDAWNICZY REBIS
POZNAŃ 2010

Tytuł oryginału
*The Art of Happiness In a Troubled World*



Redaktor serii
Jacek Kryg

Redaktor
Agnieszka Horzowska

Konsultant
lek. Marta Pawlak

Opracowanie graficzne serii i projekt okładki
Krzysztof Kwiatkowski

Fotografia na okładce
© Alessandra Benedetti/Corbis/FotoChannels

Wydanie I (dodruk)

ISBN 978-83-7510-488-2

Dom Wydawniczy REBIS Sp. z o.o.
ul. Żmigrodzka 41/49, 60-171 Poznań
tel. 61-867-47-08, 61-867-81-40; fax 61-867-37-74
e-mail: rebis@rebis.com.pl
www.rebis.com.pl

Skład ZAPIS
Gdańsk, tel. 58-347-64-44

# SPIS TREŚCI

# OD AUTORA

Książka ta stanowi zapis długich rozmów z Dalajlamą. Wspaniałomyślnie pozwolił mi on wybrać formułę, która według mnie najlepiej wyrazi jego myśli i poglądy. Doszedłem do wniosku, że forma narracyjna, jaką ostatecznie nadałem tej pozycji, będzie z jednej strony najbardziej czytelna, a z drugiej najlepiej odzwierciedli sposób, w jaki Dalajlama włącza swoje poglądy do codziennego życia. Za jego zgodą nadałem książce kształt zgodny z jej tematem, integrując materiał pochodzący czasami z kilku różnych rozmów. Tłumacz Jego Świątobliwości, dr Thupten Jinpa, uprzejmie zgodził się zrecenzować ostateczną wersję maszynopisu, abym miał pewność, że książka w niezamierzony sposób nie wypacza poglądów Dalajlamy, do czego mogło dojść w wyniku procesu redakcyjnego.

W tekście znajduje się wiele zaczerpniętych z życia opowieści oraz osobistych anegdot, które ilustrują omawiane poglądy. Aby zapewnić dyskrecję bohaterom i ochronić ich prywatność, w każdym przypadku (jeżeli oczywiście nie zaznaczyłem, że jest inaczej) zmieniłem nazwiska, pewne szczegóły i cechy, po których można by rozpoznać konkretną osobę.

# WPROWADZENIE

Jakiś czas temu zaproszono mnie do Australii, abym wygłosił mowę inauguracyjną na międzynarodowej konferencji dotyczącej ludzkiego szczęścia. Było to wielkie wydarzenie – pięćdziesięciu wiodących znawców tematu z całego świata miało dzielić się swoją wiedzą na temat szczęścia, a słuchały ich tysiące uczestników, łącznie z samym Dalajlamą, który pojawił się drugiego dnia jako gość honorowy.

Ponieważ w jednym miejscu zgromadziło się wielu specjalistów zawodowo zajmujących się kwestią szczęścia, prowadzono ożywione dyskusje na wiele różnych tematów. W czasie przerwy na lunch usłyszałem, jak kilku kolegów spiera się na temat pewnych artykułów, które w ostatnim czasie ukazały się w australijskiej prasie, a które stanowiły głos w debacie toczącej się w kręgach tak zwanej psychologii pozytywnej. Psychologia pozytywna to nowa dziedzina, którą często określa się mianem „nauki o ludzkim szczęściu". Debatowano nad następującą kwestią: Jeżeli naszym celem jest uczynienie człowieka szczęśliwym, jakie podejście jest lepsze – skupienie się na rozwoju wewnętrznym czy na interesie społecznym? Innymi słowy, czy powinniśmy skoncentrować swoje wysiłki głównie na rozwijaniu technik, które pozwolą pojedynczym ludziom zwiększyć ich poczucie osobistego szczęścia, czy też raczej skupić się na polepszeniu sytuacji społecznej, tworząc w ten sposób warunki, dzięki którym członkowie społeczeństwa będą dobrze się rozwijać, czego efektem będzie z kolei większe szczęście ludzkości.

Wszystko wskazywało na to, że temat ten wzbudza niemało kontrowersji. Niektórzy badacze opowiadający się za podejściem społecznym określali psychologię pozytywną, w dużej mierze skupiającą się na odkrywaniu skutecznych metod zwiększania osobistego szczęścia, mianem czegoś tylko trochę lepszego od chwilowej mody na psychologię popularną, która kręci się wokół coraz intensywniejszego dogadzania samemu sobie i egoistycznego dążenia do osobistej gratyfikacji. Oczywiście obóz wyznawców psychologii pozytywnej miał pod ręką silne argumenty, które tę tezę obalały. Nie zaprzeczając, że zaspokojenie podstawowych potrzeb służących przetrwaniu stanowi warunek wstępny osiągnięcia szczęścia, przedstawiciele tej grupy zwracali uwagę na to, że ponieważ szczęście to stan subiektywny, zasadzający się na postawach, percepcji, poglądach i emocjach poszczególnych jednostek, aby zwiększyć poziom szczęścia należy się skupić na wewnętrznym stanie danej osoby, na poziomie indywidualnym. Co więcej, odnosząc się do twierdzenia, jakoby praca nad zwiększaniem osobistego szczęścia była egocentrycznym, samolubnym celem, wskazywali na badania świadczące o tym, że wyższy poziom osobistego szczęścia sprawia, iż człowiek staje się bardziej hojny, szczodry i gotowy do pomocy innym, oraz że to właśnie nieszczęśliwi ludzie są bardziej skupieni na sobie i egoistyczni.

Do tej pory nie zdawałem sobie sprawy, na jaką skalę toczy się owa debata, którą można sprowadzić do podstawowego pytania dotyczącego głównej orientacji człowieka: „ja" czy „my"? Kiedy więc po raz pierwszy usłyszałem tego rodzaju wypowiedzi, w jednej chwili przykuły one moją uwagę. Jak się okazało, dokładnie na ten sam temat rozmawiałem ostatnio z Dalajlamą. Mówiliśmy o związku pomiędzy jednostką, społeczeństwem a szczęściem, starając się odpowiedzieć na pytania: Jaki wpływ ma społeczeństwo na szczęście jednostki? Jeżeli problemy społeczne podkopują nasze poczucie szczęścia, co możemy z tym zrobić? Jaki jest zakres odpowiedzialności pojedynczych osób za zmiany w społeczeństwie? Ile może zdziałać jeden człowiek?

Rozmowy z Dalajlamą, których fragmenty zawarłem również w tej książce, stanowią część toczącego się dialogu na temat ludzkiego szczęścia, który rozpoczęliśmy wraz z Jego Świątobliwością w 1993 roku. Aby umieścić te rozmowy we właściwym kontekście, chciałbym cofnąć się w przeszłość i krótko przypomnieć cykl książek zatytułowanych *Sztuka szczęścia*, jak też opisać zasadnicze zmiany, które w kwestii naszego postrzegania i zrozumienia zagadnienia szczęścia zaszły zarówno w środowisku naukowym, jak i ogólnie w społeczeństwie.

## HISTORIA *SZTUKI SZCZĘŚCIA*

Na początku lat dziewięćdziesiątych zacząłem się zastanawiać nad współpracą z Dalajlamą przy książkach na temat szczęścia. W owym czasie Jego Świątobliwość był już autorem kilkudziesięciu prac, ale ponieważ ich odbiorcami byli głównie praktykujący buddyści, nie miały one zbyt wielu czytelników wśród zwykłych mieszkańców Zachodu. Znałem już wówczas Dalajlamę od około dziesięciu lat, czyli wystarczająco długo, aby się zorientować, że ma on do przekazania wiele mądrości tak buddystom, jak i niebuddystom. W ten sposób zrodziła się moja wizja książki dla szerokiego grona czytelników z Zachodu, która stanowiłaby kwintesencję podstawowych zasad, jakie pozwoliły Dalajlamie osiągnąć szczęście. Koncentrując się na praktycznym zastosowaniu jego poglądów w codziennym życiu i przedstawiając je w kontekście zachodniej nauki i psychologii, miałem nadzieję wypracować skuteczne podejście do odkrywania szczęścia, które łączyłoby w sobie najlepsze aspekty tradycji Wschodu i Zachodu. Dalajlama chętnie przystał na moją propozycję i w 1993 roku, w czasie jego pierwszej wizyty w moim ojczystym stanie Arizona, rozpoczęliśmy prace nad tym projektem.

Zainspirowany i podekscytowany, zdecydowałem się na jakiś czas porzucić moją praktykę psychiatryczną, aby w pełni poświęcić się pisaniu książki. Oceniłem, że jej ukończenie zajmie mi jakieś pół roku, byłem też przekonany, że mając Dalajlamę za współautora, nie będę miał problemu ze znalezieniem dobrego wydawnictwa.

Przeliczyłem się. Pięć lat później wciąż pracowałem nad tą pozycją, a stos odrzuconych podań na moim biurku wciąż rósł ku mojemu zniechęceniu. Były to listy od agentów literackich i wydawców, którzy zgodnie twierdzili, że książki Dalajlamy nie znajdą szerokiego grona odbiorców, że nie ma rynku dla współpracy pomiędzy nim a zachodnią psychiatrią oraz że kwestia szczęścia nie stanie się przedmiotem zainteresowania opinii publicznej. Moje zasoby finansowe topniały coraz bardziej i wyglądało na to, że nie pozostanie mi już nic innego, jak opublikować własnym sumptem kilka egzemplarzy i wrócić do praktyki psychiatrycznej. Wreszcie jednak los się do mnie uśmiechnął. Pewien zdawkowy komentarz, jaki skierowała matka mojego przyjaciela do pewnego nieznajomego w nowojorskim metrze – który, jak się okazało, pracował w branży wydawniczej – zapoczątkował nieprawdopodobną serię wydarzeń, które ostatecznie doprowadziły do tego, że znalazłem agenta i wydawcę należącego do głównego nurtu wydawniczego. W końcu więc w 1998 roku ukazała się książka *The Art of Happiness: A Handbook for Living**, w niewielkim nakładzie i ze skromnymi oczekiwaniami z naszej strony.

Życie jest nieprzewidywalne. Ku naszemu ogromnemu zaskoczeniu, książka spotkała się z niezwykle pozytywnym odbiorem. Poruszyła wielu ludzi i trafiła do serc rzeszy czytelników pragnących od życia czegoś więcej. Wkrótce zaczęła gościć na listach bestsellerów na całym świecie, a przez 97 tygodni była na liście najlepiej sprzedających się książek „New York Timesa". Przetłumaczono ją na pięćdziesiąt języków, dzięki czemu stała się klasykiem z wielomilionową rzeszą odbiorców.

W miarę jak rosła popularność *Sztuki szczęścia*, otrzymaliśmy wiele cudownych i poruszających listów z prośbami o jej dalszy ciąg, który omawiałby tematy pominięte w pierwszej książce. Na przykład skupiając się głównie na rozwoju wewnętrznym jako ścieżce do szczęścia, zbadałem temat wewnętrznych przeszkód, pomijając szersze problemy społeczne, choć sam Dalajlama regularnie wspominał o nich w naszych prywatnych rozmowach oraz podczas publicznych wykładów.

---

* *Sztuka szczęścia: poradnik życia*, przeł. Joanna Grabiak, Dom Wydawniczy REBIS, Poznań 2000.

Teraz nadszedł czas, aby oddać sprawiedliwość temu, że ludzie nie żyją w próżni – mieszkamy w społeczeństwie dręczonym wieloma problemami mogącymi wpływać na nasze szczęście. Pragnąc więc głębiej zbadać z Dalajlamą owe społeczne i globalne zagadnienia – jednocześnie odpowiadając na prośby czytelników – zwróciłem się do niego z pomysłem współpracy nad dalszym ciągiem książek o szczęściu, który tym razem odpowiadałby na podstawowe pytanie: Jak odnaleźć szczęście w tak trudnych czasach? Jego Świątobliwość się zgodził.

Choć pierwotnie miałem zamiar omówić tę szeroką kwestię w pojedynczym sequelu książki *Sztuka szczęścia*, szybko zdaliśmy sobie sprawę, że temat jest zbyt obszerny i obejmuje zbyt wiele zagadnień, aby zmieściły się one w jednym tomie. Podzieliliśmy je więc na kilka części. Druga książka z tej serii, *The Art of Happiness at Work**, opublikowana w roku 2003, stanowiła zastosowanie zasad sztuki szczęścia w miejscu, w którym większość z nas spędza dużą część dorosłego życia – w pracy. Podobnie jak pierwsza książka, *Sztuka szczęścia w pracy* została bardzo dobrze przyjęta i również znalazła się na liście bestsellerów „New York Timesa". Ona także skupiała się głównie na poziomie jednostki.

W niniejszej książce wreszcie zajmiemy się szerszymi problemami społecznymi, które podkopują nasze szczęście. Wymieniając je, Dalajlama zaczyna od braku poczucia wspólnoty, jak też spadku zaufania w wielu współczesnych społeczeństwach. W dalszym ciągu naszych rozmów omawiamy tematy, takie jak uprzedzenia, rasizm, terroryzm, przemoc i lęk. Seria poradników o sztuce szczęścia nadal pozostaje nieukończona, wstępnie planujemy wydać jeszcze trzy tomy, które by ją zamykały. Jeden będzie zawierał głębszą analizę zjawiska przemocy, w tym jej przyczyn oraz sposobów zaradzania, oraz wizji XXI wieku w ujęciu Dalajlamy jako „wieku dialogu". W innym znajdą się tematy związane ze stylem życia ludzi, bogactwem, biedą, konsumpcjonizmem, problemami gospodarczymi,

* *Sztuka szczęścia w pracy*, przeł. Joanna Grabiak, Dom Wydawniczy REBIS, Poznań 2004.

edukacją oraz wezwaniem Jego Świątobliwości do rozwinięcia poczucia „powszechnej odpowiedzialności". Wreszcie pojawi się zeszyt ćwiczeń zawierający skuteczny program treningowy w zakresie szczęścia, oparty na badaniach naukowych, łączący buddyjskie zasady z praktykami, które rozwinęła zachodnia nauka i psychologia.

## REWOLUCJA SZCZĘŚCIA

Postrzeganie przez Dalajlamę szczęścia jako realnego, osiągalnego celu, jako czegoś, co możemy świadomie rozwijać w wyniku praktyki i pracy, podobnie jak każdą inną umiejętność, stanowi podstawę buddyjskiego poglądu na ten temat. Od kilku tysiącleci ćwiczenie umysłu to kamień węgielny buddyjskiej praktyki. Tak się złożyło, że krótko po wydaniu *Sztuki szczęścia* ten pogląd zaczął zakorzeniać się w społeczeństwie z innej strony – jako „nowe" odkrycie naukowe – co doprowadziło do zasadniczej przemiany sposobu postrzegania szczęścia przez wielu ludzi. Wyglądało na to, że coraz więcej osób odrzuca ideę szczęścia jako czegoś, co stanowi zaledwie efekt uboczny pewnych warunków zewnętrznych, a zaczyna widzieć je jako coś, co można systematycznie rozwijać. Ta zmiana stała się częścią ogólnoświatowej rewolucji szczęścia, a jej cechą charakterystyczną był nagły wybuch zainteresowania tematem ludzkiego szczęścia zarówno wśród naukowców, jak i w całym społeczeństwie.

Choć na nagły rozwój nowego ruchu, takiego jak rewolucja szczęścia, zawsze składa się wiele różnych czynników, w tym przypadku przełomem wydaje się oficjalne stworzenie nowej dziedziny psychologii skupiającej się na pozytywnych emocjach, potencjale człowieka i jego rozwoju. Doktor Martin Seligman, wpływowy psycholog, którego powszechnie uważa się za prekursora tej nowej dziedziny, poświęcił swoją kadencję prezesa Amerykańskiego Towarzystwa Psychologicznego wypromowaniu nowego działu psychologii, który określił mianem „psychologii pozytywnej". Seligman połączył siły z innym wybitnym badaczem, doktorem Mihalym Csikszentmihalyim, razem wykonali prace przygotowawcze, a wkrótce dołączyła do nich niewielka grupa czołowych naukowców z różnych uniwersytetów w Stanach Zjednoczonych i Europie, których bardziej interesowały mocne strony człowieka i jego zalety niż ludzkie słabości i ich diagnostyka.

Kiedy pisałem *Sztukę szczęścia: poradnik życia*, dostępnych było stosunkowo niewiele badań na temat ludzkiego szczęścia i pozytywnych emocji, a poza garstką indywidualistów niewielu badaczy interesowało się analizowaniem tych dość niepopularnych tematów. Jednakże w miarę rozwoju psychologii pozytywnej sytuacja uległa radykalnej zmianie – po raz pierwszy w historii ludzkości zagadnienie szczęścia wreszcie stało się oficjalnym przedmiotem badań naukowych. Od tej pory, w ciągu ostatniego dziesięciolecia, obserwuje się gwałtowny wzrost liczby badań na ten temat. Z radością przypatruję się lawinowo rosnącemu zbiorowi dowodów naukowych, które konsekwentnie potwierdzają zasadność poglądów Dalajlamy. Badań jest coraz więcej, a dzięki nim widzimy, jak buddyjskie prawa i zachodnia nauka coraz bardziej się do siebie zbliżają.

## KORZYŚCI PŁYNĄCE ZE SZCZĘŚCIA

Jednym z głównych czynników napędzających rewolucję szczęścia było zdumiewające badanie i odkrycie, jak wiele korzyści płynie ze szczęścia – korzyści, które znacznie wykraczają poza zwykłe „dobre samopoczucie". Jak się okazuje, rozwijanie szczęścia przyczynia się za jednym zamachem do sukcesu w każdej ważnej dziedzinie życia. Poczucie szczęścia zapewnia nam większe powodzenie w znalezieniu partnera czy partnerki, umożliwia lepsze życie w małżeństwie, silniejsze związki z innymi ludźmi, lepsze zdrowie fizyczne i psychiczne oraz średnio o dziesięć lat wydłuża życie! Doświadczanie szczęścia zwiększa naszą kreatywność, poprawia zdolności poznawcze i odporność. Szczęśliwi ludzie osiągają również większe sukcesy zawodowe i znacznie więcej zarabiają. Firmy, w których pracują szczęśliwi pracownicy, lepiej funkcjonują na rynku, a ich zyskowność stale rośnie.

Pomimo dużej satysfakcji osobistej, jaką osiągamy w wyniku

rozwijania szczęścia, niezmiernie ważne wydaje się podkreślenie faktu, że wpływa to korzystnie nie tylko na nas, ale również na naszą rodzinę, wspólnotę i całe społeczeństwo. To właśnie jedna z kluczowych zasad cyklu *Sztuka szczęścia*. Koncepcję tę wprowadziliśmy w pierwszym tomie serii, ale w kontekście tej książki oraz ostatnich badań naukowych nad pozytywnymi emocjami zyskuje ona nowe, głębokie znaczenie.

Wcześniej wspomniałem o toczącej się debacie na temat tego, która z postaw w kwestii szczęścia jest bardziej „słuszna" – ścieżka wewnętrznego rozwoju czy droga przemiany społecznej – czyli czy powinniśmy pracować na rzecz szczęścia jednostki czy szczęścia społecznego? Podczas tamtej konferencji w Australii nikt nie zadał sobie trudu, aby poprosić Dalajlamę o opinię w tej sprawie, odpowiada on jednak na to pytanie w toku naszych rozmów. Jego odpowiedź nie należy bynajmniej do najczęściej wygłaszanych opinii przez którąkolwiek ze stron, przynajmniej jak dotąd. Jak brzmi jego głos w tej dyskusji? Dalajlama uważa, że nie ma o czym dyskutować! Jakie jest według niego najlepsze podejście? Oba są najlepsze! To nie jest sytuacja typu albo–albo, kiedy trzeba wybrać jedną czy drugą opcję. Jego Świątobliwość uważa, że możemy i powinniśmy pracować jednocześnie na rzecz naszego osobistego szczęścia oraz szczęścia społecznego.

Jeżeli chodzi o to pierwsze, Dalajlama proponuje kilka metod. Na początku części trzeciej niniejszej książki dzieli się na przykład praktycznym sposobem radzenia sobie z problemami współczesnego świata przy jednoczesnym rozwijaniu nadziei, optymizmu, zaufania i innych pozytywnych stanów umysłu. Ponieważ pozytywne emocje i stany umysłu bezpośrednio przyczyniają się do podniesienia naszego ogólnego poziomu szczęścia, ostatecznie to one pokazują nam, jak je odnaleźć w naszym niespokojnym świecie i trudnych czasach.

Jeżeli zaś chodzi o zwiększanie „szczęścia społecznego", oczywiście dysponujemy bogatym repertuarem działań, które możemy podjąć, aby zbudować lepszy świat – jakie to konkretnie będą działania, zależy ogólnie od naszych osobistych zainteresowań, zasobów, zdolności czy warunków. Konkretne rodzaje aktywności, które pomagają złagodzić problemy społeczne, takie jak biedę czy degradację środowiska, zostaną omówione w kolejnej części cyklu *Sztuka szczęścia* wraz z takimi tematami, jak altruizm oraz zachowania prospołeczne i pomocowe.

## NA STYKU SZCZĘŚCIA OSOBISTEGO I SPOŁECZNEGO

Tę część serii zaczniemy jednak od zaproponowania innego podejścia, niezwykle skutecznego i dość radykalnego, aby jednocześnie pracować na rzecz wewnętrznego szczęścia i przezwyciężania problemów społecznych. W rozdziałach zamykających tę książkę przedstawiamy nasz kluczowy argument, że pozytywne emocje, ogólnie rzecz biorąc – a szczególnie najwyższe „pozytywne emocje" współczucia i empatii – leżą gdzieś na styku wewnętrznego i zewnętrznego szczęścia. Stanowią też źródło zarazem osobistego szczęścia, jak i potencjalnych rozwiązań wielu problemów, które dręczą współczesne społeczeństwo (a przynajmniej można je potraktować jako pierwszy krok w ich przezwyciężaniu).

Na przykład przedstawiamy dowody naukowe świadczące o tym, że rozwijanie współczucia może stanowić skuteczną technikę zwiększania osobistego szczęścia. Poza tym ukazujemy, że empatia i współczucie wywołują określone zmiany w funkcjonowaniu mózgu, które z kolei przekształcają sposób, w jaki postrzegamy innych i w jaki nawiązujemy kontakty – powodują na przykład, że postrzegamy innych ludzi jako bardziej podobnych do nas samych. Zmiany te sprawiają, że odnosimy się do nich bardziej na podstawie tego, co nas łączy, niż tego, co nas dzieli, usuwając mur pomiędzy „nami" a „nimi". To rodzi również charakterystyczny sposób myślenia i działania, który jest wręcz wymarzonym antidotum na niektóre problemy społeczne, jakie przeanalizujemy w dalszych rozdziałach. Dotyczy to nawet instynktownego, „automatycznego i nieświadomego" uprzedzenia, jakiego doświadczają ludzie w stosunku do tych, których postrzegają jako odmiennych, a które to uprzedzenie do niedawna uważane było za niemożliwe do przezwyciężenia. Wreszcie zobaczymy, że takie nastawienie do problemów społecznych ma pod kilkoma względami wyjątkową przewagę nad bardziej powszechnymi postawami, z powodu na przykład zaraźliwości pozytywnych emocji i szczęścia.

W rozdziale zamykającym tę książkę wyjaśnimy, jakie konkretne ćwiczenia czy też techniki może wykonywać każdy z nas, aby świadomie zwiększyć swoją zdolność do odczuwania empatii i współczucia – niekoniecznie bowiem musimy być naturalnie empatyczną czy też „serdeczną" osobą, aby doświadczyć wyższych poziomów tych uczuć. Każdy może zastosować te metody, aby podnieść swój poziom szczęścia na co dzień. Aby jednak dzięki temu przezwyciężyć problemy natury społecznej, techniki te musiałaby praktykować znaczna część populacji. To z kolei można osiągnąć na przykład poprzez zapewnienie odpowiedniej edukacji oraz upowszechnienie tych technik jako elementu kształcenia dzieci w szkołach publicznych, czemu powinno towarzyszyć aktywne uświadamianie w środkach masowego przekazu dotyczące korzyści, jakie z tego płyną.

Zanim jednak do tego dojdzie, prawdopodobnie znacznie więcej ludzi musiałoby się zapoznać z poglądami Dalajlamy na temat współczucia: postrzeganiem tego uczucia jako źródła osobistego szczęścia, czegoś, co przynosi autentyczną korzyść nam samym, a nie tylko „tej innej osobie". Wymagałoby to traktowania współczucia jako czegoś, co ma wielką praktyczną wartość i znaczenie oraz przynosi konkretne korzyści, a nie jest tylko „cieplutką i mętną", abstrakcyjną koncepcją filozoficzną lub też „delikatnym" tematem, który zalicza się do sfery religijnej, duchowej czy moralnej. Tak naprawdę powinno się postrzegać współczucie jako konieczność o kluczowym znaczeniu dla naszego przetrwania, a nie jako zbytek czy coś, co praktykuje się tylko w niedzielę w kościele lub też na emeryturze, kiedy będziemy sobie wreszcie żyć wygodnie na Florydzie z milionami na koncie.

Rzecz jasna realizowanie na szerszą skalę inicjatyw edukacyjnych obejmujących powszechny trening tych metod będzie powolnym procesem. Tymczasem problemy współczesnego świata są różnorodne i złożone, nie istnieją też tajemne formuły czy cudowne leki, które z dnia na dzień wykorzenią wszystkie bolączki ludzkości, zarówno w wymiarze jednostkowym, jak i globalnym. Ale przynajmniej mamy od czego zacząć. Jak na kolejnych stronach tej książki powtarza Dalajlama, istnieją pewne praktyczne kroki, które możemy podjąć, aby poradzić sobie w naszych trudnych czasach, są konkretne strategie, jakie możemy zastosować, aby doświadczać prawdziwego szczęścia na co dzień, jednocześnie szukając rozwiązań większych problemów. Koniec końców odkryjemy, że przesłanie Dalajlamy to przesłanie nadziei opierające się na prawdziwym przekonaniu o podstawowej ludzkiej dobroci oraz wewnętrznym spokoju, który rodzi się dzięki wiedzy, że istnieje jasno wytyczona ścieżka wiodąca do szczęścia – a raczej wiele takich ścieżek.

## CZĘŚĆ I

# JA, MY I ONI

ROZDZIAŁ 1

# JA KONTRA MY

*Wydaje mi się, że większość z was widzę po raz pierwszy. Ale nie ma znaczenia, czy spotykam się ze starym czy nowym przyjacielem, ponieważ wierzę, że wszyscy jesteśmy tacy sami. Wszyscy jesteśmy po prostu ludźmi.*

JEGO ŚWIĄTOBLIWOŚĆ DALAJLAMA,
PRZEMAWIAJĄC DO WIELOTYSIĘCZNEGO TŁUMU

Czas biegnie. Świat się zmienia. Ale istnieje pewien stały element, do którego zdążyłem się przyzwyczaić przez lata, co jakiś czas jeżdżąc z Dalajlamą na rozmaite odczyty. Przemawiając do publiczności, niezmiennie zaczyna on od słów: „Wszyscy jesteśmy tacy sami..."

Nawiązując w ten sposób więź z każdym słuchaczem, Jego Świątobliwość przechodzi następnie do tematu, który ma omawiać. Przez lata byłem też świadkiem pewnego niezwykłego zjawiska: bez względu na to, czy Dalajlama przemawia na zamkniętym, oficjalnym spotkaniu światowych przywódców na Kapitolu czy do tłumu w Central Parku, czy podczas dialogu międzyreligijnego w Australii, na konferencji naukowej w Szwajcarii, czy też kiedy naucza dwadzieścia tysięcy mnichów w Indiach, jego słowa wywierają na słuchaczach wręcz namacalne wrażenie. Wydaje się, że Jego Świątobliwość wzbudza u ludzi pewne uczucie, nie tylko poczucie związku z nim samym, ale ze sobą nawzajem, rodzi się wówczas fundamentalna ludzka więź.

Pewnego poniedziałkowego poranka znalazłem się znowu w Dharamsali, gdzie miałem spotkać się z Dalajlamą, aby rozpocząć nasz nowy cykl rozmów. Dharamsala to spokojna wioska położona na grani łańcucha górskiego Dauladar, u stóp Himalajów w północnych Indiach, gdzie mieszka dobrze się rozwijająca wspólnota Tybetańczyków. Przyjechałem tam kilka dni wcześniej, mniej więcej w tym samym czasie, co sam Dalajlama, który właśnie wrócił do domu z trzytygodniowego objazdu z wykładami po Stanach Zjednoczonych.

Dość wcześnie zjadłem śniadanie, a ponieważ rezydencja Jego Świątobliwości znajduje się zaledwie pięć minut pieszo od pensjonatu, w którym się zatrzymałem, udałem się do mieszczącej się w pensjonacie świetlicy, aby przy kawie przejrzeć notatki i przygotować się do naszego spotkania. Choć nikogo tam nie było, ktoś zostawił włączony telewizor. Akurat nadawano wiadomości. Pochłonięty notatkami, nie zwracałem specjalnej uwagi na dobiegające moich uszu informacje i przez kilka minut cierpienie świata było dla mnie jedynie stłumionym, ledwie rejestrowanym szumem.

Nie minęło jednak wiele czasu, kiedy uniosłem wzrok i pewne wydarzenie przykuło moją uwagę. Palestyński zamachowiec-samobójca zdetonował bombę w dyskotece w Tel Awiwie, świadomie obierając sobie za cel izraelską młodzież. Zginęło dwadzieścioro kilkoro nastolatków. Ale samo zabijanie najwyraźniej nie zadowalało terrorysty, ponieważ na dodatek wypełnił on ładunek zardzewiałymi gwoździami i śrubami, aby okaleczyć i oszpecić tych, których nie zdoła zabić.

Zanim bezmiar tego okrucieństwa w pełni dotarł do mojej świadomości, szybko pojawiły się inne raporty – ponura mieszanka doniesień o klęskach żywiołowych i zamierzonych aktach przemocy... następca tronu Nepalu dokonuje masakry całej swojej rodziny... ci, którzy przeżyli trzęsienie ziemi w mieście Gudżarat, wciąż z trudem dochodzą do siebie.

Jako że właśnie wróciłem z ostatniej podróży z Dalajlamą, w której mu towarzyszyłem, jego słowa „Wszyscy jesteśmy tacy sami" wciąż dźwięczały w mojej głowie, kiedy oglądałem te przerażające obrazy niespodziewanego cierpienia i tragedii. Potem uświadomiłem sobie, że słucham tych relacji tak, jakby ofiary były mało konkretnymi, anonimowymi, abstrakcyjnymi istotami, a nie grupą ludzi „podobnych do mnie". Im większy był dystans między mną a ofiarami, tym mniej realne mi się one wydawały, tym mniej przypominały żywych, oddychających ludzi. Ale teraz, przez kilka chwil, próbowałem sobie wyobrazić, co by było, gdybym sam stał się ofiarą trzęsienia ziemi, człowiekiem, który wykonuje swoje zwyczajne, codzienne obowiązki, a minutę później nie ma już rodziny, domu czy dobytku, nagle zostaje pozbawiony środków do życia i całkowicie osamotniony.

„Wszyscy jesteśmy tacy sami". Byłem przekonany, że to pełne mocy stwierdzenie może zmienić świat.

– Wasza Świątobliwość – zacząłem – chciałbym dziś porozmawiać o koncepcji, że wszyscy jesteśmy tacy sami. Wśród współczesnych ludzi panuje powszechne poczucie izolacji i wyobcowania, oddzielenia, a nawet pewna podejrzliwość. Wydaje mi się, że gdyby udało nam się jakoś ożywić uczucie powiązania z ludźmi, prawdziwe poczucie głębokiej więzi z innymi, moglibyśmy całkowicie zmienić nasze społeczeństwo. Moglibyśmy w ten sposób wyeliminować wiele problemów, którym musimy stawiać czoło. Tego ranka chciałbym więc porozmawiać o poglądzie, że wszyscy jesteśmy tacy sami, i...

– Wszyscy jesteśmy tacy sami? – powtórzył Dalajlama.

– Tak, i...

– Skąd ci to przyszło do głowy? – zapytał.

– Słucham?

– Kto ci to powiedział?

– Wasza... Wasza Świątobliwość – wyjąkałem, trochę zdezorientowany.

– Howardzie – zaczął bezceremonialnie Dalajlama – nie jesteśmy tacy sami. Jesteśmy różni! Każdy z nas jest inny.

– Tak, oczywiście – szybko się poprawiłem. – Różnimy się wszystkimi tymi powierzchownymi cechami, ale chodzi mi o to, że...

– Różnice między nami niekoniecznie są wyłącznie powierzchowne – nie ustępował Dalajlama. – Na przykład znam pewnego starszego lamę z Ladakhu. Jest mi bardzo bliski, ale też wiem, że jest Ladakhijczykiem. Nieważne, jak silna więź łączy mnie z tym człowiekiem, nigdy nie zrobię z niego Tybetańczyka. Pozostaje faktem, że on jest z Ladakhu.

Tak wiele razy przez ostatnie lata słyszałem, jak Dalajlama zaczynał swoje przemówienia od słów „Wszyscy jesteśmy tacy sami", że taki obrót rozmowy wprawił mnie w osłupienie.

– Cóż, w ostatnich latach, kiedy tylko Wasza Świątobliwość przemawiał do publiczności, nawet podczas naszego ostatniego objazdu z wykładami, zawsze Wasza Świątobliwość powtarzał, że „wszyscy jesteśmy tacy sami". Mam wrażenie, że to wiodący temat podczas przemówień Waszej Świątobliwości. Na przykład Wasza Świątobliwość mówi, że ludzie zwykle skupiają się na dzielących ich różnicach, a tak naprawdę, jeżeli chodzi o nasze pragnienie szczęścia i chęć uniknięcia cierpienia, wszyscy jesteśmy podobni i...

– O tak, tak – przyznał Dalajlama. – I mamy również ten sam ludzki potencjał. Owszem, zwykle rozpoczynam od tego moje przemówienia. Wynika to z tego, że na spotkania ze mną przychodzi wielu różnych ludzi. A ja jestem buddyjskim mnichem. Tybetańczykiem. Inne osoby prawdopodobnie pochodzą z innych środowisk. Gdybyśmy więc nie mieli pewnej wspólnej podstawy, cech, które nas łączą, wówczas moje wykłady, dzielenie się poglądami, nie miałyby sensu. A to jest faktem – wszyscy jesteśmy ludźmi. To wspólna płaszczyzna, dzięki której dzielę się z innymi moim osobistym doświadczeniem.

– To właśnie miałem na myśli, mówiąc, że wszyscy jesteśmy ludźmi – wyjaśniłem z ulgą, że wreszcie nadajemy na tych samych falach. – Myślę, że gdyby ludzie naprawdę czuli, że wszyscy są tacy sami i że oni też są podobni do innych, ten pogląd całkowicie przekształciłby nasze społeczeństwo... to znaczy naprawdę by je zmienił. Mam więc nadzieję, że możemy trochę bliżej przyjrzeć się tej kwestii.

Dalajlama odparł:

– Aby naprawdę to zrozumieć, musimy przeanalizować, dlaczego zaczęliśmy myśleć o sobie samych jako niezależnych, osobnych i oddzielnych istotach oraz dlaczego postrzegamy innych jako różnych od nas czy też od nas oddzielonych. Następnie możemy sprawdzić, czy uda nam się to zrozumieć na głębokim poziomie. Ale nie możemy na dzień dobry stwierdzać, że wszyscy jesteśmy tacy sami, i zaprzeczać, że istnieją między nami różnice.

– To właśnie mniej więcej chciałem powiedzieć. Myślę, że możemy zgodzić się co do tego, iż gdyby ludzie odnosili się do siebie nawzajem jako do innych ludzkich istot, gdyby każdy zwracał się do drugiego człowieka tak, jak robi to Wasza Świątobliwość, wychodząc z tego podstawowego, ludzkiego poziomu, traktując wszystkich jak braci i siostry, świat byłby o wiele lepszy. Nie mielibyśmy tych wszystkich problemów, o których później będę chciał porozmawiać z Waszą Świątobliwością, a zamiast tego moglibyśmy pogadać o piłce nożnej czy filmach!

Nie jestem pewien – ciągnąłem – ale wydaje mi się, że postawa, jaką reprezentuje Wasza Świątobliwość, budowanie poczucia więzi pomiędzy ludźmi służy temu, aby przypomnieć im, że również z innymi łączą ich wspólne cechy. Tak właśnie robi Wasza Świątobliwość, kiedy przemawia.

– Owszem – przytaknął Dalajlama.

– Sam nie wiem... – powtórzyłem – to taki ważny temat, tak prosta, a zarazem trudna do zrealizowania w życiu prawda, że zastanawiam się, czy istnieje jakiś sposób, aby ten proces ułatwić, na przykład przyspieszając go lub motywując ludzi, aby zaczęli patrzeć na rzeczy z tej perspektywy, zważając na wiele problemów, jakie stoją przed dzisiejszym światem.

– Jakiś sposób... – powiedział wolno Dalajlama, przez chwilę uważnie zastanawiając się nad tym, podczas gdy ja z niecierpliwością wyczekiwałem, aż zacznie dzielić się swoimi spostrzeżeniami i mądrością.

Nagle wybuchnął śmiechem. Jakby doznał nagłego objawienia, wykrzyknął:

– Mam! Gdyby udało nam się sprowadzić na ziemię Marsjan, którzy byliby dla nas jakimś zagrożeniem, myślę, że wówczas wszyscy ludzie na Ziemi zjednoczyliby się bardzo szybko! Połączyliby siły i powiedzieli: „My, Ziemianie!" – Dalajlama nie przestawał zanosić się śmiechem.

Nie będąc w stanie oprzeć się jego wesołości, również zacząłem się śmiać.

– Tak, myślę, że to by załatwiło sprawę – zgodziłem się. – I spróbuję poruszyć tę kwestię na zebraniu Rady Międzyplanetarnej. Ale w oczekiwaniu na przybycie statku-bazy proszę o inne propozycje!

Tak oto rozpocząłem cykl rozmów, które co jakiś czas, w ciągu kilku lat, przeprowadzałem z Dalajlamą. Tego ranka zaczęło się od tego, że od niechcenia poruszyłem kwestię, iż „wszyscy jesteśmy tacy sami", prawie jakbym wymyślał hasło do reklamy jakiegoś napoju, który miałby zjednoczyć świat. Dalajlama zareagował z charakterystyczną dla siebie niechęcią do znajdowania prostych rozwiązań ważnych i złożonych problemów. A były to kluczowe kwestie dla każdego człowieka: Jak stworzyć głębokie poczucie związku z innymi, prawdziwą ludzką więź, również z tymi, którzy bardzo się od nas różnią? Czy można także we wrogu zobaczyć człowieka, który zasadniczo jest podobny do nas? Czy naprawdę można traktować wszystkich ludzi jak braci i siostry, czy też są to tylko utopijne mrzonki?

Nasze rozmowy wkrótce objęły inne ważne zagadnienia związane z relacją pomiędzy jednostką a społeczeństwem. Na tapecie znalazły się ważne pytania: Czy można osiągnąć prawdziwe szczęście, kiedy problemy społeczne niezmiennie na nas oddziałują? Czy dążąc do szczęścia, wybrać ścieżkę wewnętrznego rozwoju czy przemiany społecznej?

W toku naszych rozmów Dalajlama omówił te kwestie nie jako abstrakcyjne koncepcje czy filozoficzne spekulacje, ale jako część rzeczywistości, z którą mamy do czynienia na co dzień, szybko ukazując, jak bezpośrednio wiążą się one z bardzo konkretnymi problemami.

Podczas naszych pierwszych spotkań w Dharamsali omówiliśmy trudność związaną ze zmianą nastawienia z „ja" na „my". Niecały rok później wróciłem do Dharamsali na drugi cykl rozmów. W tym czasie doszło do wydarzeń z 11 września, które zapoczątkowały ogólnoświatową wojnę z terroryzmem. Jasne było, że nie wystarczy wzbudzić nastawienia na „my". Dotkliwie przypomniano nam, że tam, gdzie jesteśmy „my", są również „oni", musieliśmy więc stawić czoło potencjalnym problemom, które pojawiły się na skutek myślenia „my przeciwko nim": uprzedzeniom, podejrzliwości, obojętności, rasizmowi, konfliktom, przemocy, okrucieństwu oraz całemu spektrum obrzydliwych i strasznych sposobów, w jakie ludzie traktują siebie nawzajem.

Kiedy kilka lat później spotkaliśmy się w Tucson w stanie Arizona, Dalajlama zaczął splatać różne myśli z wielu naszych rozmów na te tematy, przedstawiając spójne podejście do radzenia sobie w naszych trudnych czasach, wyjaśniając, jak podtrzymać nadzieję, a nawet poczucie szczęścia, niezależnie od wielu problemów, z którymi przyszło nam się zmagać.

Ale tamtego poranka rozpoczęliśmy od najbardziej podstawowego poziomu, analizując nasze poglądy na temat tego, kim jesteśmy i jak się odnosimy do otaczającego nas świata. Zaczęliśmy od relacji z członkami własnej wspólnoty oraz roli, jaką ona odgrywa w naszym szczęściu osobistym i społecznym.

## „BRAK POCZUCIA WSPÓLNOTY TO BRAK ZAKOTWICZENIA"

*Całkiem niedawno, w pewne piątkowe popołudnie, bezrobotny dwudziestolatek umieścił wiadomość w serwisie YouTube, oferując swój czas każdemu, kto potrzebuje rozmowy. „Choć nigdy cię nie spotkałem, naprawdę mi na tobie zależy" – powiedział.*

*Przez weekend otrzymał ponad pięć tysięcy telefonów i wiadomości tekstowych od nieznajomych, którzy pragnęli skorzystać z jego propozycji.*

Kontynuując naszą rozmowę, podsumowałem:

– Wasza Świątobliwość, rozmowy, które prowadziliśmy przez te lata, obracały się wokół tematu ludzkiego szczęścia. W przeszłości omawialiśmy to zagadnienie z punktu widzenia jednostki, z perspektywy wewnętrznego rozwoju, teraz jednak zajmujemy się nim na poziomie społecznym, analizując pewne czynniki, które mogą na nie wpływać. Oczywiście wiem, że Wasza Świątobliwość wielokrotnie podróżował po całym świecie, odwiedzając wiele różnych krajów, rozmaitych kultur oraz spotykając się z wieloma ludźmi i specjalistami w wielu różnych dziedzinach.

– Tak.

– Zastanawiałem się więc, czy w trakcie tych podróży Wasza Świątobliwość zauważył jakąś konkretną cechę współczesnego społeczeństwa, która według Waszej Świątobliwości stanowi główną przeszkodę w pełnym wyrażeniu się ludzkiego szczęścia? Oczywiście zmagamy się z wieloma różnymi problemami, takimi jak przemoc, rasizm, terroryzm, przepaść pomiędzy biednymi i bogatymi, zanieczyszczenie środowiska i tak dalej, ale zastanawiam się, czy istnieje jakaś ogólna cecha społeczna, która zdaniem Waszej Świątobliwości ma szczególne znaczenie?

Siedząc w szerokim, wygodnym fotelu, Dalajlama pochylił się, aby rozsznurować swoje brązowe buty, w ciszy rozważając moje pytania. Następnie, usadawiając się wygodnie ze skrzyżowanymi nogami, odparł:

– Tak. Właśnie pomyślałem, że pewna rzecz zwróciła moją uwagę, coś niezwykle istotnego. Sądzę, że najlepiej odda to sformułowanie „brak poczucia wspólnoty". Tybetańczyków zawsze szokują opowieści o tym, że ludzie mieszkają bardzo niedaleko siebie, ale ze swoimi sąsiadami, obok których żyją przez całe miesiące czy nawet lata, nie mają praktycznie żadnego kontaktu! Być może wymieniają zdawkowe uprzejmości, kiedy się spotkają, ale poza tym w ogóle się nie znają. Nie ma między nimi prawdziwej więzi. Nie ma poczucia wspólnoty. Takie sytuacje są dla nas bardzo zaskakujące, ponieważ w tradycyjnym społeczeństwie tybetańskim poczucie wspólnoty jest bardzo silne.

Komentarz Dalajlamy trafił w mój czuły punkt. Pomyślałem, nie bez zakłopotania, że sam nie znam imion swoich sąsiadów, którzy mieszkają obok mnie od wielu lat.

Oczywiście nie miałem najmniejszego zamiaru o tym wspominać.

– Tak – przyznałem – rzeczywiście to się często zdarza.

Jego Świątobliwość mówił dalej:

– W dzisiejszym świecie funkcjonują społeczności czy społeczeństwa, w których nie ma ducha współpracy ani poczucia więzi. Potem obserwuje się szerzącą się samotność. Myślę, że poczucie wspólnoty jest bardzo ważne. Nawet jeżeli jesteś bardzo bogaty, to jeśli nie masz towarzyszy czy przyjaciół, którzy będą dzielić się z tobą miłością, czasami kończy się na tym, że dzielisz miłość z jakimś zwierzakiem, co oczywiście jest lepsze niż nic. Z drugiej strony, nawet jeśli twoja wspólnota jest biedna, biedacy mają siebie nawzajem. Mają prawdziwe poczucie, że istnieje w ich życiu fundament, są emocjonalnie zakotwiczeni. Kiedy tego poczucia wspólnoty brakuje, czujemy się samotni, cierpimy, nie ma obok nas nikogo, z kim moglibyśmy się tym podzielić. Myślę, że tego typu samotność stanowi prawdopodobnie największy problem współczesnego świata i z pewnością wpływa na szczęście doświadczane przez ludzi na co dzień.

Kiedy mówimy o samotności – dodał – myślę, że powinniśmy wyjaśnić, co to dokładnie znaczy. Niekoniecznie mam tutaj na myśli wyłącznie poczucie, że nam czegoś brakuje, lub też pragnienie posiadania przyjaciela, z którym moglibyśmy porozmawiać. Kiedy mamy rodzinę, z którą łączą nas bliskie więzi, być może nie odczuwamy w dużym stopniu indywidualnej samotności, ale możemy mieć poczucie wyobcowania ze społeczeństwa. Mówię o samotności bardziej w kontekście poczucia izolacji czy też oddzielenia między ludźmi lub grupami w szerszym sensie.

Zanik naszego poczucia wspólnoty stał się coraz częściej poruszanym tematem dyskusji publicznej w ciągu ostatnich dziesięciu lat, po części z powodu książek, takich jak *Smutna gra w kręgle* Roberta D. Putnama, politologa z Harvardu. Putnam twierdzi, że nasze poczucie wspólnoty i zaangażowanie obywatelskie drastycznie zmalały w ciągu ostatnich trzydziestu lat. Z przerażeniem zwraca uwagę na wyraźne ograniczenie sąsiedzkich przyjaźni, uroczystych przyjęć, rozmów w szerszym gronie, członkostw w rozmaitych klubach czy komitetach kościelnych, uczestnictwa w działalności politycznej i zasadniczo każdego typu zaangażowania, które sprawia, że demokracja działa.

Według socjologów Millera McPhersona i Matthew E. Brashearsa z Uniwersytetu w Arizonie oraz Lynn Smith-Lovin z Uniwersytetu Duke'a, w ciągu ostatnich dwudziestu lat liczba ludzi, którzy informują, że nie mają nikogo, z kim mogliby porozmawiać o ważnych dla siebie sprawach, niemal się potroiła. Z obszernych danych zgromadzonych podczas Ogólnego Sondażu Społecznego na Uniwersytecie Chicagowskim wynika, że odsetek ludzi, którzy nie mają bliskiego przyjaciela czy powiernika, to aż 25 procent ludności Stanów Zjednoczonych. Liczba ta jest tak zaskakująca i przerażająca, że sami badacze zaczęli się zastanawiać, czy to prawdziwe dane. Ta sama organizacja w roku 1985 przeprowadziła podobne badanie obejmujące cały kraj i wówczas zaszokowała wszystkich odkryciem, że przeciętny Amerykanin ma jedynie trzech bliskich przyjaciół. Do 2005 roku liczba ta zmniejszyła się o jedną trzecią – większość ludzi ma obecnie tylko dwóch bliskich przyjaciół czy powierników.

Badacze odkryli, że w ciągu ostatnich dwudziestu lat ludzie nie tylko nawiązywali mniej związków z innymi, ale również że zmienił się ich model. Dla coraz większej liczby osób głównym źródłem relacji społecznych stają się członkowie rodziny. Stwierdzając, iż ludzie w mniejszym stopniu opierają się na przyjaźniach w szerszym gronie, badacze doszli do wniosku, że „więzi międzyludzkie łączące nas ze społeczeństwem i sąsiedztwem zanikają".

Choć to badanie nie określało przyczyn owego zaniku zdolności tworzenia bliskich więzi społecznych i wspólnotowych, inni badacze ustalili kilka czynników, które przyczyniają się do tego niepokojącego trendu. Z historycznego punktu widzenia postęp nowoczesnych środków transportu stworzył coraz bardziej mobilne społeczeństwo, ponieważ w miarę upływu czasu coraz więcej rodzin porzucało swoje siedziby i przeprowadzało się do nowych miast w poszukiwaniu lepszej pracy i warunków życia. W miarę jak społeczeństwo się bogaciło, coraz powszechniejsze wśród dużej części ludności stało się to, że dzieci opuszczały dom, aby studiować na uniwersytecie w odległym mieście czy nawet stanie. Łatwiejsze podróżowanie pozwoliło młodym ludziom przeprowadzić się z domu rodzinnego dalej, niż to kiedykolwiek było możliwe, w poszukiwaniu lepszych możliwości rozwoju kariery.

Najnowsze badania wykazują, że obecnie zarówno dłużej pracujemy, jak i dłużej dojeżdżamy do pracy, co powoduje, że mamy mniej czasu, aby nawiązywać kontakty z członkami naszej wspólnoty. Te zmiany w czasie pracy oraz rozproszenie członków rodziny sprzyjają rozleglejszym, ale płytszym kontaktom, nie zaś silnym więziom, które są potrzebne dla zaspokojenia naszej ludzkiej potrzeby relacji z innymi.

Coraz częstsze samotne oglądanie telewizji czy korzystanie

z komputera również przyczynia się do izolacji społecznej. Rozwój Internetu jako narzędzia służącego komunikacji także odgrywa tutaj dużą rolę. Choć bowiem Internet może nam pomóc podtrzymywać kontakty z przyjaciółmi, rodziną i sąsiadami, to zarazem zmniejsza potrzebę bezpośredniego spotykania się w celu zacieśnienia więzi. Badacze wskazują, że choć komunikacja za pomocą takich narzędzi, jak Internet czy wiadomości tekstowe, buduje więzi między ludźmi, to związki te są dużo słabsze niż wtedy, kiedy tworzą się w wyniku osobistych spotkań. Słowami czasami trudno wyrazić i przekazać emocje, wszak znaczna część komunikacji międzyludzkiej to subtelne sygnały mowy ciała, które znacznie łatwiej odczytuje się podczas spotkania twarzą w twarz.

Bez względu jednak na przyczyny, w oczywisty sposób osłabienie poczucia wspólnoty oraz coraz większa izolacja społeczna mają dalekosiężne konsekwencje na każdym poziomie – osobistym, wspólnotowym, społecznym i globalnym. Z właściwą sobie mądrością i przenikliwością Dalajlama szybko wskazał znaczenie tej kwestii i jej wpływ na szczęście doświadczane przez ludzi zarówno na poziomie jednostkowym, jak i na szerszym poziomie społecznym. W tym miejscu poglądy Dalajlamy są zbieżne z zachodnią nauką. Podzielając zdanie Jego Świątobliwości i podsumowując ostatnie badania naukowe z wielu różnych dyscyplin, profesor psychologii Uniwersytetu w Liverpoolu Robert Dunbar stwierdził, że „brak kontaktów społecznych, brak poczucia wspólnoty to prawdopodobnie najbardziej palące problemy społeczne nowego tysiąclecia".

## BUDOWANIE DUCHA WSPÓLNOTY: PIERWSZE KROKI

„Lekarstwo wreszcie zadziałało!" – powiedział David, zadbany, dobrze ubrany młody człowiek, siedzący w moim gabinecie w Phoenix. „Depresja całkowicie ustąpiła i wróciłem do mojego normalnego poziomu nieszczęścia". David żartował, ale tylko częściowo. Bystry, odnoszący sukcesy trzydziestodwulatek, inżynier budowlany, stanu wolnego, pojawił się u mnie na leczenie około miesiąca wcześniej ze znajomym mi zespołem objawów: nagłym brakiem zainteresowania codziennymi działaniami, zmęczeniem, bezsennością, utratą wagi, trudnościami z koncentracją – krótko mówiąc z objawami wskazującymi na zwyczajną, powszechną depresję. Szybko odkryłem, że ostatnio przeprowadził się do Phoenix w poszukiwaniu pracy, a różne stresy związane z tą zmianą pogorszyły jego stan.

Było to lata temu, kiedy prowadziłem praktykę psychiatryczną. Zaleciłem mu standardową terapię lekami przeciwdepresyjnymi i ostre objawy poważnej depresji ustąpiły w ciągu kilku tygodni. Jednak wkrótce po podjęciu na nowo codziennych obowiązków David zgłosił się z bardziej długofalowym problemem, a mianowicie z dręczącym go od lat „łagodnym, przewlekłym poczuciem nieszczęścia", niewytłumaczalnym, wszechogarniającym „niezadowoleniem z życia" i ogólnym brakiem entuzjazmu czy radości. Z nadzieją na odkrycie źródła tego chronicznego stanu i pozbycie się go David poprosił mnie, abyśmy kontynuowali psychoterapię. Z radością się zgodziłem. Tak więc po zdiagnozowaniu u niego dystymii* zabraliśmy się na poważnie do terapii, badając jak zwykle kwestie rodziny pochodzenia – jego dzieciństwo, nadmiernie kontrolującą matkę, emocjonalnie nieobecnego ojca – wraz ze wzorcami jego poprzednich związków i obecnej dynamiki interpersonalnej. Standardowe postępowanie.

David pojawiał się u mnie regularnie przez wiele tygodni, aż w końcu kilka miesięcy później był zmuszony zakończyć terapię, ponieważ znowu musiał się przeprowadzić w związku z pracą. Przez

---

* Dystymia (depresja nerwicowa, depresyjne zaburzenie osobowości, przewlekła depresja z lękiem) – typ depresji charakteryzujący się przewlekłym, trwającym kilka lat lub dłużej, obniżeniem nastroju o przebiegu łagodniejszym niż w przypadku depresji endogennej. Szacuje się, że około 3 procent populacji ogólnej wykazuje objawy dystymiczne. Ze względu na łagodniejszy przebieg niż w przypadku cięższych depresji (zazwyczaj brak tendencji samobójczych) choroba zwykle pozostaje nierozpoznana i nieleczona, wywierając duży wpływ na życie chorego i jego bliskich. Nieleczona dystymia może trwać nawet całe życie. Zazwyczaj chory tak bardzo przyzwyczaja się do ciągle obniżonego nastroju, że wydaje mu się on normalnym elementem jego osobowości – sporadycznie używana nazwa *depresyjne zaburzenie osobowości* sugeruje taką możliwość [przyp. tłum.].

te kilka miesięcy depresja nie powróciła, ale zrobiliśmy niewielki postęp – lub raczej prawie żaden – jeżeli chodzi o przewlekły stan niezadowolenia.

Ten pacjent pod żadnym względem nie był wyjątkiem, teraz przypomniał mi się pewien aspekt jego życiowej historii, który wówczas wydawał mi się mało znaczący. Jego życie polegało na tym, że chodził do pracy przez pięć czy sześć dni w tygodniu, co najmniej na osiem godzin, potem wracał do domu. I to by było mniej więcej tyle. W domu, wieczorami i w weekendy, najczęściej oglądał telewizję, grał w gry komputerowe, może trochę czytał. Czasami wychodził do knajpy czy do kina z kolegą, zwykle znajomym z pracy. Od czasu do czasu umawiał się na randki, ale głównie przebywał w domu. Jego sposób spędzania czasu zasadniczo nie zmieniał się od lat.

Gdy spoglądam wstecz na terapię Davida, zastanawia mnie jedno: Co, u diabła, ja wtedy myślałem?! Przez wiele miesięcy go leczyłem, ponieważ skarżył się na poczucie niezadowolenia („Sam nie wiem, czegoś mi w życiu brakuje..."), analizowałem jego dzieciństwo, badałem wzorce jego poprzednich związków, nie dostrzegłem jednak, że w jego życiu jest przynajmniej jeden znaczący brak, luka, z której istnienia nie zdawaliśmy sobie wówczas sprawy. Luka ta nie była mała, nieokreślona ani subtelna, była to raczej ogromna, pusta pieczara – David był człowiekiem bez wspólnoty, bez poczucia przynależności.

Przez wiele lat mojej praktyki psychiatrycznej, lecząc pacjentów, rzadko wykraczałem poza poziom jednostki. Nigdy nie przyszło mi do głowy, aby wyjść poza sferę rodziny czy przyjaźni na relację pacjenta z szerzej pojętą wspólnotą. Przypomina mi to premier Wielkiej Brytanii Margaret Thatcher, kiedy była niezwykle wpływową osobą u szczytu politycznej kariery. Kiedyś oznajmiła: „A kimże jest «społeczeństwo»? Nie ma czegoś takiego! To pojedynczy mężczyźni i kobiety oraz rodziny". Kiedy teraz spoglądam wstecz na swoją pracę zawodową, wydaje mi się, że praktykowałem jakąś wersję Szkoły Psychoterapeutycznej Margaret Thatcher.

Dzisiaj mogę z całym przekonaniem stwierdzić, że oddałbym mojemu byłemu pacjentowi Davidowi ogromną przysługę, gdybym wręczył mu taką oto receptę: „Leczenie: jeden czyn społeczny na tydzień. Jeżeli tolerancja na lek jest dobra, zwiększyć dawkę. Dużo odpoczywaj, pij dużo płynów i zgłoś się na wizytę kontrolną za miesiąc".

Jeżeli poszukujemy skutecznego leku na bolączki naszego społeczeństwa, dobrze byłoby zacząć, jak mówi Dalajlama, od nawiązania głębszych więzi z innymi ludźmi i stworzenia szerszego poczucia wspólnoty.

Uznawszy rozpad więzi społecznych za znaczący problem, zaczęliśmy się zastanawiać, co można z tym zrobić.

– Wasza Świątobliwość wspomniał, że brak poczucia wspólnoty stanowi duży problem w dzisiejszym społeczeństwie. Czy Wasza Świątobliwość ma jakiś pomysł, jak można temu zaradzić, jak wzmocnić więzi łączące nas z innymi ludźmi?

– Tak – odparł Dalajlama – myślę, że trzeba zacząć od rozwijania świadomości...

– Konkretnie jakiej? – spytałem.

– Oczywiście trzeba mieć świadomość powagi samego problemu i tego, ile szkody może on wyrządzić. Następnie potrzebna jest ogólniejsza świadomość, ile rzeczy wiąże nas z innymi ludźmi, zastanowienie się nad cechami, które nas łączą. Wreszcie musimy tę świadomość przełożyć na konkretne działania. Myślę, że to jest najważniejsze. Mam na myśli podjęcie świadomego wysiłku, aby zintensyfikować osobisty kontakt z różnymi członkami wspólnoty. Tak można wypracować poczucie przynależności i więzi społeczne!

– Jeżeli Wasza Świątobliwość się zgodzi, chciałbym prosić o krótkie rozwinięcie każdego z tych kroków czy też strategii.

– Dobrze, oczywiście – przytaknął Dalajlama i zaczął przedstawiać swoje podejście. – Jeżeli chodzi o rozwijanie szerszej świadomości, to bez względu na to, z jakim problemem mamy do czynienia, musimy włożyć pewien wysiłek w zmianę sytuacji – problem sam się nie rozwiąże. Do tego potrzebna jest silna determinacja, która z kolei rodzi się z przekonania, że problem jest poważny i że jego konsekwencje również będą niebagatelne. Aby wzbudzić to przekonanie, trzeba zdobyć większą wiedzę na temat problemu, przeanalizować go przy użyciu zdrowego rozsądku i logicznego rozumowania. To mam na myśli, kiedy mówię o świadomości. Mam wrażenie, że kiedyś już omówiliśmy to ogólne podejście. Ale tutaj chodzi nie tylko o niszczące skutki braku wspólnoty czy szerzącej się samotności, ale również o korzyści wynikające z silnego poczucia przynależności.

– Korzyści takie jak...?

– Jak powiedziałem, chodzi o pewne emocjonalne zakotwiczenie, życie w otoczeniu ludzi, z którymi można dzielić się swoimi problemami.

– A ja myślałem bardziej o takich kwestiach, jak mniejsza przestępczość czy lepszy stan zdrowia, które wiążą się z utrzymywaniem relacji z szerzej pojętą wspólnotą...

– Howardzie, nie znam się na takich rzeczach. W tych sprawach powinieneś się skonsultować z jakimś ekspertem, sprawdzić, czy są na to dowody naukowe. Ja nie jestem specjalistą w tych dziedzinach. Ale nawet nie znając wyników badań, myślę, że każdy może przeprowadzić takie badanie na własną rękę, przyglądając się światu i zastanawiając nad pewnymi rzeczami.

Na przykład czasami w tym samym mieście czy wspólnocie można znaleźć dwa różne typy sąsiedzkich stosunków. Powiedzmy, że w jednej dzielnicy ludzie mają niezbyt dobre kontakty, sąsiedzi nie rozmawiają i nikt nie dba o szerzej pojętą społeczność. Porównajmy to z inną dzielnicą, w której ludzie ze sobą rozmawiają, gdzie panuje przyjaźń i poczucie wspólnoty, a więc kiedy coś się wydarza, złego czy dobrego, ludzie się spotykają i dzielą tym. Porównując te dwie sytuacje, z pewnością stwierdzisz, że mieszkańcy wspólnoty o większej zażyłości będą dużo szczęśliwsi i będą mieli większe poczucie bezpieczeństwa. Tak mówi zdrowy rozsądek.

Dalajlama przerwał na chwilę, po czym ciągnął:

– Wiesz, Howardzie, myślę, że tak naprawdę dopiero w trudnych chwilach, na przykład kiedy rodzina doświadcza jakiejś tragedii, szczególnie śmierci ukochanej osoby, obecność wspólnoty jest bardzo ważna. To właśnie w momentach żalu i rozpaczy naprawdę można dostrzec wartość społeczności... À propos, słyszałem, że w niektórych osadach tybetańskich w południowych Indiach, kiedy w jednej rodzinie ktoś umrze, wszystkie inne rodziny mieszkające w obozowisku wspólnie starają się ją wesprzeć i dodać jej otuchy, choćby przynosząc drewno na stos kremacyjny.

– Co Wasza Świątobliwość ma na myśli, mówiąc w tym kontekście o „obozowisku"?

– Wiele tych osad pierwotnie powstawało na zasadzie obozu dla około stu sześćdziesięciu osób – odparł. – W tych obozowiskach sąsiedzi również dbają o siebie nawzajem, szczególnie troszczą się o ludzi starszych, których dzieci czy wnuki mieszkają daleko. Wspólnota zaspokaja potrzeby ludzi chorych czy z jakiegoś innego powodu niezdolnych do samodzielnego zadbania o siebie lub też niemających rodziny, która mogłaby im pomóc. To wspaniałe, nieprawdaż?

– A zatem uznając, że więź ze wspólnotą ma oczywiste zalety, czy Wasza Świątobliwość mógłby wyjaśnić kolejną strategię, o której wcześniej wspomniał, a mianowicie sugestię, aby pogłębić świadomość związków, jakie łączą nas z innymi?

Dalajlama przez chwilę zastanawiał się nad odpowiedzią.

– Kiedy mówimy o poczuciu wspólnoty, zasadniczo chodzi nam o poczucie więzi z innymi, związek z jakąś większą grupą niż my sami, do której to grupy czujemy pewną przynależność. Zatem jeżeli pragniemy mieć poczucie wspólnoty, wzmocnić więzi społeczne, musimy znaleźć sposób, aby stworzyć związki z innymi ludźmi, zbudować poczucie więzi. Powinniśmy uświadomić sobie, co stanowi podstawę naszych związków z innymi, i przeanalizować różne sposoby, na które możemy się z nimi związać czy też stworzyć relacje. Uważnie przyjrzyj się tej kwestii. Poddaj ją analizie. Spytaj samego siebie, jakie cechy łączą cię z innymi ludźmi. Co tworzy wspólną z nimi więź?

– Tutaj Wasza Świątobliwość mówi na przykład o więzi łączącej członków społeczności tybetańskiej, której fundamentem jest wspólna kultura i duchowość, co rodzi silne relacje społeczne?

– Owszem. Ale pamiętaj, że wspólne pochodzenie, tradycja kulturowa czy duchowa nie są jedynymi źródłami silnych więzi społecznych i poczucia wspólnoty. To jeden poziom, a można wiązać się z ludźmi również na innych poziomach, takich jak przynależność do rodziny lub mieszkanie w tej samej okolicy czy regionie. Można też znaleźć ludzi, z którymi łączą nas wspólne zainteresowania czy hobby. Każdą z tych grup można traktować jako inny rodzaj „wspólnoty". Ważna jest kwestia pewnego podstawowego poczucia przynależności do większej grupy.

– Zatem to prowadzi nas do ostatniego kroku – powiedziałem – czy też może właściwie jest to krok pierwszy: podjąć działania, włożyć wysiłek w nawiązanie osobistego kontaktu z innymi ludźmi wchodzącymi w skład naszej społeczności, jakkolwiek ją określamy czy pojmujemy.

– Tak.

– Myślałem o tym, że istnieje wiele różnych przyczyn osłabienia naszego poczucia wspólnoty, a sporo z nich bez wątpienia wiąże się z podstawowymi cechami współczesnego społeczeństwa. Na przykład jednym z czynników charakteryzujących zachodnie społeczeństwa, który może mieć na to wpływ, jest mobilność. Ludzie często przeprowadzają się z jednego miasta czy stanu do innego, aby podnieść jakość życia, wędrują za lepszą, lepiej płatną pracą, chcą poprawić swoje warunki bytowe. Idea przemieszczania się w poszukiwaniu lepszych możliwości jest szeroko propagowana w naszym społeczeństwie.

– Tak – zgodził się Dalajlama – mobilność może odgrywać tutaj pewną rolę. Życie wśród ludzi, z którymi dorastaliśmy, chodziliśmy do szkoły i spędziliśmy młodość, wiąże się z prawdziwą bliskością i większym poczuciem wspólnoty. A kiedy ludzie tak często się przeprowadzają, nie zawsze mamy taką możliwość.

– A więc jest to jedna z przyczyn problemu – podsumowałem. – Jak jednak mamy stworzyć poczucie wspólnoty, kiedy stale nakłania się nas, abyśmy zaczęli życie od nowa i przeprowadzili się, bo „ta nowa praca w tym nowym miejscu jest lepsza"?

– Nie sądzę, aby sama przeprowadzka automatycznie oznaczała utratę poczucia wspólnoty – odpowiedział zdecydowanie Dalajlama – ponieważ nawet jeśli wchodzimy w nową społeczność, możemy przy odrobinie wysiłku poznać ludzi, którzy mieszkają w sąsiedztwie. Nawet jeżeli przeprowadzamy się do innego miasta, możemy zbudować tam wspólnotę. Poczucie wspólnoty opiera się na jednostkach i rodzinach, które dokładają starań, aby się spotykać i poznawać nawzajem. Zawsze można włożyć pewien wysiłek w to, aby poznać ludzi, w pobliżu których mieszkamy, przyłączyć się do miejscowej organizacji, zaangażować się w działania wspólnotowe i tak dalej.

Tak więc często to tylko kwestia dobrych chęci. A jak zwiększyć naszą gotowość do podejmowania tych działań? Również poprzez uświadomienie sobie i poprzez uznanie, jak ważne jest poczucie wspólnoty, że ma ono bezpośredni wpływ na nasze własne szczęście i szczęście naszej rodziny.

Faktem jest, że gdziekolwiek jesteśmy, nie uda nam się uciec od wspólnoty, nieprawdaż*? Ona jest wszędzie. Chyba że wybierzemy izolację i obojętność, życie bez zobowiązań. Wszystko zależy od nas.

Członkowie świty Dalajlamy zaczęli się już kręcić po drugiej stronie drzwi z moskitierą, sygnalizując, że nasz wspólny czas dobiegł końca.

– Na dzisiaj to tyle – powiedział wesoło Dalajlama. – Spotkamy się jutro.

Po czym wsunął buty i szybko wyszedł z pokoju.

Tak więc rozpoczęliśmy analizowanie kwestii szczęścia w kontekście społecznym od kilku podstawowych założeń. Po pierwsze, bez wątpienia czynniki społeczne wpływają na szczęście jednostki. Po drugie, jeżeli chodzi o konkretne elementy, które oddziałują na ludzkie szczęście, poczucie więzi z innymi oraz szersze poczucie wspólnoty zdecydowanie odgrywają tutaj kluczową rolę. Po trzecie, jak wskazuje Dalajlama, przyglądając się tendencjom panującym we współczesnym społeczeństwie, dostrzegamy, że niewątpliwie nasz udział we wspólnocie słabnie, rośnie za to poczucie społecznej izolacji i pogłębia się brak bliskich relacji międzyludzkich.

Choć nigdy wcześniej się nad tym specjalnie nie zastanawiałem, to kiedy Jego Świątobliwość podkreślał rozpad wspólnoty

---

* Mówiąc po angielsku, Dalajlama często używa wyrażenia „nieprawdaż" w znaczeniu „zgadzasz się ze mną?"

we współczesnym społeczeństwie, dogłębnie uświadomiłem sobie wszechobecność i powagę tego problemu. Im bardziej rozmyślałem nad tą kwestią, tym bardziej utwierdzałem się w przekonaniu, że problem ten wynika z toru, jakim biegnie współczesna cywilizacja, która go tworzy, napędza i pcha do przodu – i prowadzi nas do jeszcze większych problemów, a potencjalnie nawet do katastrofy w przyszłości. U podstaw owego rozpadu więzi wspólnotowych leżą złożone czynniki społeczne, przyczyny o tak wielkiej sile i wszechogarniającym wpływie, jak nowoczesna technologia, a nawet fundamentalne wartości, jakie wyznaje nasze społeczeństwo. W społeczeństwie poruszającym się coraz szybciej owe czynniki stworzyły nurt, który mimowolnie nas porwał. Jak spowolnić prąd tej potężnej rzeki, który niesie nas w kierunku jeszcze większego cierpienia, a może wręcz zniszczenia?

Na szczęście Dalajlama ma wyraźnie określone podejście, jak możemy na nowo nawiązać więzi wspólnotowe, a jego nastawienie jak zawsze jest do bólu praktyczne. Z właściwą sobie naturalną mądrością wyjaśnia, jak stworzyć ducha wspólnoty na podstawie trzech kroków.

## KROK PIERWSZY: ŚWIADOMOŚĆ KORZYŚCI

Gdyby tajemniczy nieznajomy podszedł do ciebie i wyszeptał: „Mogę zdradzić ci sekretną metodę, która o połowę zmniejszy prawdopodobieństwo, że umrzesz w ciągu najbliższego roku – bez rzucania palenia, hamburgerów i piwa, bez zrobienia choćby jednej pompki czy minuty ćwiczeń!" – ile warta byłaby ta informacja? Cóż, dla tych, którzy cierpią z powodu dojmującej izolacji społecznej i wyobcowania, jakie panuje we współczesnym świecie, taka metoda istnieje naprawdę. „Związki z innymi ludźmi są niezwykle ważne" – stwierdził Robert Putnam podczas pewnej konferencji w Białym Domu. „Znakomite badania, w których brano pod uwagę wyniki badań krwi, wiek osoby, jej płeć, to, czy uprawia jogging, pali i tak dalej, wykazują, że prawdopodobieństwo śmierci w ciągu najbliższego roku zmniejsza się o połowę, kiedy przyłączymy się do jakiejś grupy. Zmniejsza się zaś o trzy czwarte, kiedy zostaniemy członkami dwóch grup" – wyjaśnił Putnam.

Przedstawiając swoje podejście do budowania silniejszego poczucia wspólnoty, Dalajlama radzi nam zacząć od przeanalizowania, jakie korzyści wypływają ze związania się z większą grupą ludzi. Badania bezsprzecznie potwierdzają, że jest mnóstwo korzyści z bliskich związków i więzi społecznych dla naszego zdrowia fizycznego, umysłowego i emocjonalnego: mniejsza śmiertelność, szybszy powrót do zdrowia po chorobie, lepszy stan psychiczny, sprawniejszy układ odpornościowy – to tylko kilka z nich. Świadczące o tym dowody naukowe pochodzą z wielu źródeł, od przeprowadzanych na masową skalę badań na tysiącach ludzi do niewielkich eksperymentów laboratoryjnych. Jednym z nich jest dość intrygujące badanie przeprowadzone na Uniwersytecie Carnegie Mellon, podczas którego w nozdrza kilku odważnych badanych wprowadzono wirusa wywołującego przeziębienie, po czym stwierdzono, że prawdopodobieństwo zachorowania u tych, którzy mieli rozległą sieć kontaktów, jest cztery razy mniejsze!

Jednak korzyści indywidualne wynikające z bliskich związków z ludźmi to nie wszystko. Coraz więcej badań wskazuje na to, że poczucie przynależności do większej wspólnoty, wykraczającej poza krąg najbliższych przyjaciół czy rodziny, przynosi inne, równie ważne korzyści. Jak wskazuje Robert Putnam: „We wspólnotach, których członków łączą bliższe więzi społeczne, panuje mniejsza przestępczość, niższa umieralność, mniej jest też korupcji, rządy działają skuteczniej, mniej obywateli uchyla się od płacenia podatków".

Ostatecznym celem moich rozmów z Dalajlamą było opisanie podejścia do odkrywania szczęścia w szerszym kontekście współczesnego życia społecznego. Dlatego, oceniając korzyści wynikające z poczucia wspólnoty, musimy przeanalizować, czy wpływa ono na szczęście człowieka. W znakomitej książce *Happiness: Lessons from a New Science* wybitny ekonomista lord Richard Layard przedstawia sześć kluczowych czynników, które w znacznym stopniu wyjaśniają różnice w przeciętnym poziomie szczęścia, jakiego doświadczają mieszkańcy różnych krajów. Jednym z nich jest odsetek ludzi, którzy przynależą do jakiejś organizacji społecznej.

## KROK DRUGI: ŚWIADOMOŚĆ POWIĄZAŃ

Według Dalajlamy, aby zbudować silniejsze poczucie wspólnoty, powinniśmy pogłębić świadomość tego, że jesteśmy powiązani z innymi ludźmi na wiele różnych sposobów. Pomoże nam w tym analiza cech, które dzielimy z innymi, naszych wspólnych zainteresowań, pochodzenia, podobnych doświadczeń. Jego Świątobliwość wskazuje na przykład, że Tybetańczyków mocno wiąże wspólne dziedzictwo kulturowe i duchowe, i to zarówno tych mieszkających na wygnaniu w Indiach, jak i tych rozproszonych po całym świecie. Wspólne więzi mają głębokie korzenie: dziedzictwo kulturowe sięga VII wieku, kiedy to w Tybecie zaczął się rozpowszechniać buddyzm, spuścizna kulturowa zaś pochodzi z jeszcze bardziej zamierzchłych czasów. Można przypuszczać, że im głębsze są korzenie wspólnego dziedzictwa, tym silniejsze jest łączące ludzi poczucie tożsamości czy duch wspólnoty. Ale Dalajlama przypomina nam, że istnieje wiele innych cech, które pomagają wzbudzić poczucie związku z innymi. Jeżeli uważnie to przemyślimy, zawsze znajdziemy jakieś cechy czy też doświadczenie, które łączy nas z innymi, wspólną więź.

Zastanawiałem się, jakie wspólne cechy mają mieszkańcy mojego rodzinnego miasta, Phoenix – poza tym, oczywiście, że mieszkają w tym samym miejscu, które zresztą niespecjalnie sprzyja tworzeniu głębokich związków międzyludzkich. Co mogłoby być naszym wspólnym dziedzictwem czy łączącą nas więzią, która zrodziłaby poczucie jedności?

Niczym odradzający się z popiołów mityczny feniks, od którego wywodzi się nazwa miasta, wyrosło ono z jałowej pustyni Sonora na ruinach nieznanej, starożytnej społeczności. Liczy dzisiaj ponad dwa miliony mieszkańców, choć zaledwie sto pięćdziesiąt lat temu w ogóle nie istniało. Miasto wyrosło praktycznie z dnia na dzień, a większość jego mieszkańców przeprowadziła się tu dopiero w ciągu ostatnich kilku dziesięcioleci. Wydawało mi się, że tak płytkie korzenie mogą zrodzić jedynie słabe więzi, jaskrawo kontrastujące z silnymi relacjami wspólnotowymi Tybetańczyków, opartymi na ich głębokim zakorzenieniu w bogatym dziedzictwie. Co mogłoby stanowić dla ludzi z Phoenix wspólną płaszczyznę, której nie zerwałaby pierwsza fala społecznego niepokoju?

Próbując odpowiedzieć sobie na to pytanie, na własną rękę przeprowadziłem mały sondaż wśród starych mieszkańców miasta. Czym okazało się dziedzictwo kulturowe, które odkryłem? Przez trzydzieści pięć lat prawie każde dziecko w Phoenix łączyło z innymi to samo doświadczenie przeżywane dokładnie w tym samym czasie, pięć dni w tygodniu – a mianowicie oglądanie lokalnej telewizyjnej kreskówki dla dzieci zatytułowanej *Wallace and Ladmo Show*, w której występowali gruby facet ubrany w koszulę w kropki i słomkowy kapelusz (później wymienione na melonik i muszkę) oraz wysoki, chudy gość w cylindrze i olbrzymim krawacie. Wychowany w Phoenix reżyser Steven Spielberg powiedział kiedyś: „Kiedy moja mama widziała mnie i trzy moje siostry siedzące przed telewizorem ze wzrokiem utkwionym w *The Wallace and Ladmo Show*, wiedziała, że przez najbliższy czas, pomijając krótkie przerwy na wyjście do ubikacji, na pewno nigdzie indziej nas nie zastanie". Podobne zdanie mogłoby wygłosić całe pokolenie mieszkańców Phoenix, bez względu na dzielące ich pochodzenie etniczne, rasę, płeć, religię czy status społecznoekonomiczny – ludzi, w których umysłach zapisywały się dokładnie te same słowa i obrazy w tej samej chwili przez kilka godzin w tygodniu.

Być może nie jest to najsilniejszy grunt dla poczucia wspólnoty, ale przynajmniej pokazuje, że jeżeli będziemy kopać wystarczająco głęboko, z pewnością odkryjemy jakieś wspólne doświadczenie, pewną podstawę koleżeństwa. W dalszym ciągu moich rozmów z Dalajlamą ukazał on, jak stworzyć ową więź na bardziej podstawowym poziomie, obejmującym dużo większy wycinek społeczeństwa niż chmara dzieciaków, które dokładnie w tej samej chwili wchłaniały mądrość Popeye'a: „Jestem tym, kim jestem, i to wszystko, kim jestem!"

## KROK TRZECI: PODEJMIJ DZIAŁANIE, NASIL KONTAKTY OSOBISTE

Ostatni krok. Podejmij działanie. Najwyraźniej pierwsze dwa kroki budowania poczucia wspólnoty, które proponuje Dalajlama, polegające na poszerzaniu świadomości, nic nie znaczą, dopóki nie przełożymy jej na konkretne działanie. Kilka lat po odbyciu tej rozmowy z Jego Świątobliwością, kiedy analizowałem jej zapis, doszedłem do jego stwierdzenia, że wielu ludzi nie zna swoich sąsiadów. W owym czasie zdawałem sobie sprawę z tego, że mówi również o mnie, lecz szybko o tym zapomniałem. Kilka lat później uświadomiłem sobie, że wciąż nie zadałem sobie trudu, aby się dowiedzieć, jak moi sąsiedzi mają na imię. Nie żebym przez te lata całkowicie ich ignorował, ale nasze kontakty ograniczały się do skinięcia głową, czasami uśmiechu, przyjaznego: „Co słychać?", rzadko do zdawkowej wymiany zdań na temat pogody. Nigdy nie próbowałem nawiązać z nimi głębszego kontaktu.

Kiedy odczytałem słowa Dalajlamy, że „to tylko kwestia dobrych chęci", i przypomniałem sobie naszą rozmowę, w jednej chwili wstałem od komputera. „Lepiej późno niż wcale", pomyślałem i wyszedłem z domu, zdeterminowany, aby spotkać któregoś z moich sąsiadów. Przypadkiem zauważyłem jednego z nich, który akurat majstrował coś przy samochodzie. Podszedłem do niego i zaproponowałem pomoc. Przedstawiliśmy się sobie i jak się okazało, bardzo ciekawie mi się z nim rozmawiało. Wróciłem do domu, usiadłem przed komputerem i podjąłem przerwaną pracę.

Koledzy po fachu prawdopodobnie określiliby to lekceważąco jako zwykłą ciekawostkę i odrzuciliby moje spostrzeżenia jako nieobiektywne i bezwartościowe. Cóż, nieważne. Ale przysięgam, że nawet zrobienie tego małego kroku, proste nawiązanie kontaktu z sąsiadem, nagle dodało mi skrzydeł, poprawiło mi nastrój, podwyższyło poziom energii, a wręcz przydało mi pewnej jasności umysłu. Zasiadłem do pracy odświeżony, z nowym zapałem i entuzjazmem, jakbym wracał z długiego weekendu, a nie po krótkiej rozmowie z osobą, która mieszka obok mnie.

Kiedy analizowaliśmy zjawisko osłabienia naszego poczucia wspólnoty, rosnącego wyobcowania w społeczeństwie oraz destrukcyjnych sił społecznych, które je wywołują, problemy te początkowo wydawały się praktycznie nie do rozwiązania. Teraz uznałem, że to możliwe. Dalajlama przeciął te złożone i pozornie przytłaczające problemy społeczne niczym Aleksander Wielki węzeł gordyjski. Jego odpowiedzi były rozbrajające w swojej prostocie. Co zrobić, jeżeli przeprowadzamy się do nowego miejsca? Po prostu dołącz do jakiejś grupy. Co, jeżeli nie mamy do tego motywacji? Zrozum lepiej korzyści wypływające z kontaktu z innymi ludźmi. Co, jeżeli czujemy się osamotnieni, wyobcowani, niezwiązani z żadną wspólnotą? Zastanów się, jakie masz zainteresowania, i przyłącz do tych, którzy je podzielają.

Ukazując nam, jak można zacząć na nowo tworzyć poczucie wspólnoty i przynależności, Dalajlama pokazał nam prawdę z pełną jasnością: wszystko zależy od nas. Jego Świątobliwość przekazuje pełną odpowiedzialność nam, a nie wszechogarniającym mechanizmom, które rządzą życiem społecznym. Nie musimy cofać postępu i wracać do minionych czasów, do rolniczego trybu życia. Nie musimy zmieniać kierunku, w jakim rozwija się współczesne społeczeństwo, aby stworzyć silniejsze poczucie wspólnoty. Musimy jedynie działać, każdy z nas z osobna, nawiązując kontakty z innymi o podobnych zainteresowaniach.

Ale choć zasady, które przedstawił Dalajlama, wydawały się proste, nie były prostackie ani też łatwe do zastosowania. Jak sam miałem się o tym przekonać, idee te były znacznie głębsze i miały więcej niuansów, niżby się na pierwszy rzut oka wydawało. Był to dopiero pierwszy krok w badaniu związku pomiędzy człowiekiem, społeczeństwem a poszukiwaniem szczęścia.

ROZDZIAŁ 2

# JA I MY

## TWORZENIE ZWIĄZKÓW NA PODSTAWOWYM LUDZKIM POZIOMIE

Następnego dnia od rana kontynuowaliśmy naszą rozmowę na temat wspólnoty.

– Wasza Świątobliwość, wczoraj mówiliśmy o problemie ludzi, którzy czują się osamotnieni, oraz o korzyściach wynikających z poczucia wspólnoty – zacząłem. – Zasadniczo mówiliśmy o utożsamieniu się z większą grupą, w jakimś sensie przeniesieniu nacisku z ja na my.

– Zgadza się.

– Zalety tej zmiany orientacji są oczywiste. Obejmują sferę osobistą, na przykład lepszy stan zdrowia, ale istnieją też korzyści dla całej wspólnoty czy społeczeństwa, w którym żyjemy. Nie ma także wątpliwości, że nasze związki interpersonalne i szeroka sieć kontaktów zapewniają nam największe potencjalne źródło szczęścia. Podczas naszych rozmów przez te ostatnie lata, jeszcze przed określeniem, jak istotne jest poczucie wspólnoty, Wasza Świątobliwość wspominał, że nasza więź z innymi, odnoszenie się do ludzi z życzliwością, troską i współczuciem, to integralne części naszego osobistego szczęścia...

– Owszem – potwierdził Dalajlama.

– Cóż – ciągnąłem – myślę, że z tym może być pewien problem. Z pewnością naturalne jest to, że ludzie mocno identyfikują się ze swoją grupą czy wspólnotą, ale może to zarazem prowadzić do podkreślania różnic między tą grupą a innymi, co często wywołuje poczucie wyższości. Silne utożsamianie się z grupą nie tylko rodzi dumę z powodu przynależności do określonej wspólnoty, ale również zawiera w sobie potencjał przejawienia się uprzedzeń i negatywnego nastawienia do innych grup, co z kolei może stać się zarzewiem wielu problemów. Pytanie więc, jak zachęcić kogoś do wykroczenia od ja do my, od poczucia osamotnienia do identyfikacji z grupą, tak aby nie wiązało się to z przejściem na „my przeciwko nim"? Wygląda na to, że w dziejach ludzkości wiele razy dochodziło do takiego przeniesienia, a od tego tylko krok do konfliktu, a nawet przemocy.

– To prawda – zgodził się Dalajlama – i dlatego, jak wspomniałem wczoraj, musimy rozpoznać, że koncepcja „wspólnoty" zawiera w sobie wiele różnych poziomów. I myślę, że niezwykle istotne jest to, aby nasza tożsamość kulturowa czy narodowa, czy też jakakolwiek inna, nie była ważniejsza od naszej podstawowej ludzkiej tożsamości, tożsamości członków wspólnoty ludzkiej. Ma to kluczowe znaczenie.

– Myślę, że mówimy tutaj o nawiązywaniu kontaktu na głębszym, podstawowym ludzkim poziomie i kontaktowaniu się z innymi na podstawie tej fundamentalnej więzi. Moim zdaniem problem polega na tym, że wielu ludziom wciąż brakuje owego podstawowego związku z innymi. Brak tej zasadniczej więzi, która łączy wszystkich ludzi, może wywoływać obojętność, brak troski o dobro innych, co z kolei może prowadzić do innych problemów, od biedy począwszy, a na niszczeniu środowiska skończywszy. Brak głębokiego związku powoduje również poczucie oddzielenia, wrażenie, że inni w zasadniczy sposób się od nas różnią, co otwiera drzwi wszelkiego typu uprzedzeniom, a być może nawet pewnemu odczłowieczeniu, które może doprowadzić do niewyobrażalnych wręcz potworności, od których zresztą roi się w historii ludzkości. Tak więc ponieważ wygląda na to, że jest to źródłem wielu problemów, jak według Waszej Świątobliwości można stworzyć silniejsze związki z innymi ludźmi, wręcz ze wszystkimi?

– Oczywiście problemy, o których wspomniałeś, mają wiele różnych przyczyn, składa się na nie wiele elementów – przypomniał Dalajlama. – Ale myślę, że kluczem jest to, jak odnosimy się do siebie nawzajem. A to z kolei sprowadza się do naszego podstawowego spojrzenia na świat, do płaszczyzny, z jakiej wychodzimy do ludzi wokół nas.

– Co ma na myśli Wasza Świątobliwość, mówiąc o płaszczyźnie?

– Chodzi o to, czy odnosimy się do innych na podstawie tego, co nas różni, czy tego, co nas łączy. To decyduje o tym, czy mamy pewne elementarne poczucie oddzielenia od innych czy też poczucie podobieństwa i więzi z większą wspólnotą.

– Wasza Świątobliwość chyba ma rację – zgodziłem się – ale uważam, że ludzie w naturalny sposób mają skłonność do postrzegania innych bardziej przez pryzmat dzielących ich różnic. Myślę, że tak naprawdę lubimy widzieć samych siebie jako wyjątkowych, jako odmiennych od innych ludzi. Chyba niełatwo zmienić sposób, w jaki odnosimy się do bliźnich.

– To prawda – odparł Dalajlama. – Wzbudzenie prawdziwego poczucia braterstwa i solidarności poprzez utożsamianie się przede wszystkim z tym, że wszyscy jesteśmy ludźmi, nie jest łatwe. Nie da się tego zrobić z chwili na chwilę. Ale według mnie problem częściowo wynika z tego, że w codziennym życiu większość ludzi nie zastanawia się poważnie nad tym, co ich łączy ze wszystkimi innymi. Nie myślimy o tym. Mam wrażenie, że ogólnie w społeczeństwie dużo większy nacisk kładzie się na różnice między ludźmi. Tak więc dla wielu więź łącząca ich z innymi nie jest tak widoczna, choć zawsze jest obecna.

Dalajlama uniósł prosty ceramiczny kubek, który stał na stoliku obok niego, i odłożył wieczko. Wypiwszy łyk gorącej wody, swojego ulubionego napoju, ciągnął:

– Właśnie sobie wyobraziłem, że przebywamy przez długi czas w samotności na bezludnej wyspie, na całkowitym pustkowiu. Gdybyśmy spotkali tam innego, choćby całkiem różnego od nas, obcego człowieka, od razu poczulibyśmy, że łączy nas z nim pewna więź. Wtedy nasz związek z innymi ludźmi na płaszczyźnie człowieczeństwa byłby bardzo widoczny.

– Cóż – powiedziałem – myślę, że Wasza Świątobliwość wskazał jeden z naszych głównych problemów: nieczęsto zastanawiamy się nad tymi rzeczami. W końcu rzadko lądujemy na bezludnych wyspach! Na co dzień zajmujemy się własnymi problemami i zapominamy o owej fundamentalnej więzi, jaka łączy nas z innymi. Jeżeli jednak naprawdę chcemy zmienić naszą perspektywę i wzbudzić prawdziwe poczucie związku ze wszystkimi ludźmi, od czego mamy zacząć?

– W tym wypadku również wszystko sprowadza się do świadomości, do pogłębiania wiedzy na temat sposobów, w jakie jesteśmy ze sobą powiązani, cech, które łączą wszystkich ludzi, oraz do świadomego promowania tych poglądów w naszym społeczeństwie.

– Nie jestem pewien, czy sama „świadomość" przezwycięży poczucie oddzielenia. Chodzi mi o to, że obecnie mamy wystarczająco dużo dowodów na to, że jako ludzie jesteśmy do siebie bardzo podobni pod wieloma względami. Na przykład kiedy ukończono „Projekt poznania ludzkiego genomu", media na całym świecie rozpowszechniły dane, że 99,9 procent naszego kodu genetycznego jest identyczne jak u każdej innej osoby na Ziemi.

– Tak, ale myślę, że wiedza to dopiero pierwszy krok – przypomniał mi Dalajlama. – Musimy naprawdę tę kwestię zbadać, przeanalizować, myśleć o tym bez przerwy, aż wzbudzimy w sobie silne przekonanie, które stanie się częścią naszego podstawowego poglądu na życie, naturalnym sposobem reagowania na świat. Kiedy zyskamy to głębokie przekonanie, musimy popracować nad zmianą naszego zachowania, z czym również wiąże się pewien wysiłek.

Ale wszystko zaczyna się od wiedzy, od zwyczajnego uświadomienia sobie pewnych faktów poprzez czytanie lub słuchanie o nich – wtedy możemy przejść do kolejnego kroku, do włożenia wysiłku w pogłębienie naszego zrozumienia i umocnienia się w tym, czego się dowiedzieliśmy.

Niewątpliwie prawdą jest, że zwykle bardziej się skupiamy na dzielących nas różnicach niż na tym, co nas łączy. A jednak według Dalajlamy „świadomość" naszych wspólnych cech i właściwości stanowi pierwszy krok w rozwijaniu głębokiego poczucia „bliskości i więzi" z innymi – nie tylko z grupą etniczną, kulturową, religijną czy polityczną, do której przynależymy, ale ze wszystkimi ludźmi.

Nie jest niczym zaskakującym, że Jego Świątobliwość zwraca uwagę na to, że nie będzie to łatwe, że dopiero po jakimś czasie nastąpi zasadnicza zmiana w tym, jak postrzegamy innych i jak na nich reagujemy. Mało prawdopodobne jest to, że myśląc o tym sporadycznie, nagle zaczniemy odczuwać w stosunku do każdego człowieka taką samą bliskość i więź, jakie odczuwamy wobec członków naszego ulubionego klubu piłkarskiego.

Dalajlama zdaje sobie sprawę, że musimy rozważać nasze wspólne ludzkie cechy nieustannie, wciąż od nowa, zanim utrwalimy nowy sposób myślenia o innych – w końcu w chwili narodzin nie wręcza się nam takich samych koszulek z napisem „Klub Człowieka". Ale takie spojrzenie może mieć głęboki wpływ na łagodzenie uprzedzeń, nienawiści i przemocy na świecie, tak więc bez wątpienia warto włożyć trochę wysiłku w jego rozwijanie – lub przynajmniej wziąć pod uwagę możliwość, że możemy nauczyć się odnosić do innych w nowy sposób.

Tak czy inaczej, próbując przyjąć ten nowy pogląd na świat, z pewnością napotkamy wewnętrzny opór. Wiele badań pokazuje, że ludzie wyolbrzymiają cechy, które różnią ich od innych, umniejszając zarazem podobieństwa. Przeceniamy wyjątkowość każdego człowieka, nie tylko nas samych. W książce pod tytułem *Na tropie szczęścia* psycholog społeczny z Harvardu Daniel Gilbert podsumowuje: „Jeżeli jesteś podobny do większości ludzi, to podobnie jak większość ludzi, nie wiesz, że jesteś podobny do większości ludzi".

Szukając źródeł tej jakże ludzkiej cechy, wskazuje on, że w naszym codziennym życiu nieustannie dokonujemy wyborów, wybierając określonego człowieka „na partnera seksualnego, biznesowego, partnera do gry w kręgle czy czegokolwiek innego". Wymaga to „skupienia się na rzeczach, które odróżniają jedną osobę od drugiej, a nie na cechach, które łączą wszystkich ludzi". Konsekwencje tego podejścia są oczywiste: jeżeli przez całe życie skupiamy się na różnicach między ludźmi, w pewien fundamentalny sposób zniekształcamy rzeczywistość, wyolbrzymiając ich wyjątkowość i przesadnie podkreślając odmienności. Koniec końców nasze zwyczajne, codzienne życie nie dostarcza nam zbyt wielu powodów do tego, aby analizować czy też rozważać cechy wspólne wszystkim ludziom. Odczuwamy niewielką potrzebę – chyba że jesteśmy biologiem, psychologiem czy buddyjskim mnichem – aby myśleć o tym, że wszyscy ludzie oddychają powietrzem czy też że łączą nas wspólne cechy, podobnie reagujemy w sensie emocjonalnym i mamy podobne wzorce zachowań lub też że wszyscy pragniemy szczęścia i chcemy uniknąć cierpienia. Faktem jest, że w normalnych warunkach człowiek lubi myśleć o sobie jako o kimś szczególnym i różnym od innych. Jak pisze Gilbert: „Badania wykazują, że kiedy ludzie z jakiegoś powodu czują się zbyt podobni do innych, ich nastrój szybko się pogarsza, próbują się zdystansować i czymś wyróżnić".

Pielęgnujemy dzielące nas różnice, naszą wyjątkowość. Jak ubolewa Gilbert w ostatniej części książki, jedną z cech ludzkiej psychiki jest wiara w iluzję, że jeżeli wreszcie uda nam się skorzystać z naszej wyjątkowości, doprowadzi nas to do większego szczęścia. Przez całe życie nieustannie dokonujemy różnych wyborów i podejmujemy decyzje na podstawie tego, co według nas uczyni nas szczęśliwymi. Problem w tym, że z wielu ważnych powodów nasze podstawowe założenia i przekonania na temat tego, co da nam szczęście, często są po prostu błędne. Jednakże ponieważ ludzie są pod wieloma względami tak do siebie podobni, dysponujemy pewną niezawodną i niezwykle skuteczną metodą, która pozwala nam dokładnie przewidzieć, czy dane działania uszczęśliwią nas w przyszłości: jest nią obserwowanie innych, którzy podjęli te same decyzje, tych, którzy przed nami przeszli tę drogę. Możemy dokładnie zaobserwować, czy ci ludzie są szczęśliwi w tych konkretnych warunkach. Niestety, z powodu naszego przekonania o własnej wyjątkowości, o tym, że nasze umysły są tak odmienne oraz że wszyscy ludzie bardzo się między sobą różnią, często nie czerpiemy nauki z postępowania innych.

Bez wątpienia, gdybyśmy pogłębili świadomość łączących nas podobieństw, moglibyśmy wytyczyć bezpośrednią ścieżkę do szczęścia, obserwując związek pomiędzy tym, jak ludzie się zachowują, a tym, ile szczęścia lub nieszczęścia doświadczają w życiu. To podobieństwo może nam też zapewnić podstawę odczuwania głębokiej empatii wobec innych ludzi, która stanowiłaby antidotum na uprzedzenia, nienawiść czy przemoc.

A jednak, jeżeli będziemy rygorystycznie trzymać się sugestii Dalajlamy, aby postrzegać innych przez pryzmat najbardziej fundamentalnych, wspólnych dla nas wszystkich ludzkich cech, jak odróżnimy jednego człowieka od drugiego? Jak będziemy podejmować decyzje, z kim się związać i kogo zatrudnić w swojej firmie?

Jak by to było, gdybyśmy odnosili się do siebie, zwracając uwagę wyłącznie na nasze wspólne cechy, postrzegając innych tylko jako „ludzi"? Faktem jest, że wówczas nie mielibyśmy podstaw dla stronniczości, wyróżniania kogoś czy deprecjonowania, do uprzedzeń, dyskryminacji czy nienawiści. Ale czy nie przypominałoby to traktowania wachlarza różnych smacznych dań wyłącznie w kategoriach „jedzenia"? Powiedzmy na przykład, że idziemy do restauracji i dostajemy menu z wieloma wybornymi potrawami, z których każda ma taką samą procentową zawartość białka, tłuszczów i węglowodanów. Gdybyśmy spojrzeli na dania tylko z perspektywy ich wspólnych właściwości – tego, że wszystkie składają się z białek, tłuszczów i węglowodanów, a może nawet z atomów węgla, wodoru i tlenu – na jakiej podstawie wybralibyśmy wówczas potrawę? Gdybyśmy patrzyli z tej perspektywy, wszystko byłoby tym samym.

Na szczęście nie musimy wybierać między postrzeganiem innych ludzi wyłącznie w kontekście dzielących nas różnic a podchodzeniem do nich tylko z perspektywy naszych wspólnych, podstawowych ludzkich cech. W dalszym ciągu naszych rozmów Dalajlama wyjaśnił, że możemy przyjmować oba podejścia jednocześnie, obierając radykalnie nową perspektywę, utrzymując oba te poglądy oraz przekształcając nasze postrzeganie i nastawienie do innych – ale na początku pogodzenie naszych różnych punktów widzenia nie było łatwe.

## SKRAJNY INDYWIDUALIZM

Co wieczór miliony Amerykanów spędzają kilka godzin wolnego czasu przed telewizorem, zamiast angażować się w jakąkolwiek formę społecznej interakcji. Co oglądają? W ostatnich latach najpopularniejszą formą telewizyjnej ramówki były różnego typu reality show. Aby odkryć istotę naszej obecnej „rzeczywistości", weźmy jako przykład program *Ryzykanci* (ang. *Survivor*), który rozkręcił rewolucję reality show. Co tydzień dziesiątki milionów widzów przyglądały się, jak grupę zupełnie przeciętnych ludzi, zdanych na własne siły, poddawano rozmaitym wyzwaniom – musieli przetrwać w ciężkich warunkach na bezludnej wyspie. Można by się spodziewać, że ludzie ci będą ze sobą współpracować, niczym nasi przodkowie, aby razem „wygrać"! Ale „rzeczywistość" tej sytuacji była zgoła odmienna. Zasady gry zostały tak skonstruowane, że owszem, współpraca uczestników była potrzebna, ale sojusze zawierano jedynie na chwilę i w określonej sytuacji, a zawodnicy spiskowali przeciwko sobie i knuli rozmaite intrygi, aby wygrać za wszelką cenę i odejść z nagrodą główną – milionem dolarów! Celem było wygnanie z bezludnej wyspy jednego gracza za drugim, a o tym, która osoba odpadnie, decydowało zbiorowe głosowanie, aż na placu boju pozostał tylko jeden – „jedyny, który przetrwał". Końcowa rozgrywka była szczytem amerykańskiej fantazji w obecnej Erze Indywidualizmu: człowiek, który został zupełnie sam, siedzący na górze pieniędzy!

Choć program ten stanowił jaskrawy przykład wyznawanej przez nas obecnie indywidualistycznej orientacji, z pewnością nie był to jedyny przypadek gloryfikacji twardego indywidualizmu w amerykańskiej telewizji. Nawet w wyświetlanych w przerwach programów reklamach można znaleźć równie jasny przekaz, kiedy bohater reklamy Burger Kinga oświadcza: SKOMPONUJ GO SAM! (ang. *Have it your way!*) Jakie z tego płynie przesłanie? Stany Zjednoczone to kraj, w którym nie tylko każdy mężczyzna i każda kobieta jest oddzielną jednostką, ale jest nią również hamburger!

Ludzie nie żyją w próżni, żyjemy w społeczeństwie. Dlatego powinniśmy przyjrzeć się temu, jakie wartości są w nim promowane i szerzone, oraz ocenić, jak owo uwarunkowanie wpływa na nasze poczucie niezależności lub współzależności.

Łatwo dostrzec, że w zachodnich społeczeństwach propaguje się wartość indywidualizmu. Na świecie istnieje jednak wiele społeczeństw, głównie w Azji, w których szerzy się inny pogląd, przez badaczy określany mianem kolektywizmu, zasadniczo stanowi on przeciwieństwo indywidualizmu. Kolektywizm w tym kontekście nie oznacza filozofii politycznej, takiej jak komunizm, ale odnosi się do pewnej podstawowej orientacji skupiającej się na wzajemnej zależności i więzi łączącej wszystkich ludzi.

Elementarne wartości, które promuje określona kultura, można często określić, przyglądając się tradycyjnym przysłowiom. Na przykład porzekadła, takie jak „cel uświęca środki", zakorzeniły się na Zachodzie, wychwalając cnotę jednostki, która realizuje własne zamierzenia, nie zważając na innych, podczas gdy w kulturach azjatyckich, takich jak Japonia, znajdziemy przysłowia w rodzaju „nie bądź jak wystający gwóźdź, który ktoś wbije tam, gdzie jego miejsce", dające do zrozumienia, co się dzieje z kimś, kto arogancko wychodzi przed szereg.

Podstawowe pytanie brzmi, która wyznawana w kulturze wartość – indywidualizm czy kolektywizm – bardziej sprzyja szczęściu członków danego społeczeństwa. Miałem nadzieję, że Dalajlama odpowie na nie podczas naszej kolejnej rozmowy.

Wciąż analizując kwestię ja kontra my, ale zmieniając perspektywę ze świata jednostki na poziom postaw i wartości społecznych, kontynuowaliśmy naszą rozmowę.

– Wasza Świątobliwość, wcześniej mówiliśmy o zdolności jednostki do tworzenia więzi społecznych i budowania związków z innymi ludźmi. Wasza Świątobliwość wspomniał przy tej okazji o potrzebie większej świadomości naszych wspólnych cech oraz znaczeniu świadomego szerzenia tych poglądów w naszym społeczeństwie. Wasza Świątobliwość stwierdził również, że na ludzi wpływają wartości wyznawane przez ich społeczeństwo czy kulturę. Zastanawiam się, do jakiego stopnia na nasze poczucie wspólnoty mogą wpływać wartości społeczeństwa, w którym żyjemy. A mówiąc dokładnie, jestem ciekaw, jaki efekt wywołuje indywidualizm. Poczucie ja u ludzi żyjących w społeczeństwach indywidualistycznych zwykle jest bardziej niezależne od tożsamości mieszkańców niektórych krajów azjatyckich wyznających ideał kolektywizmu, związany z bardziej tradycyjnymi wartościami i większą świadomością naszej wzajemnej zależności od innych ludzi.

Z jednej strony można powiedzieć, że kultury indywidualistyczne mają, ogólnie rzecz biorąc, orientację na ja, podczas gdy kultury kolektywistyczne są zorientowane na my. Ale podstawowe pytanie brzmi, które społeczeństwo jest w takim razie szczęśliwsze. Na przykład wygląda na to, że promocja indywidualizmu, z jego koncentracją na ja, może się przyczynić do poczucia oddzielenia i rozpadu wspólnoty, o którym mówi Wasza Świątobliwość. Z drugiej strony, takie podejście ma też pewne zalety: poczucie niezależności, samodzielności i tak dalej. Myślę, że głoszenie niezależnego myślenia, samowystarczalności i autonomii może prowadzić do większej kreatywności, osobistej inicjatywy, osiągnięć, odkryć, a potem...

– Zaraz, zaraz – przerwał Dalajlama – myślę, że należałoby podkreślić, że istnieją różne poziomy „indywidualizmu". Z jednej strony może on być dobrą cechą, może zrodzić twórcze działania, dać nam wiarę w siebie, ma różne pozytywne oblicza. Może także jednak przybrać bardziej skrajną formę, kiedy zaczynamy czuć się tak niezależni i samowystarczalni, że myślimy: „W sumie inni nie są mi do niczego potrzebni". Może to również przerodzić się w egocentryzm czy też egoizm, kiedy w ogóle nie bierzemy pod uwagę dobra innych. Takie właśnie skrajne formy indywidualizmu mogą wywołać problemy.

Ponieważ dorastałem w Stanach Zjednoczonych i byłem indoktrynowany ideałem indywidualizmu, nigdy nie przyszło mi do głowy, aby przeanalizować, czy były to zdrowe czy skrajne jego formy, ani poszukiwać przykładów destrukcyjnego charakteru tego ideału u poszczególnych ludzi. Ale kiedy Dalajlama o tym wspomniał, bardzo łatwo mi było przywołać przykłady niebezpieczeństw związanych ze skrajnym indywidualizmem. Pomyślałem o Tedzie Kaczynskim*, osławionym Unabomberze, który przez

---

* Ted Kaczynski – ur. 22 maja 1942 roku w Chicago, znany jako Unabomber. Pochodzi z rodziny o polskich korzeniach, a charakteryzuje się wysokim ilorazem inteligencji – jego IQ wynosi 170. Ukończył studia na Uniwersytecie Harvarda, a na

lata był najbardziej niebezpiecznym rodzimym terrorystą w Stanach Zjednoczonych – być może wręcz ikoną skrajnego indywidualizmu. Mimo że miał niewiarygodny talent matematyczny, Kaczynski wiódł życie nieszczęśnika z dala od ludzi, mieszkając w nędznej budzie gdzieś w Montanie, prowadząc jednoosobową wojnę z technologią, przemysłem, społeczeństwem i wszystkimi formami kolektywizmu. Żyjąc w samotności, zajmował się wykonywaniem bomb, które następnie wysyłał w paczkach do ludzi, którzy mu się nie spodobali, zabijając ich.

Oczywiście poza niebezpieczeństwami skrajnego indywidualizmu wciąż pozostaje kwestia negatywnych, choć mniej ekstremalnych odmian tego zjawiska. Zadałem więc Dalajlamie następne pytanie:

– Wasza Świątobliwość wspominał, że skrajny indywidualizm może być źródłem takich zjawisk, jak egoizm, ale czy Wasza Świątobliwość uważa również, że promowanie mniej skrajnych form indywidualizmu może wywołać lub przyczynić się do szeroko rozpowszechnionej samotności i wyobcowania, o którym mówiliśmy wcześniej?

Dalajlama zastanowił się przez chwilę, zanim odrzekł:

---

Uniwersytecie Michigan obronił doktorat z matematyki. Od 1970 roku pozostawał jednak bezrobotny. Od 1978 do 1995 roku Kaczynski wysyłał listy-bomby do różnych ludzi, przyjmując filozofię zbliżoną do anarchoprymitywizmu. Zamierzał walczyć w ten sposób ze złem wynikającym, w jego mniemaniu, z postępu technicznego. Swoje bomby wysyłał w starannie wykonanych przez siebie drewnianych pudełkach oznakowanych literami FC (*Freedom Club*, czyli „klub wolności"). W ciągu prawie osiemnastu lat od jego bomb zginęły trzy osoby, a dwadzieścia dziewięć zostało rannych. Kaczynski działał bardzo ostrożnie, przez co był praktycznie nieuchwytny. Stał się przedmiotem najdroższego, najdłuższego i najbardziej pracochłonnego śledztwa w historii FBI. 19 września 1995 r. gazety „The New York Times" i „Washington Post" opublikowały „Manifest" Kaczynskiego, zawierający 35 tysięcy słów, dotyczący zagrożeń wynikających z rozwoju technologicznego. Do schwytania Teda przyczynił się jego brat. W poglądach autora „Manifestu" rozpoznał on poglądy Teda, z którym od wielu lat nie utrzymywał kontaktu. Ted Kaczynski został aresztowany 3 kwietnia 1996 roku. W 1998 roku został skazany na karę dożywotniego więzienia. Przed atakami terrorystycznymi z 11 września 2001 roku był symbolem terroryzmu w USA. Obecnie przebywa w więzieniu ADX Florence w stanie Kolorado [przyp. tłum.].

– Uważam, że to, iż ludzie czują się wyalienowani, raczej nie jest konsekwencją szerzenia się indywidualizmu. Moim zdaniem źródeł tego zjawiska należy szukać bardziej w braku poglądu na świat, który równoważyłby ów indywidualizm. Tego elementu brakuje.

Myślę również, że musimy pamiętać o tym, iż w różnych krajach panują różne stopnie indywidualizmu. Nawet na Zachodzie istnieją wspólnoty, które wiedzą, że jesteśmy wzajemnie ze sobą powiązani, i w których obecny jest duch współpracy. Choć być może nie dotyczy to Stanów Zjednoczonych, w krajach europejskich, takich jak Szwecja i inne kraje skandynawskie, jak też na przykład w izraelskich kibucach, panuje silny ideał społeczny. W szwajcarskim modelu demokracji zaś istnieje większa autonomia na poziomie regionalnym, a kiedy ludzie współtworzą politykę, która bezpośrednio wpływa na ich życie, mają również silniejsze poczucie wspólnoty. Jak sądzę, jednostki, które żyją w takich społeczeństwach, są prawdopodobnie dużo szczęśliwsze.

Dalajlama miał rację. Zgodnie z pierwszą „mapą szczęścia świata", stworzoną długo po tym, jak Jego Świątobliwość przewidział wyższy poziom szczęścia w tych krajach, jeden z krajów skandynawskich – Dania – znalazł się na pierwszym miejscu, Szwajcaria na drugim, Szwecja zaś – na trzecim.

– A zatem – ciągnął Dalajlama – myślę, że wszystko sprowadza się do jednego: jeżeli w danym społeczeństwie promuje się ciasny indywidualizm czy też ciasny socjalizm, jest to krótkowzroczne i ostatecznie nie przyczynia się do rozwoju poczucia szczęścia u członków tego społeczeństwa. Jeżeli na przykład jakieś społeczeństwo jest zbyt skrajne w swoim podejściu socjalistycznym, aż do poziomu, kiedy dzieje się to kosztem człowieka, wówczas jest ono jak wielkie drzewo, które ma tylko pień, bez gałęzi. Oprócz silnego rządu niczego tam nie będzie. Nie będzie wolności jednostki ani inwencji twórczej. Z drugiej strony, jeżeli społeczeństwo kładzie zbytni nacisk na rozwój jednostki, aż do etapu, kiedy ludzie zaczynają czuć się zbyt niezależni, mają poczucie, że inni są im niepotrzebni, i czują się całkowicie samowystarczalni, stają się oni jak osoby podcinające gałąź, na której siedzą. To głupota!

Podobnie jak w przypadku skrajnego indywidualizmu, łatwo dostrzec niebezpieczeństwa wynikające ze skrajnego kolektywizmu. W rzeczywistości w historii ludzkości dużo więcej jest przykładów destrukcyjnego działania państwa depczącego prawa jednostki w imię kolektywizmu: gułagi, represyjne reżimy, okropieństwa, do których dochodzi, kiedy ludzi odziera się z ich praw. Nawet w łagodniejszych formach skrajnego kolektywizmu jest coś, co wydaje się tłamsić ludzką zdolność tworzenia, osobistą inicjatywę i rozwój. Przypomniałem sobie swoją pierwszą wizytę w Chinach, w 1981 roku, w czasie, kiedy wystarczyło wejść na jakąkolwiek ulicę w Pekinie, aby na własne oczy zobaczyć, jak w tym społeczeństwie gloryfikuje się kolektywizm. Było coś niepokojącego w tym, że na ulicach wielomilionowego miasta każda osoba, którą można było dostrzec, dosłownie każda, ubrana jest w taki sam ciemnoniebieski maoistyczny „mundurek" – oprócz z rzadka widzianych buntowników, którzy ośmielili się zaprezentować swój nonkonformizm, paradując w ciemnoszarym, a nie ciemnoniebieskim uniformie.

Przypominając sobie tę wizytę, pomyślałem o naszym chińskim przewodniku, miłym, młodym człowieku, absolwencie wyższej uczelni. Nie był on zawodowym przewodnikiem, ale został wyznaczony do oprowadzenia naszej grupy, ponieważ posługiwał się zarówno angielskim, jak i francuskim, a wśród nas było kilku francuskojęzycznych Kanadyjczyków. Oczekując, że nasza grupa automatycznie i zgodnie dostosuje się do programu starannie opracowanego przez rząd, nie był przygotowany do opanowania grupy, której członkowie mieli własne preferencje co do tego, co chcą zobaczyć czy robić. Krótko po naszym przyjeździe zaplanowano dla nas kilkugodzinną przechadzkę po miejscowych ogrodach. Po tym, jak umówiliśmy się, że o określonej porze spotkamy się ponownie w autobusie, podzieliliśmy się na mniejsze grupki, a kilka małżeństw oraz pojedynczych osób wyruszyło, aby przyjrzeć się różnym elementom ogrodu. Nasz przewodnik natychmiast wykrzyknął: „Proszę trzymać się razem! Proszę trzymać się RAZEM!" Biegał wokół nas, próbując nas spędzić w jedno miejsce a w miarę jak członkowie grupy dryfowali w różnych kierunkach, jego wzburzenie rosło. Kiedy coraz bardziej zdawał sobie sprawę, że nie da rady nas zapędzić, abyśmy zwartą grupą, w szyku, przemaszerowali przez ogrody, całkowicie się załamał. Charcząc i wrząc z wściekłości i skrajnej irytacji, wyrzucił z siebie: „W OGÓLE NIE MACIE PRAWDZIWEGO DUCHA KOLEKTYWIZMU!" – jakby to była najgorsza obelga, jaką mógł skierować pod naszym adresem.

Podsumowując swój punkt widzenia, Dalajlama zakończył:

– Myślę, że społeczeństwo może promować rozwój jednostki i uznawać prawa człowieka, zwracając zarazem uwagę na dobro i pomyślność ogółu wspólnoty czy społeczeństwa. Koniec końców oba te poziomy – jednostki i społeczeństwa – trzeba rozwijać, aby zwiększyć ludzkie doświadczanie szczęścia. Ponieważ szczęście zawsze jest subiektywnym stanem umysłu, aby stworzyć szczęśliwsze społeczeństwo, musimy zacząć od umysłu konkretnego człowieka, wyjść od poziomu jednostki. Przecież szczęśliwe społeczeństwo składa się ze szczęśliwych obywateli. Wszystkie te silne argumenty przemawiają na korzyść zwracania uwagi na dobro jednostki.

Musimy jednak również spojrzeć na społeczeństwo jako całość i uwzględnić interesy grupy, aby stworzyć warunki, w których mogliby się dobrze rozwijać zarówno poszczególni ludzie, jak i grupy, gdzie panowałoby ogólne poczucie bezpieczeństwa, była dostępna opieka społeczna i tak dalej. Potrzebne jest więc nam szersze, bardziej holistyczne spojrzenie obejmujące obie postawy. Wszystko sprowadza się do równowagi.

Istnieje mnóstwo czynników, które wpływają na przeciętny poziom szczęścia w państwie, ale jakie społeczeństwo jest szczęśliwsze? Odpowiedź na to pytanie okazuje się całkowicie zgodna z poglądami Dalajlamy! Analizując cechy najszczęśliwszych narodów na Ziemi, odkrywamy wzorzec zgodny z kluczową zasadą Dalajlamy: równowagą. W krajach tych panuje pewne zrównoważone podejście, które unika skrajnych niezależności i współzależności, indywidualizmu i kolektywizmu, łącząc obie perspektywy. Na przykład w krajach skandynawskich panuje zachodnia kultura industrialna, tradycyjnie bardziej indywidualistyczna, ze swoim typowym szacunkiem dla praw jednostki i niezależnego myślenia. Można tam zarazem znaleźć również wartości kolektywistyczne, takie jak cecha kulturowa, że nie powinno się wychodzić przed szereg, ową etykę „wbijanego gwoździa". Podobny model funkcjonuje w innych krajach o najwyższym poziomie szczęścia, jak Szwajcaria. Opiera się on na równowadze pomiędzy poczuciem niezależności a współzależnością, szacunkiem dla osobistej wolności i inicjatywy z jednoczesnym silnym poczuciem dobra społecznego i bardziej aktywnym zaangażowaniem w sprawy lokalnej społeczności – w przeciwieństwie do mniej szczęśliwych krajów zachodniego świata.

Jeżeli chodzi o to, jaki typ społeczeństwa należałoby stworzyć, aby nasz świat był szczęśliwszy, wszystkie dostępne dowody potwierdzają pogląd Dalajlamy: musimy pracować na rzecz kształtowania społeczeństw, które zachowują szacunek dla praw jednostki i godności człowieka, w których zachęca się do rozwijania mocnych stron obywateli, osobistej integralności i wiary w siebie, przy jednoczesnym propagowaniu głębokiego poczucia związku z innymi i troski o ich dobro. Kluczem jest równowaga.

## NIE JA LUB MY, ALE JA I MY

Pomocnik Jego Świątobliwości, wysoki mnich w tradycyjnych rdzawo-szafranowych szatach i z wiecznym uśmiechem na twarzy, bezszelestnie wślizgnął się do środka i dyskretnie rozłożył serwis herbaciany na niskim, lakierowanym na czerwono stoliku, który stał przed nami. Nalawszy mi herbaty i ponownie napełniwszy kubek Dalajlamy gorącą wodą, zniknął w jednej chwili. Krótka przerwa na herbatę pozwoliła prywatnemu sekretarzowi Jego Świątobliwości wejść do pokoju i zamienić z nim kilka słów. Potem szybko wróciliśmy do naszej rozmowy.

– Omawialiśmy pogląd Waszej Świątobliwości, że najszczęśliwsze społeczeństwo to takie, które charakteryzuje pewna równowaga, gdzie szanuje się i krzewi zarówno dobro jednostki, jak i dobro wspólnoty, a znajduje to swoje odzwierciedlenie w polityce społecznej i propagowanych w tym społeczeństwie wartościach. Teraz jednak chciałbym wrócić do poziomu jednostki. Wcześniej mówiliśmy o tym, jak ważne jest stworzenie głębokiego związku z innymi ludźmi. Może nam to dać większe poczucie osobistego szczęścia, jak też pomóc przezwyciężyć problemy społeczne, takie jak uprzedzenia czy konflikty. Tak więc zasadniczo mówiliśmy o wielu korzyściach, które wypływają z podstawowej zmiany naszej wewnętrznej orientacji z ja na my. Dzięki temu mniej skupiamy się na tym, co nas różni, a bardziej na tym, co nas łączy, na naszych wspólnych cechach.

– Tak.

– Uznaliśmy również, że wiele pożytku płynie ze zdrowego indywidualizmu. Pytanie więc, jak pogodzić rozwijanie owej zdrowej niezależności, poczucia ja, z relacją z grupą, czyli z poczuciem my?

– Nie dostrzegam tutaj żadnego konfliktu.

– Cóż, pytanie brzmi, jak znaleźć właściwą równowagę pomiędzy tymi dwiema różnymi perspektywami. Z jednej strony mamy poczucie wyjątkowości, własnej tożsamości, a z drugiej – poczucie przynależności, tożsamość grupową. Podstawowa kwestia to zasadniczo ja kontra my i jak możemy...

– Howardzie – przerwał Dalajlama – myślę, że omawiając ten temat, powinniśmy najpierw coś wyjaśnić. Zauważyłem, że czasami ludzie na Zachodzie mają skłonność do czarno-białego widzenia świata, do traktowania rzeczy w kategoriach „wszystko albo nic". Teraz mówisz o ja kontra my, jakbyśmy mogli osiągnąć poczucie jedności jedynie kosztem całkowitego zapomnienia o dzielących nas różnicach i musieli widzieć tylko te obszary, które mamy wspólne z innymi ludźmi.

Przecież nie o to tutaj chodzi – powiedział stanowczo. – Podejście, za którym się opowiadamy, a które ma zaowocować pozytywnymi zmianami, to wypracowywanie bardziej realistycznego poglądu, bardziej odpowiadającego rzeczywistości. Nie mówimy więc, że trzeba zapomnieć o sobie, o własnych sprawach. To jest nierealne. Twierdzimy, że można myśleć zarówno o własnym dobru, jak i o dobru innych.

Ja jednak nie ustępowałem:

– Wciąż mi się wydaje, że na pewnym poziomie, jeżeli chcemy mieć silne związki z innymi i utożsamiać się z grupą, bez względu na to, czy jest to niewielka, miejscowa wspólnota czy społeczeństwo, w którym żyjemy, musimy jakoś pogodzić naszą osobistą tożsamość, indywidualność i poczucie niezależności, pewną odrębność i izolację, z chęcią tworzenia więzi społecznych.

Przez kilka kolejnych chwil kontynuowaliśmy tę wymianę zdań, a ja naciskałem Dalajlamę, aby zaproponował jakiś sposób radzenia sobie z tymi „przeciwstawnymi" orientacjami na ja albo my. Kiedy dochodziłem do głosu, Jego Świątobliwość pocierał dłonią czubek swojej ogolonej głowy w geście frustracji, która była widoczna również w jego gwałtownie się zmieniającym wyrazie twarzy. Kiedy ujrzałem na jego obliczu cudowną mieszaninę zdumienia i rozbawienia z odrobiną niesmaku, Dalajlama pokręcił głową i wybuchnął śmiechem.

– Po prostu nie mam pojęcia, na czym polega ta sprzeczność! Z mojego punktu widzenia te postawy nie są przeciwstawne.

Było oczywiste, że barierą uniemożliwiającą nam porozumienie jest pewna zasadnicza różnica perspektyw. Nie było to zresztą nic nowego. Ten cykl spotkań rozpoczęliśmy przecież od krótkiej potyczki słownej, kiedy to ja powtarzałem kwestię, że „Wszyscy jesteśmy tacy sami", a jedyną odpowiedzią Dalajlamy była żartobliwa sugestia, że najlepszym rozwiązaniem naszych globalnych problemów byłaby inwazja Marsjan.

Ową trudność w pogodzeniu naszych rozbieżnych punktów widzenia – jego jako buddyjskiego mnicha i moją jako psychiatry pochodzącego z Zachodu – napotkaliśmy już wcześniej, podczas naszego pierwszego cyklu rozmów wiele lat temu, które zostały zapisane w pierwszej części *Sztuki szczęścia*. Sprzeczność ta wypływała co jakiś czas przez wszystkie następne lata, choć nieco rzadziej, w miarę jak coraz lepiej poznawaliśmy swoje perspektywy patrzenia na świat.

Jednak rozbieżności te wciąż czasami dawały o sobie znać, kiedy to powodowany chęcią znalezienia jednoznacznych, ostatecznych rozwiązań skomplikowanych ludzkich problemów zadawałem pytania, które w opinii Jego Świątobliwości obejmowały tak wiele zagadnień, że udzielenie jednej odpowiedzi było niemożliwe. Dalajlama przypisywał tego typu pytania mojemu charakterystycznemu, zachodniemu „absolutystycznemu" myśleniu, tendencji do widzenia świata w kategoriach czarno-białych – w przeciwieństwie do przyjętego przez niego poglądu, że ludzkie problemy są bardzo złożone, mają wiele niuansów i składają się głównie z szarości. (Choć czasami role się odwracały i wtedy ja z kolei próbowałem wyjaśnić jakieś nieprzystosowawcze zachowania człowieka w kategoriach złożonych mechanizmów psychologicznych, a on przypisywał je zwyczajnemu warunkowaniu, mówiąc: „Ta osoba po prostu nawykowo powtarza to zachowanie", lub też wpływowi poprzednich wcieleń.)

Choć nazbyt uproszczone czy uogólnione pytania czasami frustrowały Dalajlamę, udało nam się wspólnie wypracować sposób radzenia sobie z tego typu problemami. Zwykle zbywaliśmy je żartem. Mieliśmy „dyżurny" żart, który wplataliśmy w nasze rozmowy. Przypisywaliśmy takie pytania do jednej z dwóch kategorii: niemożliwych lub głupich. Jeżeli chciałem zadać pytanie, o którym wiedziałem, że zirytuje Jego Świątobliwość, poprzedzałem je stwierdzeniem: „Wasza Świątobliwość, to będzie pytanie z serii niemożliwych..." W ten sposób dość gładko udawało nam się zbliżyć nasze różne punkty widzenia, co bardzo ułatwiały naturalny dobry humor i rozluźnienie Dalajlamy.

Tego ranka, kiedy Dalajlamie trudno było pojąć, jak mogę nie rozumieć tak prostej koncepcji – że można tworzyć związki z innymi, zachowując zarazem własną indywidualność – złożył to na karb szurniętego, zachodniego myślenia absolutystycznego, po czym wybuchnął dobrodusznym śmiechem. Niemniej jednak przyznaję, że wtedy nie zrezygnowałem ze swojego stanowiska. Wciąż uważałem, że trzeba wyrzec się części własnej indywidualności, aby „połączyć" się z tożsamością grupową. Aż w końcu długo po tej rozmowie zacząłem odnajdywać dowody naukowe świadczące o słuszności słów Dalajlamy.

Drapiąc się w głowę i wciąż zanosząc śmiechem, Dalajlama ciągnął:

– Właśnie sobie pomyślałem... że różnica pomiędzy językiem tybetańskim a angielskim być może wskazuje tę podstawową różnicę perspektyw. Po tybetańsku „ja" czy „mnie" to *nga*, „my" i „nas" zaś to *ngatso*. Tak więc na podstawowym poziomie samych określeń w języku tybetańskim istnieje bliski związek pomiędzy „ja", czyli jednostką, oraz „my", czyli zbiorowością. *Ngatso*, „my", dosłownie oznacza „zbiór ja" czy też „wiele ja", „wielokrotność ja". Kiedy więc identyfikujesz się z większą grupą, stajesz się jej częścią, to jak poszerzanie osobistego poczucia ja, a nie jego utrata. Z kolei angielskie określenia „my" i „ja", czyli *we* i *I*, wydają się w ogóle ze sobą niezwiązane, rdzeń obu słów jest inny, nie mają one ze sobą nic wspólnego... jak to się mówi?

– Etymologia, etymologicznie?

– Tak, etymologicznie. A zatem być może twoje pytanie o ja kontra my świadczy o tym, że na Zachodzie na pewnym poziomie występuje poczucie ja będącego w opozycji do my. Prawdopodobnie mieszkańcy Zachodu mają wrażenie, że identyfikacja z grupą, czy stanowienie części większej wspólnoty, oznacza niemal porzucenie czy utratę własnej tożsamości. Nie wiem... – rozważał Dalajlama.

– Cóż – powiedziałem – oczywiście widzę zalety wzbudzania silniejszego poczucia tożsamości grupowej, stawania się częścią większej grupy. Ale wciąż wygląda na to, przynajmniej na pewnym poziomie, że im bardziej przesuwamy się w tę stronę, tym większe jest ryzyko osłabienia naszej własnej tożsamości, która wiąże się z poczuciem, że jesteśmy kimś wyjątkowym, różnym od innych.

– Niekoniecznie musi tak być – odparł Dalajlama. – W rzeczywistości ów proces poszerzania własnej tożsamości jako członka grupy może być bardzo naturalnym przejściem, w trakcie którego nie tracimy naszej indywidualnej tożsamości. Na przykład w obrębie rodziny żyją różne, odrębne od siebie jednostki. Ale kiedy ludzie mówią o „swojej rodzinie", pojęcie to obejmuje wszystkich pojedynczych jej członków, ponieważ wówczas odnosimy się do siebie na bazie pokrewieństwa. W tym przypadku poszerzamy więc własną tożsamość, aby zawierała rodzinę, i nabywamy zbiorową tożsamość rodzinną. To tak naprawdę kwestia poszerzenia horyzontów, a jeżeli ludzie nie chcą tego robić, wtedy nawet we własnej rodzinie mogą stworzyć podziały. Istnieją rodziny, których członkowie są podzieleni z powodu różnych kwestii natury politycznej, finansowej czy innej. Może się zdarzyć, że mamy rodzinę, pewną zbiorową rodzinną tożsamość, ale nasze poczucie „wspólnoty" czy powinowactwa ogranicza się do tej podstawowej komórki społecznej. Mamy więc współmałżonka, dzieci, ale jeżeli nie jesteśmy w stanie poszerzyć granic tego kręgu, to znowu będziemy mieli bardzo wąską perspektywę. Rodzina ta będzie wyodrębniać się od sąsiadów, całkowicie odcinać się od reszty, żyjąc oddzielnie. Ale są również rodziny, które utożsamiają się nie tylko ze sobą jako komórką społeczną, ale również postrzegają ją jako element sąsiedztwa. Jeżeli zaś nasza rodzina potrafi poszerzyć swój krąg poza najbliższych sąsiadów, może zbudować więzi z innymi w kontekście „my jako wspólnota". To bardzo dużo zmienia.

Jeżeli pojedyncze rodziny i ich członkowie żyjący we wspólnocie będą potrafili odnosić się do siebie jako do członków tej samej wspólnoty – oczywiście czasami mogą wybuchać między nimi konflikty czy kłótnie – będą mieli poczucie przynależności. Jeżeli ktoś będzie odczuwał potrzebę porozmawiania, będzie mógł po prostu do kogoś pójść, podzielić się swoimi problemami i radościami czy też zaprosić ludzi do siebie.

Dalajlama przerwał na chwilę, po czym podsumował:

– Podobnie możemy poszerzać swoją tożsamość, aby zawrzeć w niej „nas jako region" czy też „nas jako kraj" i tak dalej. A ostatecznie, w przypadku społeczeństwa, ludzkiej wspólnoty, możemy rozbudować tę jedność tak, aby obejmowała wszystkich, możemy więc powiedzieć: „My, mieszkańcy Ziemi". A zatem na poziomie człowieczeństwa istnieją pewne różnice wśród pojedynczych członków społeczeństwa, ale zarazem możemy dostrzec pewne podobieństwo, możemy odnosić się do siebie na głębszej, bardziej fundamentalnej płaszczyźnie... Wiesz – dodał, przygotowując się do zakończenia tej sesji – ostatnio zauważyłem, że często używa się słowa „człowieczeństwo", i myślę, że to wspaniałe, ponieważ jest to bardzo rozległe pojęcie.

Odstawiając kubek z gorącą wodą i sięgając po buty, Jego Świątobliwość zakończył:

– A zatem kluczowe jest to, że możemy, wciąż troszcząc się o swoje dobro, mając poczucie ja, poszerzyć zakres swojej tożsamości i swoich zainteresowań, aby objąć też innych. I nie tyle chodzi tutaj o zapominanie o tym, co nas dzieli, ile o pamiętanie o naszych podobieństwach, o traktowanie ich z równą uwagą i nadawanie im podobnego znaczenia. Zasadniczo bowiem nie jest to kwestia ja czy my, ale raczej ja i my.

Naszą rozmowę o ludzkim szczęściu w kontekście społecznym rozpoczęliśmy od analizy podstawowej kwestii ja kontra my – odrębność a więź z innymi. Dalajlama twierdzi, że w ludzkiej naturze leży nawiązywanie relacji z innymi, wyjaśniając, że nasza zdolność do bliskości, serdeczności, przyjaźni i miłości stanowi bogate i pewne źródło szczęścia. Niczym alchemiczny proces, który przemienia ołów w złoto, przekształcanie ja w my, wzbudzanie poczucia przynależności, przynosi wspaniałe nagrody w postaci zadowolenia oraz lepszego zdrowia na poziomie fizycznym, umysłowym i emocjonalnym. Budowanie związków z innymi pomaga zarazem wzmocnić społeczność i tworzy lepsze społeczeństwo. Tak naprawdę bez względu na to, czy patrzymy na świat przez pryzmat buddyjskiego ideału współczucia, czy przywołujemy wyniki najnowszych badań naukowych, możemy z całym przekonaniem stwierdzić, że związki z innymi ludźmi i wspólnotowe więzi oparte na wspólnej trosce są największym źródłem ludzkiego szczęścia i zadowolenia.

Ale jak już się nieraz zdarzało w dziejach ludzkości, czasami świat nie jest taki, jak być powinien. Może być wręcz straszny. Choć poczucie przynależności, perspektywa my, może dać nam wielkie zadowolenie, co się dzieje, kiedy my i oni zamienia się w my przeciwko nim? Jak samo postrzeganie nas i ich może rodzić uprzedzenia, nienawiść, konflikt i przemoc? Na te kluczowe pytania musieliśmy sobie odpowiedzieć w kolejnych rozmowach.

ROZDZIAŁ 3

# UPRZEDZENIA (MY KONTRA ONI)

W 1992 roku chorwacki rolnik Adem opowiedział przerażającą historię. Podczas wywiadu, który przeprowadził z nim amerykański dziennikarz i pisarz Peter Maas, Adem usiadł pochylony i wymamrotał relację z wydarzeń, które były tak druzgocące, że wydawały się pozbawiać go wszystkich sił i ducha. Nie był on nawet w stanie normalnie mówić, z jego ust wydobywał się tylko szept. Opowiadał o tym, że w ostatnim roku stosunki pomiędzy miejscowymi Serbami i Chorwatami bardzo się pogorszyły. Był świadkiem, jak w ciągu zaledwie dwunastu miesięcy rozpadała się tożsamość poszczególnych jednostek, wchłonięta przez większy, jednorodny schemat myślenia: my przeciwko nim. A pewnej nocy wzajemna wrogość w jednej chwili stała się koszmarem, z którego Adem nie mógł się już obudzić. Tej nocy Serbowie z sąsiedniej wioski zrobili obławę na trzydziestu pięciu mężczyzn z wioski Adema i poderżnęli im gardła...

Jesienią rok wcześniej zabójcy pomagali swoim ofiarom podczas żniw. Ci Serbowie byli ich przyjaciółmi, z którymi znali się od urodzenia – a teraz, nie wiadomo dlaczego, zadali im śmierć.

Dwa lata później, na innym kontynencie, pewnego miłego, wiosennego popołudnia wielu mieszkańców afrykańskiej wioski Nyarubuye wiodło spokojne, dobre życie. Przyjaciele i sąsiedzi pracowali razem na polach przy uprawie sorgo, a w dni odpoczynku chodzili razem do kościoła. Choć ludzi tych wyraźnie dzieliła przynależność do plemienia – Tutsi albo Hutu – Gitera, miejscowy rolnik, powiedział: „Życie płynęło zwyczajnie. Można powiedzieć, że dopóki zbiory były na tyle dobre, że nie musieliśmy kupować jedzenia na rynku, byliśmy szczęśliwi".

Wioska znajdowała się w Rwandzie, kraju trwających od lat napięć i konfliktów pomiędzy dwiema głównymi „grupami etnicznymi", Hutu i Tutsi. 6 kwietnia 1994 roku zamordowano prezydenta z plemienia Hutu, Juvénala Habyarimanę, co zachwiało kruchym zawieszeniem broni, które obowiązywało od ubiegłej jesieni, kiedy to podpisano porozumienia pokojowe. Zabójstwo prezydenta zaogniło tlące się od dawna urazy i nienawiść, przyspieszając ludobójstwo mniejszości Tutsi z rąk rządzących Hutu.

Zaledwie dziewięć dni później Gitera z zakrwawioną maczetą w dłoni zarąbał swoich najbliższych sąsiadów, matkę, dzieci, wszystkich – w wiejskim kościółku. Miejscowi Tutsi zbiegli tam, przekonani, że znajdą bezpieczne schronienie w miejscu, w którym wraz ze swoimi sąsiadami z plemienia Hutu uczyli się, że morderstwo jest grzechem. Jednak siedem tysięcy mężczyzn Hutu otoczyło kościół i rozpoczęło masakrę znajdujących się w środku ludzi, zabijając niemal każdego, zarzynając i tłukąc maczugami swoich sąsiadów. Gitera opisał scenę niewyobrażalnej grozy, widząc „ludzi z odrąbanymi dłońmi... pełzających i krzyczących w agonii, bez rąk, bez nóg..." Na koniec dodał: „Oni byli moimi sąsiadami".

Do podobnych wydarzeń, niezliczonych incydentów, dochodziło wtedy w całym kraju – dziesięcioletni chłopiec spalony żywcem, kobieta Hutu poszła do najbliższych sąsiadów i wymordowała dzieci, które były najczęstszymi towarzyszami zabaw jej własnych dzieci, nieopisane tortury... Na początku do wiosek Tutsi wysyłano dobrze zorganizowane oddziały, które dokonywały tam masakry, a potem brutalnych rzezi dopuszczali się cywile wpadający w szał zabijania, zachęcani przez rząd i podżegani przez rwandyjskie radio publiczne. Sączył się z niego nieprzerwany strumień propagandy odczłowieczającej Tutsi, nazywającej ich już nie ludźmi, ale „karaluchami", które trzeba wytępić. W masowej eksterminacji wzięła udział większość ludności cywilnej.

Aż trudno uwierzyć, jak wielu ludzi zginęło – jak obliczono, od 800 tysięcy do miliona rodaków Tutsi (oraz Hutu o umiarkowanych poglądach) zostało zamordowanych w ciągu zaledwie stu dni! Nie za pomocą bomb, karabinów maszynowych czy komór gazowych – ale głównie w starciach jeden na jednego, z bliska, własnymi rękami. Jeden ze świadków doniósł, że widział „mężów zabijających żony, żony zabijające mężów, sąsiadów, którzy zabijali sąsiadów, braci zabijających siostry, siostry zabijające braci i dzieci zabijające rodziców". Przez te sto dni wydawało się, że wszystkie kategorie czy tytuły, które funkcjonują w społeczeństwie, takie jak mąż, żona, siostra, sąsiad, przyjaciel, osoba starsza, młoda, rolnik, lekarz czy duchowny, zniknęły. Pozostały jedynie dwie perspektywy: my i oni.

– Wasza Świątobliwość – zacząłem – w naszej ostatniej rozmowie skupiliśmy się na znaczeniu związków z innymi, poczuciu przynależności, podstawowej ludzkiej więzi. Wasza Świątobliwość wspomniał, że możemy identyfikować się z grupą bez utraty własnego ja oraz że istnieje wiele rodzajów grup, z którymi możemy się utożsamiać, czy jest to nasza rodzina czy wspólnota, czy na przykład naród. Wiele badań potwierdza, że związki międzyludzkie nie tylko przyczyniają się do większego szczęścia, ale również sprzyjają lepszemu zdrowiu na poziomie fizycznym i umysłowym, przynoszą też wiele innych korzyści na przykład w postaci dłuższego życia.

Nazwaliśmy także pewien problem, mianowicie kiedy istniejemy my, istnieją też oni, co pociąga za sobą możliwość wystąpienia uprzedzeń, nienawiści, a w najbardziej skrajnych przypadkach pewnego odczłowieczenia, kiedy różnice między naszą grupą a tą drugą są tak ogromne, że wręcz nie uznajemy tych „innych" za ludzi. A stąd tylko krok do okrucieństw, a nawet ludobójstwa.

– Traktowanie innej grupy jako „podludzi" to skrajny przykład tego, co w innej sytuacji jest całkowicie naturalną tendencją do tworzenia podziału na nas i na nich – powiedział Dalajlama. – Zatem aby stawić czoło źródłom problemów, o których wspomniałeś, powinniśmy poważnie przyjrzeć się owej bardzo naturalnej tendencji do tworzenia podziałów na grupy i patrzenia na świat w kategoriach my i oni.

– Niech to wobec tego będzie pierwszy temat naszej dzisiejszej rozmowy: naturalna ludzka tendencja do dzielenia na grupy, na „naszych" i „obcych".

Dalajlama sprawiał wrażenie wypoczętego, gotowego do podjęcia dyskusji.

– Tak, doskonale!

Zawsze dobrze było złapać go na rozmowę wcześnie rano. Powiedziałem:

– Cóż, zaczynając od najbardziej podstawowej płaszczyzny, myślę, że przede wszystkim mamy poziom biologiczny i możemy wyjaśnić, dlaczego z ewolucyjnego punktu widzenia ludzie mają skłonność do tworzenia podziałów. Ale oczywiście, jak Wasza Świątobliwość lubi mi przypominać, są to złożone kwestie. Mogą więc istnieć inne przyczyny podziałów na my i oni, choćby psychologiczne. Na przykład teraz trwają mecze o Puchar Świata. Jeżeli więc kibicujemy jakiemuś zespołowi, to jeżeli ktoś zapyta nas o wyniki konkretnego meczu, nie powiemy: „Oni wygrali", tylko „Nasi wygrali". Utożsamiamy się ze zwycięskim zespołem. Oczywiście ludzie lubią mieć o sobie dobre mniemanie, a jednym ze sposobów jego uzyskiwania jest identyfikowanie się z tymi, którzy wygrywają.

Ale kryje się też w tym wielkie niebezpieczeństwo – ciągnąłem. – W zeszłym roku doszło do tragedii, kiedy to w wyniku zamieszek po meczu piłkarskim w Afryce zginęło sto osób. Mój przyjaciel ostatnio mówił mi o rosnącej fali chuligaństwa stadionowego na całym świecie, o brutalnych atakach, napadach z użyciem noża, strzelaninach, o kibicach tratowanych przez uciekający w popłochu tłum – są tysiące takich przypadków na całym świecie. Nazwał to angielską chorobą. A jeżeli taka przemoc może wybuchnąć z przyczyny pozornie tak błahej jak mecz piłkarski, jaką możemy mieć nadzieję, że będzie inaczej w poważniejszych przypadkach? – westchnąłem.

Na chwilę zapadło milczenie, po czym powiedziałem:

– Ale podstawowe pytanie brzmi: Dlaczego mentalność my kontra oni stanowi tak silną cechę człowieka?

Dalajlama nie odzywał się jeszcze przez moment, rozważając tę kwestię, po czym zaczął:

– Poczucie ja i przywiązanie do własnej egzystencji jest oczywiście cechą bardzo naturalną. Myślę, że poczucie my to po prostu przedłużenie poczucia ja – rozszerza się ono, obejmując innych, szczególnie najbliższą rodzinę. Poszerzamy swój horyzont identyfikacji, osobistej tożsamości, tak aby zawierała ona innych, którzy mają zapewnić nam wsparcie. Kiedy zachodzi to zjawisko, najpierw obejmuje naszą rodzinę, potem grupę kulturową, naród czy jakąś inną grupę.

W zamierzchłej przeszłości ludzie musieli łączyć się w grupy, aby przetrwać. Jeżeli trudno było o środki do życia, wówczas utożsamianie się ze swoją grupą przynosiło konkretne, wymierne korzyści, ponieważ aby przeżyć, potrzebowaliśmy sojuszników. I oczywiście kiedyś świat wyglądał tak, że różne grupy czy wspólnoty mogły pozostawać względnie odizolowane i rozwijać się niezależnie od innych.

Dalajlama ciągnął:

– Jednak choć poczucie my kontra oni w przeszłości mogło mieć pewne zalety, gdyż pomagało przetrwać, świat się zmienił. Dzisiejsza rzeczywistość jest zupełnie inna. Dzisiaj jesteśmy bardzo współzależni, a dla naszego przetrwania kluczowe znaczenie ma duch współpracy. A zatem to, co niegdyś było produktywne, obecnie jest bezowocne, a potencjalnie wręcz destrukcyjne.

Zatem to, iż skłonność do myślenia w kategoriach my kontra oni jest naszą naturalną cechą, nie oznacza jeszcze, że nie powinniśmy nic z tym robić. Choć poczucie indywidualności oraz jego rozszerzenie, które rodzi uczucie my kontra oni, może być naturalne, to jeżeli prowadzi do negatywnych skutków, musimy aktywnie mu przeciwdziałać.

## PRZYJACIELE I WROGOWIE

Sugestia Dalajlamy, aby prześledzić rozwój grupowych podziałów, nie wynikała jedynie z czystej ciekawości intelektualnej. Zrozumienie podstaw tego procesu może nie tylko pomóc nam lepiej pojąć, dlaczego zachowujemy się tak, a nie inaczej, ale również da nam możliwość zmiany naszego zachowania, stworzenia lepszego świata, lepszej przyszłości dla naszych dzieci.

Śledząc proces, w wyniku którego doszło wśród ludzi do podziałów na grupy, które czasami niszczyły czy krzywdziły się nawzajem, zaczniemy od sklasyfikowania ludzi na dwie kategorie – na nas oraz obcych (co nazwałem podziałem na my i oni), czyli grupy, z którymi się utożsamiam i których jestem członkiem, oraz takie, które postrzegam jako różne, do których nie należę. Proces dzielenia ludzi na grupy, na nas i na nich, to jeden z przykładów kategoryzacji. Ludzki mózg naprawdę lubi wszystko kategoryzować, klasyfikuje obiekty, pojęcia i ludzi. Dlaczego? Żyjemy w bardzo złożonym świecie, a zdolność mózgu do przetwarzania informacji jest ograniczona. Kategoryzacja to jedna z jego ulubionych strategii pomagająca uprościć szeroki strumień danych sensorycznych, który zalewa nas w każdej chwili.

Wiedza, do jakiej kategorii coś należy, informuje nas o ogólnych cechach tego obiektu oraz o tym, jak należy na niego reagować, przy czym nie musimy już od zera analizować wszystkich jego konkretnych właściwości, jak byśmy po raz pierwszy go widzieli. Pomaga to nam reagować na otaczający nas świat szybko i skutecznie, co znacznie zwiększa nasze szanse na przeżycie. Tworzenie kategorii na podstawie ogólnych cech wymaga mniej skomplikowanej analizy, co pozwala nam oszczędzić zasoby naszego mózgu i wydatkować mniej umysłowej energii.

Najważniejszym rodzajem kategoryzacji, jaką uprawiamy na co dzień, jest klasyfikowanie ludzi, czyli kategoryzacja społeczna. Polega ona na zaszeregowaniu danej osoby jako członka określonej grupy rasowej, etnicznej, płciowej czy innej, a następnie zaliczenie jej do kategorii my lub oni.

Sytuacje społeczne, które napotykamy w dzisiejszym świecie, są nierzadko bardzo skomplikowane, a ponieważ mózg lubi oszczędzać swoje zasoby, szuka sposobów, aby uprościć nasz świat, by łatwiej mu było przebrnąć przez różnego rodzaju interakcje społeczne. Pomagają mu w tym na przykład stereotypy. Stereotypy to nasze przekonania dotyczące typowych dla określonych grup cech i właściwości. Kiedy mózg przypisze jakąś osobę do konkretnej kategorii społecznej, przywoływane są związane z nią stereotypy. Tak więc zamiast starać się ocenić cechy, które są niepowtarzalne dla każdego człowieka, szybko stwierdzamy, do jakiej kategorii on należy, a następnie opieramy się na stereotypach, aby czegoś się o nim dowiedzieć. Stereotypy to przykłady heurystyki, pewnych mentalnych skrótów, które mogą szybko dostarczyć nam informacji na temat tego, jak powinniśmy się zachować.

Dalajlama powiedział, że podziały na nas i na nich, wraz z naszymi naturalnymi reakcjami na te grupy, powstają nie bez przyczyny. Reakcje te były niegdyś cechami przystosowawczymi, pomagały naszym odległym przodkom przetrwać. Aby zrozumieć, dlaczego reagujemy tak, a nie inaczej, ważne jest, żebyśmy krótko przeanalizowali ewolucję ludzkiego mózgu.

Podstawowa budowa i struktura ludzkiego mózgu stopniowo się rozwijała przez miliony lat. W trakcie tego procesu naturalne i wrodzone reakcje człowieka, wykształcone przez siły ewolucji, zostały wpisane w połączenia nerwowe. Przez większość okresu ewolucji człowieka nasi człowiekowaci przodkowie, z których najdawniejsi żyli 5 milionów lat temu, prowadzili tryb życia myśliwych-zbieraczy lub padlinożerców-zbieraczy, przemierzając rozległe terytoria w małych grupach, zbierając każde pożywienie, jakie udało im się znaleźć, i zabijając zwierzęta, które dali radę uśmiercić swoją prymitywną, kamienną bronią. Do zakresu ich obowiązków należało przetrwanie i przekazanie swoich genów kolejnemu pokoleniu. Przez cały okres ewolucji ludzkiego mózgu, poczynając od czasu, kiedy nasz rodzaj *Homo* pojawił się na scenie mniej więcej 2 miliony lat temu, ludzie musieli przebrnąć przez plejstocen, epokę czwartorzędu, która trwała do końca ostatniej epoki lodowcowej około 10 tysięcy lat temu. W tym właśnie czasie ludzki mózg gwałtownie się rozwinął i stał ponadtrzykrotnie większy.

Nasi wcześni przodkowie nie mieli łatwego życia. Był to okres skrajnych wahań klimatycznych, suszy, głodu, konieczności borykania się z różnymi drapieżcami i wrogami – życie było niebezpieczne i pełne niepewności. Pewne było tylko jedno: że pojawi się wiele katastrof i przeciwności losu, którym trzeba będzie stawić czoło. Mózg rozwijał się według potrzeb naszych przodków, aby pomóc im przetrwać, skutecznie reagować na typowe, codzienne problemy, które najczęściej napotykali ludzie żyjący w plejstocenie, jedno pokolenie za drugim. Otrzymaliśmy od nich w spadku mózg, który potrafi przezwyciężać niebezpieczeństwa i sytuacje zagrażające życiu, a który pewni badacze nazywają mózgiem katastroficznym – stale wypatruje on rzeczy, które mogą się nie udać lub mogą zagrozić naszemu przetrwaniu. To mózg, który ma skłonność do pomijania dobrych aspektów życia na rzecz złych, doskonale wyczuje mały kamyczek w naszym bucie, ale już nie tak ochoczo będzie podziwiał piękny zachód słońca czy otaczający nas krajobraz podczas spaceru.

Dlatego też z ewolucyjnego punktu widzenia łatwo zrozumieć, dlaczego nasz mózg ma zapisane reakcje faworyzujące „naszych". Zasoby umożliwiające przetrwanie nie zawsze były obfite i z pewnością na naszą korzyść działało przynależenie do jakiejś grupy, w której wszyscy członkowie pracowali wspólnie, ponieważ zwiększało to szanse naszego przetrwania: potrzebna była współpraca przy polowaniu na duże zwierzęta, przy zbieraniu skąpych zasobów czy obronie przed drapieżcami. W dodatku instynktowne faworyzowanie grupy przyciągało nas do takiej, która przypominała nas samych, a panujące w niej reguły i normy społeczne były nam znane, przez co funkcjonowanie społeczne przebiegało spokojniej i sprawniej, zwiększając z kolei nasze szanse na znalezienie partnera, reprodukcję i przekazanie naszych genów.

Korzyści wypływające z odczuwania szczególnej bliskości z grupą nie ograniczają się do ewolucyjnej perspektywy związanej z tym, że mamy własny zespół, który pomoże nam przytargać do domu tłusty udziec mamuta, upolować nie pierwszej młodości tygrysa szablastozębnego, abyśmy przeżyli. Nawet dzisiaj łatwiej nam współpracować z grupą, którą znamy, taką, której normy społeczne i zasady zachowania nie są nam obce. Czujemy się lepiej i mamy większe zaufanie do tych, którzy są do nas podobni, i jak wspomnieliśmy wcześniej, czując związek z jakąś grupą, doskonale się rozwijamy i ogólnie mamy się o wiele lepiej.

Zazwyczaj nie ma nic złego w tym, że rozpoznajemy różnice między grupami i określamy naszą i ich grupę. Podobnie nie ma nic złego w tym, że faworyzujemy naszą grupę. Ale problem w tym, że siły i naciski ewolucyjne, które ukształtowały budowę naszego mózgu, nie zatrzymały się w tym miejscu – nie tylko bowiem mamy automatycznie pozytywne nastawienie do własnej grupy, lecz żywimy instynktowne uprzedzenia w stosunku do innych grup. Kiedy tylko zaklasyfikujemy kogoś do nas lub do nich, mózg nadal przetwarza tę informację, szufladkując tę osobę jako przyjaciela lub wroga – natychmiast zabarwiając ten wizerunek emocjonalnie, instynktownie wzbudzając pozytywne uczucia w stosunku do „przyjaciół" i negatywne wobec „wrogów". I jak powiemy za chwilę, tutaj właśnie pojawia się wielki problem.

## UPRZEDZENIA

– Wasza Świątobliwość wspomniał o tym, że podstawowe poczucie „my przeciwko nim" może zrodzić negatywne konsekwencje. Zastanawiałem się nad tym, że naszym celem jest osiągnięcie szczęścia, i oczywiście jest to temat przewodni naszych rozmów. Jeżeli chodzi o szczęście, badania wykazują, że ludzie są szczęśliwsi, żyjąc w homogenicznych wspólnotach czy społeczeństwach, w których nie ma zbyt wielu „ich". Co, jak sądzę, nie jest zaskakujące, ale trochę zniechęcające dla tych z nas, którzy żyją w wielokulturowych społeczeństwach, takich jak Stany Zjednoczone.

Jestem ciekaw, jakie są doświadczenia Waszej Świątobliwości w tej kwestii. Oczywiście tradycyjnie Tybet był bardzo homogeniczną kulturą, w niczym nie przypominał Stanów Zjednoczonych, gdzie obok siebie mieszkają przedstawiciele różnych kultur i ras. Tybetańczycy historycznie żyli w wielkiej izolacji, był to w rzeczywistości jeden z najbardziej odosobnionych krajów w dziejach świata, w którym społeczeństwo było praktycznie jednorodne z etnicznego punktu widzenia. Kiedy po raz pierwszy przyjechałem do Tybetu, kraj ten odwiedziło pewnie zaledwie kilkuset ludzi z Zachodu...

Kiedy to powiedziałem, przypomniałem sobie o tragicznej sytuacji Tybetu, w którym Chińczycy praktycznie dokonują ostatecznego zniszczenia tradycyjnej kultury swoją polityką przenoszenia tam ludności pochodzenia chińskiego (Han). Poczułem się bardzo głupio i zastanawiałem się, czy moje słowa nie wywołały u Jego Świątobliwości smutku czy bólu, przypominając mu o obecnym kryzysie. Ale nie zauważyłem u niego takiej reakcji, jego zachowanie się nie zmieniło, był uważny, jakby cały zamienił się w słuch.

Starając się ukryć zakłopotanie, szybko zacząłem mówić dalej:

– Rozmawialiśmy o tym, że ludzie naturalnie dzielą się na grupy – na nas i na nich. Ale z tych dwóch podziałów wynika równie naturalne, automatyczne uprzedzenie czy też negatywna reakcja na nich, instynktowny lęk czy podejrzliwość w stosunku do tych, których postrzegamy jako obcych. I oczywiście może on czasami przerodzić się w dyskryminację, uprzedzenia i tak dalej... Z czystej ciekawości – ponieważ Wasza Świątobliwość wychowywał się w bardzo homogenicznej kulturze, czy Wasza Świątobliwość pamięta, jak się czuł, kiedy po raz pierwszy zobaczył osobę pochodzącą z Zachodu czy jakiegokolwiek przedstawiciela innej rasy? Czy Wasza Świątobliwość pamięta, jak reagował w takich przypadkach? Czy odczuwał wówczas jakiekolwiek uprzedzenie?

Dalajlama pomyślał przez chwilę.

– Nie, nie pamiętam dokładnie takiego pierwszego spotkania. Ale oczywiście...

Nagle przerwał, po czym zaczął się śmiać z całego serca.

– Przypomniało mi się właśnie – powiedział, wciąż zanosząc się śmiechem – kiedy mój młodszy brat po raz pierwszy spotkał obcokrajowca. Był wtedy mały. Zobaczył bardzo wyróżniającego się z tłumu muzułmanina, z długą, rudą brodą. Był on Ujgurem ze wschodniego Turkiestanu. Nie było mnie wtedy razem z nim, ale potem dowiedziałem się, że kiedy mój mały braciszek go zobaczył, był do głębi poruszony! Tak się go wystraszył, że prawie zemdlał! – Dalajlama nie przestawał się śmiać, ledwie łapiąc oddech. – Przez trzy czy cztery dni po tym wydarzeniu nie mógł z siebie wydusić słowa, trzeba było odprawić dla niego rytuał uzdrawiający, aby wrócił do siebie.

Kiedy Dalajlama przestał się śmiać, ciągnął:

– Jeżeli zaś chodzi o mnie, to nie pamiętam żadnego konkretnego wydarzenia czy też szczególnego zaskoczenia. Oczywiście dorastając, widziałem białych, którzy mieszkali w brytyjskiej misji w Lhasie. Dawno temu w Tybecie zamieszkiwali również ujgurscy muzułmanie oraz oczywiście etniczni Chińczycy. Kiedy spotykałem tych ludzi, było dla mnie oczywiste, że są inni, zdecydowanie miałem takie poczucie. Ale nie przypominam sobie, żebym utrzymywał z tego powodu dystans czy był jakoś uprzedzony.

Spuścizna po zamierzchłej przeszłości naszego gatunku pozostawiła w nas naturalne przychylne nastawienie w stosunku do tych, których postrzegamy jako „swoich", a nieprzyjazne wobec tych, których uważamy za „innych". Ta natychmiastowa, instynktowna reakcja emocjonalna mózgu wobec osobników spoza naszej grupy, reakcja lęku, a nawet wrogości, może się przejawiać w formie subtelnej lub jawnej, od nieświadomej reakcji poniżej progu świadomości danej osoby, do przytłaczającego lęku czy wrogości. Automatyczna reakcja brata Dalajlamy jako małego dziecka stanowi doskonały przykład tego, jak silne mogą być te podstawowe mechanizmy.

Podobnie jak przychylne nastawienie, czyli faworyzowanie członków swojej grupy, owo uprzedzenie w stosunku do „obcych" z punktu widzenia ewolucji ma sens, ponieważ w czasie, kiedy rozwijał się ludzki mózg, rywalizacja z sąsiednimi grupami o skąpe zasoby była zażarta. Stawką było przetrwanie, a konkurencja w epoce lodowcowej zadałaby nam cios raczej kamiennym toporem, a nie pomysłową reklamą, mogłaby też całkowicie wykasować nas z rynku – podrzynając nam gardła, a nie tnąc ceny.

Jeżeli zatem pamiętamy, że nasz mózg został „zaprojektowany na zamówienie", aby szybko i skutecznie radzić sobie z najczęstszymi niebezpieczeństwami i problemami występującymi w plejstocenie – w czasie, kiedy zabójstwo było najnowszą, najbardziej nowoczesną metodą rozwiązywania konfliktów i kiedy spotkanie z nieznajomym stanowiło wielką niewiadomą – zauważamy, że zaprogramowanie mózgu, by reagował na członków innej grupy starym, dobrym ostrzeżeniem przed niebezpieczeństwem, aby utrzymać nas w gotowości, było niewątpliwie mądre.

Ów negatywny stosunek do osób spoza naszej grupy stał się podstawą uprzedzeń. Powszechna definicja uprzedzenia mówi, że jest to ogólne nastawienie wobec innych składające się z dwóch elementów: instynktownej, automatycznej niechęci, stanowiącej negatywną reakcję emocjonalną, taką jak lęk czy wrogość, w połączeniu z zestawem stereotypowych przekonań o tej grupie „innych". Stereotypy to zasadniczo fałszywe wyobrażenia, jak przekonanie o przyrodzonej wyższości „naszych" oraz niższości „innych".

## NEUROLOGICZNE ŹRÓDŁA UPRZEDZENIA

Co dzieje się w mózgu, kiedy pojawiają się zniekształcone sposoby myślenia oraz negatywne emocje związane z uprzedzeniami?

Aby prześledzić, jakim szlakiem biegną informacje w mózgu, możemy zacząć od wrażeń czysto zmysłowych, które docierają do nas z naszego środowiska: widoki, dźwięki, zapachy i informacje dotykowe. Bodźce wzrokowe są odbierane przez siatkówkę, czyli grupę komórek wewnątrz oka. Następnie informacje te są przekazywane nerwami wzrokowymi drogą wzrokową do obszaru położonego z tyłu mózgu, który przetwarza obrazy. Samo oko nie wie, co widzi, po prostu zapisuje wszystko, co znajduje się w naszym środowisku, w formie wzorów, kształtów, kolorów i cieni, ciemnych lub jasnych. To mózg przypisuje obiektom znaczenie, mówiąc nam, co widzimy, nazywając to. Mózg również upraszcza to, co zauważamy, odfiltrowując sporą część tego, co postrzega oko, formułując pierwsze wrażenia o obiektach, które rejestrujemy, i dzieląc je na ogólne kategorie, podejmując decyzje o tym, co jest istotne, czego powinniśmy być świadomi.

Aby zrozumieć, jak mózg opracowuje świat, odfiltrowując wiele informacji i stwarzając bardzo uproszczony obraz, można przeprowadzić prosty eksperyment. Zamknij oczy, odwróć się w przeciwną stronę, następnie otwórz je na około dziesięć sekund, starając się patrzeć i zauważyć wszystko, co widzisz w pokoju przed sobą. Następnie odwróć się z powrotem i zapisz, co znajdowało się w twoim bezpośrednim polu widzenia. Następnie znowu się odwróć i porównaj swoją listę ze wszystkimi rzeczami, które tak naprawdę się tam znajdują – uważnie i szczegółowo analizując każdy przedmiot w pokoju. Prawdopodobnie zaskoczy cię, jak wiele jest obiektów, na które patrzyłeś, lecz ich nie „zobaczyłeś". Chociaż patrzyłeś na nie szeroko otwartymi oczami, twój mózg sprawił, że te przedmioty były dla ciebie niewidoczne.

Po określeniu, że obiekt, który napotykamy, przynależy do kategorii „człowiek", dalej klasyfikujemy go jako należącego do nas lub do nich. Część tych informacji przechodzi do tak zwanego układu limbicznego, zbioru struktur głęboko w mózgu, które odgrywają ważną rolę w regulacji emocji, motywacji i pamięci. Z punktu widzenia ewolucji układ limbiczny jest bardzo stary, stanowi element prymitywnej części mózgu, którą posiadają również niższe gatunki zwierząt. Struktury w układzie limbicznym są odpowiedzialne za nasze natychmiastowe, instynktowne reakcje na rzeczy lub ludzi, których spotykamy, to nasze „pierwotne" reakcje – czy żywimy do obiektu pozytywne czy negatywne uczucia, czy on nas przyciąga czy odpycha, czy jest dobry czy zły?

Do układu limbicznego należy mała struktura w kształcie migdała, mieszcząca się głęboko w mózgu, zwana ciałem migdałowatym. To część naszego układu ostrzegającego nas przed niebezpieczeństwem, odpowiedzialna za wywoływanie takich emocji jak lęk i gniew, silnych reakcji emocjonalnych, które są pomocne w krytycznych, zagrażających życiu sytuacjach. Emocje rodzące się w ciele migdałowatym przygotowują nas do słynnej reakcji walki lub ucieczki przed niebezpieczną sytuacją, drapieżnikiem czy wrogiem. Ciało migdałowate jest niezwykle ważne dla naszych społecznych interakcji.

Istnieje coraz więcej dowodów naukowych określających ciało migdałowate jako głównego winowajcę – z biologicznego punktu widzenia – powstawania uprzedzeń i nienawiści, które ostatecznie prowadzą do wielu konfliktów w dzisiejszym świecie. Aktywność ciała migdałowatego polega na dostrzeżeniu potencjalnego zagrożenia i towarzyszy reakcji uprzedzenia czy też stronniczości w kontekście oceny społecznej. Ciało migdałowate reaguje na „obcych", wywołując lęk lub wrogość. Taka reakcja była właściwa czy pomocna naszym prehistorycznym przodkom, lecz trudno jej się oduczyć, choć dzisiaj może to być fałszywy alarm.

Informacje o naszym otoczeniu są wysyłane do wielu części mózgu. W tym samym czasie, kiedy dane są przekazywane do układu limbicznego, inne szlaki nerwowe kierują je do kory mózgowej – szczytowego osiągnięcia ewolucji człowieka – właściwej jedynie dla istot ludzkich. Mieści się ona na zewnętrznej powierzchni mózgu i stanowi najnowszy ewolucyjnie etap w jego rozwoju: to część związana z wyższymi funkcjami rozumowania, analizy i logiki – ośrodek racjonalnego myślenia. Tutaj właśnie zachodzi bardziej dokładna analiza obiektu czy osoby, dzięki czemu może się pojawić bardziej szczegółowe i właściwe zrozumienie. To „myśląca" część mózgu, w której rodzą się nasze świadome myśli i przekonania o innych. Tu też powstają stereotypy. A kiedy negatywne stereotypy czy fałszywe przekonania o „obcych" połączą się z negatywną reakcją emocjonalną wywołaną przez ciało migdałowate, powstaje uprzedzenie. W dalszej części książki przeanalizujemy, jak tworzą się owe fałszywe przekonania oraz jak je przezwyciężyć.

Trzeba pamiętać jeszcze o jednym: obszary, w których zachodzi racjonalne myślenie w korze mózgowej, oraz obszary odpowiedzialne za emocje w układzie limbicznym komunikują się ze sobą, łączą je bowiem szlaki nerwowe, dzięki czemu mamy pewną zdolność świadomego modyfikowania naszych zwyczajowych reakcji poprzez uczenie się na nowo, nowe doświadczenie i warunkowanie. Jak się okaże w dalszej części książki, to właśnie kora mózgowa może być naszym zbawieniem, to ta część mózgu, która potrafi uwolnić nas od prymitywnych odruchowych reakcji lęku, wrogości, nienawiści i uprzedzeń, jakie odziedziczyliśmy po naszych przodkach.

## STEREOTYPY I FAŁSZYWE PRZEKONANIA

Po tym, jak huragan Katrina zniszczył Nowy Orlean, w mediach pełno było opowieści i obrazów tego, co się działo potem, a relacje często skupiały się na ciężkim losie ocalałych. W wielu tych historiach biali, którzy byli zmuszeni opuszczać swoje domy z powodu spustoszenia, jakie siał huragan, byli opisywani właściwym w tym kontekście słowem „ewakuowani", podczas gdy czarnych często określano niewłaściwym mianem „uchodźców" – słowem, które implikuje, że jest to ktoś zmuszony przez okoliczności do szukania schronienia w obcym kraju, czyli obcy, jeden z nich. Na dwóch słynnych fotografiach czarnego mężczyznę niosącego dużą torbę przez sięgającą mu do pasa wodę podpisano słowem „szabrownictwo", które przywodzi na myśl kradzież, przemoc i niebezpieczeństwo. Zdjęcie zaś przedstawiające białą parę małżeńską, która robiła dokładnie to samo, opisano jako „poszukiwanie jedzenia", czyli wyrażeniem, które wywołuje zupełnie inne wyobrażenie – milutkich białych króliczków szukających marchewek lub nieszkodliwych wiewióreczek wypatrujących żołędzi.

– Wasza Świątobliwość – ciągnąłem – gdy jako Amerykanin mieszkający w wielokulturowym społeczeństwie myślę o różnych rodzajach negatywnych konsekwencji postawy my przeciwko nim, od razu w głowie pojawia mi się zagadnienie rasizmu. To był poważny problem w Stanach Zjednoczonych, źródło wielkiego cierpienia przez setki lat, choć teraz przejawia się w dużo łagodniejszej formie niż w przeszłości... Ponieważ skupiamy się na przyczynach niszczących konsekwencji poglądu my przeciwko nim, czy Wasza Świątobliwość ma jakieś przemyślenia co do dodatkowych, konkretnych przyczyn uprzedzeń i rasizmu?

– Pytasz o rasizm. Ale uważam, że uprzedzenie to nie tylko kwestia rasizmu dotyczącego koloru skóry, ma ono wiele wspólnego z mentalnymi projekcjami, fałszywym założeniem, że jedna grupa jest z natury niższa od innej.

Jeżeli spojrzymy choćby na jedno społeczeństwo, które jest jednorodne pod względem rasowym, znajdziemy w nim dyskryminację opartą na różnych fałszywych założeniach. Na przykład podczas mojej pierwszej wizyty w Afryce odwiedziłem Gabon, gdzie miałem wziąć udział w uroczystościach w Ośrodku Alberta Schweitzera. Jadąc tam, mijaliśmy kilka bardzo biednych wiosek. Dostrzegłem grupkę biegających dzieci, całkiem nagich, od stóp do głów umazanych krwią jednego z tych wysokich ptaków wodnych, którego właśnie zabiły, może żurawia czy flaminga. Krew kapała wszędzie. Bardzo mnie to zasmuciło. Niedaleko tych wiosek był ośrodek, do którego zmierzałem, a gdzie w luksusowych warunkach mieszkała rządząca elita tego kraju, z prezydentem włącznie. Poczułem, jak wielka przepaść dzieli tam władzę i ogół społeczeństwa. To było bardzo przygnębiające. Tak więc w tej samej grupie ludzi również wyczuwałem pewne uprzedzenia oparte na fałszywym przekonaniu o czyjejś niższości czy wyższości.

Oczywiście kiedy mówimy o takich kwestiach, jak uprzedzenia czy rasizm, zawsze wpływa na nie wiele różnych czynników, mnóstwo elementów przyczynia się do ich powstania. Na przykład jesteśmy uwarunkowani, aby utrzymywać te fałszywe przekonania, a to uwarunkowanie może pochodzić z różnych źródeł – w niektórych przypadkach mogą to być poglądy, jakie panowały w naszej rodzinie czy grupie, lub idee, które przyswajamy, dorastając w konkretnym społeczeństwie. Ważne mogą być nawet historyczne uwarunkowania, które odgrywają pewną rolę – na przykład źródłem niektórych uprzedzeń jest kolonializm.

Istnieje więc wiele różnych czynników, na których może się opierać dyskryminacja...

– Mówiąc „czynniki", Wasza Świątobliwość ma na myśli...?

– Na przykład zasobność portfela danej osoby czy też jej władza, wykształcenie czy status społeczny – wszystko to może służyć za podstawę poczucia przyrodzonej wyższości nad innymi. Brytyjczycy na przykład używają tytułów, takich jak „sir" czy „lord", które podkreślają różnice społeczne, implikując wrodzoną wyższość, rodząc poczucie oddzielenia. Oczywiście są też inne kryteria, takie jak idea, że moja religia jest lepsza od tej wyznawanej przez kogoś innego lub bardziej od niej prawdziwa.

Istnieje więc wiele form dyskryminacji i uprzedzeń, ale zasady są podobne. I bez względu na to, jakie kryterium ktoś obierze dla swojego poczucia wyższości, nieuchronnie będzie ono szkodliwe dla obu stron i może wywołać problemy.

Dalajlama ciągnął dalej:

– Bez względu na to, o jakie uprzedzenie czy dyskryminację chodzi, u jej podstaw leży zniekształcenie rzeczywistości, błędne poglądy czy przekonania o przyrodzonej wyższości jednej grupy nad inną.

Jego Świątobliwość spojrzał na zegarek i uświadomił sobie, że nasz wspólny czas dobiega końca. Powiedziałem więc:

– A zatem podsumowując...

– Bez względu na to, co stanowi podstawę czyjegoś uprzedzenia – odparł Dalajlama – na jakiego typu cesze opieramy nasze poczucie wyższości, prowadzi ono na dłuższą metę do problemów, musimy więc znaleźć sposób, aby je osłabić.

Kiedy nasza sesja już miała się zakończyć, przyszła mi do głowy pewna myśl.

– Wasza Świątobliwość, mówimy o uprzedzeniu oraz o tym, że podstawy, na których ludzie opierają swoje poczucie wyższości, są po prostu projekcjami umysłu, fałszywymi przekonaniami. Ale czasami niektórzy ludzie są naprawdę wyżsi pod pewnymi względami. Na przykład są grupy osób lepiej wykształconych. Jeżeli więc ludzie opierają swoje poczucie wyższości na fakcie, że są lepiej wykształceni niż inni, i jeżeli rzeczywiście tak jest, wówczas nie jest to fałszywe przekonanie, ma ono swoje uzasadnienie w rzeczywistości.

Dalajlama odpowiedział:

– Jak wspomniałem, kiedy mówimy o ludzkich zachowaniach i postawach, w grę wchodzi wiele czynników. To bardzo złożony temat – dodał z lekką irytacją. – Tak czy owak, nasze rozmowy i książka, nad którą pracujemy, nie będzie oceniana przez ONZ, nie musimy znaleźć rozwiązania wszystkich problemów na świecie. U źródeł takich postaw leżą nie tylko fałszywe przekonania, z buddyjskiego punktu widzenia przyczyną problemu są tak naprawdę splamienia umysłu. Postawy, takie jak arogancja i zarozumialstwo, są zakorzenione w niewiedzy.

A więc owszem, niektórzy ludzie mogą być bardziej kompetentni dzięki lepszemu wykształceniu, inni są gorzej wykształceni, niektórzy bardziej zamożni, inni mniej, niektórzy są piękniejsi, inni nie są tak urodziwi. Ale ważne jest jedno: że pomimo tych różnic musimy zawsze zachować szacunek dla wszystkich. Wszyscy są ludźmi i zasługują na szacunek na tym fundamentalnym poziomie. To jest niezmienna prawda.

Dalajlama włożył buty, kończąc nasze spotkanie. Rozmowa dotycząca sposobów przezwyciężania uprzedzeń będzie musiała poczekać.

Wojna w Rwandzie pomiędzy Tutsi a Hutu, o której wspomniałem wcześniej, to prawdopodobnie najbardziej skrajny przykład tej zasady z drugiej połowy ubiegłego stulecia. Po ludobójstwie, do którego tam doszło, ONZ ustanowiła Międzynarodowy Trybunał Karny dla Rwandy, aby skazać sprawców zbrodni – świadomej próby eksterminacji etnicznej grupy Tutsi przez przywódców Hutu. Kiedy na wokandę weszła pierwsza sprawa, poddano analizie termin „grupa etniczna". Pojęciem tym ogólnie określano odrębną grupę, której członkowie mają wspólny język lub kulturę. Ponieważ Tutsi i Hutu mieli wspólny język, religię i kulturę, sędziowie szybko zdali sobie sprawę, że plemienia Tutsi nie można uważać za oddzielną grupę etniczną. Koncepcja ludobójstwa dotyczyła również rasy, ale Tutsi nie odpowiadali także definicji oddzielnej rasy. Sędziowie odkryli, że ponieważ Tutsi nie stanowili odrębnej grupy pod względem etnicznym ani rasowym, nie można legalnie oskarżyć nikogo o zbrodnię „ludobójstwa".

Przez ponad rok cały sztab różnych sędziów i uczonych prawników, którzy wchodzili w skład trybunału, wydał mnóstwo zawiłych i sprzecznych opinii oraz decyzji, całkowicie zmieniając w międzyczasie swoje stanowisko i czterokrotnie uchylając swoje postanowienia, starając się znaleźć sposób, aby potraktować Hutu i Tutsi jako dwie odrębne grupy etniczne lub rasowe. Bez powodzenia. Sędziowie ostatecznie orzekli, że definicja ofiary w tych przypadkach będzie musiała być rozpatrywana indywidualnie, na skutek czego każda kolejna rozprawa o ludobójstwo zaczynałaby się od analizy tych samych sprzecznych i nieprzynoszących ostatecznego rozstrzygnięcia dowodów na tożsamość Hutu i Tutsi. Oczywiście nienawiść, która podsyciła wojnę i ludobójstwo, opierała się na absolutnym przekonaniu obu stron, że istnieją między nimi zasadnicze różnice etniczne, a nawet rasowe. A jednak, jak się okazało, „różnice" rasowe i etniczne, które stały się podstawą niewyobrażalnych okropieństw i rzezi, były urojone i nie miały odzwierciedlenia w rzeczywistości.

Jak więc doszło do powstania takich iluzji i fałszywych przekonań? W tym przypadku długie i skomplikowane dzieje Rwandy – ze zmieniającymi się rządzącymi partiami, programami politycznymi i strukturą władzy – stopniowo stworzyły przekonanie zarówno pośród Tutsi, jak i Hutu, że stanowią oni odrębne rasy pod względem etnicznym. Ale w rzeczywistości określenia „Tutsi" i „Hutu" zrodziły się jako tożsamości społeczne i ekonomiczne, a nie etniczne czy rasowe, a pojęcia te były płynne i elastyczne, oznaczały różne rzeczy dla różnych ludzi w różnych miejscach i o różnym czasie. Ogólnie rzecz biorąc, „Tutsi" oznaczało pierwotnie tych, którzy mają szlacheckie pochodzenie lub dzierżą władzę i bogactwo, natomiast „Hutu" ogólnie oznaczało przedstawicieli „ludu". Pojęcia te były jednak tak płynne, że linie Hutu, które zdobyły bogactwo, władzę i wpływy, mogły stać się Tutsi, a o ich korzeniach z czasem zapominano.

Do „etnizacji" pojęć „Hutu" i „Tutsi" doszło na skutek stworzenia pewnej politycznej konstrukcji, co, jak uważają niektórzy uczeni, zostało zapoczątkowane przez rządzący dwór Tutsi dopiero w XVIII i XIX wieku, aby zapewnić Tutsi wyższość nad Hutu. Późniejsi niemieccy i belgijscy kolonizatorzy umocnili te określenia, pozbawiając je płynności, formalnie instytucjonalizując pełny system klasyfikacji etnicznej wraz z poglądami dotyczącymi wyższości i niższości rasowej. Było to celowe działanie polityczne, które ustanawiało Tutsi rządzącym plemieniem, mającym pomagać rządzić kolonizatorom, co przyczyniło się do dalszego podziału i polaryzacji pomiędzy obiema grupami. Nadanie formalnego charakteru definicjom oddzielnych „ras" i grup etnicznych było jednak tak przypadkowe, że w 1933 roku Belgowie klasyfikowali tego, który posiadał mniej niż dziesięć krów, jako Hutu, a tego, który ich miał więcej, jako Tutsi!

Dylemat, przed którym stanął trybunał, dobitnie wyraża tragiczny aspekt nienawiści rasowej i uprzedzeń we wszystkich przejawach. Jak wspomniał Dalajlama, ogólnie opiera się on na zniekształconych, czyli fałszywych przekonaniach, czy jest to złudzenie dotyczące fundamentalnych różnic rasowych pomiędzy dwiema grupami, czy też fałszywe przekonanie o przyrodzonej niższości czy wyższości jednej lub drugiej grupy.

Dalajlama mówi, że u źródeł uprzedzenia znajdziemy fałszywe przekonania i zniekształcenie rzeczywistości. Badając mechanizmy leżące u podstaw działania mózgu podczas kształtowania się uprzedzenia, łatwiej zrozumieć, jak może dojść do takiego właśnie zafałszowania rzeczywistości. Wcześniej przeanalizowaliśmy, jak mózg, zalewany ogromną ilością napływających do niego informacji, lubi dzielić przedmioty i ludzi na ogólne kategorie. Co więcej, kiedy ktoś zostanie przypisany do konkretnej kategorii czy grupy społecznej, natychmiast uruchamiają się dotyczące jej stereotypy. To forma heurystyki, pewnego skrótu mentalnego, który stosuje mózg, a który ma mu pomóc łatwiej radzić sobie ze skomplikowanym światem. Takie działanie ma pewne zalety – na przykład pozwala nam szybko reagować na zjawiska, które zachodzą wokół nas, oraz oszczędza zasoby mózgu – czasami płacimy jednak za nie wysoką cenę. Może to bowiem prowadzić do zafałszowania rzeczywistości, tworzenia się nieprawdziwych przekonań czy stereotypów na temat innych grup, potencjalnie rodząc uprzedzenia, nienawiść, a ostatecznie przemoc.

Jak do tego dochodzi? Kategorie społeczne opierają się na upraszczaniu informacji, uogólnianiu i formułowaniu szybkich opinii. Zniekształcenie rzeczywistości zaczyna się właśnie na tym etapie. Pełne zrozumienie oraz stworzenie prawdziwego obrazu skomplikowanego człowieka, jego charakteru, właściwości, talentów, umiejętności, wartości i tak dalej, jest praktycznie niemożliwe, jeżeli opieramy się na kilku ogólnikach dotyczących grupy, do której naszym zdaniem on należy. Zarazem łatwo dokonywać zbytnich uogólnień – istnieje wiele badań świadczących o tym, że ludzie mają skłonność do znacznego wyolbrzymiania różnic pomiędzy grupami oraz przeceniania podobieństw wewnątrz grup, nie dostrzegając cech wyróżniających należące do danej grupy jednostki – to zjawisko „oni wszyscy są tacy sami".

Nasze stereotypy dotyczące konkretnej kategorii społecznej czy grupy mogą być pozytywne lub negatywne, mogą też się różnić stopniem trafności. Jednakże nawet „trafny" stereotyp, który odzwierciedla prawdziwe, przeciętne różnice pomiędzy grupami, opiera się na pewnym wypaczeniu – a im bardziej sprowadzamy złożoną ludzką istotę do kilku głównych cech, postrzegając daną osobę po prostu jako członka grupy, tym bardziej niepewna będzie nasza ocena. Przecież stereotypy polegają na ocenianiu człowieka, jeszcze zanim tak naprawdę go poznamy. Poza tym, osądzając kogoś na podstawie przynależności do określonej grupy społecznej, zdajemy się zapominać o tym, że prawdopodobnie należy on również do wielu innych grup społecznych, które w tym momencie pomijamy.

Problem z uprzedzeniami nie polega wyłącznie na tym, że mamy zniekształcone i fałszywe przekonania dotyczące innych grup, ale że one wzajemnie się wzmacniają. Uprzedzenie zaczyna się od negatywnej reakcji emocjonalnej na inną grupę, a my mamy naturalną skłonność do formułowania przekonań dotyczących grupy, które są spójne z naszym emocjonalnym „instynktownym" uprzedzeniem. Podobnie przypisujemy pozytywne cechy własnej grupie, postrzegając ją zawsze jako lepszą, a „innych" jako gorszych. Badanie przeprowadzone na trzydziestu afrykańskich plemionach wykazało na przykład, że każde z nich uważało się za lepsze od pozostałych.

Oczywiście przekonania te rozwijają się niezależnie od tego, czy są prawdziwe czy nie. Niestety, kiedy wykształcimy owe błędne przekonania czy stereotypy, zwykle są one bardzo trwałe i sztywne. Badania wykazały, że mózg wybiera te informacje z naszego środowiska, które są zgodne z naszymi przekonaniami, na przykład z tym o przyrodzonej niższości innych grup, odfiltrowując sprzeczne dane. Kiedy zaobserwowane zachowanie czy cecha jest niejednoznaczna, tak zniekształcamy i filtrujemy nasz sposób postrzegania, żeby pasowała ona do naszego nastawienia.

Choć, jak powiedział Dalajlama, nasze fałszywe przekonania o innych grupach stanowią bezpośrednią przyczynę okrucieństwa, do którego dochodzi na świecie, tragiczne jest to, że na ogół nie jesteśmy nawet świadomi tego, jak mózg wybiórczo filtruje, pomniejsza czy wyolbrzymia informacje, tak aby pasowały do naszych wyobrażeń.

## KIEDYŚ I TERAZ

Kilka lat temu badacze przeprowadzili eksperyment na temat faworyzowania członków własnej grupy. Badanych przypisano do jednej z dwóch grup grających w grę komputerową. Mieli oni możliwość nagradzania prawdziwymi pieniędzmi innych graczy z dowolnej drużyny. Poinformowano ich jednak, że sami od nikogo nie otrzymają żadnych pieniędzy w tym eksperymencie. Faworyzowanie członków własnego zespołu mierzone było tym, ile pieniędzy badany przeznaczał dla członków swojej ekipy. Jak można się spodziewać, badani sprzyjali i nagradzali własną grupę. Ale znamienne jest to, że po pierwsze, za faworyzowanie własnej grupy badany nie dostawał nagrody materialnej, nie miał z tego żadnych korzyści. Po drugie, nie otrzymywał żadnych informacji o członkach jednej czy drugiej drużyny – „gra" była przeprowadzana anonimowo na komputerze. Badanych przypisywano do zespołów na podstawie rzutu monetą. Dlatego skłonność badanego do sprzyjania swojemu zespołowi lub poczucie, że jego grupa jest w jakiś sposób lepsza, były całkowicie przypadkowe, oparte jedynie na tym, że on sam należał do tej właśnie grupy.

Eksperyment ten wskazuje pewną istotną kwestię, o której wcześniej wspomniał Dalajlama. W naszej zamierzchłej przeszłości jako gatunku faworyzowanie „swoich" oraz żywienie uprzedzeń w stosunku do członków innych grup było zachowaniem przystosowawczym. W czasach kiedy „obcy" często stanowili zagrożenie dla naszego istnienia, reagowanie na nich automatycznym, instynktownym sygnałem ostrzegającym przed niebezpieczeństwem mogło uratować nam życie. Sprzyjanie własnej grupie również przynosiło wymierne korzyści, pomagając nam przetrwać i się rozmnażać.

Oczywiście od czasu do czasu nawet dzisiaj te reakcje mogą być pomocne w niektórych sytuacjach. Na przykład faworyzowanie członków własnej grupy może się przyczynić do poczucia bliskości, więzi i przynależności. Nawet negatywne uprzedzenia, które stanowią część systemu ostrzegawczego w mózgu, mogą się przydać, a wręcz uratować nam życie w sytuacji zagrożenia, gdy zaatakują nas członkowie innej grupy.

Ale problem polega na tym, że teraz mamy mózg, który rozwinął się, abyśmy mogli radzić sobie z problemami, przed jakimi stawali nasi przodkowie w epoce lodowcowej milion lat temu; mózg, który się nie zmienił z anatomicznego punktu widzenia od ponad stu tysięcy lat. Świat jest teraz zupełnie inny, a jednak nasz mózg wciąż automatycznie, instynktownie, ślepo reaguje w taki sam sposób jak setki tysięcy lat temu, nawet jeżeli obecnie takie reakcje nie mają wartości przystosowawczej i nie przynoszą nam żadnych korzyści, jak we wspomnianym eksperymencie z grą komputerową.

Oczywiście, jak mówi Dalajlama, problem nie polega tylko na tym, że reagujemy w sposób, który nie przynosi nam żadnych korzyści i nie jest dla nas pożyteczny, ale że te prymitywne, instynktowne reakcje mogą mieć potencjalnie katastrofalne skutki. W rzeczywistości strategie, które rozwinął nasz mózg, aby radzić sobie z problemami plejstocenu, wówczas sprzyjające dobru człowieka i przetrwaniu naszych przodków, dzisiaj mogą doprowadzić nas do upadku.

Nasz mózg doskonale rozpoznaje niebezpieczeństwa, zagrożenia i szybko reaguje, ale kiedy tworzymy stereotypy oparte na wyimaginowanych różnicach, na ich podstawie rodzą się uprzedzenia, potem zaś działamy na oślep według programów napisanych dla naszych odległych przodków i zakodowanych w naszych zwojach mózgowych. Rezultaty mogą być tragiczne. Na przykład w dzisiejszym współzależnym świecie, kiedy nasze przetrwanie zależy od współpracy z innymi grupami, automatyczne reagowanie na określonych ludzi tak, jakby byli wrogami, jest dla nas bardzo niekorzystne. Przemoc i okrucieństwa, które dziś obserwujemy, są w dużej mierze rezultatem opierania naszych zachowań na tych właśnie prymitywnych mechanizmach funkcjonowania mózgu.

ROZDZIAŁ 4

# PRZEZWYCIĘŻANIE UPRZEDZEŃ

W listopadzie 2008 roku Amerykanie po raz pierwszy w historii wybrali na prezydenta Afroamerykanina. Było to niezwykle ważne wydarzenie, nie do pomyślenia zaledwie w poprzednim pokoleniu. Dwa pokolenia wstecz segregacja rasowa panowała powszechnie na południu Stanów Zjednoczonych, a ludzie ze wszystkich warstw amerykańskiego społeczeństwa otwarcie manifestowali bigoterię i rasizm. Patrząc zaś z ogólnoświatowej perspektywy, nie przeminęły nawet trzy pokolenia, odkąd wydarzył się horror Holokaustu – najgorszy przejaw ludzkich uprzedzeń i nienawiści, jaki można sobie wyobrazić, prawdziwy upadek człowieczeństwa. Kiedy spojrzymy wstecz na jawną dyskryminację w czasach naszych dziadków, wygląda na to, że poczyniliśmy ogromne postępy w przezwyciężaniu uprzedzeń i walce z rasizmem.

Żebyśmy jednak nie popadli w samozadowolenie, najnowsze badania wskazują, że problem uprzedzeń wcale nie został rozwiązany. Jest on bardziej rozpowszechniony, niż się nam wydaje. Uprzedzenia nie zniknęły, a jedynie przejawiają się w subtelniejszych formach. Według niektórych szacunków 80 procent mieszkańców zachodnich krajów demokratycznych twierdzi, że nie żywią żadnych uprzedzeń i nie przejawiają zachowań dyskryminujących, podczas gdy znakomita mniejszość, może zaledwie 10 procent populacji, otwarcie przyznaje się do rasizmu. Badania wykazują jednak, że nawet ci, którzy uważają się za całkowicie nieuprzedzonych, często z wielkim zdziwieniem odkrywają, że wciąż utrzymują subtelną nietolerancję, kiedy podda się ich testowi psychologicznemu. Choć te nieświadome uprzedzenia są mniej widoczne, ich skutki mogą być równie niszczące, wpływają bowiem na naszą ocenę i zachowanie w bardziej subtelny, ale realny sposób.

Przyjrzawszy się, jak powstają uprzedzenia, i uznawszy ich niszczące skutki, czas przeanalizować, jak je przezwyciężyć i znaleźć podejście, które przełamie bariery pomiędzy różnymi jednostkami i grupami. Miejmy nadzieję, że uda się nam odkryć sposób nawiązania podstawowej ludzkiej więzi nawet z tymi, których zwyczajowo postrzegalibyśmy jako odmiennych od nas.

– Wasza Świątobliwość – zacząłem – to nasze ostatnie spotkanie w najbliższym czasie. W tym tygodniu omawialiśmy korzyści wynikające ze zmiany naszego spojrzenia z ja na my oraz poczucia przynależności do większej wspólnoty, jak również potencjalne niebezpieczeństwa sytuacji, kiedy to zdrowe poczucie my przeradza się w postawę my przeciwko nim – co może prowadzić do uprzedzeń, dyskryminacji i rasizmu.

– To prawda.

– Wczoraj Wasza Świątobliwość mówił o potrzebie przezwyciężania uprzedzeń, rasizmu oraz fałszywych przekonań dotyczących innych grup. To prowadzi nas do ostatniego tematu w tym tygodniu, czyli sposobów przezwyciężania uprzedzeń.

– Doskonale.

– Pytanie więc brzmi, jak według Waszej Świątobliwości mamy się do tego zabrać?

– Powiedziałbym, że nie ma jednego podejścia – odparł Dalajlama. – Potrzebujemy wielu różnych postaw.

– Powiedzmy, że w jakimś społeczeństwie panują rasizm i uprzedzenia – żyje tam wielu ludzi, którzy uważają, że ich grupa jest lepsza od innej, i żywią silne uprzedzenia oraz wrogość w stosunku do członków drugiej grupy. Od czego zacząć? Jak sprawić, żeby pozbyli się uprzedzeń i rasistowskich poglądów?

– Oczywiście – zaczął Dalajlama – zawsze będziemy dawać pewne pierwszeństwo członkom własnej grupy, ale tutaj mówimy o łagodzeniu naszych uprzedzeń i dyskryminacji w stosunku do innych grup. Jak wspomniałem, można zastosować kilka metod.

Pierwszym krokiem będzie niewątpliwie zmotywowanie ludzi. Oczywiście muszą oni przejawiać pewną gotowość do przyjrzenia się swoim uprzedzeniom. To ma kluczowe znaczenie. Następnie muszą wzbudzić w sobie otwartość, aby zrewidować swoje zwyczajowe poglądy.

– Jak zatem motywować ludzi, aby zrewidowali swoje postawy?

– Zwiększając ich świadomość negatywnych skutków postaw, które kultywują, zachęcając do refleksji nad tym, że deprecjonowanie innego człowieka jest na dłuższą metę szkodliwe dla nich samych.

– A następny krok?

– Następny krok to zakwestionowanie przekonań, na których opierają się uprzedzenia, owych fałszywych opinii o innej grupie, takich jak przekonanie o naszej przyrodzonej wyższości. Ogólnie rzecz biorąc, uprzedzenia, bez względu na ich podstawę, stanowią rezultat warunkowania zachodzącego w kulturze, w której dorastamy, lub w naszej rodzinie. Musimy więc pokonać to uwarunkowanie. Można to zrobić, aktywnie kwestionując wypaczone poglądy i fałszywe przekonania, przedstawiając argumenty pozwalające je zrewidować, wskazując, że przesłanki, na których się opierają, są nierzadko błędne, że są to fałszywe projekcje. To kwestia odkrywania rzeczywistości.

Paradoksalnie częściowo powodem, dla którego do 80 procent mieszkańców Zachodu wciąż żywi subtelne uprzedzenia, może być atmosfera „politycznej poprawności", tak rozpowszechniona w naszej kulturze. Pragnienie społecznej akceptacji i autentyczne zażenowanie swoimi poglądami może prowadzić wielu ludzi do tłumienia czy zaprzeczania własnym myślom i uczuciom podyktowanym uprzedzeniami. Niektóre badania pokazują, że próby stłumienia takich myśli, szybkiego „zamiecenia ich pod dywan", nie uwalniają nas od samych uprzedzeń, a wręcz mogą je wzmacniać.

Zdaniem niektórych badaczy dzieje się tak z powodu zjawiska „nie myśl o różowym słoniu": im mocniej starasz się nie myśleć o słoniu, tym bardziej prawdopodobne jest, że będziesz o nim myślał. To wyjaśnia, dlaczego większość Amerykanów w dzisiejszych czasach – znacznie mniej niż w pokoleniu naszych dziadków – nie głosi rasistowskich poglądów, ale zarazem nasze społeczeństwo wciąż pełne jest napięć rasowych z powodu subtelnej nietolerancji, której ludzie sobie nawet w pełni nie uświadamiają. Badania wykazują, że kiedy szeroko rozpowszechnione, subtelne uprzedzenia tlą się pod powierzchnią pozornie spokojnego i tolerancyjnego społeczeństwa, okres niepokoju społecznego, spadku gospodarczego czy inne napięcia mogą czasami wywołać nagły wybuch jawnych uprzedzeń rasowych czy nawet doprowadzić do konfliktu, wtedy bowiem ludzie wracają do bardziej prymitywnych sposobów reagowania.

Dalajlama przedstawia rozsądne podejście pozwalające pokonać zarówno subtelne, jak i jawne uprzedzenia. Zaczyna od podkreślenia, jak ważne jest to, abyśmy rozpoznali i otwarcie się przyznali do naszych uprzedzeń i przekonań wynikających ze stereotypów, zamiast je ukrywać, tłumić czy im zaprzeczać. Następnie powinniśmy aktywnie zakwestionować przekonania, które są niezgodne z prawdą. Badania potwierdzają, że kiedy zamiast tłumić własne uprzedzenia, otwarcie się do nich przyznamy, wprost je zakwestionujemy i obalimy, możemy je przezwyciężyć. I nie ma wątpliwości co do tego, że niektóre z naszych fałszywych przekonań są tak głęboko uwarunkowane, że ich przezwyciężenie wymaga silnej motywacji, która może pochodzić z głębokiego zrozumienia krzywdy, jaką te poglądy wyrządzają nam samym na dłuższą metę.

Jak się okazuje, już samo to podejście może złagodzić nasze uprzedzenia – ale w toku naszych kolejnych rozmów Dalajlama przedstawił kilka dodatkowych strategii, za pomocą których możemy pokonać nasz brak tolerancji.

Kontynuowaliśmy naszą rozmowę na temat pokonywania uprzedzeń. Propozycja Jego Świątobliwości, że można wznieść się ponad warunkowanie, aktywnie obalając fałszywe przekonania, wydawała się bardzo rozsądna. Jednak dla przeciętnego człowieka może to nie być takie proste. Przecież większość ludzi nie przeszła trwającego kilkadziesiąt lat treningu w logicznym myśleniu i debatowaniu oraz nie ćwiczy umysłu przez całe życie jak Dalajlama. Zauważyłem więc:

– Wygląda na to, że czasami owo warunkowanie jest tak silne, że trudno nakłonić ludzi do zmiany głęboko zakorzenionych przekonań... Tak z ciekawości, czy Wasza Świątobliwość spotkał kiedyś kogoś, kto zrewidował swój sposób myślenia?

– O, tak – odpowiedział Dalajlama z wyraźnym entuzjazmem. – Pamiętam na przykład pewne doświadczenie w RPA, bardzo dla mnie poruszające.

– Czy Wasza Świątobliwość mógłby mi o nim opowiedzieć?

– Tak, było to w getcie ludności kolorowej w Soweto, w dzielnicy nędzy Johannesburga. Zaplanowano tam dla mnie odwiedziny w domu, w którym mieszkała zwyczajna rodzina. Spędziłem u nich dwie godziny, mieliśmy czas, aby porozmawiać przy herbacie. Dołączył do nas przyjaciel rodziny, którego mi przedstawiono jako nauczyciela. Było to tuż po upadku apartheidu. Powiedziałem im: „Teraz w waszym kraju zmienił się rząd, wprowadzono demokrację, uzyskaliście równość polityczną, myślę więc, że wszystkie możliwości są dla was otwarte. Ale zmiana ludzkich umysłów i postaw zajmuje trochę czasu, może więc potrwać, zanim ludzie zaakceptują tę równość na płaszczyźnie psychologicznej". Wtedy ten nauczyciel powiedział: „Nawet mając równe możliwości, nie będziemy w stanie konkurować z białymi, ponieważ z natury jesteśmy mniej inteligentni". On naprawdę był święcie przekonany o tym, że żyjący tam czarni mają gorsze geny, że ich mózgi nie są tak sprawne, jak mózgi białych. Bardzo mnie zasmuciło, że on w to wierzy. Próbowałem z nim dyskutować, powiedziałem mu, że to nieprawda, że to fałszywy pogląd, ale mi nie uwierzył. Jego uwarunkowanie było tak silne, że był przekonany o swojej rasowej niższości.

Spędziłem tam długi czas, rozmawiałem z nauczycielem, używałem różnych argumentów, próbowałem go przekonać, że nie jest gorszy. W końcu, kiedy nasze spotkanie dobiegało końca, udało mi się. On westchnął głęboko i powiedział: „Tak, myślę, że Wasza Świątobliwość ma rację. Teraz już wiem, że jesteśmy równi". Był to dzień, który do dziś doskonale pamiętam. Byłem szczęśliwy i bardzo mi ulżyło. Ten człowiek zmienił swoje zapatrywania. Poczułem, że przynajmniej w jego życiu udało mi się coś zmienić.

Kiedy Dalajlama opowiadał tę historię, w jego głosie wyczuwało się przejęcie i ekscytację, a w jego oczach błyszczała żarliwość, co podkreślało wyraźne wrażenie głębokiej satysfakcji i przyjemności. Miał autentyczne poczucie wielkiego osiągnięcia, jakby opisywał jedno z największych dokonań w swoim życiu. Jego życie pełne jest wielkich sukcesów – niezliczonych zaszczytów, wyróżnień i nagród, ma w swoim dorobku nawet Nagrodę Nobla – a jednak przez te wszystkie lata, kiedy go znałem, rzadko miałem okazję słyszeć, aby opowiadał o czymś z takim entuzjazmem oraz wyraźną dumą i satysfakcją, jak wtedy, kiedy mówił o swojej wizycie u afrykańskiego nauczyciela.

Spytałem:

– Jakich argumentów użył Wasza Świątobliwość, aby go przekonać?

– Kilku. Przede wszystkim podzieliłem się z nim własnym doświadczeniem z Chińczykami. Wyjaśniłem mu, że Chińczycy uważają Tybetańczyków za zacofanych i gorszych, na pewno nie równych sobie. Następnie wyjaśniłem, że nie jest to prawda, że to fałszywe przekonanie, i opowiedziałem mu o naszych doświadczeniach na uchodźstwie. Opowiadałem, jak dzięki własnemu wysiłkowi i ciężkiej pracy możemy stać się równi, że kiedy umożliwiono nam edukację, byliśmy w nauce tak dobrzy jak Chińczycy. Wykazałem, że to tylko kwestia możliwości, dostępności oraz pewności siebie, która pozwala z tego skorzystać. Następnie wyjaśniłem, że z naukowego punktu widzenia, jeżeli chodzi o budowę mózgu na podstawowym biologicznym poziomie, nie ma między nami żadnych różnic. Wszyscy ludzie mają taki sam potencjał. Mniej więcej takich argumentów używałem.

– Wasza Świątobliwość, przypadek tego nauczyciela jest nieco inny niż kwestie, które przedtem poruszaliśmy. Dotąd mówiliśmy o tym, że ludzie faworyzują członków własnej grupy, a żywią uprzedzenia w stosunku do „obcych", na przykład mniejszości rasowych. Dzieje ludzkości pełne są okropnych historii o ucisku mniejszości oraz stygmatyzacji pewnych grup.

Tutaj zaś mamy do czynienia z sytuacją, kiedy członek uciskanej grupy przyjmuje fałszywe przekonanie o własnej niższości. Oczywiście, jak mówiliśmy, choć ludzie są równi, mają skłonność do przekonania o wyższości własnej grupy. W tym przypadku obraz komplikuje nam inna dynamika. Opowieść, którą podzielił się z nami Wasza Świątobliwość, przypomina mi teorie o podstawowych mechanizmach psychologicznych działających w takich przypadkach...

– Jakie to teorie? – spytał Dalajlama.

– Jednym czynnikiem jest to, że grupa może mieć potrzebę zracjonalizowania nierówności i niektórym łatwiej jest przyjąć, że oni sami czy też grupa, do której należą, zrobiła coś złego lub ma jakąś naturalną słabość, niż wierzyć w to, że są bezbronnymi ofiarami dyskryminującego społeczeństwa. Myślę, że na głębokim poziomie psychologicznym przekonanie o przyrodzonej niższości naszej grupy wywołuje mniej niepokoju niż poczucie, że istnieje niesprawiedliwy, działający na zasadzie przypadku świat, w którym ciosy rozdawane są na oślep, a zło dotyka ludzi bez żadnego powodu. Dlatego wygląda na to, że stereotypów często używa się do racjonalizacji, czyli próby znalezienia sensu w bezsensownym świecie. Może to więc działać w obie strony – negatywne stereotypy dotyczące grupy mogą prowadzić do nierówności, a ona z kolei podsyca stereotypy.

Oczywiście taka racjonalizacja może wzmacniać uprzedzenia zarówno wśród ciemięzców, jak i wśród ciemiężonych. Istnieją badania wskazujące na to, że ludzie nie lubią wierzyć w niesprawiedliwość, a idea świata, w którym złe rzeczy przydarzają się w sposób losowy, jest bardzo niepokojąca dla większości ludzi na głębokim poziomie. Myślą oni: „Jeżeli ktoś jest źle traktowany bez żadnego powodu, nie zasługując na to, to samo może przytrafić się mnie!" Dlatego też, jeżeli komuś przytrafia się coś złego, to przynajmniej część z nas chce wierzyć, że on sobie na to w jakiś sposób zasłużył. Kiedy więc widzimy grupy dyskryminowane w naszym społeczeństwie, mające niski status społeczny lub takie, które są aktywnie uciskane, mamy skłonność do myślenia, że członkowie tych grup posiadają jakąś cechę odpowiedzialną za ten stan rzeczy.

Dalajlama w zamyśleniu pokiwał głową, a ja kontynuowałem:

– Tak czy owak wydarzenie, o którym opowiedział Wasza Świątobliwość, przypomina mi też o jednym z najbardziej katastrofalnych i tragicznych skutków uprzedzeń rasowych: o koncepcji groźby stereotypu.

– Na czym ona polega? – zapytał.

– To sytuacja, w której członkowie grupy społecznej podlegającej stereotypom osiągają wyniki gorsze od spodziewanych, tak aby odpowiadało to negatywnemu stereotypowi. Uważa się, że leżący u podstaw tego zachowania mechanizm polega na tym, że człowiek podświadomie boi się, że jego zachowanie lub osiągnięcia potwierdzą istniejący stereotyp dotyczący grupy, do której należy. Wywołuje to pewien niepokój, który następnie wpływa na wielorakie funkcje umysłowe, takie jak pamięć i krytyczne myślenie, a to prowadzi do upośledzenia wydajności i uzyskiwanych rezultatów – co z kolei potwierdza negatywny stereotypowy wizerunek.

Istnieje wiele badań dokumentujących ten efekt, pokazujących, że aby go uruchomić, czasami potrzeba tylko małego przypomnienia, że jest się członkiem grupy podlegającej określonym stereotypom. Na przykład podanie grupie czarnych studentów kwestionariusza, w którym mieli oni zaznaczyć pole oznaczające ich rasę przed wypełnieniem standaryzowanego testu, wystarczyło, aby obniżyć ich wyniki. Podświadomie zaktywizowało to stereotyp, że czarni studenci są mniej inteligentni i osiągają gorsze wyniki w tego typu testach. W pewnym ciekawym badaniu pośrednio przypomniano grupie studentek z Azji, że są Azjatkami, co poprawiło ich wyniki na teście z matematyki, przywołując stereotyp, że studenci z Azji są lepszymi matematykami. Następnie w późniejszym teście – z tą samą grupą – przypomnienie o płci studentek obniżyło ich wyniki, uruchomiając stereotyp, że dziewczyny są gorsze z matematyki. Tego typu badania doprowadziły niektórych badaczy do wniosku, że groźba stereotypu może się przyczynić do obserwowanej od lat przepaści w wynikach naukowych w Stanach Zjednoczonych pomiędzy białymi studentami a przedstawicielami mniejszości rasowych, na przykład czarnymi i Latynosami.

Wyczuwając, że Dalajlamę może nudzić mój wywód i zdominowanie rozmowy, oraz pragnąc poznać jego poglądy na ten temat, powiedziałem:

– Tak czy owak, Wasza Świątobliwość, chciałbym wrócić do rozmowy o tym, jak przezwyciężyć uprzedzenia w stosunku do innych. Wasza Świątobliwość przytoczył kilka argumentów przeciwko rasizmowi, których użył, aby przekonać przedstawiciela mniejszości, że nie jest gorszy. Zastanawiam się jednak, jaki tok rozumowania przyjąłby Wasza Świątobliwość w rozmowie z kimś z przeciwnej strony, z rasistą czy bigotem, który uważa, że inni ludzie są w jakiś sposób gorsi. Czy Wasza Świątobliwość użyłby tych samych argumentów przeciwko rasizmowi? Jak Wasza Świątobliwość przekonywałby rasistów, aby porzucili uprzedzenia?

Dalajlama zawahał się przez chwilę.

– Te argumenty są równie właściwe, bez względu na to, komu je przedstawiamy. To wciąż kwestia przekroczenia fałszywych przekonań, które mogą stanowić część kulturowego uwarunkowania danej osoby. Powinniśmy jej wyjaśnić, że pogląd, iż jedna rasa jest wyższa od innej, to, krótko mówiąc, zwykła ignorancja, głupota – odparł z przekonaniem. – Rzeczywistość jest taka, że nie ma żadnej naukowej, moralnej czy etycznej podstawy dla tego typu uprzywilejowania. Można z pełną mocą stwierdzić, że poczucie wyższości rasowej jest tak naprawdę formą iluzji. Na przykład niektórzy mogą wytykać innym ubóstwo czy też twierdzić, że w naturalny sposób są od nich gorsi, ale faktem jest, że gdyby tamci ludzie otrzymali takie same możliwości, po jakimś czasie ta przepaść by zniknęła. Można logicznie argumentować, że gdyby przedstawiciele drugiej rasy dostali szansę pokazania, na co ich stać, okazałoby się, że mają taki sam naturalny potencjał.

– Myślę jednak, że trudniej byłoby przekonać kogoś, kto uważa, że jest lepszy od drugiego – stwierdziłem. – Czy Wasza Świątobliwość użyłby jeszcze jakichś innych argumentów?

Dalajlama rozważał przez chwilę to pytanie.

– W tym przypadku, jak wspomniałem wcześniej, odwoływałbym się do korzyści dla danej osoby, wskazując na szkodliwy wpływ tego typu przekonań. Powiedzmy na przykład, że ktoś prowadzi interesy. Sukces w biznesie często zależy od naszej reputacji, a reputacja człowieka, który żywi uprzedzenia, zaszkodziłaby powodzeniu finansowemu. Taka osoba straciłaby również szacunek tych, którzy z nią lub dla niej pracują, mniej ludzi chciałoby z nią współpracować. Tak więc koniec końców ona sama by z tego powodu ucierpiała. Widać więc, że rasizm może mieć negatywny wpływ na nasze życie osobiste, przynajmniej na dłuższą metę.

Jeszcze jedno. Poprosiłbym tę osobę, aby naprawdę zastanowiła się nad niepewnością i napięciami, jakich doświadcza się w rasistowskim społeczeństwie. Życie w społeczności, w której panuje napięta atmosfera, odbija się bardzo niekorzystnie na naszej psychice. Może również fatalnie wpływać na nasze zdrowie fizyczne, jako że w takich społeczeństwach łatwiej wybucha przemoc.

Dalajlama wziął łyk gorącej wody, a następnie dodał:

– Coś mi się przypomniało. Wcześniej zastanawiałeś się, jak naturalne poczucie różnic i ów podział na my i oni może doprowadzić do destrukcji, do przemocy. Ważną sprawą jest tutaj brak kontaktu z innymi, tymi po drugiej stronie. A jeżeli to przeanalizujemy, możemy prześledzić krok po kroku, jak prowadzi to do przemocy. Brak kontaktu z innymi czy też odseparowanie od nich jest tutaj ważnym czynnikiem, ponieważ przyczynia się do niewiedzy na temat tej drugiej grupy. Ona zaś może następnie przerodzić się w stereotypy, o których wspomniałeś. Może to również doprowadzić do większej podejrzliwości w stosunku do drugiej grupy, która z kolei łatwo przekształca się w lęk. A kiedy ludzie działają powodowani lękiem, jedną z potencjalnych reakcji będzie agresja. Jest to tak naprawdę jedna z najczęstszych reakcji. Widzisz więc, że z powodu lęku, nieufności, zachowanie ludzi czasami staje się bardziej agresywne, pełne przemocy.

Zatem kiedy między ludźmi pojawiają się wyraźne podziały, zachodzi możliwość wybuchu przemocy. Pamiętam na przykład, że kilka lat temu doszło do zamieszek w jednej ze społeczności w Los Angeles, w dzielnicy, którą zamieszkiwali głównie Koreańczycy – był to rezultat napięć rasowych. Życie w bardziej stabilnym społeczeństwie, w spokojniejszych warunkach, leży w interesie każdego z nas, tak podpowiada zdrowy rozsądek. Poprosiłbym więc tę osobę, aby przeanalizowała uczucia podejrzliwości, lęku i niepokoju, których zapewne doświadcza, spacerując po okolicy zamieszkiwanej głównie przez przedstawicieli mniejszości, i zastanowiła się, czy nie byłoby lepiej, gdyby mogła pójść wszędzie, nie czując się zagrożona.

– Cóż – stwierdziłem – nie wiem, czy to wystarczająco przekonujący argument dla niektórych rasistów. Odpowiedzieliby pewnie: „Po prostu bym tam nie chodził".

Dalajlama zaśmiał się.

– Moglibyśmy też poprosić przedstawicieli innej rasy, aby zapukali do drzwi tego człowieka i przedstawili mu swoje argumenty za pomocą pałek i kijów!

Zaśmiał się znowu, po czym ciągnął:

– Ale mówiąc poważnie, zawsze będą tacy, których nie uda się przekonać. Między ludźmi istnieje wiele różnic. Ale możemy się starać coś zmienić, prosząc ich, aby spróbowali sobie wyobrazić, jak wyglądałoby ich życie w społeczeństwie, w którym panują mniejsze napięcia, jest mniej lęku, wrogości, jak cudowne by to było... Zapytałbym takiego człowieka, czy chce, żeby jego dzieci żyły w społeczeństwie, w którym panują nienawiść i lęk. Koniec końców każdy przecież pragnie, aby jego rodzinie i jemu samemu żyło się bezpiecznie.

– Wasza Świątobliwość, myślałem właśnie o naszej rozmowie, w której poprosiłem Waszą Świątobliwość o podzielenie się swoimi wrażeniami z pierwszego spotkania przedstawiciela innej rasy. Wasza Świątobliwość powiedział wtedy, że nie pamięta, żeby zareagował jakimkolwiek uprzedzeniem czy negatywnym nastawieniem. Między różnymi grupami istnieje jednak wiele różnic oprócz rasowych. Myślę więc, że choć nie było dyskryminacji rasowej, kiedy Wasza Świątobliwość dorastał w Tybecie, z pewnością w ówczesnym społeczeństwie istniały inne jej formy. Czy Wasza Świątobliwość nie żywił żadnych uprzedzeń w stosunku do innych grup?

Dalajlama przez chwilę się zastanawiał.

– Tak, być może miałem pewne uprzedzenia na gruncie religijnym.

– Jakie?

– W przeszłości miałem poczucie dystansu, wręcz uprzedzenia, w stosunku do innych tradycji. Na przykład w Tybecie niektórzy ludzie wyznawali islam, jak też naszą rdzenną, prebuddyjską religię bon. Pamiętam, że miałem do nich dystans, ale później pokonałem te uprzedzenia.

– Jak się to udało Waszej Świątobliwości?

– Dzięki temu, że lepiej poznałem ich punkt widzenia, lepiej ich zrozumiałem.

– Mówiąc o zdobywaniu wiedzy jako jednej ze strategii, która pomaga pokonać uprzedzenia, czy Wasza Świątobliwość ma na myśli studia akademickie, czytanie na temat innych grup i tak dalej? – spytałem.

– Tak, to może pomóc – potwierdził Dalajlama. – Ale w tym przypadku mówiłem o zrozumieniu, które uzyskałem szczególnie na skutek osobistych kontaktów z przedstawicielami tych tradycji. To było najważniejsze.

Tybetańczycy na przykład dużo mówią o Chińczykach i czasami na początku mogą odczuwać pewien dystans i opór w stosunku do przedstawicieli tego narodu. Ale kiedy osobiście spotkają jakiegoś Chińczyka, wówczas jest szansa, że to uczucie osłabnie, jeżeli Tybetańczycy będą w stanie odnieść się do tej osoby jako do innego człowieka. Wówczas uświadamiają sobie, że istnieje różnica między tymi, którzy są odpowiedzialni za różne okropności wobec Tybetu, a narodem chińskim w ogóle. Ja sam obecnie lubię spotykać się z Chińczykami.

Ogólnie więc ważne jest nawiązywanie kontaktów z ludźmi reprezentującymi inne rasy, szczególnie przedstawicielami tych grup czy narodów, z którymi pozostajemy w konflikcie, a nie traktowanie ich jako całej grupy. Powinniśmy dostrzegać w nich pojedynczych ludzi, jednostki.

Nikt z nas nie rodzi się wolny od uprzedzeń. Dalajlama nie jest tutaj wyjątkiem. Przyznając się do własnej stronniczości i młodzieńczych uprzedzeń – negatywnego nastawienia wobec innych tradycji religijnych – Jego Świątobliwość określił czynniki, które pozwoliły mu wyeliminować te poglądy. Jego uwagi dotyczące owych sposobów, wypowiadane z wielką prostotą i swobodą, łatwo byłoby odrzucić jako ogólniki, wręcz banały i komunały. Ale w tych krótkich komentarzach, które zajęły zaledwie chwilę w trakcie naszych długich rozmów, Dalajlama zawarł głębokie prawdy, określając trzy odrębne, potężne strategie pokonywania uprzedzeń, mogące przemienić życie społeczne: osobisty kontakt, edukację oraz postrzeganie innych jako jednostek. Na potwierdzenie skuteczności każdej z tych postaw można przytoczyć wiele różnych dowodów naukowych, w tym zaskakujące, najnowsze, przełomowe badania, które pogłębiły nasze zrozumienie tego, czym są uprzedzenia oraz jakie są możliwości ich wyeliminowania. Warto więc bliżej przyjrzeć się każdej z nich.

## KONTAKT OSOBISTY

Idea, iż osobisty kontakt pomiędzy różnymi grupami może złagodzić uprzedzenia, jest obecna w literaturze naukowej już od lat 30. ubiegłego stulecia, a do końca lat 40. obserwowano rosnące zainteresowanie badaniami w zakresie kontaktu i uprzedzeń rasowych, które częściowo inicjowane były przez żołnierzy powracających z II wojny światowej. Mimo iż w czasie wojny ogólnie obowiązywała polityka segregacji rasowej w siłach zbrojnych, kilka eksperymentów badających kwestię integracji, przeprowadzonych w ograniczonym zakresie w późniejszym okresie działań wojennych, takich jak integracja Szkół Kandydatów na Oficerów (OCS), nie pozostały niezauważone przez socjologów, którzy odkryli, że w wielu przypadkach zintegrowanie szkolenia żołnierzy i doświadczenia z pola walki zmniejszały uprzedzenia.

W 1954 roku jeden z twórców psychologii społecznej, Muzafer Sherif, przeprowadził wraz z żoną, Carolyn Wood Sherif, niezwykle istotne badanie zwane eksperymentem w Jaskini Zbójców (ang. *Robbers Cave Experiment*). To klasyczne badanie nie tylko wykazuje, jak łatwo tworzą się uprzedzenia i wrogość pomiędzy grupami, ale również jakie potencjalne korzyści dla pokonywania konfliktów wynikają z kontaktów między grupami. To jedna z zasad, która w życiu Dalajlamy okazała się bardzo pożyteczna.

Badanie przeprowadzono na obozie skautów przy parku stanowym Robbers Cave (Jaskinia Zbójców) w Oklahomie, podczas którego Muzafer Sherif grał rolę wychowawcy. Badanie składało się z trzech zaplanowanych faz. W pierwszej wybrano dwudziestu dwóch jedenastoletnich chłopców o podobnym pochodzeniu i podzielono ich na dwie grupy. Przywieziono je na obóz osobnymi autobusami, po czym przydzielono im kwatery w dość dużej odległości od siebie, tak że przez pierwszych kilka dni jedna grupa była zupełnie nieświadoma obecności tej drugiej. Celem tej fazy było ułatwienie nawiązywania relacji z pozostałymi członkami grupy i szybkie zbudowanie silnej tożsamości grupowej. Chłopcy wybrali dla swoich grup nazwy Grzechotniki i Orły i, jak można się było spodziewać, w ciągu zaledwie dwóch czy trzech dni nawiązali więzi oraz stworzyli hierarchię społeczną wewnątrz grupy.

Celem drugiej fazy było wywołanie „tarć" między dwiema grupami. Po tym, jak każda grupa dowiedziała się o istnieniu tej drugiej, eksperymentatorzy zorganizowali między nimi zawody sportowe charakteryzujące się dużym stopniem rywalizacji, celowo zapewniając odrobinę frustracji związaną ze sposobem organizowania i przeprowadzania rozgrywek. Skutki eksperymentu przerosły oczekiwania badaczy: wrogość między grupami narosła niemal natychmiast, jeszcze przed pierwszym spotkaniem, w wyniku samego tylko oczekiwania na turniej. Wrogość ta gwałtownie się nasiliła, od rzucania wyzwisk począwszy, a skończywszy na „najazdach" na kwatery przeciwników, z niszczeniem ich własności włącznie. Doszło do tego, że grupy odmówiły nawet jedzenia posiłków w tej samej stołówce. Eksperymentatorzy musieli przedwcześnie zakończyć fazę drugą, obawiając się o bezpieczeństwo chłopców po tym, jak pomiędzy członkami grup doszło do bójek.

Kluczowa dla eksperymentu była faza trzecia, a zarazem ostatnia, kiedy to badacze wprowadzili metody, które miały przerwać wrogość i doprowadzić do zgody między grupami dzięki wzajemnym kontaktom. Sposób był prosty, a zarazem niezwykle skuteczny. Przedstawili grupom wymagające nagłego rozwiązania „problemy" i zadania, które wymuszały współpracę – zadania te wymagały uwagi i zdecydowania, ale żadna z grup nie była w stanie uporać się z nimi sama. Były to wyzwania, które wykraczały poza konflikt między grupami, na przykład brak wody, „zepsuta" ciężarówka obozowa, która musiała zostać wspólnymi siłami zaciągnięta z powrotem do obozu, przy czym wszyscy musieli ciągnąć ją razem, czy na przykład podjęcie decyzji w sprawie filmu, który będzie wyświetlany. Konieczna współpraca nad takimi oraz innymi zadaniami sprawiła, że wrogie zachowania ustały niemal jak za dotknięciem czarodziejskiej różdżki. Chłopcy pokonali uprzedzenia i nawiązali więzi do takiego stopnia, że kiedy eksperyment dobiegł końca, jednogłośnie domagali się, aby wracać do domu tym samym autobusem.

Pomimo wielkiego znaczenia tych eksperymentów za prekursora badań nad łagodzeniem uprzedzeń i konfliktów międzygrupowych powszechnie uważa się Gordona Allporta, który sformułował swoją hipotezę kontaktu w książce *The Nature of Prejudice*. Analizując tę kwestię, stwierdził, że sam bezpośredni, osobisty kontakt niekoniecznie prowadzi do osłabienia uprzedzeń. Właściciele niewolników z Południa w czasach przed wojną secesyjną codziennie mieli kontakt z niewolnikami, niektórzy byli wychowywani przez czarne nianie, ale to nie łagodziło ich uprzedzeń. Allport określił kilka czynników, które jego zdaniem muszą się pojawić, aby kontakt mógł skutecznie osłabić konflikt międzygrupowy i aby udało się osiągnąć harmonię. Twierdził, że przede wszystkim powinno się pracować nad stworzeniem poczucia równości co do statusu społecznego. Następnie obie grupy powinny współpracować nad jednym celem, rozwiązaniem jakiegoś problemu czy zadania. Kolejnym kluczowym elementem jest współpraca między grupami, podczas której są one od siebie wzajemnie zależne. Najlepiej by było, gdyby do kontaktu doszło podczas zwyczajnych prac czy zajęć, które mają jakiś cel, uniknie się wtedy bowiem wrażenia sztuczności. Wreszcie, jeżeli to możliwe, kontakt grupowy oraz wspólna praca powinny być wsparte przez społeczność, w której do nich dochodzi – usankcjonowane przez władze, prawo czy miejscowe zwyczaje.

## NAUKA I EDUKACJA

Inną kluczową strategią, którą polecał Dalajlama, jest edukacja. Słuszność hipotezy, iż zdobywanie wiedzy o innej grupie po jakimś czasie osłabi i wyeliminuje uprzedzenia, zarówno podpowiada zdrowy rozsądek, jak i potwierdza wiele dowodów naukowych.

Proces ten zachodzi na trzy główne sposoby. Po pierwsze, im więcej mamy informacji o innych, tym bardziej prawdopodobne jest, że będziemy w stanie widzieć ich w zindywidualizowany i jednostkowy sposób, jako jedyne w swoim rodzaju osoby, a nie jako jednowymiarowych przedstawicieli grupy. Po drugie, większa wiedza na temat innych może zmniejszyć niepewność co do tego, jak się z nimi kontaktować, co z kolei zmniejsza prawdopodobieństwo, że będziemy unikać członków innych grup, i redukuje dyskomfort podczas kontaktów. Po trzecie, głębsze zrozumienie międzykulturowe, czyli większa świadomość kontekstu historycznego czy wrażliwość kulturowa, może zmniejszyć uprzedzenia, pogłębiając świadomość niesprawiedliwości. Wiedza na temat cierpienia i dyskryminacji jakiejś grupy oraz empatia wobec ofiar może sprawić, że ludzie nabiorą przekonania, iż ofiary nie zasługują na złe traktowanie. W takim razie zaś żywienie w stosunku do nich negatywnych uczuć nie ma sensu.

Aby zrozumieć, jak edukacja pokonuje uprzedzenia, przyjrzyjmy się raz jeszcze, jak one powstają w kontekście neurologicznym, czyli skupmy się na tym, co się dzieje w mózgu, kiedy zdobywamy większą wiedzę na temat ciemiężonej grupy. Wcześniej mówiliśmy, że w pewnym sensie przychodzimy na świat wyposażeni we wbudowaną predyspozycję do uprzedzeń. Jak powiedzieliśmy, jest ona uwarunkowana starszą, bardziej prymitywną strukturą układu limbicznego, w którego skład wchodzi ten łobuziak, ciało migdałowate, główny winowajca wywoływania negatywnej reakcji emocjonalnej na „obcych".

Choć ów fakt może być przygnębiający, na szczęście to jedynie część prawdy. Nasz mózg jest również wyposażony w zdolność pokonywania uprzedzeń, ponieważ między nowszymi, wyższymi jego obszarami – korą przedczołową, która stanowi ośrodek wyższego myślenia – a pierwotnymi, bardziej prymitywnymi rejonami, takimi jak ciało migdałowate, biegną połączenia nerwowe. Pozwalają one komunikować się różnym obszarom w mózgu, w których zachodzi racjonalne myślenie i rodzą się emocje. Tak więc stosując rozumowanie, logiczne myślenie i krytyczną analizę, możemy pokonać fałszywe przekonania, zniekształcone poglądy i uprzedzenia w ten sposób, że kora przedczołowa wyśle komunikaty, które przez połączenia nerwowe dotrą do ciała migdałowatego, hamując jego pobudzenie. Mechanizm ten sprawia, że nauka i zdobyta wiedza mogą zmodyfikować nasze instynktowne, negatywne reakcje na „obcych" i w ten sposób pokonać uprzedzenia.

Im częstszy mamy kontakt z członkami innej grupy, tym więcej zdobywamy o nich informacji. Im więcej zaś mamy informacji, tym bardziej prawdopodobne jest, że będziemy potrafili ich postrzegać w sposób zindywidualizowany i jednostkowy, jako jedyne w swoim rodzaju istoty, a nie jednowymiarowych przedstawicieli swojej grupy. Tym samym dochodzimy do kolejnej strategii pokonywania uprzedzeń, którą zaproponował Dalajlama: traktowania członków „obcej" grupy, która podlega stereotypizacji, jako jednostek.

## DOSTRZEGANIE JEDNOSTEK: „METODA WARZYWNA"

Do niedawna naukowcy sądzili, że nasze negatywne nastawienie wyzwala się automatycznie, kiedy spotykamy kogoś spoza naszej grupy, ale że tę reakcję można złagodzić dzięki wiedzy, edukacji i takim metodom, jak kwestionowanie naszych fałszywych przekonań na temat tej grupy. Uważano jednak powszechnie, że nie można zrobić nic, aby zapobiec wystąpieniu tej negatywnej reakcji – dochodzi do niej bowiem zbyt szybko. Innymi słowy, kiedy nasze uprzedzenia czy negatywne stereotypowe przekonania się uruchamiały, można je było dezaktywować i zapobiec aktom jawnej dyskryminacji, ale nie dało się zrobić nic, aby nie dopuścić do spontanicznego wyzwolenia tej reakcji.

Dlaczego? Bardziej prymitywne obszary mózgu, w których rodzą się emocje, takie jak ciało migdałowate, zostały stworzone przez naturę, aby pomóc nam szybko i skutecznie reagować na zagrożenia i niebezpieczeństwa. Kiedy więc spotykamy inną osobę, analiza, która zachodzi w tych obszarach mózgu, jest bardzo schematyczna, oparta na jednej tylko cesze – czy jest to przyjaciel czy wróg, z mojej grupy czy spoza niej. To się dzieje bardzo szybko, w ułamku sekundy. Jeżeli dana osoba zostanie sklasyfikowana jako „wróg", uruchamia się ostrzeżenie przed niebezpieczeństwem i wywołane zostają negatywne emocje, takie jak lęk czy wrogość. Natomiast „myśląca" część mózgu, kora mózgowa, obszar, w którym powstają nasze świadome myśli, przekonania, idee i rozumowanie, przeprowadza głębszą analizę osoby, oceniając jej wielorakie cechy i właściwości. Więc, logicznie rzecz biorąc, taka analiza musi zająć więcej czasu. Tak oto, zanim zyskamy świadomość danej osoby, a nasze stereotypy i przekonania na jej temat wypłyną na powierzchnię, emocjonalna reakcja już zachodzi.

Do niedawna wydawało się, że to problem nie do pokonania, jako że owe reakcje są nie tylko automatyczne i spontaniczne, ale całkowicie nieświadome. Możemy żywić wrodzone uprzedzenia w stosunku do innej grupy, a zarazem być święcie przekonani, że jesteśmy ich pozbawieni, wolni od jakichkolwiek negatywnych poglądów. Lubimy myśleć o sobie jako o ludziach sprawiedliwych, niekierujących się uprzedzeniami, a jednak zostaliśmy uwarunkowani przez społeczeństwo, czasami nawet sobie tego nie uświadamiając. To uwarunkowanie niekoniecznie ma swoje źródło w jednoznacznie bigoteryjnej czy jawnie dyskryminującej propagandzie czy też przesłaniu, jakie szerzy się w naszej kulturze, jak to miało miejsce w poprzednim pokoleniu. Reakcji uprzedzenia można się nauczyć nawet poprzez subtelne sygnały społeczne wysyłane przez innych – na przykład dostrzegając lękliwy wyraz twarzy innych ludzi, kiedy spotykają oni „obcego". Oczywiście problem w tym, że nieświadome, instynktowne uprzedzenia mogą w subtelny, niekorzystny sposób wpływać na nasze osądy, interakcje i relacje z członkami innej rasy czy grupy.

Skoro więc nie jesteśmy nawet świadomi naszej stronniczości, jak możemy ją zwalczyć? Czy pewne negatywne nastawienie w stosunku do innych grup jest nieuniknione?

Jak się okazuje, nasze uprzedzenia dużo łatwiej zwalczyć, niż dawniej sądzono, a skuteczność prostej techniki (wspomniał o niej Dalajlama, mówiąc o traktowaniu członków grupy, na którą rzutowany jest stereotyp, jako jednostek) całkowicie obaliła obowiązujące do tej pory przekonanie naukowców.

Niektóre z nowatorskich eksperymentów w tej dziedzinie przeprowadziła psycholog Susan Fiske i jej współpracownicy z Uniwersytetu Princeton, przy zastosowaniu czynnościowego rezonansu magnetycznego (fMRI) i testów poznawczych. Czynnościowy rezonans magnetyczny to rodzaj przeprowadzanego w czasie rzeczywistym badania mózgu, które pokazuje, jakie obszary są w danym momencie najbardziej aktywne. Badany wjeżdża do maszyny skanującej mózg, która otacza jego głowę niczym wielki pączek. Uzyskuje się serię bardzo dokładnych przekrojów mózgu, które można obejrzeć na monitorze. Oprócz statycznych obrazów mózgu rezonans może również pokazywać jego funkcje – różne pobudzane w danej chwili obszary „rozświetlają się" różnymi kolorami.

Cykl niezwykle istotnych eksperymentów Fiske i jej współpracownicy rozpoczęli od pokazania grupie badanych rasy białej serii zdjęć nieznajomych twarzy, zarówno przedstawicieli rasy białej, jak i czarnej. Analizując wynik badania rezonansu magnetycznego badacze stwierdzili, że dochodziło do pobudzenia ciała migdałowatego, kiedy badanym pokazywano zdjęcia twarzy czarnych, a nie kiedy widzieli przedstawicieli własnej rasy. Poprzednie badania wykazały, że im jaśniej ciało migdałowate „zaświeciło się", tym więcej punktów otrzymywała dana osoba w standardowym teście badającym uprzedzenia rasowe. Co ciekawe, ciało migdałowate uaktywniało się przynajmniej w pewnym stopniu, co wskazuje na reakcję uprzedzenia nawet u tych uczestników badania, którzy twierdzili, że nie mają w stosunku do nikogo negatywnego nastawienia i są tolerancyjni, co potwierdza automatyczną i nieświadomą naturę tych reakcji.

Badanie to weryfikowało wyłącznie emocjonalny aspekt uprzedzeń, a nie element poznawczy, czyli stereotypy i fałszywe przekonania. Rezonans magnetyczny mózgu nie czyta w naszych myślach i nie odnotowuje naszych poglądów. Psycholodzy społeczni opracowali więc test kognitywny, aby ocenić stereotypowe przekonania człowieka. W takich testach wykorzystuje się techniki zwane torowaniem (ang. *priming*). Badacze nakłaniają uczestników do pomyślenia o „obcych", na przykład pokazując im zdjęcie członka innej grupy, co określa się mianem bodźca poprzedzającego. Na drugim etapie badanym pokazuje się ciąg słów, z których kilka nazywa negatywne, stereotypowe cechy typowo kojarzone z grupą „obcych", i na przykład prosi się badanych, aby jak najszybciej przeczytali wszystkie słowa na głos. Wcześniejsze badania wykazały, że jeżeli uczestnik utrzymuje stereotypowe przekonania dotyczące danej grupy, rozpozna i wymówi ową stereotypową cechę wyraźnie szybciej niż słowo określające cechę neutralną czy pozytywną. Dzięki tym metodom naukowcy mogą stwierdzić, czy dana osoba jest uprzedzona, nawet kiedy ona sama nie jest świadoma swojego uprzedzenia.

Podstawowe pytanie jednak brzmi: Czy istnieje sposób, aby pozbyć się uprzedzeń? Nowatorski eksperyment przeprowadzony przez Fiske dał nam uderzającą i zaskakującą odpowiedź. W tym eksperymencie badacze oceniali zarówno emocjonalne, jak i poznawcze aspekty uprzedzeń w grupie badanych przy użyciu czynnościowego rezonansu magnetycznego (fMRI) oraz wyżej opisanych testów kognitywnych. Badanie powtórzono w dwóch różnych warunkach, z różnymi instrukcjami.

W jednej fazie eksperymentu badanych rasy białej poproszono, aby spojrzeli na zdjęcia czarnych i ocenili, czy według nich dana osoba ma więcej niż 21 lat. Wskazówki te zachęcały badanych, aby przyjrzeli się twarzom pod kątem pewnej kategorii społecznej – szybko ocenili, czy należą oni do grupy „więcej niż 21 lat" czy „mniej niż 21 lat". Podobnie jak rasa czy płeć, wybór „grupy wiekowej" na podstawie określeń „stary" i „młody" jest jedną z wyraźnych kategorii społecznych, które natychmiast rozpoznajemy w naszej kulturze. Postrzeganie twarzy w kontekście przynależności do grupy odwodziło badanego od patrzenia na osoby na zdjęciach jako na jednostki, co wymagałoby bardziej szczegółowej analizy indywidualnych cech. W tych warunkach, kiedy biali badani oceniali twarze czarnych na podstawie kategorii „mniej czy więcej niż 21 lat", wywoływano u nich uprzedzenia rasowe – pobudzając zarówno negatywne nastawienie emocjonalne (aktywizując ciało migdałowate, co wykazywał rezonans magnetyczny), jak i stereotypy rasowe (określane przez test poznawczy).

W drugiej fazie eksperymentu badanych zachęcono, aby spojrzeli na człowieka na zdjęciu jako na jednostkę, a nie przez pryzmat przynależności do grupy (wiekowej, płciowej, rasowej czy innej). Najpierw, przed ukazaniem się zdjęcia, na ekranie wyświetlała się nazwa jakiegoś warzywa, a badani mieli stwierdzić, czy pojawiająca się później na zdjęciu osoba według nich lubi to warzywo czy nie. Zadanie to zaprojektowano tak, aby badany pomyślał o każdym człowieku na zdjęciu jako o jedynej w swoim rodzaju jednostce, która ma osobiste preferencje i cechy. Ku zdziwieniu wielu badaczy, świadoma intencja, aby widzieć w danej osobie niepowtarzalną jednostkę, całkowicie wyeliminowała reakcję uprzedzenia na tak fundamentalnym poziomie, że nie uaktywniło się ciało migdałowate ani nie uruchomiły stereotypy rasowe! Uprzedzenia po prostu wyparowały!

Odkrycie to całkowicie obaliło powszechnie uznawany pogląd, że uprzedzenie stanowi nieodłączny element ludzkiej egzystencji i że nie jest w naszej mocy zapobieżenie tym „automatycznym" i „nieświadomym" reakcjom. Jak widać, psycholodzy społeczni i neurobiolodzy nie docenili ludzkiej zdolności do postrzegania innych takimi, jakimi są naprawdę. Okazuje się, że możemy widzieć innych jako jedyne w swoim rodzaju osoby, takie jak my, a nie automatycznie reagować na nieznajomych ostrzeżeniem przed niebezpieczeństwem, jakby pochodzili oni z małego plemienia wrogich jaskiniowców, których jedynym pragnieniem jest walnięcie nas kamiennym toporem, aby zdobyć nasze zapasy jagód i kotletów z mastodonta.

To było wprost zdumiewające! Stwierdzono przecież uprzednio, że badani przejawiają rasowe uprzedzenia, przynajmniej w pewnym stopniu. A nawet jeżeli któryś z nich nie żywił stereotypowych przekonań, z pewnością miał negatywne emocjonalne nastawienie w stosunku do innych grup, które było głęboko zakorzenioną, automatyczną reakcją mózgu, poza świadomą kontrolą. Teraz się okazało, że tę podstawową, wrodzoną ludzką reakcję, która stanowi źródło uprzedzeń, nienawiści, konfliktów, a nawet przemocy – reakcję my przeciwko nim – można szybko i łatwo zahamować. Tak naprawdę musimy tylko podjąć świadomy wysiłek, aby spojrzeć na „innego" jako na jednostkę i zastanowić: się „Hmm... ciekawe, jakie warzywo on lubi?"

Technika ta była tak łatwa do zastosowania, a zarazem tak skuteczna, że badacze zaczęli się zastanawiać, czy nie jest to zbyt piękne, żeby mogło być prawdziwe. Zdecydowali więc, że podniosą poprzeczkę. Na podstawie poprzednich badań udokumentowali reakcje uprzedzenia na różne powszechnie występujące grupy „obcych", oparte na wieku, płci, upośledzeniach czy statusie majątkowym. Podobnie jak zdjęcia grup odmiennych rasowo, te fotografie również wywoływały automatyczne reakcje emocjonalne. Badacze postanowili wypróbować „metodę warzywną" ze skrajnymi przykładami „innych", z napiętnowanymi w naszym społeczeństwie grupami, takimi jak bezrobotni czy narkomani.

Ich poprzednia praca z tymi skrajnymi grupami zaowocowała nieoczekiwanymi odkryciami. Przy użyciu czynnościowego rezonansu magnetycznego odkryli, że oglądanie zdjęć skrajnych grup „obcych" natychmiast uruchamiało obszar mózgu zwany płatem wyspowym, związany z zachowaniami unikowymi i uczuciami skrajnej odrazy – co znamienne, w poprzednich badaniach ten wzorzec aktywności mózgu obserwowano w reakcjach na obiekty nieludzkie, takie jak widok śmieci, okaleczeń czy ekskrementów. Najbardziej uderzającym odkryciem w tym badaniu było to, że oglądanie zdjęć ludzi bezdomnych nie pobudziło obszaru mózgu zwanego powierzchnią grzbietowo-przyśrodkową kory przedczołowej (mPFC), który reaguje na społecznie znaczące bodźce i „rozświetla się", kiedy myślimy o innych ludziach lub sobie samych. Co z tego wynika? Badacze stwierdzili, że reakcja mózgu wskazywała na to, że „badani natknęli się przypadkiem na kupę śmieci".

Dzięki „metodzie warzywnej" Fiske udało się cofnąć reakcję uprzedzenia również w stosunku do osób na tych zdjęciach – obszar rozpoznania „człowiek", czyli mPFC, się uaktywniał, a reakcja „obrzydliwe śmieci" się nie uruchamiała. To niewiarygodne: pytanie „Jakie według ciebie warzywo lubi ten żebrak?" pozwoliło badanym dostrzec człowieka zamiast nieożywionej sterty śmieci.

Oprócz tego, że zasada leżąca u podstaw „metody warzywnej" pomaga ludziom pokonać uprzedzenia wobec innych grup, może też ona potencjalnie wyeliminować inny powszechny problem społeczny, o którym wspomnieliśmy wcześniej, a mianowicie groźbę stereotypu. Istotnym elementem tej techniki jest świadome dostrzeganie w kimś jednostki, a nie przedstawiciela grupy. Wykorzystując tę samą zasadę, psycholog z Uniwersytetu Colorado, Geoffrey Cohen, i jego zespół badawczy przeprowadzili badanie o ogromnym znaczeniu dla amerykańskiego systemu kształcenia i zasypywania przepaści między osiągnięciami akademickimi ludzi różnych ras. Powszechnie bowiem wiadomo, że przeciętnie czarni studenci gorzej sobie radzą niż studenci rasy białej. Uważa się, że za ten stan rzeczy w dużym stopniu odpowiada groźba stereotypu.

W tym badaniu badacze wybrali klasę uczniów w wieku 12–13 lat, która składała się mniej więcej w połowie z białych, a w połowie z czarnych dzieci. Na początku semestru nauczyciel wręczył każdemu uczniowi listę wartości (na przykład utrzymywanie więzi z przyjaciółmi i rodziną, rozwijanie zdolności plastycznych, umiejętności sportowych i tym podobne). Następnie badacze losowo podzielili klasę na dwie grupy. W grupie eksperymentalnej nauczyciel poprosił uczniów, aby wybrali najważniejszą dla nich wartość i napisali pracę o tym, dlaczego uważają ją za najistotniejszą. Uczniów w warunkach kontrolnych zaś poproszono, aby zaznaczyli, która wartość jest dla nich najmniej ważna i napisali, dlaczego może ona być ważna dla kogoś innego. Kiedy uczniowie skończyli pisać, włożyli swoje prace do kopert i wręczyli nauczycielowi. Ten poprowadził tego dnia zwykłe zajęcia, a cała procedura zajęła około piętnastu minut.

Na koniec semestru Cohen i jego współpracownicy uzyskali dostęp do oficjalnych wykazów ocen wszystkich uczniów. Wyniki były wprost szokujące. Jak można się było spodziewać, czarni uczniowie radzili sobie gorzej niż biali, jednak czarni w grupie eksperymentalnej poprawili swoją średnią ocen przeciętnie o około 25 procent, czyli przepaść rasowa pod względem osiągnięć naukowych została zmniejszona o około 40 procent.

Wyniki tego badania były tak zaskakujące, że badaczom wprost trudno było w nie uwierzyć. Powtórzyli więc badanie na innej grupie uczniów – z podobnym skutkiem (prawdopodobieństwo, że wyniki były dziełem przypadku, wynosi 1 do 5000). Autorzy badania wysnuli teorię, że samo napisanie jednej pracy sprawiło, że uczniowie potwierdzili własną integralność i wartości oraz podnieśli samoocenę. Tym samym zadanie to uchroniło uczniów pochodzących z mniejszości rasowych przed groźbą stereotypu i jej konsekwencjami.

Oczywiście są to dopiero wstępne badania, ale ich znaczenie jest ogromne – przepaść w wynikach naukowych to jedna z najtrudniejszych do rozwiązania kwestii, która spędza sen z powiek wychowawcom i bez wątpienia ma mnóstwo różnych przyczyn. Ale biorąc pod uwagę miliony dolarów, jakie wydaje się co roku na jej zlikwidowanie, oraz niezliczoną ilość godzin specjalistycznych programów, interwencja, która zabiera jedynie 15 minut, może mieć ogromną wartość, dalece wykraczającą poza akademickie osiągnięcia.

## NASZA PODSTAWOWA RÓWNOŚĆ

– Mówiąc o swoim podejściu do pokonywania uprzedzeń, Wasza Świątobliwość wspomniał, że potrzebne nam są różne metody, takie jak osobisty kontakt czy też postrzeganie innych jako jednostek, a nie wyłącznie jako przedstawicieli swojej grupy. Ale główną metodą, jaką zaleca Wasza Świątobliwość, jest przezwyciężanie negatywnego uwarunkowania poprzez kwestionowanie fałszywych przekonań, takich jak to o przyrodzonej wyższości czy niższości własnej lub innych grup...

– Zgadza się – potwierdził.

– Czy według Waszej Świątobliwości można zastosować jeszcze inny tok rozumowania, aby przełamać nasze negatywne warunkowanie i fałszywe przekonania?

– Tak – powiedział Dalajlama. – Powinniśmy rozważyć naszą fundamentalną równość jako ludzi. Myślę, że im bardziej pogłębimy naszą świadomość, aktywnie szerząc pośród ludzi pozytywne ideały, takie jak fundamentalna równość, tym mniej uprzedzeń będzie w społeczeństwie.

– Jak zdaniem Waszej Świątobliwości możemy pogłębić zrozumienie naszej podstawowej równości jako ludzi? – spytałem.

– Na przykład współczesna biologia i genetyka bez wątpienia dowiodły, jak mało w rzeczywistości istnieje różnic pomiędzy ludźmi. Możemy więc przedstawić konkretne argumenty i dowody naukowe wskazujące na to, że na poziomie genetycznym różnice rasowe, które prowadzą do stwierdzania czyjejś wyższości czy niższości, po prostu nie istnieją. Pomocna będzie tutaj głębsza analiza tych odkryć. Zresztą może mógłbyś to zbadać i umieścić wyniki w naszej książce? Istnieją również koncepcje wywodzące się ze świeckiej filozofii i myśli politycznej, które podkreślają równość wszystkich ludzi, takie jak koncepcja prawa naturalnego* oraz socjalistyczna idea braterstwa proletariatu, przekraczające granice narodów. Również w demokracji liberalnej istnieje pogląd, że wszyscy ludzie rodzą się równi. Oprócz tego mamy elementarną zasadę leżącą u podstaw systemu sprawiedliwości, że w oczach prawa wszyscy jesteśmy równi...

---

* Zwolennicy prawa naturalnego uznają je za wspólne wszystkim kulturom. Ma ono łączyć wszystkich ludzi oraz – pomimo wielu różnic kulturowych – zakładać pewne wspólne zasady postępowania. Według jego zwolenników jest ono trwałe i nie zmienia się pośród przemian historycznych, przekształcających się poglądów i obyczajów. Prawa tego nie można człowiekowi odebrać, bo opiera się na jego naturze. Broni ono ludzkiej godności, określa fundamentalne prawa i obowiązki człowieka. Jako podstawowe wymienia się: prawo do samostanowienia, prawo własności, prawo do utrzymania życia, prawo do owoców własnej pracy [przyp. tłum.].

– Wasza Świątobliwość proponuje tutaj bardzo głęboką analizę i rozważanie naszej podstawowej jedności jako ludzkich istot. Zauważyłem, że tok rozumowania Waszej Świątobliwości zasadza się tu na zachodniej perspektywie. A co z buddyjskim punktem widzenia? Czy nie ma jakichś praktyk, które pomogłyby wzbudzić owo poczucie fundamentalnej równości? – spytałem.

– Oczywiście, w buddyzmie istnieje praktyka odczuwania równości, która mogłaby pomóc złagodzić nasze uprzedzenia czy stronniczość.

– Czy Wasza Świątobliwość mógłby ją opisać?

– Polega ona na wyobrażeniu sobie przyjaciela, wroga oraz osoby, do której mamy neutralne nastawienie. Najpierw pozwalamy, aby nasz umysł zareagował na każdą z tych osób tak jak zwykle: obserwujemy, że czujemy przywiązanie do osoby, którą kochamy, wrogość do tego, kogo nie lubimy, oraz pewną obojętność czy też brak jakichkolwiek uczuć do człowieka, którego nie znamy. Kolejnym krokiem jest zadanie sobie pytania: „Dlaczego odczuwam tak różne emocje w stosunku do tych osób?" Odkryjemy, że mamy ku temu pewne podstawy, na przykład nasz przyjaciel coś dla nas zrobił, okazał nam dobroć. Ale potem powinniśmy zacząć badać, analizować, przemyśliwać, czy są to słuszne, uzasadnione podstawy. Analizując w ten sposób, odkryjemy, że przyczyny nazywania jednej osoby przyjacielem, a drugiej wrogiem czy też obojętności w stosunku do innej nie są trwałymi warunkami i mogą się zmienić w każdej chwili. Twój przyjaciel może cię zranić, tym samym stając się twoim wrogiem, wróg z kolei może okazać ci dobroć i stać się twoim przyjacielem, nieznajomy zaś może w przyszłości stać się twoim przyjacielem lub wrogiem. Głęboko rozważając w ten sposób, uświadomimy sobie, że nie ma uzasadnionych podstaw dla dokonywania tego typu rozróżnień, a więc dla odczuwania tak silnych emocji. Dochodzimy do wniosku, że te określenia czy etykietki: „przyjaciel", „wróg", „nieznajomy" są nietrwałe i mogą ulec zmianie w każdej chwili.

Tak więc ta praktyka wizualizacyjna pomaga osłabić nasze pozytywne czy negatywne nastawienie w stosunku do innych i wyrównuje skrajne wahania emocji, których doświadczamy. Celem tego ćwiczenia jest ustanowienie stabilnej podstawy dla wypracowywania tej samej płaszczyzny bliskości i troski o wszystkich ludzi – tego samego współczucia.

Oczywiście – dodał Dalajlama – ta praktyka jest szczególnie skuteczna i potężna z buddyjskiego punktu widzenia, kiedy bierzemy pod uwagę wiele poprzednich żywotów, a więc fakt, iż twój przyjaciel mógł być twoim wrogiem w przeszłości, twój wróg mógł być wielokrotnie najbardziej ukochanym przez ciebie człowiekiem i tak dalej. Dlatego niezwykle pomocne jest zastosowanie różnych sposobów rozumowania – jeden typ analizy może być bardziej skuteczny dla jednej osoby, a inny dla drugiej. Ale bez względu na to, czy podejdziemy do sprawy z naukowego punktu widzenia czy z perspektywy praktyki buddyjskiej, chodzi o to, aby głęboko rozważyć te prawdy, tak aby stały się one częścią naszego podstawowego światopoglądu i sposobu odnoszenia się do innych.

## MIT RASY

Istnieje przynajmniej jedna rzecz, w której ludzie są naprawdę dobrzy: ponieważ nasza wyobraźnia nie zna granic, na nieskończenie wiele sposobów staramy się postrzegać siebie jako odmiennych od innych. Bez względu na to, jakie cechy będą dla nas podstawą, aby się wyróżnić i podzielić na grupy, te same cechy mogą zostać potencjalnie wykorzystane jako przyczynek do uprzedzeń, dyskryminacji i nienawiści. W dzisiejszym świecie płaszczyzną dla uprzedzeń mogą stać się płeć, narodowość, waga, grupa wiekowa, zasobność portfela, przynależność do partii politycznej, stopień atrakcyjności fizycznej, religia oraz mnóstwo innych właściwości.

Gdy rozważamy niszczące skutki wielu uprzedzeń, nie mamy wątpliwości, że te na tle rasowym stanowią jedno z największych źródeł ludzkiego cierpienia i nieszczęścia. Warto więc przyjrzeć się zjawisku rasizmu i koncepcji rasy.

Podczas spisu ludności przeprowadzonego w 1990 roku Amerykanie zadeklarowali swoją przynależność do trzystu różnych ras czy grup etnicznych. Gdzie oni wszyscy się ukrywają? Ja ich nie dostrzegam. Latynosi podzielili się na siedemdziesiąt różnych kategorii, Indianie zaś na sześćset plemion. Mówimy, że rasa jest kwestią biologii, a zarazem wybieramy religię i utożsamiamy ją z rasą (żydowską) lub też twierdzimy na przykład, że ktoś należy do rasy „irlandzkiej", uznając za rasę narodowość, czy też – to mój ulubiony przykład – mówimy o „rasie aryjskiej": czystej rasie panów, nazistów i skinheadów. Z historycznego punktu widzenia rasa aryjska odnosi się do różnych ludów indoeuropejskich, którzy zamieszkiwali teren Iranu, Afganistanu i Indii około 4000 lat przed Chrystusem, na terenach później zasiedlonych przez starożytnych Hetytów, których od innych odróżniały języki praindoeuropejskie. Może jestem zbyt sceptyczny, ale gdybym miał zgadywać, założę się, że nie więcej niż 60 procent nazistów i skinheadów dorastało w starożytnym państwie hetyckim i mówi w języku praindoeuropejskim, w każdym razie płynnie, a jeszcze mniej potrafi w nim czytać i pisać!

W tym rozdziale mówiliśmy, że ludzie rodzą się z uprzedzeniami oraz że zwykle reagujemy na inne rasy w sposób emocjonalnie negatywny. Ale gdy przyglądamy się bliżej tej kwestii, okazuje się, że ludzie nie żywią instynktownego uprzedzenia w stosunku do innych ras. Wygląda na to, jak powiedzieliśmy wcześniej, że mamy skłonność do uprzedzeń ogólnie w stosunku do innych grup – tych, którzy wydają się od nas różni, tych, których określamy jako „innych" czy „obcych". Nie jest to kwestia rasy. W rzeczywistości w okresie, kiedy siły ewolucji kształtowały podstawową strukturę naszego mózgu, różne rasy, które dzisiaj żyją na ziemi, wtedy nawet nie istniały. „Rasy" pojawiły się na scenie dopiero sto czy dwieście tysięcy lat temu, a do tego czasu w naszym mózgu zaszła większość lub wręcz wszystkie ewolucyjne zmiany.

Odkąd badacze pracujący nad „projektem poznania ludzkiego genomu" ogłosili wstępne wyniki swoich badań w roku 2000, rozkodowując sekwencję około 25 tysięcy genów, na nowo rozgorzała debata na temat rasy. Trzy miliardy różnych par zasad (rozmaitych kombinacji czterech podstawowych związków chemicznych cząsteczki DNA, które są niczym „litery" genetycznego „alfabetu") tworzą DNA człowieka. Praktycznie każda komórka w naszym ciele zawiera pełen zestaw dwóch długich, skręconych, sparowanych nici DNA, podzielonych na odrębne fragmenty zwane genami, z których każdy zawiera przepis na zbudowanie jednego białka. To podstawowy schemat życia, zawierający pełne wskazówki o tym, jak stworzyć i uruchomić ludzkie ciało. Rozkodowanie tych genów było niezwykłym osiągnięciem, do którego doprowadziło dziesięć lat intensywnych badań, przy współpracy i udziale naukowców z całego świata.

To nowe wejrzenie w kod życia wywołało zainteresowanie kwestią, kim w zasadzie jesteśmy, co oznacza bycie człowiekiem, jak też zagadnieniem różnic i podobieństw pomiędzy rasami. W prasie popularnej pojawiły się informacje, że każdy człowiek jest w około 99,9 procentach podobny do wszystkich innych ludzi oraz że istnieje więcej różnic w układzie genetycznym ludzi w obrębie jednej rasy niż pomiędzy rasami. Odkrycie to spowodowało, że wielu doszło do wniosku, iż ludzie są tak fundamentalnie do siebie podobni, że koncepcja rasy jest przestarzała, to w zasadzie mit, projekcja umysłu, przynajmniej z biologicznego punktu widzenia. Na przykład tak ogromną wagę przywiązujemy do koloru skóry członków naszego społeczeństwa, a jednak różnica między dwiema osobami oparta na kolorze skóry jest tak niewielka, że niemal nie istnieje – na przykład, jak się okazało, biały kolor skóry tworzy zmiana jednej tylko „litery" DNA z trzech miliardów „liter"! Myślimy, że wiemy, czym jest rasa – przecież „każdy wie" – a jednak kiedy mamy precyzyjnie ją zdefiniować, jesteśmy bezradni. Im bliżej przyglądamy się temu, jaka jest istota każdej rasy w poszukiwaniu tej jednej osoby, którą moglibyśmy wskazać jako „czysty" wzorzec danej rasy pod względem biologicznym i genetycznym, tym bardziej się wydaje, że to jedynie wytwór naszej wyobraźni.

Niektórzy naukowcy jak zwykle zaczęli obalać te odkrycia. Wskazali na przykład, że istnieją genetyczne różnice między populacjami, jeżeli przyjrzymy się niektórym allelom, wariacjom różnych genów. Wciąż jednak pozostaje faktem, iż nie ma jednoznacznych, zdecydowanych różnic pomiędzy rasami, ponieważ zawsze znajdziemy członków innych populacji, ras czy grup etnicznych, którzy mają ów szczególny allel, jaki rzekomo powinien należeć wyłącznie do jednej z nich.

Badania naukowe przypominają nam również, że jesteśmy jedną rodziną – w sensie dosłownym. Mamy wspólnych przodków, a naszą ostatnią wspólną przodkinią, przodkinią każdego człowieka, który żyje w dzisiejszych czasach, jest powszechnie znana Mitochondrialna Ewa. Kobieta ta mieszkała w Afryce około 140 tysięcy lat temu (nie, nie jest to biblijna Ewa, ponieważ ta Ewa nie była jedyną kobietą na Ziemi, w tym samym czasie żyła też jej rodzina i przyjaciele i odziedziczyliśmy także niektóre ich cechy). Naukowcy prześledzili nasz rodowód aż do niej dzięki specjalnemu fragmentowi DNA znajdującemu się w mitochondriach, mieszczących się wewnątrz komórek niewielkich strukturach w kształcie kiełbasy, „elektrowni" każdej komórki, która wytwarza energię. Większość naszego DNA to mieszanka DNA obojga naszych rodziców, ale mitochondrialne DNA przekazywane jest wyłącznie przez matki i pozostaje ono niezmienne. Tak więc stosując specjalne obliczenia, naukowcy prześledzili nasz rodowód do jednej kobiety.

Okazuje się też, że wszyscy mężczyźni są braćmi, mają wspólnego męskiego przodka – Adama posiadającego chromosom Y, który mieszkał w Afryce około 60 tysięcy lat temu. Określono to w podobny sposób przy wykorzystaniu fragmentu DNA chromosomu Y, który jest przekazywany wyłącznie mężczyznom, a który nie miesza się z innymi DNA. Jest on jak genetyczne nazwisko, które pozwala mężczyznom prześledzić na przestrzeni wieków ich linie ze strony ojca.

Rasa może się nam wydawać czymś namacalnym, ponieważ na własne oczy widzimy różnice między ludźmi i tak niewielu kwestionuje, czym ona tak naprawdę jest. Większość ludzi przywiązuje ogromną wagę do kwestii rasy i wydają się oni mieć wiele dowodów na to, że da się nas wyraźnie rozróżnić na tej podstawie, a dowody te wystarczą, żebyśmy intuicyjnie „wiedzieli", że muszą być między nami fundamentalne różnice biologiczne. Ale czym są owe różnice?

Naukowcy snują teorie, iż powierzchowność przedstawicieli różnych ras wywodzi się od pewnych grup ludzi, którzy żyli w odosobnieniu, w odległych miejscach, przez wiele tysięcy lat. Na przykład im dłużej żyliśmy w gorącym, słonecznym klimacie, tym więcej potrzebowaliśmy pigmentu, melaniny, aby ochronić naszą skórę, nasze ciało mogło być też wyższe czy mieć inną sylwetkę, aby na większej powierzchni zachodziło parowanie. Jeżeli zaś mieszkaliśmy w zimniejszym, mniej słonecznym klimacie, potrzebowaliśmy mniej melaniny, ale z kolei bardziej przydawały się nam niższe, krępe ciała, z większą ilością tłuszczu, który utrzymywał ciepło. To straszne, że przywiązujemy tak wielką wagę do czegoś, co nie ma większego znaczenia niż to, że różni członkowie tej samej rodziny wkładają inne ubrania zgodnie z klimatem, w którym dorastali.

Kontynuując naszą dyskusję na temat rasizmu i uprzedzeń, powiedziałem:

– Wasza Świątobliwość mówił o tym, że w społeczeństwie można propagować określone pozytywne sposoby myślenia, które mogłyby wzmocnić nasze przekonanie o fundamentalnej równości wszystkich ludzi i pomogły przezwyciężyć rasizm i uprzedzenia. Wspominałem, że po odkodowaniu ludzkiego genomu dużo pisało się w prasie o tym, że 99,9 procent naszego DNA, czyli schematu budowy ciała, jest dokładnie takie samo jak wszystkich innych ludzi. Dla mnie było to wręcz niewiarygodne! Sądziłem, że to naprawdę niepodważalny dowód na to, jak wszyscy jesteśmy do siebie podobni, że na płaszczyźnie genetycznej jesteśmy znacznie bardziej podobni niż odmienni, a różnice między nami są nieistotne. Nawet prezydent Clinton wspomniał o tych danych w telewizyjnym wystąpieniu i po zakończeniu swojej prezydentury wielokrotnie mówił o znaczeniu tego odkrycia.

Co więcej, wartości i ideały, takie jak demokracja czy równość, są już propagowane w naszym społeczeństwie. A jednak wygląda na to, że ta świadomość nie ma na nas tak dużego wpływu. Ludzie na całym świecie wciąż wyzyskują się nawzajem, walczą ze sobą i ogólnie działają tak, jakby różnice między nami były ogromne, jak byśmy byli niemal różnymi gatunkami. Zastanawiam się więc, czego jeszcze brakuje...

– Myślę, że jeżeli spojrzymy na to z szerszej perspektywy, odkryjemy, że szerzenie takich wartości rzeczywiście działa, jest skuteczne. Z punktu widzenia historii ludzkości uczyniliśmy ogromny krok naprzód, mamy coraz większą świadomość tych wartości, a ideały równości rozprzestrzeniają się na całym świecie. Spójrz tylko na ogromny postęp, jakiego dokonała ludzkość w tym zakresie w ciągu zaledwie kilkuset lat.

– Może to prawda – przyznałem – ale sam nie wiem... Wciąż wygląda na to, że przynajmniej niektórym ludziom bardzo trudno zrewidować swój pogląd i sposób postrzegania, poszerzyć granice grupy, z którą się utożsamiają, aby zawrzeć w niej innych jako część „nas", dzięki głębokiemu poczuciu naszej podstawowej równości.

– Tak, być może to trudne – odparł Jego Świątobliwość. – Ale choć niektórzy są bardziej oporni, myślę, że można to zmienić. Spójrz na przykłady z historii Stanów Zjednoczonych, które przytoczyłeś, i na kulturowe zjawisko ruchu praw obywatelskich. Kiedyś istniały wspólnoty, które żyły na zasadzie całkowitej segregacji. Ale kiedy będąca mniejszością wspólnota czarnych na skutek działania tego ruchu otrzymała równe możliwości, osiągając podobny poziom socjoekonomiczny i mieszkając w tych samych miejscach co przedstawiciele innych ras, dzieląc takie same problemy i troski związane z życiem we wspólnocie, na przykład z edukacją dzieci, według mnie podział na my i oni się zmniejszył. Z drugiej strony, w społecznościach, w których czarni mieli mniej praw obywatelskich i żyli odseparowani, panowała większa podejrzliwość między dwiema rasami. Myślę, że świadczy to o tym, iż istnieje potencjał przynajmniej złagodzenia tych podziałów, jest to możliwe.

– To prawda – zgodziłem się.

Dalajlama zaczął mnie przekonywać. Kiedy jednak zastanawiałem się nad możliwością realnej zmiany w przypadku większości trudnych konfliktów pomiędzy grupami rasowymi, etnicznymi czy innymi, Jego Świątobliwość dodał, jakby wyczuwając moje zwątpienie:

– Howardzie, mówimy teraz o uprzedzeniach i konfliktach między grupami, a mnie przypomniała się bardzo poruszająca historia, którą usłyszałem podczas jednej z moich wizyt w Izraelu. Poznałem tam ludzi, którzy byli zaangażowani w obywatelski ruch na rzecz pokoju w tym regionie i doprowadzili do spotkania dzieci izraelskich i palestyńskich. Uczono je, aby dostrzegły w sobie nawzajem Boga. Ćwiczyły one przypominanie sobie, że dzieci pochodzące z tej drugiej strony są obrazem Boga, tak samo jak one. To była praktyka równości.

Powiedziano mi, że kiedy konflikt rozgorzał na nowo, dzieci, które uczono w rówieśnikach zza drugiej strony muru dostrzegać Boga, nie potrafiły wzbudzić w sobie nienawiści wobec nich. Nie były w stanie zredukować ich do ogólnej kategorii „wroga". Myślę, że to naprawdę cudowne! – entuzjastycznie wykrzyknął Dalajlama.

– Naprawdę wierzę więc, że możliwa jest prawdziwa zmiana – podsumował – ale oczywiście potrzeba na to czasu. Jak wspomnieliśmy, uprzedzenia opierają się na fałszywych przekonaniach i zniekształconym myśleniu, a jakakolwiek zmiana w społeczeństwie musi najpierw się zrodzić w umyśle i sercu pojedynczej osoby i przemienić jej nastawienie. Zmiana ta zachodzi więc w każdym człowieku z osobna.

ROZDZIAŁ 5

# SKRAJNY NACJONALIZM

– W tym tygodniu mówiliśmy o podziale my kontra oni oraz o niebezpieczeństwach związanych z sytuacją, kiedy przybiera on formę uprzedzeń, konfliktów i przemocy. Pomyślałem sobie, że utożsamianie się z własnym krajem czy narodem jest jednym z najsilniejszych przykładów „nas". Wygląda na to, że po okresie narodowego kryzysu zawsze odradza się patriotyzm i nacjonalizm. Oczywiście często nacjonalizm wyraża się jako hałaśliwy patriotyzm, demonstrowanie poparcia dla własnego kraju, wymachiwanie flagą i tak dalej. Ale historycznie rzecz biorąc, im bardziej intensywny był nacjonalizm, tym większe było niebezpieczeństwo popadania w destrukcyjne wzorce, a od żarliwego patriotyzmu już tylko krok do otwartej wrogości wobec innych krajów. Taki mechanizm podsycał wiele konfliktów w dziejach ludzkości.

Zastanawiam się więc, jaki Wasza Świątobliwość ma stosunek do nacjonalizmu – jakie są jego zalety, jakie wady czy też jaki jest jego niszczący potencjał?

Dalajlama powiedział:

– Nie sądzę, że nacjonalizm sam w sobie jest destrukcyjny. Przynależność do określonego narodu może stanowić część tożsamości człowieka. Nacjonalizm może być zatem pożyteczny, dawać nam poczucie przynależności, można być również dumnym ze swojej narodowej tożsamości. To jest dobre. Porównałbym nacjonalizm do instrumentu czy nauki – jeżeli jej użyjesz w niewłaściwy sposób, możesz doprowadzić do katastrofy, ale jeżeli zastosujesz ją właściwie, przyniesie pożytek. Od nas zależy, czy posługujemy się nim właściwie.

Mówiąc o nacjonalizmie, mówimy o różnicach opartych na tożsamościach narodowych, czego kluczowym aspektem są różnice w dziedzictwie kulturowym i pochodzeniu historycznym. Każdy naród ma właściwą sobie kulturę czy grupę kultur, jakieś dziedzictwo kulturowe. Oczywiście istnieją również granice geograficzne, to część narodowej tożsamości. Ale myślę, że główną sprawą jest tutaj kultura. I oczywiście każda społeczność musi mieć prawo do zachowania własnej kultury, czyli języka, zwyczajów, stroju i tym podobnych.

Spytałem:

– Wasza Świątobliwość wspomniał o korzyściach wypływających z nacjonalizmu oraz o znaczeniu zachowania tożsamości kulturowej czy etnicznej, ale czy Wasza Świątobliwość nie zgodziłby się, że nacjonalizm ma również wady, pewne destrukcyjne aspekty?

– Oddzieliłbym tutaj zdrowy nacjonalizm od skrajnego nacjonalizmu – odparł Dalajlama. – Kiedy nacjonalizm staje się skrajny, może się przerodzić w niebezpieczną ideologię, tak potężną, że może ona podburzyć ludzi do aktów agresji. Aż nazbyt wyraźnie obserwowaliśmy ten proces w tragicznej historii Bałkanów pod koniec XX wieku, kiedy to do naszego codziennego słownika weszły takie słowa, jak „czystka etniczna" czy „bałkanizacja"*. W czasie tej tragedii byliśmy świadkami, jak skrajne rozumienie tożsamości narodowych doprowadziło do błędnego koła przemocy między Serbami, Chorwatami i Bośniakami. Zobaczyliśmy, co może się stać, kiedy nasza narodowa tożsamość staje się ważniejsza niż inne aspekty naszej tożsamości, które w przeciwnym razie byłyby płaszczyzną porozumienia.

– A więc według Waszej Świątobliwości, jaką naukę możemy czerpać jako społeczeństwo z tych tragicznych wydarzeń?

– Ważną lekcją, jaką powinniśmy przyswoić, jest to, że narodowe tożsamości są dla ludzi istotne i powinny być szanowane. Szczególnie kiedy różne narodowości współistnieją w większej grupie, czy to w federacji krajów, jak w przypadku Unii Europejskiej, czy to w jednym kraju, musimy się upewnić, że są szanowane i zachowują

---

* Bałkanizacja – określenie procesu rozpadania się państw, w wyniku którego powstają nowe, często wrogo wobec siebie nastawione kraje [przyp. tłum.].

swoją godność. Oczywiście jeżeli w jednym kraju istnieje różnorodność kultur, to aby wszystkie one dobrze funkcjonowały, według mnie bardzo ważna jest wolność, dobra, sprawiedliwa konstytucja oraz rządy prawa.

Podczas gdy Dalajlama mówi o wolności, rządach prawa, szacunku dla wszystkich kultur i narodów, tradycyjna kultura tybetańska oraz historyczny status Tybetu jako państwa są zagrożone i Tybetańczycy toczą walkę o zachowanie starożytnej tradycji i spuścizny. Dla Jego Świątobliwości nie jest to kwestia abstrakcyjnej filozofii, ale realny problem, a pojęcia, takie jak „wolność", „szacunek dla poszczególnych kultur" oraz „rządy prawa", nie są dla niego pustymi sloganami czy też jedną z wiadomości, które przekazuje się codziennie w telewizji. Słowa Dalajlamy, wzmocnione wewnętrznym żarem i wypowiadane z niezachwianą pewnością, wyrażają, jak nagląca jest potrzeba wprowadzenia tych wartości w życie. Można było wyczuć, że chodzi tutaj o prawdziwe ludzkie cierpienie, a oddanie Dalajlamy dla tych zasad oraz jego troska nie są bynajmniej zarezerwowane dla kultury tybetańskiej, ale obejmują wszystkie kultury na całej ziemi. Nie potrafiłem ukryć wzruszenia.

– Tak czy inaczej myślę, że tragedia na Bałkanach nauczyła nas czegoś ważnego i pokazała, co może się zdarzyć, kiedy brakuje owego podstawowego szacunku...

Dalajlama przerwał na chwilę, po czym cicho dodał:

– Szacunek dla tradycji innych ludzi jest tak ważny w dzisiejszym świecie...

Pomyślałem o komentarzu, który kiedyś wygłosił Dalajlama, że prawdziwy pokój to nie jedynie nieobecność wojny, i przyszło mi do głowy, że sam tylko brak uprzedzeń to nie to samo, co prawdziwy szacunek. Zauważyłem więc:

– Do tej pory rozmawialiśmy o przezwyciężaniu uprzedzeń. Wydaje mi się, że teraz poszliśmy o krok dalej i mówimy bardziej o działaniu, o wzbudzaniu szacunku wobec innych grup. Nasuwa się wobec tego pytanie, czy Wasza Świątobliwość ma jakieś przemyślenia, jak można zwiększyć czy wzbudzić szacunek dla innych kultur i narodowości.

– Mówiliśmy o tym, że jedni ludzie mogą być lepiej wykształceni czy bogatsi, inni zaś mają mniej, ale pomimo tych różnic wszyscy jesteśmy ludźmi, którzy mają prawo do godności i szacunku na fundamentalnym poziomie. Ta sama zasada powinna dotyczyć kultur i narodowości – istnieją ludzie, którzy są od nas odmienni, możemy nie rozumieć ich stylu życia czy ubierania, ale i tak powinniśmy zachować dla nich szacunek i nie odmawiać im ludzkiej godności na płaszczyźnie naszego wspólnego człowieczeństwa.

Ale jest coś jeszcze – ciągnął – coś bardzo ważnego pod wieloma względami: nauka doceniania różnorodności, rozważanie jej wartości, analizowanie wynikających z niej korzyści. Im bardziej potrafimy doceniać różnorodność, tym łatwiej nam będzie darzyć szacunkiem tych, którzy są od nas odmienni. Na przykład z punktu widzenia ludzkości moim zdaniem wielość kultur i grup etnicznych może być wzbogacająca. Tak więc zasadniczo chodzi o to, że aby ogół ludzkości dobrze się rozwijał, pojedyncze elementy muszą dobrze się rozwijać. Dobrą analogią jest tutaj ogród. Aby był on piękny i zachwycający, muszą rosnąć w nim różne kwiaty, drzewa i krzewy – połączenie różnorodnych kształtów, rozmiarów i kolorów przydaje ogrodowi uroku, a każda z roślin musi kwitnąć we własnym środowisku. Gdybyśmy w ogrodzie mieli tylko jeden rodzaj kwiatów, tylko jeden ich gatunek, nie byłoby to zbyt imponujące. To różnorodność sprawia, że ogród jest piękny.

Czas naszego spotkania dobiegał końca. Pochłonięty słowami Dalajlamy, nie zauważyłem nawet zwyczajowego ożywienia jego świty i pomocników, którzy krzątali się na werandzie, przygotowując się do wyprowadzenia jednego gościa i wprowadzenia kolejnego. Ale teraz przy drzwiach z moskitierą pojawił się sekretarz Dalajlamy, dając mi sygnał do wyjścia, co pośpiesznie uczyniłem.

Wchodząc na werandę tonącą w gęstych pnączach fioletowych bugenwilli, pnących się po treliażu, obserwowałem, jak wprowadzano do środka kolejnych gości Dalajlamy. Była to nieduża grupka mężczyzn i kobiet. Zauważyłem, że jej członkowie reprezentują kilka różnych narodowości, i wyglądało na to, że łączy ich radosne podniecenie perspektywą spotkania Dalajlamy – było to wymarzone zakończenie naszej rozmowy o harmonii wszystkich narodów. Kiedy szedłem podjazdem w kierunku głównej bramy, rozkoszowałem się bujną roślinnością, która zewsząd mnie otaczała – rosły tam gęste drzewa i krzewy bambusowe, dęby, jodły i sosny, dzikie rododendrony i rośliny doniczkowe we wszystkich chyba kolorach, obsypane kwiatami – fioletowymi, żółtymi, czerwonymi, pomarańczowymi... Gdy tak niespiesznie schodziłem ze wzgórza i z przyjemnością patrzyłem na różnorodność prawdziwego ogrodu, wciąż myśląc o metaforze, której użył Jego Świątobliwość, mówiąc o pięknie różnorodności narodów, ogarnął mnie spokój i nadzieja, że może któregoś dnia wizja Dalajlamy się zrealizuje.

Nie musimy spoglądać daleko wstecz, aby natknąć się na najstraszliwsze przykłady niszczącej siły skrajnego nacjonalizmu czy etnicznych uprzedzeń i nienawiści. Przykład, który przytoczył Dalajlama, wojna na Bałkanach, nie wydarzył się przecież tak dawno temu. Niemal od razu po tym, jak w 1991 roku Republika Bośni i Hercegowiny odłączyła się od byłej Jugosławii, świat ujrzał najgorsze oblicze skrajnego nacjonalizmu, kiedy trzy tradycyjnie zamieszkujące ten region grupy etniczne (ortodoksyjni Serbowie, katoliccy Chorwaci i bośniaccy muzułmanie) rozpoczęły zażartą wojnę, a każda z nich walczyła o uzyskanie kontroli politycznej nad nowym krajem lub jego częścią. Wojna zakończyła się w 1995 roku układem z Dayton, zginęło w niej ponad sto tysięcy ludzi, a niemal dwa miliony wysiedlono – były to skutki walk, które spustoszyły znaczną część regionu, w których zniszczono 60 procent domostw i połowę szkół, zburzono lub zrujnowano jedną trzecią szpitali. Oprócz tego zniszczono elektrownie, drogi, sieci wodociągowe, ludzie byli torturowani, żołnierze gwałcili kobiety na oczach ich rodzin, na placach, czasami maltretując i gwałcąc je zbiorowo przez wiele dni czy nawet tygodni. Wszystkie trzy strony konfliktu miały w tym swój udział. Serbowie byli szczególnie bezlitośni w przeprowadzaniu „czystki etnicznej", systematycznie puszczali z dymem domy, przetrzymywali mężczyzn w obozach, gdzie niektórzy byli torturowani, inni umierali z głodu, stosowali taktykę eliminowania członków innych grup mieszkających w tym samym regionie.

Nawet mając do czynienia z cierpieniem na tak ogromną, niewyobrażalną wręcz skalę, czasami łatwo traktować takie wojny jako po prostu jedne z wielu „wydarzeń na świecie" i stracić poczucie, jaki wpływ ma skrajny nacjonalizm na życie zwykłych ludzi. Ale być może historia trzech osób będzie doskonałym przykładem, do jakiej tragedii może doprowadzić myślenie my i oni.

W naszej wcześniejszej rozmowie Dalajlama mówił o związku pomiędzy jednostką a grupą – o tym, że można mieć silne poczucie indywidualnej tożsamości, niezależności, pewności i osobistej mocy, a zarazem czuć przynależność do grupy. „To nie chodzi o ja lub my, ale ja i my". Teraz Jego Świątobliwość rozszerza tę zasadę na grupy: jest przekonany, że wiele grup etnicznych może żyć w tym samym kraju, każda może pielęgnować własną wyjątkowość i kultywować swoje tradycje, a zarazem mogą one rozwijać swoją przynależność i tożsamość narodową.

Taki model idealnej równowagi pomiędzy tożsamością indywidualną i grupową funkcjonował kiedyś w grupie szesnasto- i siedemnastoletnich chłopców – Bośniaków, Chorwatów i Serbów – którzy w 1984 roku stworzyli jugosłowiańską drużynę narodową koszykówki juniorów, zespół, który miał przejść do legendy. Przez cztery lata zespół był niezwyciężony, była to drużyna marzeń składająca się z młodych zawodników, którzy nie przegrali ani jednego meczu w międzynarodowych rozgrywkach i którzy poza boiskiem dorastali razem, nawiązując głębokie przyjaźnie w czasie długich, wspólnych podróży, pobytów w hotelach, ciężkich treningów i wspólnego przeżywania swojego życia. Ich koleżeństwo i sportowa pewność siebie były w tych latach niezachwiane, do takiego stopnia, że w noc przed swoim najważniejszym meczem, Mistrzostwami Świata Juniorów w 1987 roku, młodzi zawodnicy wymknęli się razem z hotelu, aby przez całą noc skakać na trampolinach. Następnego dnia triumfowali, zwyciężając Amerykanów w ich grze narodowej z wynikiem 86:76.

Po wygraniu Mistrzostw Świata Juniorów wielu spośród tych

młodych gwiazd, które w przyszłości miały grać w NBA, stworzyło jugosłowiańską drużynę narodową seniorów. Więzi przyjaźni między serbskimi graczami, takimi jak Vlade Divac czy Aleksander Djordjević, a chorwackimi zawodnikami, takimi jak Doino Radja czy Toni Kukoč, którzy nadal grali razem, również w zwycięskich Mistrzostwach Europy w Rzymie w 1991 roku, pozostały silne.

Pierwsza zapowiedź końca młodej, złotej drużyny marzeń pojawiła się po południu, w czasie finałów mistrzostw, zaledwie kilka dni przed ogłoszeniem niepodległości przez Słowenię. Minister sportu nowego państwa poinformował młodego słowackiego rozgrywającego, że jeżeli tego wieczoru zagra, zostanie potraktowany jako zdrajca narodu.

Kiedy niedługo potem rejon Bałkanów się podzielił, a poszczególne państwa uwikłały się w konflikt, pojawiły się nagle nowe kategorie. Zniknęła drużyna Jugosławii, gracze przeszli do nowych zespołów: drużyn chorwackiej, serbskiej i bośniackiej. Dla wielu te etykietki przysłaniały wszystkie inne aspekty ich tożsamości. Członek zespołu bośniackich muzułmanów Teo Alibegović powiedział: „Nigdy dotąd, kiedy graliśmy razem, nie wiedziałem, kto z nas jest jakiej narodowości. I założę się, że oni również nie wiedzieli, jaką ja mam narodowość. Cóż, teraz już wiemy". Przyjaźnie, niegdyś tak trwałe, rozpadały się pod presją.

Było to szczególnie trudne dla dwóch gwiazd, Serba Divaca i Chorwata Kukoča, którzy przez lata stali się bardzo bliskimi przyjaciółmi. Divac próbował utrzymywać kontakt z byłymi kolegami z drużyny i choć nie zerwali oni całkiem relacji, głęboko przeżywał to, że ich przyjaźń została wystawiona na próbę. Rozpłakał się nawet podczas wywiadu w 1996 roku, mówiąc o tragicznym obrocie wydarzeń. Kukoč powiedział: „Zeszłego lata odwiedziłem kilka szpitali, żeby się spotkać z rannymi. Kiedy widzisz dziewiętnasto- i dwudziestolatków bez rąk czy nóg, nie myślisz o koszykówce".

Na szczęście w miarę upływu lat relacje większości byłych graczy zostały uzdrowione, a dzisiaj Divaca i Kukoča znowu łączy przyjaźń, pracują razem na Bałkanach przy organizowaniu pomocy humanitarnej i uczą dzieci tolerancji poprzez grę w koszykówkę.

Kiedy widzi się taką drużynę w akcji, jest to coś, co wykracza poza sport. Taka gra może stać się metaforą wielkości ludzkiego potencjału (podobnie jak dynastia Boston Celtics w latach 60., wśród której były gwiazdy, takie jak Bill Russell, John Havlicek i Sam Jones)! To doskonała równowaga pomiędzy najwyższym stopniem rozwoju pracy indywidualnej, indywidualizmem doprowadzonym do perfekcji, a najwspanialszym przykładem wysiłku zbiorowego. W tych naprawdę wielkich zespołach widać pięć oddzielnych jednostek, z których każda jest wyjątkowo utalentowana, ma odrębny, unikatowy charakter i sposób gry, własną osobowość. Jeden może wspaniale grać pod presją, inny doskonale bronić i blokować rzuty, jeszcze inny z wielkim zapałem będzie wrzucał do kosza. Nie ma człowieka, który posiadałby wszystkie te umiejętności, ale w takich zespołach każdy z koszykarzy rozwinął swój wyspecjalizowany talent i poznał również mocne strony pozostałych graczy, tak więc kiedy grają oni razem, są doskonale zharmonizowani i współdziałają z taką synergią, jakby naprawdę byli jednym organizmem, a efekt przewyższa sumę poszczególnych części.

To najtrafniejszy opis, jaki przychodzi mi do głowy, obrazujący ideę Dalajlamy o możliwości posiadania silnej tożsamości indywidualnej i silnej tożsamości grupowej, jak też doskonała metafora korzyści, jakie wypływają z różnorodności jednostek w obrębie większej całości – czy mówimy tutaj o koszykarzach w drużynie czy o grupach etnicznych mieszkających w większej federacji.

Jego Świątobliwość zaproponował głębokie rozważanie zalet różnorodności jako niezwykle skuteczną, praktyczną strategię, która może nam pomóc wzbudzić szacunek dla odmiennych od nas ludzi. Choć doskonały zespół jest zarówno przykładem, jak i szerszą metaforą korzyści wynikających z różnorodności, istnieje również wiele dowodów naukowych, które w sposób bardziej wymierny i konkretny o tym świadczą, warto się im więc przyjrzeć.

Swoją książkę *Mądrość tłumu* James Surowiecki otwiera opowieścią osiemdziesięciopięcioletniego brytyjskiego naukowca Francisa Galtona, specjalisty w nauce o dziedziczeniu, który pewnego dnia w 1906 roku wybrał się na targ będący zarazem wystawą żywego inwentarza. Od dawna interesował się hodowlą zwierząt i był ciekaw jej efektów. Autor opisuje, że Galton natknął się na konkurs oceny wagi, który polegał na tym, że ludzie obstawiali, ile waży tłusty byk na wystawie „po zarżnięciu i oporządzeniu". Dla tych, którzy odgadywali najtrafniej, przewidziane były nagrody, tak więc w końcu około ośmiuset osób wzięło udział w zabawie. Choć większość w tłumie stanowili rzeźnicy i rolnicy, ogólnie rzecz biorąc, była to zróżnicowana grupa, w której całkiem sporo było osób niewiedzących nic na temat bydła. Galton odkrył, że choć było tam kilku ekspertów, większość ludzi nie miała pojęcia, jaka będzie ostateczna waga byka, a przeciętny człowiek najprawdopodobniej grubo się mylił. Kiedy konkurs się zakończył, Galton wypożyczył spis wszystkich głosów i je przeanalizował. Przeliczywszy je na średnią, reprezentującą „zbiorową mądrość" tłumu tego dnia, Galton był zaszokowany wynikiem: „Ocena tłumu była w zasadzie doskonała!" Po zarżnięciu i oporządzeniu byk ważył 1198 funtów. Według tłumu było to 1197.

Surowiecki przytacza w swojej książce mnóstwo podobnych historii, wzbogacając je analizą teorii i badań naukowych, prezentując podstawową tezę: „W odpowiednich warunkach" – pisze – „grupy wykazują się niezwykłą inteligencją, są często bardziej inteligentne niż najinteligentniejsze osoby, które wchodzą w ich skład". Podaje sprzeczny z intuicją argument, że grupy ludzi są lepsze w rozwiązywaniu problemów i podejmują trafniejsze decyzje niż nawet najlepsi eksperci, którzy wchodzą w ich skład.

Oczywiście wszyscy wiemy, że czasami ludzie są niewyobrażalnie głupi, kiedy zgromadzą się w tłum, i są podatni na zbiorową głupotę – od polowań na czarownice począwszy, a na nieprawdopodobnych wręcz aktach zła (np. linczowaniu) skończywszy. Kluczem jest tutaj ustalenie „właściwych okoliczności", o których mówi Surowiecki, warunków sprzyjających przejawieniu się mądrości grupy. Sytuacja, o której mówi Surowiecki, przemawia za argumentem Dalajlamy na temat różnorodności – czy to różnorodności ludzi w tłumie, czy różnorodności kultur w państwie lub narodów na naszej planecie – która czasami daje nam wiele korzyści. Opierając się na wielu badaniach naukowych i mnóstwie zaczerpniętych z życia przykładów, Surowiecki podsumowuje, że „warunki, które są konieczne, aby tłum był mądry, to: różnorodność, niezależność i pewien typ decentralizacji".

W ten sposób doszliśmy do kolejnej korzyści wypływającej z różnorodności: wzmacnia ona mądrość grupy, poprawiając naszą zdolność do rozwiązywania problemów i podejmowania decyzji. Ponieważ żyjemy w świecie, w którym istnieje wiele problemów, jest to zaleta, jakiej nie powinniśmy lekceważyć. Jeżeli grupa ludzi próbuje rozwiązać jakiś problem czy wypracować wspólne stanowisko w ważnej sprawie, różnorodność świeżych perspektyw, nowych źródeł informacji i różnych skarbnic wiedzy przyczynia się do jej mądrości i siły. W pewnym sensie można zastosować tutaj analogię do starożytnej przypowieści indyjskiej o „słoniu i niewidomych", w której grupę ślepców poproszono, aby opisali słonia. Jeden, dotykając ogona, powiedział, że zwierzę podobne jest do liny, inny poczuł nogę i przyrównał słonia do wielkiego filara i tak dalej. Działając w pojedynkę, niewidomi są dalecy od prawdy, ale gdyby zebrać ich w grupę, każdy jej członek przyczyniłby się do stworzenia ogólnego obrazu, który byłby całkiem niezłym opisem słonia.

Kluczowe badanie, jakie w 2004 roku przeprowadzono na Uniwersytecie Stanforda, bezpośrednio ukazało korzyści płynące z różnorodności, jeśli chodzi o poprawę zdolności myślenia grupy. Badacze Anthony Antonio i Kenji Hakuta podzielili grupę białych studentów na małe zespoły, które miały przedyskutować kilka kontrowersyjnych kwestii społecznych, takich jak kara śmierci. Studenci nie wiedzieli, że zostali przydzieleni do grupy z ludźmi, którzy mieli w każdej sprawie podobną jak oni opinię – badacze poznawali ją w trakcie rozmowy przed właściwym eksperymentem. Badani nie zdawali sobie również sprawy, że jeden „student" w każdej grupie był osobą podstawioną, która współpracowała z badaczami. Połowa tych „wtyczek" była białych, połowa czarnoskórych. Niektóre osoby miały za zadanie zgadzać się z resztą grupy, inne zaś poinstruowano, żeby zaprezentowały przeciwne stanowisko.

Po uważnym przeanalizowaniu treści prac, które badani mieli napisać przez 15 minut przed i po zakończeniu dyskusji, badacze zdobyli ostateczny dowód na to, że różnorodność w tych grupach korzystnie wpłynęła na zdolność myślenia poszczególnych członków, szczególnie poprawiając typ myślenia zwany integracyjną kompleksowością (ang. *integrative complexity* – IC). To miara wysokiego poziomu myślenia intelektualnego, z grubsza obejmująca umiejętność spoglądania na problem z różnych perspektyw oraz integrowania ich podczas wyciągania wniosków. Integracyjna kompleksowość jest niezwykle cenna w rozwiązywaniu problemów i podejmowaniu decyzji. Badanie wykazało, że korzystny wpływ różnorodności ujawniał się, kiedy w grupie znajdował się przedstawiciel innej rasy, bez względu na to, czy zgadzał się on z większością czy nie. Podobna sytuacja zachodziła, kiedy w grupie znajdowała się osoba prezentująca odmienne zdanie, bez względu na to, jaki „wtyczka" miała kolor skóry.

Biorąc pod uwagę fakt, że to tylko jeden przykład wielu korzyści wynikających z różnorodności, możemy spytać: „Jeżeli różnorodność jest tak wspaniała, a tłumy są tak mądre, to dlaczego nie ma więcej różnorodności w tych «tłumach» na wszystkich poziomach społeczeństwa i czemu więcej ludzi w naturalny sposób nie wybiera miejsca pracy i zamieszkania w bardziej różnorodnych środowiskach?"

Odpowiedź jak zwykle brzmi, że nie wszystko jest zawsze takie proste. Ludzkie zachowanie uwarunkowane jest wieloma zmiennymi. Tak więc pomimo korzyści wynikających z różnorodności jest jeden haczyk – grupa musi być również zmotywowana do wspólnej pracy oraz do tego, aby różnice między jej członkami nie wywoływały sprzeczek i konfliktów, które uniemożliwiają efektywną współpracę. Aby cieszyć się zaletami różnorodności, ludzie pochodzący z różnych środowisk rasowych czy etnicznych muszą najpierw mieć możliwość nawiązania ze sobą kontaktu, a następnie muszą zacząć przełamywać postawy, które tworzą bariery pomiędzy grupami.

Aby stawić czoło temu problemowi, musimy zrozumieć, że podobnie jak istnieją korzyści związane z życiem w różnorodnych grupach, są też zalety funkcjonowania w grupach homogenicznych, takie jak większa wydajność, do której przyczynia się solidarność grupowa, oraz poczucie spójności. Ostatnie badania wyraźnie potwierdzają, że ludzie mieszkający w bardziej homogenicznych społecznościach lub tam, gdzie dana grupa stanowi większość, bardziej sobie ufają, mają silniejsze poczucie wspólnoty, wskaźnik przestępczości jest tam niższy, ludzie rzadziej cierpią na zaburzenia depresyjne i niepokój. W jakiś sposób musimy więc pogodzić to, że ludzie są szczęśliwsi, żyjąc pośród tych, którzy reprezentują tę samą rasę i mają podobne pochodzenie etniczne, z prawdziwą potrzebą osiągnięcia harmonii i współpracy między różnymi grupami, potrzebą czucia się dobrze z reprezentantami innych ras i narodowości w naszym coraz bardziej wielokulturowym społeczeństwie. Zagadnienie to ilustruje odbywająca się dzisiaj na Zachodzie zacięta debata między tymi, którzy uważają, że powinno się podkreślać własną odmienność rasową i etniczną, i nie widzą nic złego w „trzymaniu ze swoimi", a tymi, którzy opowiadają się za większą integracją naszych wielokulturowych społeczeństw, a nawet całkowitą asymilacją w jedną, dużą, szczęśliwą ludzką rodzinę.

Wcześniej Dalajlama mówił o potrzebie silniejszego ducha wspólnoty, budowania poczucia więzi, bliższych relacji społecznych, ale tutaj możemy wyróżnić dwa rodzaje związków społecznych: jeden z nich wiąże ludzi w jednej grupie na podstawie wspólnych cech, takich jak to samo pochodzenie rasowe, etniczne czy religijne. Drugi rodzaj tworzy bliższe więzy społeczne między członkami różnych grup i często nazywany jest „pomostową" formą związków społecznych. Większość współczesnych socjologów zgadza się co do tego, iż to właśnie owe pomostowe związki społeczne są bardzo potrzebne w dzisiejszym zachodnim społeczeństwie – tragiczny brak takich związków mogliśmy obserwować na Bałkanach wśród Serbów, Chorwatów i Bośniaków. Pytanie tylko, jak zbudować takie związki, jak stworzyć więź z większą społecznością, zachowując zarazem własną tożsamość kulturową i etniczną.

Badania wykazują, że ludzie są szczęśliwsi, żyjąc pośród podobnych sobie. Ale co to znaczy, że ktoś jest do kogoś podobny? Wygląda na to, że to właśnie stanowi sedno sprawy – problem, który jasno określił również Dalajlama, mówiąc o destrukcyjnych aspektach podziału na my i oni i podsumowując: „Musimy krzewić sposób nawiązywania relacji z innymi bardziej obejmujący, a nie wykluczający. To pewne". Musimy znaleźć sposób takiego postrzegania innych ludzi, reprezentujących różne grupy rasowe, etniczne czy narodowe, by traktować każdą z nich jako część większej, szerszej grupy „my".

W tym rozdziale Dalajlama przedstawił efektywne strategie, które mogą nam pomóc przezwyciężyć uprzedzenia, stronniczość i nienawiść przeszkadzające nam w wypracowywaniu „bardziej obejmującego" sposobu postrzegania innych. W części trzeciej niniejszej książki wrócimy do dyskusji, jak budować relacje międzyludzkie w bardziej włączający sposób, ukazując, jak może to doprowadzić do większego szczęścia osobistego oraz przezwyciężyć wiele problemów społecznych we współczesnym świecie. Zanim jednak zajęliśmy się tymi tematami, pewne wydarzenia przypomniały nam, że są jeszcze inne niezwykle ważne zagadnienia, na które musimy zwrócić uwagę, dążąc do szczęścia w trudnych czasach.

CZĘŚĆ II

# PRZEMOC KONTRA DIALOG

ROZDZIAŁ 6

# NOWE SPOJRZENIE NA LUDZKĄ NATURĘ

11 września 2001 roku przed południem rozegrały się wydarzenia, które miały zmienić oblicze świata. Kiedy zawaliły się wieże World Trade Center w Nowym Jorku, Dalajlama spokojnie spał w swoim skromnym pokoju w położonym na wzgórzu domu w górach na północy Indii. Następnego dnia obudził się jak zwykle o 3.30 nad ranem, strząsnął sen z powiek, a o 4.00 rozpoczął swoje codzienne praktyki buddyjskie, które polegają na czterogodzinnej modlitwie i medytacji. Kiedy więc w Stanach Zjednoczonych obwieszczano nową wojnę, Dalajlama był pogrążony w głębokiej medytacji, a jedynym dźwiękiem, jaki dobiegał jego uszu, był przyjemny odgłos kropli drobnego monsunowego deszczu, które spadały na blaszany dach jego siedziby. W tej odległej, górskiej wiosce, wciąż pogrążonej w mroku, panowała atmosfera ciszy i spokoju.

Niedługo po 11 września wróciłem do domu Dalajlamy w Dharamsali, aby na nowo rozpocząć nasze rozmowy. Od dnia, kiedy po raz ostatni siedzieliśmy w tym pokoju, minął prawie rok i wyglądało na to, że przez ten czas nic się tutaj nie zmieniło. Tak naprawdę miałem wrażenie, że nic tu nie uległo zmianie przez ostatnich dwadzieścia lat, czyli od czasu, kiedy zacząłem tutaj bywać. Pokój jest wciąż tak samo przestronny i panują w nim taki sam spokój i otwartość, potęgowane widokiem z dużych okien – z jednej strony wychodzących na ośnieżone góry, a z drugiej na rozległą, porośniętą bujną roślinnością dolinę Kangra. Na bladożółtych ścianach wiszą te same *thangki* – buddyjskie malowidła w formie zwoju – przedstawiające boginię Tarę, obszyte kolorowym, brokatowym jedwabiem. Jedną ścianę, od sufitu do podłogi, pokrywa ta sama plastyczna mapa Tybetu, a w centralnym miejscu od zawsze stoi ten sam buddyjski ołtarz, ozdobiony misternymi buddyjskimi ikonami, posążkami, miseczkami ofiarnymi i maślanymi lampkami. Nawet proste, tapicerowane krzesło Dalajlamy oraz pasująca do niego sofa, na której zwykle siadam, ustawione wokół dużego, niskiego, polakierowanego na ciemnoczerwony kolor stolika, wydają mi się takie same.

Niewiele się tutaj zmieniło, pomyślałem, rozglądając się po pokoju. Tak naprawdę z tego, co widziałem, przez te dwie dekady jedyne widoczne zmiany zaszły w sąsiednim pokoju, poczekalni dla gości przybyłych na spotkanie z Dalajlamą – w miarę upływu lat ściany coraz bardziej zapełniały się tam nagrodami, świadectwami nadania doktoratów honoris causa, różnymi zaszczytami, medalami i pamiątkowymi tablicami.

Ale świat na zewnątrz się zmienił w ciągu miesięcy, które upłynęły od mojego ostatniego spotkania z Dalajlamą. 11 września 2001 roku doszło do zamachu terrorystycznego na siedzibę World Trade Center – i raz jeszcze przypomniano nam o tym, do jakich okrucieństw i potworności zdolny jest jeden człowiek wobec drugiego.

Tego ranka podjęliśmy analizę ciemnej strony ludzkiej natury, aktów przemocy, nienawiści, okrucieństw, które ludzie wyrządzają sobie nawzajem. W naszym ostatnim cyklu rozmów omówiliśmy źródło dualistycznego sposobu myślenia my kontra oni, które może doprowadzić do uprzedzeń i konfliktów. Teraz mieliśmy się zająć bardziej agresywnymi zachowaniami, próbując zrozumieć przyczyny przemocy. Starając się odnaleźć pierwotne źródła aktów zła, zaczęliśmy od fundamentalnego pytania: Czy przemoc i agresja nie stanowią po prostu części naszej podstawowej, ludzkiej natury?

## CZY PRZEMOC LEŻY W NASZEJ NATURZE?

– Tego ranka – przypominał sobie Dalajlama, mówiąc o zamachu z 11 września – po medytacji mój pomocnik, Lobsang Gała, wszedł do mojego gabinetu i poinformował mnie, że zaatakowano budynki World Trade Center w Nowym Jorku. Powiedział mi, że się zawaliły!

– Jaka była pierwsza reakcja Waszej Świątobliwości? – spytałem.

– Niedowierzanie. Pomyślałem, że to nie może być prawda! To brzmiało jak jakaś niestworzona historia. Włączyłem więc radio na stację BBC World Service i posłuchałem wiadomości. Potem włączyłem BBC World Service w telewizji i zobaczyłem, jak samoloty wbijają się w budynki, a one zawalają się w płomieniach. Wtedy już wiedziałem, że to prawda. Widziałem, jak ludzie w desperacji próbują uniknąć spalenia żywcem i wyskakują z okien. To było takie smutne! Taki ogrom zniszczenia! To było nieprawdopodobne. Nie do pomyślenia.

– A jak zareagował Wasza Świątobliwość potem, kiedy niedowierzanie ustąpiło?

Dalajlama ze smutkiem pokiwał głową.

– Było to dla mnie dotkliwe przypomnienie tego, jak niszczący może być potencjał człowieka. Taki ogrom nienawiści! To prawie niewyobrażalne. Potem modliłem się za wszystkie niewinne ofiary i ich rodziny.

Powracając myślami do reakcji Amerykanów na ten zamach – głębokiego oburzenia, błyskawicznego, silnego postanowienia, aby postawić przed sądem sprawców – spytałem:

– Cóż, czy myśl o straszliwej krzywdzie, którą terroryści i Osama bin Laden wyrządzili tysiącom niewinnych ofiar, o tym, że ludzie mogą sobie nawzajem zgotować taki los, nie podkopuje czasami podstawowego przekonania Waszej Świątobliwości o dobroci człowieka i ludzkiej natury?

– Nie – odparł Dalajlama bez wahania – w ogóle. Choć garstka osób jest zdolna do tak straszliwych aktów przemocy, jestem w pełni przekonany o podstawowej dobroci ludzkich istot, o tym, że na fundamentalnym poziomie nasza natura jest łagodna, nie ma w niej brutalności.

Nie po raz pierwszy rozmawialiśmy o podstawowej ludzkiej naturze. Wróciłem myślami do chwili, kiedy zaczęliśmy omawiać ten temat ponad dziesięć lat temu*. Przypomniałem sobie to przenikliwe spojrzenie i zdecydowany ton głosu, kiedy Jego Świątobliwość powiedział: „Jestem całkowicie przekonany o tym, że ludzka natura jest zasadniczo pełna współczucia i łagodności. Taka jest dominująca cecha natury człowieka". Jego poglądy najwyraźniej się nie zmieniły.

Mimo iż byłem świadomy jego pozytywnej opinii na temat ludzkiej natury, i tak trochę zaskoczyła mnie jego niezachwiana pewność, kiedy powiedział, że wydarzenia z 11 września, wciąż przecież tak żywe, nie naruszyły jego wiary w fundamentalną dobroć ludzi. Nawet bezpośrednia konfrontacja z okrutnym i bezsensownym morderstwem tysięcy niewinnych osób nie skłoniła go do weryfikacji tego przekonania, które w rzeczywistości wydawało się silniejsze niż kiedykolwiek wcześniej. Pragnąc zrozumieć, skąd bierze się ta siła, spytałem:

– Kiedy Wasza Świątobliwość widzi brutalne, straszne krzywdy, które ludzie wyrządzają sobie nawzajem, jak może to nie wpłynąć na wiarę Waszej Świątobliwości w podstawową dobroć ludzkiej natury, ludzkich istot, która obejmuje nawet sprawców okropności z 11 września?

Dalajlama pomyślał przez chwilę.

– Być może przede wszystkim wynika to z tego, że patrzę na takie wydarzenia z szerszej perspektywy. Kiedy takie rzeczy się dzieją, często szukamy jednej osoby lub grupy osób, które moglibyśmy obarczyć winą. A ja sądzę, że błędem jest wybieranie jednostki czy grupy i wyodrębnianie ich z całej reszty jako wyłącznej przyczyny problemu. Jeżeli spojrzymy szerzej, zobaczymy, że istnieje wiele przyczyn przemocy i wiele czynników przyczynia się do takich wydarzeń. Mnóstwo różnych czynników. Myślę, że w tym konkretnym przypadku w grę wchodzą również przekonania religijne.

Jeżeli więc głębiej przeanalizujemy to wydarzenie – wyjaśniał – uświadomimy sobie, że na tę tragedię złożyło się wiele różnych rzeczy. Dla mnie podkreśliła ona jeden kluczowy fakt: pokazała, że nowoczesna technologia w połączeniu z ludzką inteligencją

---

* *Sztuka szczęścia, op. cit.*

i kierowana negatywnymi emocjami może doprowadzić do niewyobrażalnych nieszczęść.

– Czy Wasza Świątobliwość mógłby powiedzieć, co dokładnie przez to rozumie?

Dalajlama odparł:

– Widzisz, terroryści musieli mieć wielką determinację, aby poświęcić swoje życie, popełniając ten czyn. Nie mogło do tego dojść bez udziału silnych, negatywnych emocji. To one były źródłem ich motywacji. Ale z kolei sama motywacja i negatywne emocje nie wywołują takich wydarzeń. Jeżeli się nad tym zastanowimy, uświadomimy sobie, że ataki musiały poprzedzić miesiące, jeżeli nie lata, dokładnego planowania. Na przykład wszystko było tak obliczone, żeby samoloty miały pełne baki. Sporządzenie tak precyzyjnych planów wymaga ludzkiej inteligencji. Poza tym potrzebne są określone środki, aby je przeprowadzić. W tym przypadku wykorzystano samoloty, które stanowią osiągnięcie nowoczesnej technologii. To właśnie mam na myśli.

– Wiesz – ciągnął Dalajlama, po czym westchnął – w rzeczywistości wiele czynników składa się na takie straszliwe działania. Na przykład tymi ludźmi musiała powodować nienawiść. Tak naprawdę, kiedy po raz pierwszy zobaczyłem, jak walą się budynki WTC, pomyślałem: Nienawiść – oto prawdziwa winowajczyni!

– Wasza Świątobliwość, mogę zrozumieć pogląd, że do tych okropieństw przyczyniły się te wszystkie czynniki. Ale tak naprawdę koniec końców sprowadza się to do tego, że jeden człowiek czy też grupa ludzi dopuszcza się przemocy i zadaje cierpienie innym. Czy zatem Wasza Świątobliwość nie uważa, że być może, pomijając wszystkie złożone czynniki i przyczyny, o których była mowa, niektórzy ludzie są naprawdę po prostu źli, mają złą naturę?

Kręcąc głową, Dalajlama odparł:

– Koncepcja zła, a nawet samo określenie „zły" jest problematyczne. Jak powiedzieliśmy wcześniej, wygląda na to, że ludzie na Zachodzie czasami wykazują tendencję do postrzegania rzeczy w kategoriach absolutnych, czarno-białych, wszystko albo nic. Poza tym pod wpływem stanów mentalnych, takich jak gniew, ta tendencja staje się jeszcze silniejsza. Dochodzi wówczas do zniekształcenia naszego sposobu myślenia, percepcji. Tak więc, jak wspomniałem, kiedy myślimy o takich wydarzeniach, natychmiast szukamy obiektu, osoby czy też grupy, które moglibyśmy obarczyć winą, czegoś konkretnego, na co moglibyśmy skierować całą naszą złość i oburzenie. W tym stanie postrzegamy rzeczy jako stuprocentowo dobre lub stuprocentowo złe, widzimy ludzi jako dobrych lub złych. Z tej perspektywy możemy traktować kogoś jako wcielenie zła.

Ale w buddyzmie nie ma koncepcji absolutnego zła, to znaczy zła jako czegoś, co istnieje niezależnie i nie jest wywoływane przez inne czynniki, na które wpływają jeszcze inne czynniki, jako czegoś, czego nie można zmienić lub zmodyfikować przez pewne warunki. Zło „absolutne" ma znamiona trwałości. Nie uważamy więc, że istnieją źli ludzie w tym sensie, że czyjaś wrodzona natura jest stuprocentowo zła i taka pozostanie, ponieważ jest to fundamentalna, niezmienna cecha tej osoby.

W buddyzmie mamy jednak koncepcję człowieka, który czyni źle, dopuszcza się złych rzeczy pod wpływem negatywnych emocji, złej motywacji – ale widzimy, że to zachowanie jest wynikiem określonych przyczyn i warunków. Uważamy, że takie wydarzenia da się wyjaśnić bez odwoływania się do metafizycznej siły zła.

A więc zasadniczo – podsumował Dalajlama – jeżeli dana osoba działa bardzo destrukcyjnie, można powiedzieć, że to jest złe. Bez wątpienia. I zawsze powinniśmy się takiemu działaniu sprzeciwić. Musimy zająć zdecydowane stanowisko. I powiedzmy, że motywacją osoby dopuszczającej się złego czynu była nienawiść. Wtedy można powiedzieć, że zarówno motywacja, jak i samo działanie, do którego ona doprowadziła, są złe, ponieważ mają destrukcyjną naturę. Ale wciąż nie możemy postrzegać danego człowieka jako niezmiennie „złego" ze swej natury, ponieważ zawsze istnieje potencjał czy też możliwość, że pojawią się nowe warunki i być może ta sama osoba nie będzie się już angażować w negatywne działanie.

– Cóż, rozumiem, o co chodzi Waszej Świątobliwości – powiedziałem. – Ale jeżeli uznamy, że na to działanie złożyło się wiele różnych przyczyn i warunków oraz że sam sprawca po prostu pozostawał pod wpływem tych czynników i to one tak naprawdę wywołały jego zachowanie, to czy nie ma niebezpieczeństwa, że zaczniemy usprawiedliwiać czy też godzić się na jego zachowanie, ponieważ w pewnym sensie nie jest to jego wina? Wygląda na to, że im bardziej przyglądamy się różnym przyczynom i warunkom, które prowadzą do określonego czynu, tym bardziej dajemy sprawcom święty spokój.

– Twierdzenie, że nikt nie jest w swej istocie zły – odpowiedział Dalajlama – że zło to stan względny zależny od innych czynników, nie oznacza, że dajemy komuś prawo do popełniania złych czynów. To, że bierzemy pod uwagę możliwość, iż czyjeś motywacje i zachowania zmienią się w przyszłości, nie znaczy, że usprawiedliwiamy czy akceptujemy negatywne działanie lub że nie obarczamy danej osoby odpowiedzialnością i uznajemy, że nie miała ona z tym nic wspólnego.

– Cóż, bez względu na to, czy straszliwe akty przemocy stanowią rezultat określonych przyczyn i warunków, czy też przypiszemy je złym ludziom, faktem jest, że ludzie są zdolni do takich zachowań. W całej historii ludzkości żerowaliśmy na sobie i zadawaliśmy sobie cierpienie. Nawet Wasza Świątobliwość wspomniał, że drugą reakcją Waszej Świątobliwości na wydarzenia z 11 września było „dotkliwe przypomnienie sobie o destrukcyjnym potencjale ludzi". A tych przypomnień jest przecież tak wiele... tyle aktów okrucieństwa i destrukcji, takich jak Holokaust, tak strasznych, że przechodzą wszelkie wyobrażenia! Wydawało mi się, że tak jaskrawe przykłady naszego destrukcyjnego potencjału, naszej zdolności do krzywdzenia i zadawania innym cierpienia przynajmniej skłonią Waszą Świątobliwość do zastanowienia się nad ciemniejszą stroną ludzkiej natury.

Z powagą skinąwszy głową, Dalajlama odparł:

– Tak, kiedy stajemy w obliczu przerażających wydarzeń, takich jak Holokaust, może to zachwiać naszą wiarą w człowieczeństwo. Nigdy nie zapomnę mojej pierwszej wizyty w Auschwitz. Zobaczyłem tam kilka rzeczy, które mną wstrząsnęły, a jedną z nich był wielki stos butów należących do ofiar. Z wielkim przerażeniem i głębokim smutkiem dostrzegłem tam wiele małych, dziecięcych bucików!

Poczułem ogromne współczucie dla tych niewinnych dzieci. One nawet nie zdawały sobie sprawy, co się tam dzieje. Pomyślałem wtedy: Kto mógł coś takiego zrobić? Modliłem się w tym miejscu.

Ostatnie słowa Dalajlama wypowiedział łagodnie i delikatnie, a kiedy wybrzmiały, posępny wyraz jego twarzy sprawił, że odczekałem kilka chwil, nim zadałem mu kolejne pytanie. Dalajlama nie wierzył w koncepcję absolutnego zła. Wygląda na to, że nie miał najmniejszego zamiaru wyodrębniać Hitlera i jego nikczemnych popleczników jako jedynej przyczyny Holokaustu, kierując na nich całą moc swojego gniewu i moralnego oburzenia. A zarazem kiedy mówił o swoich doświadczeniach z wizyty w Auschwitz, w tonie jego głosu i zachowaniu można było wyczuć, jak głęboko jest poruszony, i nie wyczuwało się braku moralnego potępienia. On nie ignoruje takich tragedii, nie jest też nieświadomy zła, jakie ludzie potrafią sobie wyrządzać. Mając pełną świadomość ludzkiej zdolności do czynienia zła, żywi niezachwiane przekonanie o fundamentalnej dobroci człowieka.

Kontynuowałem naszą rozmowę:

– Wasza Świątobliwość, chodzi mi tylko o to, że Holokaust czy podobne wydarzenia na mniejszą skalę nie tylko potwierdzają, że na świecie istnieje zło, ale również podają w wątpliwość pogląd o dobrotliwej naturze człowieka.

– Myślę, że błędem byłoby wyciąganie z takich wydarzeń wniosku, iż reprezentują one naszą podstawową ludzką naturę, jak byśmy w jakimś sensie byli zmuszeni do takich działań. Musimy pamiętać, że takie sytuacje nie są normą, nie stanowią części naszego zwykłego codziennego życia. Na przykład w etyce buddyjskiej mamy listę tak zwanych ohydnych zbrodni. W ich skład wchodzi zabicie swojego ojca i matki czy wywołanie rozłamu we wspólnocie. Ale to, iż takie rzeczy się zdarzają, nie oznacza, że ludzie nie są w stanie żyć moralnie.

– Być może to prawda, ale...

– Howardzie – ciągnął Dalajlama – powinniśmy pamiętać, że proponujemy tutaj sposób postępowania, który zasadza się na uznaniu podstawowej dobroci ludzkiej natury i świadomym, celowym przyjmowaniu stylu życia, jaki to wyraża. To nasz zamiar, nasz cel. Dlatego próbujemy edukować ludzi. Staramy się promować ideę, że podstawowa ludzka natura jest dobra, że możemy wzbudzać poczucie wspólnoty, troski o siebie nawzajem. I nie jest to sprawa religijna, nie jest to również kwestia jakiejś filozofii. To nasza przyszłość...

W głosie Jego Świątobliwości pobrzmiewało bezgraniczne współczucie, jakby z pełną jasnością i wielkim smutkiem dostrzegał on niezmierzone cierpienie, jakie ludzie zadają sobie nawzajem z powodu niewiedzy – niewiedzy na temat swojej prawdziwej natury, ignorancji, która zaciemnia widzenie, przesłania zrozumienie naszej wielkiej zdolności do dobroci i powoduje, że żyjemy w ciemności i lęku, a do innych podchodzimy z podejrzliwością i nienawiścią.

Współczucie Dalajlamy nigdy nie wydawało się jednak sentymentalne czy fatalistyczne. Równoważyły je pewna stanowczość, odwaga i zdecydowanie, aby jak najlepiej nauczać innych i pomóc im ujrzeć siebie takimi, jacy są naprawdę, aby zobaczyli siebie tak, jak on ich widzi, jako z gruntu dobrych i przyzwoitych. Dalajlama następnie znowu krótko przedłożył kilka kluczowych argumentów, o których mówił lata temu, przedstawiając dobrze przemyślaną, wnikliwą argumentację przemawiającą za jego spojrzeniem na ludzką naturę, opartą nie tylko na buddyjskiej teorii natury buddy*, ale głównie na biologii. Najpierw wskazał, jakie korzyści dla naszego zdrowia fizycznego i emocjonalnego wypływają ze wzbudzania współczucia i troski o innych oraz jakie są destrukcyjne skutki wrogości i agresji, takie jak choroby układu sercowo-naczyniowego. Następnie odwoływał się do zdrowego rozsądku i rozumu, pytając, jaka „natura" bardziej odpowiada ludzkiemu umysłowi i ciału, jaka bardziej sprzyja naszemu życiu – agresywna czy łagodna?

Zauważyłem, że tym razem, w porównaniu do naszych pierwszych rozmów na ten temat sprzed wielu lat, Dalajlama dodał bardziej wyrafinowane przykłady i wykazywał głębszą naukową wiedzę, przedstawiając na przykład argument, że „z medycznego punktu

* W buddyjskiej filozofii „natura buddy" oznacza podstawową, fundamentalną, najsubtelniejszą naturę umysłu. Ten stan umysłu, który cechuje wszystkich ludzi [oraz wszystkie inne czujące istoty – przyp. tłum.], jest zupełnie nieskażony negatywnymi emocjami czy myślami. Natura buddy, czasami zwana „pierwotnym czystym światłem umysłu", daje wszystkim ludziom potencjał oświecenia.

widzenia jednym z najbardziej kluczowych czynników dla rozwoju mózgu w pierwszych kilku tygodniach życia dziecka jest kontakt fizyczny z matką lub innym opiekunem". Ale choć jego argumenty były bardzo racjonalne, bynajmniej nie podchodził do tematu z obojętnością antropologa czy chłodem klinicysty. W jego głosie pobrzmiewały serdeczność i troska, jakby w tej właśnie chwili chodziło o życie wielu ludzi.

Choć pogląd Dalajlamy na temat ludzkiej natury był bardzo optymistyczny, nie był to bynajmniej ślepy optymizm, tak więc jak zwykle łagodząc swoje przekonania zdrowym rozsądkiem, podsumował:

– Oczywiście podstawowa dobroć człowieka nie wyklucza, że nigdy nie doświadczymy takich aktów przemocy, jak tragedia z 11 września. Nie możemy oczekiwać, że każdy człowiek będzie żył zgodnie z zasadami odzwierciedlającymi naszą podstawową ludzką naturę. Koniec końców naszym nauczycielom duchowym nie udawało się przecież uczynić wszystkich ludzi dobrymi. Buddzie się nie udało. Jezusowi też nie. Ale nie możemy mówić, że ponieważ tym wielkim mistrzom w przeszłości to się nie udało, nam też się nie powiedzie i w takim razie po co zadawać sobie trud? Taka postawa również jest głupotą. Powinniśmy robić, co w naszej mocy.

## PONOWNE ANALIZOWANIE NASZEJ PODSTAWOWEJ NATURY

Ostatnich kilka dziesięcioleci to czas rewolucji w środowisku naukowym w zakresie badania odwiecznej kwestii dotyczącej ludzkiej natury: czy jest ona fundamentalnie agresywna i brutalna czy też dobra i łagodna? Przez ostatnich kilka stuleci w zachodniej kulturze powszechnie zakorzeniło się dość ponure, pesymistyczne spojrzenie na ludzką naturę jako w swej istocie agresywną, egoistyczną i nacechowaną silnym instynktem terytorialnym. Wizję taką rozpowszechniło wielu myślicieli, od takich filozofów jak Thomas Hobbes i George Santayana, do etnologów, jak Robert Ardrey i Konrad Lorenz. W ostatnich latach w postępie geometrycznym rośnie jednak liczba wiodących naukowców, którzy porzucają ów pesymistyczny pogląd. Na przeciwległym krańcu spektrum mieści się opinia Dalajlamy o ludzkiej naturze, którą charakteryzują głównie pozytywne stany: dobroć, troska, współczucie, wręcz łagodność.

Rosnąca liczba tych, którzy skłaniają się bardziej do poglądu Dalajlamy, sprawia, że większość myślicieli i badaczy znajduje się gdzieś pomiędzy tymi biegunami. Coraz więcej z nich dochodzi do wniosku, że choć jesteśmy neurologicznie wyposażeni w zdolność do brutalnego działania, w budowie naszego układu nerwowego czy w ludzkiej naturze nie ma niczego, co by nas do tego zmuszało. Dzięki wielu badaniom naukowym przeprowadzonym w ostatnich latach coraz więcej jest dowodów kwestionujących fundamentalnie agresywną naturę ludzi i sugerujących, że choć mamy potencjał przejawiania cech zarówno pozytywnych, jak i negatywnych, to, którą właściwość ostatecznie wyrazimy naszym zachowaniem – działając w sposób pozytywny lub brutalny – zależy w dużym stopniu od treningu, uwarunkowania oraz sytuacji, w jakiej się znajdujemy.

Oczywiście, choć wielu ludzi zbliża się do poglądu Dalajlamy na temat ludzkiej natury, kwestia ta jeszcze długo pozostanie nierozstrzygnięta wśród współczesnych naukowców, w społeczeństwie zaś wciąż głęboko zakorzeniona jest opinia o agresywnej naturze człowieka. Gdzie więc tkwi prawda?

Aktywne poszukiwanie prawdy o ludzkiej naturze odsłania dość niewesoły, wręcz beznadziejny obraz. Trudno kwestionować fakty: tylko w minionym stuleciu doszło do dwóch wojen światowych, w które zaangażowana była niemal cała ludzkość, w pierwszej połowie wieku wydarzył się Holokaust, a pod koniec ludobójstwo w Rwandzie. Wygląda na to, że niezbyt wiele się nauczyliśmy. A przemoc przejawia się w wielu formach, nie tylko w postaci wojny. Najpowszechniejszą przyczyną obrażeń u kobiet jest przemoc domowa. Miliony ludzi na całym świecie padają ofiarami gwałtów, morderstw i napadów. Takie zbrodnie są plagą w wielu krajach, szczególnie w Stanach Zjednoczonych. Zaledwie dwadzieścia lat po I wojnie światowej, „wojnie, która miała zakończyć wszystkie wojny", nasza planeta znowu rozgorzała zbrojnym konfliktem. W II wojnie światowej zginęły 72 miliony ludzi, żołnierze i cywile.

Po ostatecznym pokonaniu państw Osi zapanował duch prawdziwego optymizmu. Świat miał szansę zacząć od nowa, rozwiązać spory poprzez sojusze i działania organizacji, takich jak Organizacja Narodów Zjednoczonych. Wszyscy mieli taką nadzieję. A jak wyglądała rzeczywistość? Pięćdziesiąt lat po II wojnie światowej na stronie internetowej NATO opublikowano raport mówiący o tym, że w tym czasie doszło do 150 zbrojnych konfliktów, w których zginęło 25–30 milionów ludzi, nie licząc ofiar głodu czy chorób oraz innych pośrednich skutków walk. A ile w ciągu tych pięćdziesięciu lat było dni bez wojny? Przez ile dni panował pokój na ziemi? DWADZIEŚCIA SZEŚĆ!

Kiedy konfrontujemy się z takimi „prawdami", czyż nie powinniśmy dojść do wniosku, że ludzka natura jest zasadniczo agresywna?

Na szczęście odpowiedź na to pytanie brzmi: Nie!

Jeżeli weźmiemy sobie do serca zwyczajowe zalecenie Dalajlamy, aby świadomie przeanalizować ludzkie postępowanie z szerszej i pełniejszej perspektywy, przyglądając się wzajemnej zależności wydarzeń, które mogą się przyczyniać do danej sytuacji, i zbadamy liczbę agresywnych, pełnych przemocy zachowań, jakie występowały w naszym gatunku, wyłoni się z tego całkiem inny zestaw faktów, przedstawiający zgoła odmienny obraz człowieczeństwa: Według badaczy, w okresie panowania społeczeństw myśliwych-zbieraczy 30 procent populacji płci męskiej ginęło w wyniku przemocy z rąk innych przedstawicieli gatunku. Jak wyglądał ten odsetek w krwawym XX wieku, ze wszystkimi jego wojnami, ludobójstwem, ciągłymi konfliktami? To mniej niż 1 procent! A kiedy nastał nowy wiek i nowe tysiąclecie, liczba ta drastycznie spadła i nadal maleje. Poszukując dodatkowych dowodów potwierdzających tę tendencję, pisarz i psycholog z Harvardu Steven Pinker zanotował, że nawet w najgorszych pod tym względem miejscach na świecie liczba morderstw jest i tak dwadzieścia razy mniejsza niż w społeczeństwach pierwotnych.

Przez tysiąclecia w dziejach ludzkości zawsze były wzloty, upadki i rozmaite cykle, ale kierunek zmian jest całkowicie jasny: tendencja do przemocy i zabójstw powoli się zmniejsza, co daje nam nadzieję, że Dalajlama może ostatecznie mieć rację w kwestii ludzkiej natury.

Nie musimy porównywać zachowań ludzi, którzy żyją we współczesnym zachodnim społeczeństwie, z naszymi prehistorycznymi przodkami, aby znaleźć przekonujące statystyki ukazujące przewagę ludzkiej dobroci nad okrucieństwem. Na przykład w 2004 roku Centrum Badania Opinii Społecznej (NORC) przeprowadziło rozległy sondaż, z którego wynikało, że dorośli Amerykanie przeciętnie podejmują 109 działań dobroczynnych rocznie. Jeżeli pomnożymy to przez liczbę dorosłych Amerykanów, okaże się, że w tym roku w Stanach Zjednoczonych dokonano 23 980 000 000 aktów altruizmu! Tego samego roku, jak doniosło FBI, w całym kraju popełniono około 1 367 009 różnych aktów przemocy. Z tych wyliczeń wyłania się obiecująca statystyka: na każdy akt przemocy popełniony w Stanach Zjednoczonych w roku 2004 przypada mniej więcej 17 540 aktów altruizmu!

Gdy porównamy tę niezwykle pozytywną statystykę z powszechną oceną ludzkiej natury jako samolubnej i agresywnej, nie zaskakuje to, że większość z nas ma nieco wypaczony obraz. Na przykład według FBI, od 1990 do 1998 roku liczba morderstw dokonywanych w całych Stanach Zjednoczonych spadła o 32,9 procent. W tym samym czasie liczba raportów na temat zabójstw w telewizji i w radiu wzrosła o 473 procent! To nie jest przypadek. Z perspektywy ewolucyjnej istnieją powody, dla których dużo bardziej interesuje nas oglądanie w telewizji aktów przemocy niż relacji o zwyczajnej, ludzkiej dobroci. Wspominaliśmy wcześniej, że nasz mózg rozwinął się tak, aby lustrować otoczenie w celu wychwycenia niebezpieczeństwa czy zagrożenia dla naszego przetrwania, wyposażając nas ostatecznie w coś, co niektórzy nazywają mózgiem katastroficznym. Jest on doskonale zaprogramowany do wychwytywania wszystkiego, co jest nie tak w środowisku wokół nas, ale nie przykłada się specjalnie do zauważania tego, co idzie dobrze. Ponieważ więc naszą uwagę w naturalny sposób przyciągają akty przemocy, a nie dobroci, jest mało prawdopodobne, że producenci wiadomości nagle zmienią politykę, tak aby informacje przedstawiały ludzką naturę we właściwych proporcjach, i zaczną nadawać 17 540 historii na temat altruizmu na każdą wiadomość o przemocy.

To my sami musimy włożyć pewien wysiłek w aktywne analizowanie i obserwowanie naszego świata, wypatrując dowodów świadczących o dobroci i pozytywnych cechach człowieka. Jedno z najdobitniejszych i najbardziej fascynujących świadectw daje nam badanie, które przeprowadzono po II wojnie światowej. Zdumiewająca liczba 72 milionów ofiar była wynikiem wielu różnych metod zabijania: bombardowania, torpedowania, użycia min lądowych, obozów zagłady oraz późniejszych skutków wojny, takich jak głód. Ale w tym wszystkim prawdopodobnie najwyraźniejszym wskaźnikiem wrodzonej ludzkiej agresji jest gotowość poszczególnych żołnierzy na polu bitwy do zabijania innych ludzi, czyli wrogów. To jeden z niewielu przypadków prawnie usankcjonowanego morderstwa, gdy brutalne, agresywne zachowanie jest nie tylko tolerowane, ale wręcz się do niego zachęca w warunkach, które rozgrzeszają żołnierza z poczucia winy – a poza tym często stawką w grze jest własne życie.

Po zakończeniu II wojny światowej historyk armii amerykańskiej gen. bryg. S.L.A. Marshall przeprowadził nowatorskie badanie. Po raz pierwszy w historii systematycznie analizował szybkostrzelność żołnierzy na polu walki. Wyniki były wprost szokujące. Odkrył on, że jedynie 15–20 procent żołnierzy podczas walki przejawiało chęć wystrzelania amunicji w kierunku wroga! Ta liczba była wielokrotnie weryfikowana, a wyniki tego badania – potwierdzane. Słaba szybkostrzelność nie była bynajmniej skutkiem tchórzostwa, jako że żołnierze pozostawali na polu walki i często byli gotowi ryzykować własne życie, aby ratować innych, nie brakowało im więc odwagi. Było to wprost oszałamiające. Po szeroko zakrojonych badaniach tego zjawiska wnioski były jasne: ludzie po prostu czują wrodzoną niechęć do zabijania drugiego człowieka, nawet wtedy, kiedy ich własne życie jest zagrożone. Niestety, odkrycie to sprawiło, że wojskowi zaczęli szukać sposobów, aby uwarunkować żołnierzy do zabijania wroga, przez co szybkostrzelność podczas wojny w Korei i Wietnamie gwałtownie wzrosła. Pierwotne odkrycia mogą posłużyć jednak jako świadectwo poglądu Dalajlamy na temat dobrotliwej natury człowieka, w której dobroć bierze górę nad zabijaniem, a łagodność nad agresją.

Poszukując prawdy na ten temat, warto przyjrzeć się poglądom człowieka, którego wielu uważa za najbardziej wpływowego w kształtowaniu współczesnej opinii o ludzkiej naturze, przynajmniej w powszechnej wyobraźni: Karolowi Darwinowi, którego teorie na temat ewolucji, doboru naturalnego oraz „przetrwania najlepiej przystosowanych" zrewolucjonizowały nasz sposób myślenia o sobie. Wielu ludzi w dzisiejszym społeczeństwie ma nikłe zrozumienie koncepcji Darwina. Pojęcie doboru naturalnego oraz przetrwania najlepiej przystosowanych doprowadziło wielu do przekonania, iż siły ewolucji naturalnie wybierają agresywne, silne, brutalne jednostki o wyraźnym instynkcie terytorialnym, ponieważ są to cechy, które pozwalają walczyć o skąpe zasoby, a przez to przetrwać i przekazać swoje geny.

Pogląd ten mija się jednak z prawdą. Pisząc o ludziach i ewolucji w pracy *O pochodzeniu człowieka*, Darwin stwierdza, że nasze najsilniejsze odczucia, cechy stanowiące o istocie ludzkiej natury, obejmują instynkty społeczne, współczucie, troskę o innych oraz radość z ich dobrostanu – to te same fundamentalne właściwości, o których mówił Dalajlama! Poglądy Karola Darwina na temat ludzkiej natury miały swoje źródło w jego dogłębnych badaniach innych gatunków, bogatych i drobiazgowych obserwacjach ludzi, a nawet analizie zachowań dziesięciorga własnych dzieci. W ostatnich latach najznamienitsi uczeni zajmujący się zagadnieniem ewolucji wracają do niektórych początkowych obserwacji Darwina i świeżym okiem spoglądają na pewne ludzkie cechy, takie jak ogrom troski, jakiej wymaga wychowanie naszego potomstwa. W rezultacie naukowcy rewidują swój pogląd na temat ludzkiej natury, który jest dużo bliższy opinii Dalajlamy.

Być może spojrzenie na ludzką naturę jako pozytywną lub negatywną jest kwestią wyboru – w zależności od tego, czy postanowimy się skupić na przemocy i agresji w dziejach ludzkości czy na świadectwach ludzkiej dobroci i łagodności. Ów wybór to nie tylko zadanie dla pracowników naukowych czy kwestia jakiejś filozofii, to zagadnienie o kluczowym znaczeniu, o ważnych konsekwencjach i skutkach zarówno na poziomie jednostki, jak i całego społeczeństwa. Na poziomie społecznym zagadnienie ludzkiej natury stanowi sedno naszej wcześniejszej rozmowy na temat poczucia wspólnoty, troski i zainteresowania innymi, jako że przekonanie Dalajlamy o możliwości stworzenia i utrzymywania znaczących więzi z innymi ludźmi oraz więzi wspólnotowych opiera się na jego przeświadczeniu, że ludzka natura jest zasadniczo dobra.

Nasze postrzeganie ludzkiej natury ma ważne następstwa i głęboko oddziałuje także na jednostki. Ostatecznie naszym celem jest znalezienie szczęścia w trudnych czasach, a istnieją niezaprzeczalne dowody, że nasz sposób postrzegania świata wpływa na poczucie szczęścia. Rozległe badania ponad 11 tysięcy Amerykanów, przeprowadzone przez profesora socjologii Abbotta Ferrisa z Uniwersytetu Emory, potwierdziły to, co podpowiada nam intuicja: nasze widzenie świata, a co za tym idzie ludzkiej natury, jako dobrej lub złej, bezpośrednio wpływa na poziom szczęścia, jakim cieszymy się w życiu. Ferris odkrył, że ci, którzy mają skłonność do skupiania się bardziej na negatywnej stronie, są znacznie mniej szczęśliwi niż ci, którzy widzą świat i ludzi jako ze swej natury dobrych.

Mówiąc o głębokich implikacjach tego zagadnienia, Dalajlama wyjaśnił:

– Różnica w naszym postrzeganiu ludzkiej natury oznacza różnicę pomiędzy życiem w świecie wypełnionym innymi ludźmi, których uważamy albo za wrogich, agresywnych i niebezpiecznych, albo zasadniczo dobrych, pomocnych i łagodnych. Głęboka świadomość podstawowej ludzkiej dobroci może dać nam odwagę i nadzieję. Również na poziomie indywidualnym taka wizja naszej podstawowej natury może pomóc nam w działaniu na rzecz większego dobrostanu i lepszych związków z innymi.

Nawet jeżeli obiektywne fakty, historyczne i naukowe, ostatecznie nie rozstrzygają kwestii, czy ludzka natura jest zła czy dobra, to z praktycznego punktu widzenia w naszym najlepszym interesie leży przyjęcie bardziej pozytywnego poglądu. Koniec końców przecież my, ludzie, mamy tendencję do urzeczywistniania tego, w co wierzymy, trochę na zasadzie samospełniającej się przepowiedni.

ROZDZIAŁ 7

# PRZYCZYNY PRZEMOCY

Choć podczas naszych spotkań poruszyliśmy z Dalajlamą różne tematy, pozostała jedna kwestia, która przewijała się we wszystkich rozmowach – pytanie, jak znaleźć szczęście w niespokojnym świecie i trudnych czasach. Jeżeli przyjrzymy się różnym czynnikom, które unieszczęśliwiały ludzi na przestrzeni dziejów, wywołując cierpienie na ogromną skalę, bez wątpienia okaże się, że jednym z głównych jest przemoc.

Pragnąc więc głębiej przeanalizować zjawisko przemocy, powiedziałem:

– Próbując określić przyczyny aktów zła czy przemocy w społeczeństwie, Wasza Świątobliwość podkreślił, że nie można po prostu przypisywać ich złej naturze sprawcy i...

– Tak, zgadza się – wtrącił Dalajlama. – Jeżeli chcemy dotrzeć do źródła problemu, nie wystarczy obarczyć winą jednego człowieka czy grupy ludzi i zatrzymać się w tym miejscu. Ważne jest zrozumienie głębszych przyczyn takich działań. Aby przezwyciężyć przemoc, najpierw musimy zrozumieć, co ją wywołuje.

– W takim razie chciałbym, żebyśmy na tym etapie naszych rozmów zaczęli analizować niektóre z tych przyczyn. A podstawowe pytanie brzmi: Czy Wasza Świątobliwość ma jakieś ogólne przemyślenia na ten temat?

– To bardzo skomplikowane – odparł Dalajlama, po czym lekko westchnął. – Przyczyn i warunków, które prowadzą do przemocy i konfliktów, może być wiele. Nie można wymienić jednego czy dwóch i powiedzieć: „To jest przyczyna". Z buddyjskiej perspektywy widzimy naturę rzeczywistości jako współzależną, w której wszystko jest ze sobą powiązane, tak więc na każde wydarzenie czy kryzys składa się mnóstwo czynników przyczyniających się do problemu na wielu różnych poziomach. Każda sytuacja ma własne, wyjątkowe uwarunkowania, które się na nią złożyły.

– Czy zatem Wasza Świątobliwość mógłby określić niektóre z tych „poziomów" i wymienić kilka przyczyn? – spytałem. Następnie, mając nadzieję na uniknięcie kolejnej ogólnikowej odpowiedzi, jak to wszystko zależy od warunków, i starając się uzyskać bardziej konkretną wypowiedź, dodałem:

– Być może Wasza Świątobliwość mógłby zilustrować to na podstawie konkretnego aktu terroru, jakim była tragedia z 11 września?

– Oczywiście, rozmawiamy przecież o ludzkich problemach, a konflikty i przemoc tworzą ludzie. U źródła wszystkich tych problemów leżą ludzkie emocje i sposoby myślenia, negatywne stany – gniew, nienawiść, chciwość i niewiedza. A towarzyszy im zniekształcone myślenie. Jest to więc jeden poziom – czynniki wewnętrzne, czyli nasza motywacja. W tym konkretnym przypadku terrorystów mogła motywować nienawiść. Ale na innym poziomie możemy mieć do czynienia z ogólniejszymi przyczynami kulturowymi, takimi jak wartości wyznawane w danym społeczeństwie. Myślę, że tutaj w grę wchodziły również przekonania religijne. To jest kolejny poziom...

Dalajlama przerwał, aby przez chwilę w milczeniu się zastanowić, co nie było zaskakujące, zważywszy na szeroki zakres tego zagadnienia, po czym kontynuował:

– Wiesz, jeżeli chodzi o przyczyny nienawiści i przemocy, to wielką rolę odgrywa w tym uwarunkowanie. Może się ono przejawiać na wielu poziomach...

– Poziomach?

– Tak, na przykład źródłem uwarunkowania mogą być wartości i przekazy, jakie otrzymujemy od społeczeństwa, władzy, mediów czy systemu kształcenia. Uwarunkowanie zachodzi również na przykład w rodzinie.

Każdy podlega więc wielu różnym wpływom, począwszy od swojego najbliższego otoczenia. Terroryści nie działali wyłącznie z pobudek osobistych. Wyrośli w społeczności, która prawdopodobnie długo żywiła urazę wobec Stanów Zjednoczonych czy Zachodu, opartą na własnym postrzeganiu tego, co one reprezentują. Być może w przeszłości uważali oni, że Stany Zjednoczone czy Zachód wyzyskują inne części świata. Być może we własnym mniemaniu mieli uzasadnione żale i uważali, że nie ma miejsca, w którym mogliby je wyrazić, że nikt ich nie słucha. Stopniowo urazy narastały i zamieniły się w nienawiść.

Oczywiście na poszczególnych ludzi oddziałują również członkowie grupy, do której oni należą. Kolejnym poziomem są więc warunki sytuacyjne. Poza tym w niektórych przypadkach przemoc może mieć nawet historyczne korzenie – w tym wypadku, choć motywuje nas nienawiść – jej źródła, czy też postrzegane źródła, tkwią w przeszłości, nawet w minionych stuleciach.

Tak naprawdę więc – podsumował Dalajlama – jeżeli przyjmiemy szerszy pogląd, zobaczymy, że do straszliwych aktów przemocy przyczynia się wiele czynników.

Po zrobieniu porcji świeżego popcornu rodziny na całym Bliskim Wschodzie zasiadają przed telewizorami, aby obejrzeć wieczorne wiadomości...

Dzisiaj w telewizji w Arabii Saudyjskiej widzimy talk-show, który prowadzi atrakcyjna kobieta, z nienagannym makijażem i stylowo ubrana, nosząca tradycyjną chustę – hidżab. Mówiąc po arabsku chłodnym, wyważonym, opanowanym, „medialnym" tonem, którym posługują się prezenterzy wiadomości na całym świecie, informuje widzów, że dzisiaj program będzie inny. Będzie w nim mowa o tym, jak ważne jest kształcenie następnego pokolenia, przeprowadzi więc wywiad z trzyipółletnią dziewczynką.

– Oby Bóg w swej łaskawości dał naszym dzieciom to samo wykształcenie, tak aby kolejne pokolenie było prawdziwymi muzułmanami, którzy wiedzą, kto jest ich wrogiem – mówi prowadząca. Następnie przedstawia dziewczynkę o imieniu Basmallah, trzylatkę o twarzy anioła, ubraną w białą bluzkę z falbankami i sweterek w biało-różową kratkę oraz tradycyjne nakrycie głowy – piękne dziecko, obraz niewinności i słodyczy.

Po spytaniu dziewczynki o imię i wiek dziennikarka przechodzi od razu do sedna sprawy.

– Czy wiesz, kim są Żydzi? – pyta.

– Tak – odpowiada Basmallah dziecięcym, wysokim głosikiem z uroczą pewnością siebie przedszkolaka.

– Lubisz ich?

– Nie! – mówi zdecydowanie dziewczynka.

– Dlaczego ich nie lubisz? – drąży dziennikarka.

– Bo to są świnie i małpy – stwierdza dziewczynka pewnym siebie, rzeczowym tonem, jakby była małym zoologiem, z obojętnością opisującym jakiś dziwny gatunek zwierząt.

Prowadząca uśmiecha się i kiwa głową z aprobatą, po czym pyta:

– Kto to powiedział?

– Nasz Bóg.

– Gdzie to powiedział?

– W Koranie.

– Doskonale! – wykrzykuje z zachwytem dziennikarka, oczarowana mądrością dziecka. – Tak, Bóg powiedział to w Koranie! – po czym dodaje: – Basmallah, co robią Żydzi?

W tym momencie dziewczynka trochę się zmieszała.

– Co? – pyta.

– Co robią Żydzi? – powtarza prowadząca.

Na twarzy dziecka pojawiają się lekkie oznaki niepewności, ale tak czy inaczej odpowiada:

– Firmę Pepsi!

Dziennikarka sprawia wrażenie nieco zakłopotanej, ale informuje widzów przed telewizorami:

– Och, ona wie o bojkocie! – i nie przestaje naciskać: – Co zrobili Żydzi naszemu prorokowi Mahometowi?

Dziewczynka znowu próbuje odpowiedzieć:

– On kogoś zabił!

I znowu prowadząca przekształca błędną odpowiedź, tak aby była właściwa, mówiąc:

– Oczywiście, nasz prorok Mahomet był silny i mógł ich [Żydów] zabić!

Gospodyni programu nie przestaje nalegać, aby mała powiedziała jej, jakich to złych rzeczy dopuścili się Żydzi, aż naprowadza ją na właściwą opowieść. Zachęca dziewczynkę, by opowiedziała, co zrobiła „Żydówka", a dziecko recytuje. Mówi o żydowskiej kobiecie, która zatruła jedzenie proroka, i kończy opowieść słowami – „...i powiedział swoim towarzyszom: «Zabiję tę kobietę...»"

Dziennikarka podsumowuje wywiad:

– Nikt nie mógłby sobie życzyć bardziej pobożnego dziecka! Następne pokolenie musi być prawdziwymi muzułmanami!

Ten z życia wzięty przykład to tragiczna ilustracja słów Dalajlamy, że uwarunkowanie może odgrywać ważną rolę jako źródło nienawiści i przemocy. Nie trzeba specjalnie wysilać wyobraźni, aby ujrzeć siedemnastoletnią Basmallah obwiązaną pasem z ładunkiem wybuchowym wypełnionym zardzewiałymi gwoździami, jak wchodzi na teren jakieś izraelskiej czy amerykańskiej szkoły podstawowej, z błogim uśmiechem na twarzy i ekstatyczną wizją wieczności w Raju, i wysadza się w powietrze razem z jak największą liczbą żydowskich dzieci – dzieci, które mają w sobie taką samą niewinność, jaką ona także miała tego pięknego dnia, kiedy włożyła różowo-biały strój i kiedy chwalono ją w ogólnokrajowej telewizji za to, że jest taką pobożną muzułmanką.

Dalajlama jest niewzruszony w swoim przekonaniu, że aktów przemocy i zła nie wywołuje garstka ludzi, która ma złą czy brutalną naturę. Uznając, że takie działania rodzą się z wielu różnych przyczyn na wielu różnych poziomach, Jego Świątobliwość radzi rozpocząć przezwyciężanie aktów zła i przemocy w społeczeństwie właśnie od drobiazgowej analizy przyczyn, które leżą u ich podstaw. Pogląd, iż zło powstaje z określonych przyczyn i warunków, wyznaje również współczesna nauka, a potwierdza go ogromna liczba badań naukowych wykonanych przez ostatnich pięćdziesiąt czy sześćdziesiąt lat. Seria nowatorskich eksperymentów przeprowadzonych w latach 60. ubiegłego stulecia zapoczątkowała złotą erę badań analizujących „przyczyny i warunki" nikczemnych zachowań.

Można powiedzieć, że epoka badań nad przyczynami zła rozpoczęła się w roku 1961, kiedy to rozegrało się wydarzenie, które można by uznać za przełomowe dla współczesnej naukowej analizy zjawiska ludzkiego zła, a mianowicie proces Adolfa Eichmanna, jednego z czołowych sprawców Holokaustu, hitlerowskiego ostatecznego rozwiązania kwestii żydowskiej. Proces ten, który po raz pierwszy w historii relacjonowano w telewizji, ożywił i na nowo pokazał horror Zagłady zaszokowanym widzom na całym świecie, którzy wcześniej nie uświadamiali sobie rozmiarów i skali hitlerowskich okrucieństw. Proces nie tylko wstrząsnął ogółem społeczeństwa, ale również sprawił, że wielu socjologów na całym świecie zaczęło zajmować się zagadnieniem masowego zła i zadało fundamentalne pytanie: Jak do tego doszło? Przecież to niemożliwe!

W owym czasie dwudziestoośmioletni psycholog społeczny z Yale, Stanley Milgram, razem z innymi patrzył, jak Eichmann, wówczas pracownik fabryki samochodów w średnim wieku, siadywał na sali sądowej za kuloodporną szybą przez szesnaście tygodni, wreszcie postawiony przed trybunałem sprawiedliwości po latach życia w ukryciu, oskarżony o nieopisane okrucieństwa. Eichmann prawie się nie poruszał, jedynie jego oczy szybko wodziły spojrzeniem, a wąskie wargi od czasu do czasu bezgłośnie się wykrzywiały, jakby próbował się pozbyć nieprzyjemnego smaku w ustach. Siedział w swojej kabinie, często sprawiając wrażenie obojętnego, kiedy dziesiątki jego ofiar opisywały jego bezwzględną brutalność i niewyobrażalne okrucieństwa, jakich się dopuścił. Przez cały czas zachowywał kamienny wyraz twarzy, kiedy świadkowie, jeden po drugim, opisywali, jak z wielkim oddaniem i gorliwością wykonywał swoją pracę. W reakcji na wszystkie zarzuty Eichmann wzruszał tylko ramionami i odpowiadał: „Do czego się tu przyznawać? Ja tylko wykonywałem rozkazy".

Dla wielu ludzi jednym z najbardziej zaskakujących i niewygodnych aspektów tej rozprawy był pospolity wygląd Eichmanna – całkowicie bezbarwny, niezwykle zwyczajny. Był to przeciętny, niczym niewyróżniający się mężczyzna w zwykłym, ciemnym garniturze, łysiejący, o szarej cerze, w okularach w rogowej oprawce. Nie przypominał wielkiego, sadystycznego potwora, nieludzki wybryk natury, a raczej bezbarwnego funkcjonariusza, biurokratę, człowieka o przeciętnych zdolnościach. Teoretyk polityczny i pisarka Hannah Arendt, która relacjonowała ten proces, była tak poruszona tymi jego cechami, że określiła Eichmanna jako ucieleśnienie „banalności zła".

Niedługo po zakończeniu rozpraw obserwacje Arendt zaintrygowały Milgrama, nie dawało mu też spokoju stale powracające pytanie: Czy to możliwe, że irytująco banalne twierdzenie Eichmanna, iż „tylko wykonywał rozkazy", naprawdę stało za systematyczną eksterminacją sześciu milionów Żydów?

Jako Żyd odczuwając nieodpartą potrzebę zajęcia się tą kwestią i niezwykle zafascynowany tym zagadnieniem jako naukowiec, Milgram postanowił, że znajdzie odpowiedź na to niewygodne pytanie, które doprowadziło do jednego z najważniejszych, najbardziej kontrowersyjnych i niepokojących eksperymentów w XX wieku.

Na początku eksperymentu grupie płatnych ochotników, którym powiedziano, że pomagają naukowcom odkryć nowe sposoby poprawiania pamięci, losowo wyznaczono role nauczycieli i uczniów. Uczniowie mieli zapamiętać listę słownych skojarzeń, natomiast nauczyciele mieli zająć się sprawdzeniem, ile słów zapamiętali. W rzeczywistości uczniowie nie byli losowo wybranymi uczestnikami – były to osoby podstawione, aktorzy, którzy współpracowali z Milgramem.

Nauczycieli poinformowano, że do ich obowiązków należy ustne potwierdzenie właściwej odpowiedzi, natomiast – co ważniejsze – za błędną odpowiedź natychmiast mieli oni wymierzyć uczniowi karę w postaci wstrząsu elektrycznego – wstrząs początkowy miał siłę 15 woltów. Napięcie wzrastało o 15 woltów z każdą błędną odpowiedzią, aż do 450 woltów. Pulpit sterowniczy imponującej maszyny elektrowstrząsowej miał trzydzieści przełączników, z oznaczeniami od „lekkiego wstrząsu" do „niebezpieczeństwo: silny wstrząs", a w końcu, przy 435 i 450 woltach widniały złowieszcze znaki „xxx".

Nauczyciel obserwował, jak ucznia prowadzono do sąsiedniego pokoju, przypinano do „krzesła elektrycznego" i podłączano do „generatora wstrząsów elektrycznych". Przed rozpoczęciem nauczycielowi aplikowano nieprzyjemny, 45-woltowy „lekki wstrząs", żeby mu zademonstrować, jakie to uczucie. Nauczyciel następnie przechodził z eksperymentatorem do sąsiedniego pokoju, gdzie mogli oni porozumieć się z uczniem przez intercom, nie widząc go jednak.

„Uczeń" odpowiadał dobrze na kilka pierwszych pytań, ale wkrótce zaczynał popełniać błędy. Po tym, jak kilka razy zaaplikowano mu coraz silniejsze wstrząsy, zaczynał się uskarżać. (Oczywiście wszystkie odpowiedzi ucznia były wcześniej dokładnie przygotowane i tak naprawdę nie poddawano go żadnym wstrząsom.) W miarę jak intensywność wstrząsów się zwiększała, stopniowo reakcje ucznia nasilały się od początkowych stęknięć czy jęków do rozpaczliwego walenia w ścianę i wrzasku: „Nie mogę znieść bólu, wypuśćcie mnie stąd!", krzyki wyrażały prawdziwą męczarnię, a uczeń nawet głośno skarżył się na ból serca. W okolicach 300 woltów uczeń z całej siły walił w ścianę, odmawiał udzielania odpowiedzi na kolejne pytania i żądał zakończenia eksperymentu. Eksperymentator jedynie przypominał nauczycielowi o zasadach: nieudzielenie odpowiedzi traktuje się jako błąd – uczeń musi kontynuować. Po tym etapie jedynymi reakcjami na pytania były okrzyki bólu. Przy 375 woltach słychać było ostatni głośny okrzyk, rozpaczliwe walenie, potem nagle wszystkie reakcje ustawały – w pokoju obok panowała martwa cisza. Jednakże, ponieważ brak odpowiedzi był traktowany jako błąd, instruowano nauczyciela, aby kontynuował karanie do końca, czyli do napięcia 450 woltów.

Jeżeli nauczyciel zapragnął przerwać eksperyment, eksperymentator zapewniał go, że bierze na siebie całą odpowiedzialność, przypominał mu o jego zgodzie na udział w badaniu oraz coraz intensywniej „mobilizował" go do dalszych działań, mówiąc: „Proszę kontynuować" i „Nie masz wyboru, musisz to robić!" Jeżeli nauczyciel po czterech takich „zachętach" wciąż chciał przerwać, badanie przerywano. W przeciwnym razie eksperyment trwał, dopóki nauczyciel nie wymierzył trzech kolejnych maksymalnych wstrząsów o napięciu 450 woltów.

Przed przystąpieniem do eksperymentu Milgram przeprowadził sondaż wśród starszych studentów psychologii w Yale, jak też w dużej grupie kolegów po fachu, pytając ich, ilu badanych ich zdaniem będzie kontynuowało aplikowanie elektrowstrząsów swoim kolegom-ochotnikom aż do maksymalnego napięcia 450 woltów. Studenci uznali, że zrobi to średnio tylko około 1 procent badanych. Psychiatrzy zaś, będąc ekspertami w przewidywaniu ludzkich zachowań, ocenili, że 0,1 procent, a więc ograniczyli tę grupę do kilku prawdziwych sadystów, patologicznych, „złych" jednostek, jak Eichmann.

Ich przewidywania się nie sprawdziły. Dwie trzecie nauczycieli kontynuowało eksperyment aż do samego końca! Dwie trzecie uczestników – zwykłych, przyzwoitych ludzi – nie przestawało aplikować elektrowstrząsów tym, którzy tak jak oni zgłosili się na ochotnika do udziału w badaniu. Robili to pomimo wrzasków przejmującego bólu, zgłaszania dolegliwości sercowych, a nawet mimo śmiertelnej ciszy, która mogła oznaczać jedynie to, że drugi badany umarł! Wyniki nie były dziełem przypadku: przez wiele lat powtarzano ten eksperyment niezliczoną ilość razy w różnych krajach na całym świecie i wszędzie się okazywało, że liczba tych, którzy pozostawali posłuszni eksperymentatorowi w aplikowaniu elektrowstrząsów aż do poziomu „śmiertelnego", była zadziwiająco podobna jak w pierwotnym badaniu Milgrama.

Ten eksperyment po raz pierwszy dał wielu badaczom pojęcie o tym, jakie uwarunkowania psychologiczne mogły doprowadzić do okrucieństw podczas II wojny światowej, i dostarczył dowody na to, że nawet przyzwoitych ludzi można skłonić do aktów przemocy i okrucieństwa. Badani nie byli sadystami, wynaturzonymi, patologicznymi jednostkami. Jak podsumował Milgram w owym czasie: „Zwyczajni ludzie, po prostu wykonujący swoją pracę, nieodczuwający szczególnej nienawiści, mogą stać się agentami w strasznej, destrukcyjnej sprawie".

Czym zatem były owe „przyczyny i warunki", które doprowadziły zasadniczo spokojnych badanych do torturowania innych ochotników? O co w tym wszystkim chodzi? Jak się okazało, ochotnicy nagle nie zatracili całej swojej moralności czy poczucia odpowiedzialności – zostały one jedynie na chwilę przez kogoś przejęte. Mówiąc dokładniej, oni po prostu przekazali je władzy, autorytetowi. Milgram wysnuł teorię, że ta sytuacja stworzyła warunki, w których eksperymentator był postrzegany przez badanych jako „legalna władza", ktoś, kto przypuszczalnie reprezentował Postęp i Rozwój Naukowy – niewątpliwie coś dobrego. Okoliczności te stworzyły warunki psychologiczne, w których badani chwilowo przenosili swoje poczucie osobistej odpowiedzialności na legalną władzę. Niepokojące jest to, że do zatwierdzenia tego „autorytetu" wystarczał biały fartuch, podkładka do pisania z klipsem oraz chłód zawodowego klinicysty.

W rzeczywistości posłuszni badani nie stali się w jednej chwili nieczułymi ludźmi bez krzty przyzwoitości. Każdy z nich doświadczał rozdarcia i cierpienia, często wykazywali oni oznaki ogromnego stresu i niepokoju, ociągali się z wykonywaniem poleceń. Ale kiedy przenieśli własne poczucie moralnej odpowiedzialności na eksperymentatora, zaczęli widzieć siebie zaledwie jako przedstawiciela władzy, który działa w jej imieniu. Na poziomie psychologicznym było to tak, jakby byli oni jedynie zastępcami działającymi z poczucia moralności i odpowiedzialności eksperymentatora, a nie swojego.

Wyniki eksperymentu Milgrama badającego zagadnienie posłuszeństwa były tak nieoczekiwane i niepokojące, że wywołały falę kolejnych badań i eksperymentów, które rozpoczęły się w latach 60., a miały na celu określenie przyczyn i uwarunkowań aktów przemocy i zła. Milgram oraz inni badacze scharakteryzowali wiele warunków sytuacyjnych i zmiennych, które mogły wpłynąć na zachowanie badanego i jego chęć do aplikowania elektrowstrząsów. Na przykład Milgram odkrył, że zapewnienie pozytywnego modelu społecznego – innego „nauczyciela-ochotnika" (w tym przypadku działającego w porozumieniu z badaczem), który zbuntował się przeciw kontynuowaniu eksperymentu – ograniczało posłuszeństwo badanych do mniej niż 10 procent. Z drugiej strony, kiedy badanego ustanowiono członkiem „zespołu" eksperymentatora, częścią grupy przeprowadzającej eksperyment, aż 90 procent badanych instruowało „nauczyciela" (który w tym przypadku również był sprzymierzony z badaczem), aby zaaplikował wstrząs o maksymalnej sile.

Oprócz posłuszeństwa wobec autorytetu badacze określili wiele innych czynników, które wpływają na naszą gotowość do wyrządzania krzywdy innym ludziom. Mogą one na przykład wiązać się z określonym charakterem otoczenia, naszą rolą w danej sytuacji czy stopniem uległości wobec presji grupy.

Dzisiaj, po pięćdziesięciu latach od tego badania, liczba dowodów na to, jaki wpływ mają sytuacje i warunki społeczne na zmianę myślenia i zachowania pojedynczych osób, grup czy narodów, jest przytłaczająca. Jak bardzo? Mówiąc o dowodach naukowych dokumentujących to zagadnienie, profesor Susan T. Fiske z Uniwersytetu Princeton powiedziała: „Siłę wpływu kontekstu społecznego na działania człowieka wykazano w około 25 tysiącach badań, w których wzięło udział 8 milionów uczestników". Ponieważ liczba ta jest tak ogromna, wygląda na to, że czołowi psycholodzy społeczni niemal powszechnie zgadzają się ze Stanleyem Milgramem, który podsumował: „Z dorobku psychologii społecznej XX wieku płynie ważna lekcja: często nie to, jakim ktoś jest człowiekiem, ale sytuacja, w jakiej się on znajduje, decyduje o tym, jak on się zachowa".

Ponieważ liczba badań nad tym zagadnieniem oraz ich wyniki nie pozostawiają wątpliwości, większość wybitnych współczesnych psychologów społecznych przyjmuje zdecydowany pogląd „sytuacyjny", jeśli chodzi o źródła złego postępowania. Z drugiej strony, przekonanie o tym, że „źli ludzie" – tacy, których wrodzona natura jest stuprocentowo negatywna – stanowią wyłączną przyczynę zła, jest wciąż mocno wbudowane w powszechną wyobraźnię ludzi Zachodu. Jak powiedział Dalajlama, kiedy dzieje się coś złego, często mamy tendencję do wybierania kilku ludzi i obarczania ich całą winą. Jest mało prawdopodobne, że ów nazbyt uproszczony pogląd, iż to źli ludzie stanowią „przyczynę" przemocy i zła, pomoże nam naprawdę zrozumieć naturę tych zjawisk oraz znaleźć rozwiązanie tych problemów. Ten pogląd jest mniej więcej tak samo pomocny jak teoria, że w głowie złego człowieka nagle rodzi się mały, złośliwy karzełek, który w pewnym momencie wyskakuje w nocy z jego ucha, w pełni ukształtowany, gotowy ukazać całemu światu swoją nikczemność.

Jednak choć bez wątpienia warunki sytuacyjne mogą wpłynąć na nasze zachowanie, pogląd, iż zło stanowi po prostu rezultat chwilowych czynników czy uwarunkowań, które oddziałują na zwyczajnych, zdrowych ludzi, jest kolejną skrajnością świadczącą o pewnym ograniczonym zrozumieniu tej kwestii. Siły i uwarunkowania sytuacyjne to czynniki z jednego poziomu, ale – jak wskazuje Dalajlama – przyczyny przemocy istnieją również na innych poziomach. Na przykład w czasie Holokaustu „złe" zachowania mogły się przejawiać na wiele różnych sposobów. Niektórzy strażnicy w obozie koncentracyjnym roztrzaskiwali czaszki niemowląt o ściany, zmuszając matki do przyglądania się temu, siłą zmuszali córki do uprawiania seksu z ojcami, a kobiety do stosunków z końmi, wrzucali więźniów do latryny, aby topili się w fekaliach... okropieństwa można by długo wymieniać. Ale nie każdy strażnik dopuszczał się takich czynów. Takie akty wykraczają daleko poza zwykłe posłuszeństwo, poza spodziewany wpływ sytuacji na zwykłego, przyzwoitego człowieka.

Aby w pełni zrozumieć źródła zła w takich przypadkach, musimy wznieść się nad same tylko uwarunkowania sytuacyjne i spojrzeć również na poziom osobisty, uznając znaczenie potężnych sił wewnętrznych motywujących takie działania, a mianowicie czystej nienawiści. Oczywiście ludzie nie rodzą się z uczuciem nienawiści, tak więc tutaj rolę odgrywają ogólniejsze warunki społeczne, w tym konkretnym przypadku zajadły antysemityzm, nabyty w wyniku uwarunkowania społecznego, propagandy, edukacji oraz z innych źródeł.

Przyglądając się przyczynom przemocy na różnych poziomach, Dalajlama rozpoczął rozmowę od uwagi, że na najbardziej fundamentalnym poziomie przemoc wyrasta z ludzkiego umysłu, z destrukcyjnych emocji i zniekształconego myślenia, które się z nimi wiąże. Tym tematem mieliśmy się zająć w następnej kolejności.

ROZDZIAŁ 8

# KORZENIE PRZEMOCY

## NASZE EMOCJE I ZNIEKSZTAŁCENIE RZECZYWISTOŚCI

*Ponieważ wojny zaczynają się w umysłach ludzi, to również w umysłach ludzi musimy wznosić szańce pokoju.*

Z KARTY UNESCO

– Wasza Świątobliwość, mówiliśmy o tym, że istnieje wiele przyczyn i uwarunkowań przemocy na różnych poziomach. Wasza Świątobliwość wspomniał na przykład, że istnieją ogólniejsze przyczyny przemocy, takie jak uwarunkowania społeczne, które mogą sprawić, że społeczeństwo bardziej sprzyja brutalności. Lub też, na innym poziomie, są warunki sytuacyjne czy też wpływ konkretnej wspólnoty lub rodziny. Tego typu przyczyny można, ogólnie rzecz biorąc, zaklasyfikować jako czynniki zewnętrzne. Ale Wasza Świątobliwość rozpoczął od stwierdzenia, że korzenie przemocy sięgają ludzkiego umysłu, destrukcyjnych emocji oraz zniekształconego myślenia.

– To prawda – potwierdził Dalajlama.

– Chciałbym więc, abyśmy teraz zajęli się tymi czynnikami wewnętrznymi, naszymi emocjami i charakterystycznymi sposobami myślenia, które odgrywają tutaj ważną rolę.

– Być może jedną z kluczowych kwestii, z których musimy zdać sobie sprawę, jest to, że u źródeł wielu ludzkich konfliktów i przemocy leżą pewne destrukcyjne stany umysłu. Na przykład, kiedy znajdujemy się pod wpływem negatywnych emocji, takich jak gniew, nienawiść, lęk, skrajne przywiązanie czy chciwość, otwiera nas to na projekcje umysłu i zniekształca myślenie, co może przesłaniać nam prawdziwe zrozumienie rzeczywistości i prowadzić do zaostrzenia konfliktu.

– Jeżeli chodzi o negatywne emocje, oczywiście mogę zrozumieć, jak są ważne jako źródła przemocy – zgodziłem się. – Przecież emocje, jak gniew czy nienawiść, stanowią samo sedno agresji, także lęk jest nierozerwalnie związany z tym problemem. Tak naprawdę lęk jest nie tylko wszechogarniającym stanem umysłu w dzisiejszym niepewnym świecie, powodowanym na przykład zagrożeniem terroryzmem, ale ma on również znaczenie w wywoływaniu przemocy. Agresja to jeden ze sposobów, w jaki ludzie odreagowują.

Nie jestem jednak przekonany co do twierdzenia Waszej Świątobliwości, że w sytuacjach konfliktowych nie postrzegamy jasno sytuacji – powiedziałem. – Ponieważ w pewnym sensie, kiedy spojrzymy na sytuacje konfliktowe, prawdopodobnie odkryjemy, że jedna lub obie strony mają poczucie rzeczywistości. Chodzi mi o to, że „rzeczywistość" jest zasadniczo tym samym, co obiektywne fakty. Istnieją konflikty, w których strony obiektywnie patrzą na to, co się stało, i reagują zgodnie z tym, co widzą. Na przykład zamachowiec-samobójca świadomie wysadza się w powietrze, zabijając dzieci. Powiedzmy też, że na poziomie indywidualnym ktoś zostaje przez kogoś skrzywdzony, zaatakowany, okradziony, oszukany czy coś w tym rodzaju. Ofiara może zareagować gniewem czy przemocą, ale zarazem może widzieć obiektywne fakty, to, co dana osoba zrobiła, ilu ludzi zabiła i tak dalej – nie sądzę, że zawsze mamy do czynienia z wypaczeniem rzeczywistości. Innymi słowy, czasami realizm sytuacji jest taki, że to paskudna sytuacja. Taka jest rzeczywistość.

– Cóż, Howardzie, takie sytuacje są zwykle bardzo skomplikowane i dlatego, skoro o nich rozmawiamy, czasami najlepiej przeanalizować konkretne przypadki. Ale tak czy inaczej to, o czym mówisz, może być prawdą. W przykładzie, który przytoczyłeś, choć ktoś może patrzeć na obiektywne fakty, to przygląda się jedynie niektórym z nich, zwraca uwagę tylko na fragment obrazu. I chociaż to, co ukazuje się przed jego oczami, może być prawdziwe czy wierne, dostrzeganie tylko pewnych faktów, a pomijanie innych, stanowi rodzaj zniekształcenia rzeczywistości. Każda sytuacja bowiem składa się z wielu poziomów, wielu aspektów, do konkretnego wydarzenia prowadzi wiele przyczyn i warunków i aby postrzegać prawdziwą rzeczywistość, musimy wziąć pod uwagę wszystkie kluczowe fakty.

– To prawda – przyznałem.

– Tak więc – ciągnął Dalajlama – moim zdaniem, jeżeli naprawdę przeanalizujemy sytuacje konfliktowe, w których mamy do czynienia z przemocą, często odkrywamy, że ludzie nie widzą problemu realistycznie. Dochodzi wówczas do zawężenia widzenia, jakby ludzie patrzyli na problem przez jakiś filtr mentalny. I wszystko wskazuje na to, że prawdą jest, iż silne emocje prowadzą do nierealistycznego myślenia. Wszystkie negatywne czy destrukcyjne emocje mogą przeszkadzać w jasnym postrzeganiu rzeczywistości.

– Związek pomiędzy zniekształconym myśleniem a destrukcyjnymi emocjami przypomina mi w pewnym sensie psychologię poznawczą, która opiera się na tym poglądzie – zauważyłem. – Na przykład powszechnie wiadomo, że pewne zniekształcone czy też nieracjonalne sposoby myślenia mogą prowadzić do depresji. Wasza Świątobliwość wspomniał, że destrukcyjne emocje zniekształcają myślenie, ale czy Wasza Świątobliwość uważa, że to działa również w drugą stronę? Innymi słowy, czy według Waszej Świątobliwości zniekształcenie myślenia lub też błędne postrzeganie może doprowadzić do emocjonalnego niepokoju i tym samym wywołać czy też przyczynić się do odczuwania gniewu, nienawiści, lęku, chciwości czy innych tego typu emocji?

– O tak, to działa w obie strony. Tak naprawdę nienawiść i wszystkie negatywne emocje opierają się na zniekształceniu rzeczywistości, są to stany umysłu wywołane błędnym postrzeganiem danej sytuacji...

– Na przykład?

– Na przykład... osobiście doświadczyłem, jak do tego dochodzi. W latach 70. byłem z wizytą w Związku Radzieckim i zauważyłem, że nawet zwykli Rosjanie szczerze wierzą, że Zachód nienawidzi ich tak bardzo, że jest gotów zaatakować w każdej chwili! W owym czasie odwiedzałem już kraje Europy Zachodniej i wiedziałem, że nie jest to prawdą. To całkowite wypaczenie rzeczywistości. Ale postrzeganie Zachodu w kategoriach rzeczywistego zagrożenia sprawiło, że stał się on uzasadnionym przedmiotem nienawiści.

Coś mi nie grało w tym przykładzie.

– Wasza Świątobliwość, wydaje mi się, że w tym przypadku lęk i nienawiść rodzą się z błędu rzeczowego, z błędnego przekonania co do motywacji i intencji Zachodu. A my mówimy o destrukcyjnych emocjach i zniekształconym myśleniu jako o źródłach przemocy. I wydaje mi się, że to poważniejszy problem niż tylko błędne postrzeganie faktów, a negatywne emocje i zniekształcenia myślenia stanowią przyczynę przemocy na bardziej podstawowym ludzkim poziomie...

Kiwając głową, Dalajlama odpowiedział wolno:

– Tak, to prawda.

A następnie w metodyczny, analityczny sposób wyjaśnił:

– Na przykład jedną z rzeczy, która odróżnia ludzi od zwierząt, jest to, że mamy cudowną ludzką inteligencję. Można ją wykorzystać na wiele wspaniałych, konstruktywnych sposobów. Ale może też ona wpakować nas w kłopoty. Tak więc w porównaniu ze zwierzętami my, ludzie, mamy znacznie większą zdolność planowania przyszłości. Mamy również wysoce rozwiniętą pamięć, umiejętność myślenia o odległej przeszłości. W wielu sytuacjach konfliktowych widzimy, że ludzie reagują, odnosząc się do wydarzeń, które działy się w przeszłości, czasami nawet wiele stuleci wstecz. Nie chcą spojrzeć na obecną rzeczywistość, tak silnie lgną do warunków, których już nie ma. To właśnie rodzaj zniekształconego myślenia, zawężenie postrzegania...

– W jaki sposób z takim zniekształconym myśleniem wiążą się destrukcyjne emocje? – spytałem.

– Najsilniejszą pożywką w takich sytuacjach jest nienawiść. Gniew to element uczucia nienawiści, ale ma ona jeszcze inny aspekt – kurczowe trzymanie się dawnego wydarzenia, jakiejś postrzeganej krzywdy. To rodzi urazę, pragnienie zemsty. Tak więc mówię, że czasami nienawiść uniemożliwia nam pójście do przodu, przykuwa nas do przeszłości. W rzeczywistości kluczowym założeniem, na którym opiera się koncepcja pojednania, jest niereagowanie silnym gniewem na minione wydarzenia.

Kiedy Dalajlama mówił, nie mogłem nie pomyśleć o praktycznie nieograniczonej zdolności ludzi do chowania zadawnionych uraz. Wydaje się, że to nie ma końca. Później, po powrocie do domu z Dharamsali, zacząłem zauważać na przykład, że islamscy ekstremiści, tłumacząc swoje obecne okrucieństwa, stale odwołują się do wydarzeń, które zaszły wiele stuleci temu, a dzisiaj służą po części usprawiedliwianiu mordowania niewinnych ludzi. Choć wcześniej nie zwracałem na to większej uwagi, zacząłem dostrzegać, jak powszechne wśród islamskich bojowników i grup terrorystycznych jest odwoływanie się do wypraw krzyżowych, aby wzbudzić nienawiść i wezwać do przemocy; stosują pojęcie „krzyżowcy" w odniesieniu do wszystkich zachodnich krajów, jak też wszystkich chrześcijan...

Wielu islamskich przywódców bardzo umiejętnie posługuje się odwołaniami do przeszłości dla osiągnięcia własnych celów. Na przykład Slobodan Milošević, serbski przywódca, oskarżony o zbrodnie przeciw ludzkości i ludobójstwo, zaznaczył swoją obecność jako wielka siła polityczna czynem, który w oczywisty sposób miał wzbudzić reakcję emocjonalną i podsycić nienawiść pośród Serbów. Celowo pojechał do Kosowa, aby wygłosić porywającą mowę w miejscu, gdzie doszło do bitwy na Kosowym Polu i gdzie Serbowie zostali pokonani przez Turków otomańskich w 1389 roku. Grając na głęboko zakorzenionych lękach Serbów przed porażką i podporządkowaniem, wzmocnił własną potęgę, a później popchnął ludzi do czynów, których w innej sytuacji by się nie dopuścili.

Dalajlama wskazuje, że kwestie historyczne często odgrywają pewną rolę w brutalnych konfliktach na wielką skalę. Są to sprawy, które rozbudzają destrukcyjne emocje, takie jak nienawiść i lęk – jedna lub obie grupy reagują, pamiętając o ranach czy zatargach z przeszłości, o historycznych zagrożeniach dla ich istnienia, o uwarunkowaniach, które obecnie istnieją jedynie w wyobraźni walczących. Kiedy niszczące emocje, takie jak nienawiść czy lęk, zakorzeniają się w społeczeństwie, sącząc się do zbiorowej świadomości, wypaczają ocenę sytuacji, sprawiając, że ludzie są bardziej podatni na decyzje oparte na zniekształconym myśleniu, wyolbrzymianiu i kłamstwach – i bardziej wrażliwi na manipulację ze strony przywódców czy rządową propagandę.

W dalszej części rozdziału powiemy o tym, że destrukcyjne emocje nie tylko zmieniają nasz sposób myślenia, ale również wywołują charakterystyczne zmiany w naszym organizmie. Badacze odkryli ostatnio, że hormony, takie jak epinefryna (adrenalina), uwalniane w chwili lęku, mogą wpłynąć na to, że przechowywane w pamięci wspomnienia staną się żywsze, znacznie silniejsze i bardziej trwałe niż te niezabarwione emocjonalnie. Oczywiście ma to sens, gdyż zadaniem lęku jest ostrzeganie nas przed zagrożeniami czy niebezpieczeństwami, a przechowywanie silnych wspomnień o rzeczach, które stanowią zagrożenie dla naszej egzystencji, jest procesem przystosowawczym. Ale kiedy lęki wywołane przez wojnę, terroryzm, okrucieństwa, a nawet ludobójstwo gromadzą się w pamięci całych narodów, stają się silniejsze i bardziej trwałe – dlatego właśnie tak łatwo jest przywódcom manipulować społeczeństwem, przywołując historyczne wspomnienia, dlatego Osama bin Laden nieustannie mówi o „krzyżowcach", a Slobodan Milošević pojechał na miejsce bitwy na Kosowym Polu, aby wzniecić etniczne lęki i nienawiść.

W ten sposób, stosując retorykę podsycającą lęk, opartą na historycznych wydarzeniach, przywódcy mogą manipulować ludźmi, aby wkroczyli na wojenną ścieżkę, na drogę terroryzmu i ludobójstwa – nie ma takiego zła, jakiego nie mogliby się dopuścić ci, których napędza odurzająca mieszanina lęku, nienawiści i uprzedzeń. Taka przemoc może nawet stać się częścią niekończącego się cyklu, przekazywana z pokolenia na pokolenie, gdyż lęk wywołuje agresję i przemoc, a to z kolei podsyca lęk, który nasila przemoc...

Uznając, że ostatecznie jedynym sposobem zapobiegania takiej przemocy jest wykorzenienie jej u źródła, kontynuowaliśmy naszą analizę, badając rozwój przemocy aż do jej początku w ludzkim umyśle, destrukcyjnych emocjach i zniekształconym myśleniu.

– Wasza Świątobliwość, kiedy rozmawiamy o korzeniach przemocy na poziomie wewnętrznym, łatwo dostrzec, że mogą do niej doprowadzić negatywne emocje. Za agresją często bowiem kryją się uczucia, nie tylko takie jak gniew, nienawiść czy lęk, ale także zazdrość i chciwość. Ale podobnie jak istnieją rozmaite negatywne emocje, które mogą towarzyszyć przemocy, jest również wiele sposobów, na które nasze myślenie może ulec zniekształceniu, a nasza percepcja – ograniczeniu. Wasza Świątobliwość wymienił już jeden z nich – tendencję, aby skupiać się wyłącznie na przeszłości, tracąc z oczu obecną rzeczywistość i przyszłość. Może Wasza Świątobliwość mógłby omówić inne rodzaje zniekształceń naszego myślenia i postrzegania?

– Dobrze – odparł Dalajlama. – To bardzo ważne. Zawężenie perspektywy może się na przykład wiązać z nieumiejętnością postrzegania sytuacji w szerszym kontekście oraz niezdolnością do przyjęcia długofalowej perspektywy. To może ograniczyć naszą zdolność znalezienia najlepszego rozwiązania problemu. O tendencji do postrzegania rzeczy w kategoriach absolutnych, czarno-białych, która jest powszechna na Zachodzie, mówiliśmy już wcześniej. Te tendencje często prowadzą do sztywności myślenia i niemożności porozumienia. Może się z tym również wiązać brak gotowości do odkrycia wspólnych interesów w sytuacji, kiedy próbujemy rozwiązać konflikty poprzez dialog.

Dalajlama coraz bardziej się ożywiał, omawiając różne rodzaje zniekształconego myślenia. Wyjaśnił:

– Myślę, że jednym z najbardziej niebezpiecznych przejawów tego typu wąskiego spojrzenia jest nasza tendencja do zbytniego upraszczania i generalizowania, która jest szczególnie powszechna w czasach kryzysu. Pamiętam, jak na jednej z konferencji prasowych zapytano mnie, czy według mnie to, co się stało 11 września, wskazuje na fundamentalne starcie dwóch cywilizacji. Spytałem wtedy: „O jakich dwóch cywilizacjach pan mówi?" Dziennikarz odpowiedział, że chodzi o zachodnią cywilizację chrześcijańską i cywilizację muzułmańską. Natychmiast odparłem: „Zdecydowanie nie!", nie tak widzę to wydarzenie. Dla mnie Osama bin Laden jest jednostką, Arabem, owszem, jest również muzułmaninem, ale nie reprezentuje całej cywilizacji islamskiej. Dla mnie wydarzenia 11 września były w znacznym stopniu wynikiem działań i motywacji pewnego człowieka i jego grupy, ich urazy i nienawiści. Nie jest to z pewnością starcie dwóch cywilizacji!

Jak zwykle jasność umysłu Dalajlamy i jego umiejętność logicznego rozumowania były bezbłędne. Ale niestety, pomyślałem, zawsze będą tacy, którzy się z tym nie zgodzą: „W wojnie cywilizacji" – powiedział Osama bin Laden – „pragniemy, aby nasz naród zjednoczył się w obliczu chrześcijańskiej krucjaty... ta wojna cały czas się toczy".

Dalajlama ciągnął:

– Myślę, że mówienie o „zderzeniu cywilizacji" jest bardzo niebezpieczne. Jeżeli zaczniemy postrzegać konflikty w kontekście starcia cywilizacyjnego, zaczniemy też wierzyć, że cywilizacje z natury pozostają skonfliktowane, a potem zaczniemy się zachowywać zgodnie z tym poglądem, przez co utożsamianie się z innymi grupami będzie trudniejsze.

Jego Świątobliwość westchnął i mówił dalej:

– Ale wygląda na to, że ludzie będą mieli tendencję do uogólniania i zbytniego upraszczania. I myślę, że jednym z kluczowych elementów owego nadmiernego upraszczania jest, jak wspomniałem, zniekształcenie rzeczywistości. W tym przypadku polega ono głównie na wyolbrzymianiu na przykład istoty i zakresu określonego wydarzenia, ale również na niebezpiecznej tendencji do przesadnego podkreślania różnic, a nie tego, co nas łączy.

Tak naprawdę wszędzie mamy z tym do czynienia. Tutaj, w Indiach, na przykład czasami dochodzi do wybuchów przemocy w lokalnej społeczności. Ale zamiast skupić się na rozwiązaniu problemu i pociągnąć do odpowiedzialności za ten czyn konkretne osoby, niektórzy hinduscy przywódcy wykrzykują: „Spójrzcie, to właśnie robią muzułmanie nam, hinduistom!" Lub też równie dobrze islamski przywódca może powiedzieć: „Spójrzcie, co nam zrobili hinduiści". A te zbytnie uogólnienia i wyolbrzymienia wywołują kolejną reakcję, rodząc niepokój we wspólnotach. Uważam, że nie jest to dobre, a nawet zdecydowanie niewłaściwe. Tak naprawdę to pewna manipulacja.

Nagle Dalajlama zaczął chichotać.

– Wiesz, kiedy mówiłem o naszej tendencji do wyolbrzymiania, przypomniała mi się pewna historia. Pamiętam, jak kiedyś przyszła do mnie staruszka pochodząca z zachodniego Tybetu i opowiadała mi o tym, jak była prześladowana przez Chińczyków. Oczywiście mówiła o bardzo poważnej i tragicznej sprawie, ale ton jej głosu i sposób mówienia stawały się z każdą minutą coraz bardziej przesadne, aż w końcu wykrzyknęła: „I wtrącono nas wszystkich do więzienia, a potem wszyscy umarliśmy!" – Dalajlama się zaśmiał. – Stała przede mną, mówiąc patetycznym tonem, że umarła!

Kiedy już przestał się śmiać, powiedział:

– A mówiąc poważnie, myślę, że tendencja do zbytniego upraszczania i uogólniania może być niebezpieczna jeszcze z jednego powodu. Czasami przywódcy, czy to polityczni, czy religijni, lubią przypinać pewne etykietki, jak na przykład: „Ta grupa jest zła" czy „Tamta grupa jest zła", aby podburzyć ludzi. Niekiedy mamy do czynienia nawet z taką celową manipulacją. Myślę, że skłonność do widzenia rzeczy w kolorach czarno-białych, jako stuprocentowo dobrych lub stuprocentowo złych, może naprawdę doprowadzić do wielu problemów.

– Problemów takich jak...?

– Jeżeli uważasz, że ktoś jest z gruntu zły, że zło stanowi stały i niezmienny aspekt jego natury, będziesz bardziej skłonny myśleć, że jedynym rozwiązaniem jest wyeliminowanie tej osoby. My, buddyści, uznajemy prawo przyczyny i skutku i rozumiemy, że dana osoba działa w negatywny czy niszczący sposób z określonych przyczyn i warunków. Tak rozpoznajemy, że to jedynie chwilowa sytuacja, i otwieramy się na możliwość zmiany.

A więc zasadniczo – ciągnął – jeżeli chodzi o zagrożenia, jakie wiążą się z nazywaniem ludzi „złymi", widzę dwa główne niebezpieczeństwa. Przede wszystkim, kiedy opisujemy kogoś jako z natury złego i tym właśnie tłumaczymy jego zachowanie, uniemożliwia nam to głębsze zbadanie prawdziwych źródeł i przyczyn jego postępowania. Może to wręcz doprowadzić do świadomego unikania faktycznego problemu, a kiedy tak się dzieje, niestety nie udaje nam się dowiedzieć, jak skutecznie zapobiegać podobnym wydarzeniom w przyszłości. To jest cena, którą płacimy za taką postawę. Twierdząc na przykład, że Hitler reprezentuje całe zło stojące za wszystkimi okrucieństwami popełnionymi podczas II wojny światowej, nie będziemy szukać innych przyczyn i zignorujemy rolę, jaką odegrali zwykli Niemcy oraz sytuacja polityczna i kulturowa w czasie nazistowskich rządów.

Drugie podstawowe niebezpieczeństwo – ciągnął Dalajlama – polega na tym, że kiedy pojedynczą osobę lub grupę ludzi szufladkujemy jako „złych", w oczywisty sposób je demonizujemy. Kiedy takie postrzeganie się w nas zakorzeni, zachodzi proces dehumanizacji. Ludzie postrzegani są jako podludzie. A jeżeli nie traktujemy kogoś jak człowieka, jak kogoś podobnego do nas, nie mamy wtedy wspólnej płaszczyzny, to już nie jest dla nas osoba. A bez wspólnej platformy porozumienia nie ma podstaw empatii. Rezultatem tego procesu jest to, że torujemy sobie drogę do usprawiedliwiania wszystkich krzywd, okrucieństw, a nawet ludobójstwa, jakie możemy wyrządzić tym ludziom.

Kręcąc głową, Dalajlama westchnął i dodał łagodnie:

– Wiesz, Howardzie, negatywne emocje i zniekształcenie myślenia, które im towarzyszy, mogą stać się źródłem nie tylko przemocy, ale wielu innych problemów. Wypaczone myślenie, które ogranicza naszą percepcję, może się przejawić na wiele sposobów, wywołując cierpienie i podkopując fundament naszego szczęścia.

– Wasza Świątobliwość, skoro już ustaliliśmy, że destrukcyjne emocje i zniekształcone, ograniczone myślenie stanowią podstawową przyczynę przemocy, czy możemy jutro się zastanowić, jak naprawić tę sytuację, jak radzić sobie z negatywnymi emocjami i przezwyciężyć zawężony sposób myślenia?

– Doskonale – odpowiedział Dalajlama z ciepłym, szczerym uśmiechem. – A więc do zobaczenia.

Jak się okazało, choć udało nam się w tamtym tygodniu wnikliwie przeanalizować jedną kluczową emocję – lęk, minęło dość dużo czasu, zanim powróciliśmy do rozmowy o tym, jak pokonać negatywne emocje i zniekształcony, ograniczony sposób myślenia, który może stanowić zarówno przyczynę, jak i rezultat negatywnych emocji.

Dalajlama wskazuje, że ostatecznym źródłem przemocy są nasze destrukcyjne emocje oraz ich zdolność do zniekształcania naszego postrzegania rzeczywistości. Aby zrozumieć rolę negatywnych emocji i wypaczonego myślenia jako przyczyn przemocy, powinniśmy krótko przeanalizować, czym właściwie są emocje, dlaczego je odczuwamy oraz dlaczego wiążą się one ze zniekształceniem myślenia. Przede wszystkim, choć klasyfikujemy pewne emocje jako negatywne czy destrukcyjne, powinniśmy pamiętać, że każda ludzka emocja rozwinęła się w konstruktywnym celu – z perspektywy ewolucyjnej wszystkie miały za zadanie pomóc nam przetrwać i się rozmnażać. Emocje wykształciły się po to, aby przygotować nas do bardzo szybkiego radzenia sobie z istotnymi wydarzeniami w naszym życiu. Słowo „emocja" (ang. *emotion*) pochodzi od łacińskiego pojęcia oznaczającego „ruch", tak więc emocje są, ogólnie rzecz biorąc, niezwykle skutecznymi mechanizmami służącymi nam do analizowania sytuacji i takiego działania, które zapewni nam dobrostan i przetrwanie. „Destrukcyjne" emocje rozwinęły się, aby pomóc nam natychmiast zareagować na niebezpieczną, krytyczną sytuację w taki sposób, by zwiększyć nasze szanse na przeżycie. Informują nas one, że coś „złego" się zdarzyło lub może się zdarzyć, oraz skłaniają do określonego sposobu działania. W rzeczywistości bardzo zdecydowanie rekomendują nam konkretne działanie. Oczywiście emocje odgrywają również inne pożyteczne role – szczególnie w komunikacji, kiedy pomagają nam poinformować innych, jaki jest nasz wewnętrzny stan, poprzez charakterystyczne wyrazy twarzy czy postawę ciała. W ostatnich latach powstało kilka nowych teorii na temat funkcji pozytywnych emocji, o czym powiemy w dalszej części książki.

Jak wspomnieliśmy wcześniej, podstawowa struktura ludzkiego mózgu rozwinęła się w epoce lodowcowej, kiedy nasze środowisko stwarzało dużo więcej potencjalnie śmiertelnych zagrożeń niż dzisiaj. Podstawowe negatywne emocje – lęk, odraza, gniew, smutek – rozwinęły się jako bardzo skuteczne sposoby rozwiązywania problemów, z którymi na co dzień spotykali się nasi dalecy przodkowie. Każda z nich pełniła własną funkcję adaptacyjną. Na przykład lęk pomaga nam reagować na zagrożenia czy niebezpieczeństwo; odraza, wraz z pierwotnym pragnieniem, aby wydalić, wykształciła się, by pomóc nam uniknąć zatrucia czy też odrzucić potencjalnie toksyczne pożywienie; gniew przygotowywał nas na walkę lub atak, ale mógł również służyć jako sygnał ostrzegawczy, że coś pomiesza nam szyki; natomiast smutek najprawdopodobniej zachęcał nas, abyśmy poświęcili konieczną ilość czasu na to, aby dojść do siebie po stracie, abyśmy byli ostrożni, oszczędzali energię, i bez wątpienia wywoływał również u innych chęć pomocy. A zatem każda emocja ma swój cel, z każdą wiąże się charakterystyczny sposób odczuwania, myślenia i działania, które rozwinęły się po to, aby pomóc nam owe cele osiągnąć.

Ponieważ większość negatywnych emocji wykształciła się po to, aby pomóc nam radzić sobie z krytycznymi, zagrażającymi życiu sytuacjami, kiedy o naszym przetrwaniu decydowały ułamki sekund, musiały one nakłaniać nas do poruszania się szybko i zdecydowanie. W niebezpiecznych sytuacjach nie ma czasu na to, aby świadomie i dogłębnie przeanalizować problem, tak więc emocje dają nam „kopa", jeszcze zanim konkretna informacja zostanie w pełni przetworzona w korze nowej, myślącej części naszego mózgu. Jak wspomnieliśmy wcześniej, „zakład produkcyjny" negatywnych emocji mieści się w układzie limbicznym, w takich strukturach, jak ciało migdałowate, które jest odpowiedzialne za wywoływanie na przykład lęku czy wrogości. Odczucie, jakie wiąże się z negatywną emocją, być może nie jest zbyt miłe, ale doskonale spełnia swoją funkcję: kieruje naszą uwagę na to, co się dzieje, sprawia, że zajmujemy się daną sprawą, i „napędza" nas, abyśmy rozwiązali problem. Na przykład poczucie nadciągającego niebezpieczeństwa, które charakteryzuje lęk, jest mało przyjemne, ale to właśnie ów dyskomfort gwarantuje, że zwrócimy na nie całą naszą uwagę, zachęca nas, abyśmy się nie ociągali, i podrywa nas do zapobiegawczego działania.

Oczywiście emocje wiążą się nie tylko z „odczuwaniem" – każda z nich pociąga za sobą również zmiany w naszym sposobie myślenia oraz charakterystyczne przemiany w organizmie. Informacje wysyłane przez połączenia nerwowe z układu limbicznego do kory mózgowej wpływają na nasze myślenie. Istnieją również skomplikowane połączenia pomiędzy układem limbicznym a innymi strukturami mózgu oraz narządami ciała. Informacje przekazywane przez połączenia nerwowe mogą wywołać gwałtowne zmiany w całym ciele. Jeżeli chodzi o zmiany fizyczne, każda negatywna emocja wiąże się z konkretną „tendencją do działania", serią zmian fizjologicznych mobilizujących wszystkie nasze siły potrzebne do wykonania określonych działań, które mają nas przygotować do zareagowania na grożące nam niebezpieczeństwo i zapewnić przetrwanie.

Aby lepiej zrozumieć ten proces, wyjaśnimy go na przykładzie lęku. Lęk to mechanizm obronny, który ostrzega nas przed niebezpieczeństwem, szczególnie przed sytuacjami zagrażającymi życiu, i – podobnie jak inne emocje – przygotowuje nas do szybkiej reakcji zapewniającej nam przetrwanie. Jak się to dzieje? Po tym, jak nasze zmysły dostrzegą potencjalne zagrożenie, informacje wysyłane są do ciała migdałowatego, które najpierw się upewnia, że jesteśmy zmotywowani do podjęcia działania, wywołując nieprzyjemne uczucie zbliżającego się nieszczęścia. Następnie przygotowuje nasze ciało do reakcji: poprzez połączenia nerwowe natychmiast wysyłane są informacje bezpośrednio do narządów biorących udział w tej reakcji oraz do gruczołów, które wysyłają chemicznych „posłańców" w postaci hormonów podróżujących krwiobiegiem do narządów docelowych.

Informacje te wywołują lawinę wydarzeń w organizmie, które przygotowują ciało do zrobienia tego, co musi zrobić, by przetrwać. Wzrasta tętno i ciśnienie krwi, przygotowując nas do działania. Zaczynamy szybciej oddychać. Napinają się mięśnie. Wyostrza percepcja. Uruchamia się proces pocenia, w razie gdyby ciału potrzebne było obniżenie temperatury po wyczerpującym biegu. W całym organizmie gwałtownie wzrasta poziom hormonów stresu, takich jak adrenalina czy kortyzol. Hormony te powodują przekierowanie krwi do mięśni, szczególnie nóg i rąk, przygotowując nas do ucieczki lub walki. Mobilizują nasze zapasy energii, uwalniając glukozę z wątroby, dzięki czemu energia jest szybko dostępna, a nawet wywołują zmiany w płytkach krwi, aby zapewnić szybkie krzepnięcie, gdyby nasze ciało zostało zranione. Wysyłane są też informacje, aby zablokować wszystkie funkcje drugorzędne, chwilowo zawiesza się działanie układu pokarmowego, rozrodczego czy odpornościowego – kiedy goni nas maniakalny zabójca z siekierą w ręku, nasz mózg dochodzi do wniosku, że chyba nie jest to dobry moment na popołudniowy seks z partnerką czy przetrawienie pysznego pożywienia i zgromadzenie tłuszczu na zimę. Nie jest to też prawdopodobnie dobra chwila na wewnętrzne porządki, czyli produkowanie przeciwciał, aby zwalczyć infekcję.

Te zmiany fizjologiczne często określa się mianem reakcji stresowej czy reakcji walki lub ucieczki. Pomagają nam one przygotować się na ogólną akcję obronną lub bardziej konkretne reakcje behawioralne, w zależności od typu niebezpieczeństwa. Reakcje te mogą obejmować ucieczkę lub też agresję, jeżeli nie możemy uciec. Kolejną możliwą reakcją na lęk jest zamarcie, czyli znieruchomienie, które jest właściwe, kiedy na przykład mamy przejść nad krawędzią urwiska czy też kiedy najlepszym sposobem przetrwania jest pozostanie w ukryciu, czasami może to też powstrzymać odruch ataku u niektórych drapieżników.

Widzimy zatem, że zmiany fizjologiczne związane z negatywnymi emocjami mogą być całkiem pożyteczne w sytuacjach zagrażających życiu, do których zostały stworzone. W pewnym sensie działają one jednak w sposób ograniczający czy też „zawężający" nasze zachowanie. Owa „skłonność do działania", zaprogramowane zmiany fizjologiczne związane z destrukcyjnymi emocjami, popychają nas do określonego postępowania, takiego jak ucieczka, bieg, wymioty (w przypadku odrazy) i tym podobne. Niemniej jednak możemy wybrać takie postępowanie, jakie chcemy – choć bowiem na przykład lęk może przygotować nasze ciało do ucieczki, nie jesteśmy do niej zmuszeni i wciąż możemy zdecydować, że odśpiewamy arię lub położymy się i utniemy sobie drzemkę. Ale nasze działanie w tym przypadku jest „zawężone" w tym sensie, że ciało jest „przygotowane" na bardziej ograniczoną czy konkretną reakcję.

Oczywiście negatywne emocje oddziałują nie tylko na płaszczyźnie fizjologicznej, wpływają również na nasze myślenie. Połączenie tych efektów czasami określa się mianem tendencji myśl–działanie. Dalajlama powiedział, że negatywne emocje zniekształcają nasze myślenie, że mają pewien „ograniczający" wpływ na nasze postrzeganie i zachowanie. Dlatego możemy powiedzieć, że negatywne emocje ogólnie działają w sposób ograniczający na nasze tendencje myśl–działanie.

Zasadnicze pytanie brzmi, jak negatywne emocje oraz związany z nimi zawężony sposób myślenia, który wypacza rzeczywistość i sprawia, że błędnie ją postrzegamy, prowadzą do przemocy i destrukcyjnego zachowania. W końcu taka właśnie jest główna teza Dalajlamy. Aby odpowiedzieć na to pytanie, zacznijmy od bliższego przyjrzenia się konkretnym zmianom w myśleniu, które wywołują destrukcyjne emocje.

Badania naukowe dostarczyły nam dowodów potwierdzających, że negatywne emocje w pewnym sensie „zawężają" nasze myślenie. Ma to sens, jeżeli jeszcze raz przyjrzymy się, dlaczego one w ogóle się wykształciły. W sytuacjach zagrażających życiu nasze szanse na przetrwanie są największe, jeżeli potrafimy wykorzystać wszystkie nasze zasoby poznawcze dla radzenia sobie z bezpośrednim niebezpieczeństwem – jeżeli skupimy całą uwagę, moc mózgu i zdolność myślenia na tym, jak wyjść z konkretnej sytuacji, w której się w danej chwili znajdujemy. Tak więc z natury nasze myślenie i postrzeganie są wtedy zawężone – ograniczone do bieżącego problemu, do chwili obecnej.

W niebezpiecznych sytuacjach, kiedy o naszym przetrwaniu mogą decydować nawet ułamki sekund, kluczowe znaczenie mają szybkość i zdecydowanie. Aby maksymalnie zwiększyć nasze szanse na przetrwanie, mózg nie ma czasu wysyłać informacji „do góry", do ośrodków wyższego myślenia, analizować sytuacji, deliberować i świadomie zdecydować, jakie działanie będzie w tym przypadku najlepsze – jesteśmy automatycznie zaprogramowani do reagowania z wykorzystaniem niektórych bardziej prymitywnych odruchów podstawowych, o których mówiliśmy wcześniej w kontekście uprzedzeń i stereotypizacji. Nasz mózg będzie chciał szybko zaklasyfikować to, z czym mamy do czynienia, opierając się na prostych dwójkowych kategoriach, czarno-białym myśleniu – bezpieczny czy niebezpieczny i tym podobne. Takie myślenie oszczędzi nasze zasoby poznawcze oraz umożliwi szybkie i skuteczne działanie, ale musimy za to zapłacić pewną cenę. Będziemy koncentrować uwagę na bezpośrednim zagrożeniu, zwiększając nasze szanse na przetrwanie, ale kosztem myślenia długofalowego. Myślenie w kategoriach czarno-białych pozwala nam szybko reagować, ale utrudnia nam dostrzeganie „szarości".

Takie zniekształcenia ograniczają naszą świadomość szerszych kwestii związanych z bezpośrednim problemem. Niestety, tego typu funkcjonowanie przejmuje kontrolę nad rozumowaniem, logiką i krytycznym myśleniem, w znacznym stopniu pomijając ośrodki myślenia wyższego w mózgu. To tłumaczy, dlaczego zmiany w naszym sposobie myślenia wywołane negatywnymi emocjami ograniczają naszą zdolność znajdowania rozwiązań. Wyjaśnia to też, dlaczego takie myślenie uniemożliwia nam znalezienie wspólnej płaszczyzny czy kompromisu i rozwiązanie konfliktów bez uciekania się do przemocy – o obu tych kwestiach z niepokojem wspomniał Dalajlama podczas naszych rozmów.

Takie „zawężone" myślenie jest wspólne dla wszystkich negatywnych emocji, ale jak wspomnieliśmy, każda z nich została zaprojektowana, aby pomóc nam radzić sobie z konkretnym rodzajem niebezpieczeństwa. Tak więc oprócz ogólnego, ograniczającego wpływu, jaki wywierają negatywne emocje, każdej z nich towarzyszą właściwe jej zniekształcenia myślenia, każda niepowtarzalnie oddziałuje na naszą ocenę sytuacji i podejmowanie decyzji, co odróżnia ją od innych negatywnych emocji. Ponieważ każda emocja wiąże się z konkretną oceną sytuacji i charakterystyczną tendencją do dokonywania określonych wyborów i decyzji, można je uważać za kolejny rodzaj zniekształcenia, czyli zawężenia myślenia.

Charakterystyczne zniekształcenia wywołane przez gniew są dobrze udokumentowane i mogą służyć jako doskonały przykład bardziej konkretnych efektów negatywnych emocji w postaci ograniczenia i wypaczenia. Szeroko zakrojone badania potwierdziły obserwacje Dalajlamy, że kiedy rozgniewani ludzie myślą o jakiejś sytuacji czy osobie lub kiedy próbują rozwiązać problem, mają tendencję do zbytniego upraszczania faktów, do myślenia bardzo szybko i powierzchownie oraz do natychmiastowej oceny sytuacji. Ich myślenie jest zatem zawężone czy też ograniczone, ponieważ filtrują szczegóły i unikają głębszej analizy. Odróżnia to gniew od na przykład zniekształcającego wpływu smutku, ponieważ smutni ludzie przetwarzają informacje, skupiając się na szczegółach, i często angażują się we wnikliwą analizę, odfiltrowując zarazem pełen obraz sytuacji i wybiórczo koncentrując się na informacjach, które wzmacniają ich nastrój.

Kiedy rozgniewani ludzie podejmują decyzje, również mają zasadniczą pewność co do faktów i własnych opinii, co może prowadzić do poczucia pewności siebie i optymizmu, ale też osłabiać zdolność do zachowania obiektywizmu czy racjonalnego myślenia.

Te tendencje wypływają z najbardziej podstawowej funkcji gniewu – kiedy jesteśmy sfrustrowani lub kiedy coś przeszkadza nam w osiąganiu celów, złość ma za zadanie usunąć tę przeszkodę. Przyczyna ta jest postrzegana jako coś zewnętrznego, co musimy zwalczyć czy przezwyciężyć. Tak więc ogólne nastawienie do radzenia sobie z zagrożeniem czy przeszkodą wiąże się z tendencją do traktowania czynników zewnętrznych jako przyczyny problemu oraz z charakterystyczną skłonnością do obwiniania innych, kiedy rodzi się w nas gniew. W rzeczywistości badania pokazały, że samo doświadczenie gniewu może automatycznie pobudzić myślenie, które prowadzi do uprzedzeń.

Te charakterystyczne sposoby myślenia sprawiają również, że rozgniewani ludzie są bardziej skłonni do odwetu, jeżeli nadarzy się okazja do wyrządzenia krzywdy innym. Na przykład w jednym badaniu u uczestników sztucznie wywołano gniew, a następnie poproszono ich o ocenę kilku fikcyjnych spraw sądowych, które nie miały żadnego związku z tym, co ich rozzłościło. Okazało się, że rozgniewani ludzie mieli dużo większą skłonność do obarczania winą oskarżonych oraz wymierzania sroższych kar.

Ten eksperyment wykazał również inny problematyczny aspekt destrukcyjnych emocji. Efekty ich oddziaływania na nasze myślenie i zachowanie nie ustępują, jeżeli się ich nie pohamuje, i przenoszą się na inne sytuacje, niemające nic wspólnego z wydarzeniem, które wywołało emocje. Istnieje mnóstwo dowodów naukowych świadczących o tym, że nasze późniejsze osądy czy decyzje pozostają pod wpływem negatywnej emocji, nawet jeżeli nie jesteśmy tego świadomi. Na przykład badania na pracownikach przeprowadzone w miejscu pracy wykazały, że złość badanego wpływa na jego ocenę współpracowników i znajomych. Polegało to na tym, że rozzłoszczony człowiek był mniej ufny w stosunku do tych ludzi, choć nie mieli oni żadnego udziału w tym, co go zdenerwowało. W takich przypadkach, dopóki dana emocja nie ustąpi, utrzymuje się tendencja czy też „predyspozycja poznawcza" do postrzegania kolejnych wydarzeń poprzez nieświadomy pryzmat percepcyjny – będziemy interpretować fakty w zniekształcony sposób, co oczywiście wpłynie na naszą ocenę i podejmowane decyzje.

Podczas naszych rozmów Dalajlama wyjaśnił, że destrukcyjne emocje wywołują zmiany w myśleniu, które zniekształcają i przesłaniają rzeczywistość. Powiedział, że niektóre z powszechnych zniekształceń myślenia, takie jak brak świadomości długofalowych konsekwencji naszych działań, myślenie w kategoriach czarno-białych, niemożność dostrzeżenia ogólniejszego kontekstu, który przyczynia się do problemu, stanowią źródło wielkiego nieszczęścia i cierpienia ludzi. Omawiając związek pomiędzy destrukcyjnymi emocjami a zniekształceniem myślenia, Jego Świątobliwość wspomniał o jeszcze jednej kluczowej sprawie: nie tylko destrukcyjne emocje mogą zniekształcić myślenie, ale zniekształcone myślenie może również rodzić destrukcyjne emocje – to działa w obie strony. To niezwykle znaczące, ponieważ jeżeli takie czynniki, jak uwarunkowanie społeczne, propaganda, manipulujący przywódcy czy okoliczności sytuacyjne, zniekształcają nasze myślenie i postrzeganie, w określonych warunkach może to wywołać czy też nasilić destrukcyjne emocje, jak gniew czy nienawiść, co może mieć katastrofalne skutki.

Rozpoznając potencjalną przyczynę przemocy, Dalajlama wymienił przykład stosowania pewnego typu retoryki, mówienia o „dobru i złu", które zachęca ludzi do zbytniego upraszczania i wypaczania rzeczywistości. Służy to manipulowaniu nimi, aby zaczęli działać agresywnie, z użyciem przemocy. W rzeczy samej jest to powszechna strategia, którą w całej historii ludzkości wykorzystywali różni przywódcy w każdym zakątku świata. Nadal tak się dzieje. Na przykład kilka godzin po tragedii z 11 września, kiedy amerykański rząd wszystkie siły skupił na zidentyfikowaniu sprawców, a winowajcą okazał się Osama bin Laden, Amerykanie rozpaczliwie zapragnęli uzyskać informacje o tej nieznanej nikomu postaci. W odpowiedzi na te żądania prezydent George W. Bush powiedział: „Jedyne, co wiem o nim na pewno, to że jest zły!"

Można się domyślać, że po takiej tragedii prezydent chciałby natychmiast dowiedzieć się kilku rzeczy o bin Ladenie, że znał kilka znaczących faktów, którymi mógł się podzielić. Poza tym w owym czasie bin Laden był już znany rządowym organom ochrony porządku publicznego w Stanach Zjednoczonych, namierzano go jeszcze za czasów poprzedniej administracji. Ale Bush wiedział na pewno jedynie to, że jest to „zły" człowiek. Najwyraźniej Amerykanom ta informacja wystarczyła.

W nadchodzących dniach świat usłyszał o Al-Kaidzie, którą Bush również określił mianem „złej". Niedługo potem dowiedzieliśmy się, że Al-Kaidę wspierają talibowie z Afganistanu, a więc oni też stali się „źli". Z każdym mijającym tygodniem język prezydenta Busha był coraz bardziej nafaszerowany retoryką dobra i zła – to fakt, który potwierdzili później badacze z Uniwersytetu Waszyngtońskiego, uważniej analizujący jego przemówienia zarówno przed, jak i po wydarzeniach z 11 września. Zło zataczało więc coraz szersze kręgi – kiedy zaledwie cztery miesiące później prezydent wygłaszał orędzie do narodu, do listy dodano całe kraje: Irak, Iran i Korea Północna stały się „osią zła". Takiego języka często używają przywódcy, aby uzyskać poparcie społeczne dla zbrojnych interwencji – takich jak inwazje na Afganistan i Irak, które nastąpiły po atakach terrorystycznych z 11 września.

Na końcu naszej rozmowy Dalajlama powiedział, że destrukcyjne emocje i zniekształcone myślenie mogą wywołać wiele cierpienia i nieszczęścia, dlatego tak ważne jest opracowanie strategii, aby złagodzić negatywne emocje i skorygować wypaczone myślenie. Ale zanim przeszliśmy do omawiania antidotów, w naszych rozmowach najpierw zajęliśmy się głębszą analizą sposobów radzenia sobie z jedną konkretną negatywną emocją, która ma kluczowe znaczenie dla wielu problemów współczesnego świata.

ROZDZIAŁ 9

# RADZENIE SOBIE Z LĘKIEM

– Wasza Świątobliwość, rozmawialiśmy o źródłach przemocy, które, jak ustaliliśmy, wywodzą się z ludzkich emocji i sposobów myślenia. Myślę, że w tym kontekście głębsze przeanalizowanie szczególnie jednej emocji ma kluczowe znaczenie. Mówię o lęku. Oprócz nienawiści i przemocy lęk jest prawdopodobnie największym niszczycielem ludzkiego szczęścia. W rzeczywistości pośród wszystkich negatywnych emocji jest on, jak sądzę, odpowiedzialny za większość cierpienia, szczególnie jeżeli chodzi o wywoływanie przemocy na dużą skalę – prawdopodobnie lęk ma tutaj nawet większe znaczenie niż gniew, ponieważ wojny w większym stopniu rodzą się z lęku niż złości. Tworzy się wówczas błędne koło – lęk powoduje przemoc, a przemoc w społeczeństwie oczywiście napędza lęk. Tak naprawdę celem terroryzmu jest wywoływanie przerażenia (ang. *terror*), a nie jedynie krzywdzenie innych.

Zastanawiam się więc, czy Wasza Świątobliwość ma jakieś przemyślenia na temat sposobów radzenia sobie z lękiem, który może zakorzenić się w społeczeństwie po wydarzeniach, takich jak tragedia z 11 września – powiedziałem. Po namyśle dodałem: – Pomyślałem sobie, że nasza rozmowa nie musi się ograniczać do strachu przed terroryzmem. Zastanawiam się, jak ogólnie radzić sobie z lękiem, bez względu na to, jakie jest jego źródło – na przykład współcześnie, w czasach niepewności gospodarczej i finansowej, mamy do czynienia z powszechnym lękiem przed kryzysem.

Dalajlama odpowiedział:

– Myślę, że jeżeli naprawdę chcemy zastosować najskuteczniejszy sposób radzenia sobie z lękiem, musimy zacząć od określenia różnych jego kategorii, tak abyśmy mogli na każdą z nich znaleźć odpowiednią metodę...

– Różnych kategorii w jakim sensie? – spytałem.

– Jedną z nich jest uzasadniony, realistyczny lęk dotyczący prawdziwego zagrożenia czy niebezpieczeństwa. Właściwą reakcją jest tu pewna ostrożność, podjęcie konkretnych kroków w celu ochrony samego siebie, do takiego stopnia, w jakim jest to możliwe.

– Wasza Świątobliwość, pomyślałem sobie, że mówimy o niszczącej naturze lęku, ale oczywiście lęk i niepokój mogą pełnić również pozytywną funkcję. Chodzi mi o to, że z perspektywy biologicznej i ewolucyjnej lęk działa jako system ostrzegawczy informujący nas o zagrożeniu życia czy niebezpiecznych sytuacjach.

– To prawda – zgodził się Dalajlama. – Lęk skłania do większej uważności i czujności, ale istnieją też inne pozytywne jego aspekty, w zależności od określonych warunków. Na przykład lęk przed terroryzmem z jednej strony można uważać za destrukcyjny, ale z drugiej strony może on zintegrować społeczeństwo, sprawić, że bardziej docenimy obecność sąsiadów. To prawdopodobne.

Dalajlama zachichotał, po czym skomentował:

– Jest tak wiele możliwości! Wygląda na to, że myśli, koncepcje i perspektywy ludzi można mnożyć bez końca!

– Oczywiście ów system ostrzegawczy w mózgu wyzwala reakcję walki lub ucieczki, przygotowując ciało do biegu albo do agresywnego działania, aby zapewnić przetrwanie – zauważyłem. – Ale problem w tym, że we współczesnym świecie większość z nas nie znajduje się często w sytuacjach zagrażających życiu, choć nasz mózg wciąż zachowuje się tak, jakby tak właśnie było.

– Właśnie – potwierdził Dalajlama – co prowadzi nas do kolejnej kategorii lęku: nierealistycznego czy niedorzecznego. Są to lęki oparte na przesadzie, na projekcji mentalnej i fałszywych przekonaniach. Występują powszechnie, ponieważ podobnie jak inne negatywne emocje, o których mówiliśmy, lęk również ma silny potencjał zniekształcania rzeczywistości i przesłaniania właściwego zrozumienia sytuacji.

A zatem chodzi tutaj głównie o to, aby przeanalizować warunki, które wywołują lęk, sprawdzić, do jakiego stopnia zagrożenie jest realne, na ile niebezpieczeństwo wiszące w powietrzu jest rzeczywiste, czy nie jest to przypadkiem nierealistyczna projekcja oparta na wyolbrzymianiu i zniekształceniu. Powinniśmy rozpoznać, kiedy uzasadniony lęk staje się nieuzasadniony: to stan, w którym nasze reakcje emocjonalne stają się nadmierne i przynoszą efekt przeciwny do zamierzonego, nie są właściwą reakcją na niebezpieczeństwo.

– Oczywiście, nawet jeżeli potrafimy odróżnić rzeczywisty lęk od lęków wyolbrzymionych czy urojonych, wciąż musimy znaleźć sposób radzenia sobie z tym realnym – powiedziałem. – Jak w takim razie radzić sobie ze słusznym lękiem wywołanym autentycznym niebezpieczeństwem, kiedy nie ma żadnych środków ostrożności, które moglibyśmy przedsięwziąć, kiedy nic nie możemy zrobić? Na przykład w Stanach Zjednoczonych po 11 września rząd ogłosił stan alarmowy i oznaczył stopnie zagrożenia określonymi kolorami – żółtym, pomarańczowym i czerwonym. Ale nawet gdyby poziom zagrożenia był wysoki, przeciętny człowiek nie byłby w stanie nic zrobić. To rodziło tylko atmosferę lęku.

– To trochę skomplikowane – powiedział Dalajlama. – Myślę, że ogólnie rzecz biorąc, w sytuacjach, kiedy doświadczamy lęku, nawet jeżeli mamy do czynienia z realnym zagrożeniem, zachodzi pewne zniekształcenie rzeczywistości, a lęk często wyolbrzymia niebezpieczeństwo. W przypadku, o którym wspomniałeś, stan alarmowy mógł wywołać wrażenie większego zagrożenia w całym kraju. Nasze podstawowe podejście do lęku polega przede wszystkim na analizowaniu sytuacji. A zatem, choć niebezpieczeństwo może być realne, jeżeli przyjrzymy się, w jakim stopniu jesteśmy zagrożeni w tym konkretnym miejscu, w którym przebywamy, być może odkryjemy, że zagrożenie nie jest takie samo w całych Stanach Zjednoczonych – na terenach wiejskich na przykład prawdopodobnie nie jest aż tak duże. Wówczas możemy reagować zgodnie z tym, jak wygląda nasza rzeczywistość. Myślę, że każde wyolbrzymienie może się przyczynić do nasilenia lęku. Zaproponowane przeze mnie podejście przynajmniej zmniejsza czy też eliminuje ten aspekt lęku, który rodzi się w naszej wyobraźni na skutek wyolbrzymiania czy zniekształcania rzeczywistości. Sądzę więc, że im większa jest nasza świadomość rzeczywistości, im lepiej potrafimy odróżnić realny lęk od urojonego czy projektowanego i im lepiej zdajemy sobie sprawę, że popadamy w przesadę czy zniekształcamy rzeczywistość, tym skuteczniej będziemy potrafili radzić sobie z lękiem.

Wcześniej omówiliśmy ewolucyjne podstawy destrukcyjnych emocji i rozumiemy już przyczyny, dla których zawężają one nasze postrzeganie. Podobnie jak inne negatywne emocje, lęk również na swój własny, wyjątkowy sposób zniekształca i zawęża nasze myślenie i percepcję. W szczególności, jak powiedział Dalajlama, wywołuje on silną tendencję do zbytniego upraszczania i uogólniania. Nie jest to oczywiście zaskoczeniem, zważywszy na to, że jeżeli kiedyś chcemy dokonać natychmiastowej oceny i szybko przypisać konkretną osobę czy sytuację do szerszej, bardziej ogólnej i znanej nam kategorii, jest to właśnie chwila zagrożenia życia. W momentach, kiedy gra toczy się o nasze przetrwanie, kiedy zagrożone jest nasze istnienie, natychmiastowe upraszczanie tego, z czym się stykamy, uwzględnianie jedynie rzeczy niezbędnych – na przykład tego, czy dana osoba jest dobra czy zła, a następnie szybka ucieczka, jeżeli okaże się to konieczne – stanowi całkiem niezłą strategię.

Widzimy więc, że uogólnianie, nawet nadmierne, w naszej odległej przeszłości jako gatunku miało sens i było zachowaniem przystosowawczym – na przykład, kiedy widzimy węża, mamy większe szanse na przetrwanie, jeżeli szybko zaklasyfikujemy to „zwierzę" jako „węża" i albo uciekniemy, albo uderzymy go kijem, zamiast poświęcać czas na to, aby uważnie przeanalizować znaki na jego skórze, określając, czy jest on jadowity czy nieszkodliwy. Ludzie, którym nie udawało się zaklasyfikować i szybko „zaszufladkować" węży, najprawdopodobniej zostali ukąszeni, mniejsze więc było prawdopodobieństwo, że przetrwają, aby przekazać swoje geny. Ponadto, gdyby ktoś zobaczył jakieś pnącze czy zakrzywiony kij przypominający węża i szybko odskoczył, czyli gdyby dokonał „zbytniego uogólnienia" i zbyt pochopnie zaliczył ten przedmiot do kategorii „wąż", niesłusznie czując lęk, nie byłoby to szkodą dla nikogo – taki człowiek przetrwałby tak czy inaczej. Tak więc jesteśmy zaprogramowani do nadmiernego uogólniania – do postrzegania kijów jako węży, a czasami do odczuwania lęku w reakcji na iluzje czy zniekształcenia rzeczywistości.

Jednak we współczesnym świecie na ogół nie mamy do czynienia z wężami i kijami, a wpływ takiego zniekształcenia myślenia może być bardzo głęboki. Dalajlama wspomniał na przykład, że lęk może prowadzić do wyolbrzymiania niebezpieczeństw. Zostało to potwierdzone niezwykłym eksperymentem dotyczącym emocji po 11 września, przeprowadzonym przez badaczy z Uniwersytetu Carnegie Mellon. W przeciwieństwie do większości badań naukowych, w których często bierze udział niewielka liczba badanych wywodząca się z najbardziej dostępnej grupy eksperymentalnej, czyli studentów, to badanie przeprowadzono na reprezentatywnej grupie tysiąca Amerykanów w każdym wieku, wywodzących się z różnych środowisk. Badano ich reakcje emocjonalne zaledwie kilka dni po 11 września, a następnie ponownie kilka tygodni później. Badanie wykazało, że media mają silny wpływ na to, jakich emocji doświadczają ludzie – relacje pokazujące mieszkańców krajów islamskich wiwatujących z radości po 11 września wzbudzały gniew, a te pokazujące listy wypełnione wąglikiem, które odkryto wśród przesyłek na amerykańskiej poczcie, wzbudzały, jak można się spodziewać, lęk. Badanie to wskazało również, że gniew lub lęk można wywołać innymi sposobami, na przykład przez retorykę stosowaną przez przywódców.

Eksperyment ten udowodnił także, że emocje mogą zniekształcać myślenie, choćby poprzez wyolbrzymianie. Badacze odkryli, że ludzie reagujący lękiem nie tylko mieli skłonność do znacznego przejaskrawiania prawdopodobieństwa, że sami padną ofiarami terroryzmu w ciągu najbliższego roku, ale przeceniali również możliwość wystąpienia innych zagrożeń i niebezpieczeństw (choć konsekwentnie oceniali, że to ryzyko jest dla nich znacznie mniejsze niż dla przeciętnego Amerykanina). Badacze uznali, że najprawdopodobniej to lęk podsycił pesymistyczne nastawienie, które przyczyniło się do krachu gospodarczego po 11 września. Choć lęk na ogół sprawiał, że ludzie wyolbrzymiali prawdziwy stopień zagrożenia, doprowadził do tego, iż zaczęli domagać się zaostrzenia środków bezpieczeństwa w Stanach Zjednoczonych oraz byli bardziej gotowi do rezygnacji z pewnych swobód właśnie w imię „bezpieczeństwa".

Widzimy zatem, że szerzenie lęku w społeczeństwie może mieć rozległy wpływ na zachowanie poszczególnych ludzi, jak też na funkcjonowanie społeczeństwa jako całości. Lęk może doprowadzić do niewyobrażalnych okropności, ponieważ stanowi główny czynnik zyskiwania poparcia ludzi dla wojen i wszelkich okrucieństw. Jak ustaliliśmy, lęk rodzi się z naszych najbardziej prymitywnych popędów, które stanowią rezultat pobudzenia ciała migdałowatego. Dochodzą do głosu prymitywne mechanizmy, takie jak upraszczanie, uogólnianie oraz kategoryzacja typu my i oni – a wszystko to są główne elementy stereotypizacji. Kiedy do tej mieszanki dorzuci się silne podziały na lepszych i gorszych oraz nienawiść, przywódca czy specę od propagandy rządowej muszą tylko zasiać w naszych głowach przekonanie, że nasze życie jest w jakiś sposób zagrożone przez „gorszą" grupę, aby uruchomić rodzaj lęku, który prowadzi do przemocy na masową skalę.

Kilkadziesiąt lat temu pewien polityk jednoznacznie opisał, jak można wykorzystać lęk: „Oczywiście, że ludzie nie chcą wojny" – powiedział – „ale koniec końców to przywódcy kraju decydują o polityce i zawsze chodzi po prostu o to, aby pociągnąć za sobą ludzi, bez względu na to, czy mówimy o demokracji, o faszystowskiej dyktaturze, o parlamencie czy o dyktaturze komunistycznej. Niezależnie od tego, czy ludzie mają prawo głosu czy nie, zawsze wykonają polecenie przywódców. To proste. Trzeba tylko powiedzieć im, że ktoś ich atakuje, oraz potępić pacyfistów za brak patriotyzmu i narażanie kraju na większe niebezpieczeństwo. Ta metoda działa w każdym państwie".

Politykiem, który wypowiedział te słowa, był nazistowski przywódca Hermann Göring, a padły one podczas procesów w Norymberdze, kiedy rozmawiał on w swojej celi z amerykańskim psychologiem sądowym. Był to fragment dłuższej wypowiedzi Göringa próbującego odeprzeć argumenty psychologa, który powiedział, że jedną z różnic pomiędzy demokracją a dyktaturą jest to, że na przykład w Stanach Zjednoczonych tylko Kongres może zdecydować o wypowiedzeniu wojny.

Lęk wykształcił się jako system ostrzegający przed niebezpieczeństwem. Dobrze służył naszym praprzodkom, pomagając im radzić sobie z najczęściej spotykanymi zagrożeniami, zresztą wciąż się nam przydaje w niebezpiecznych czy zagrażających życiu sytuacjach. Ale może też wpakować nas w poważne tarapaty, ponieważ czasami ludzki mózg reaguje lękiem na nieodpowiednie sytuacje, co ma opłakane skutki. Reakcje lękowe wykształciły się na wcześniejszym etapie ewolucji, we współczesnym świecie zaś lęk często uruchamia się w reakcji na niewłaściwe rzeczy, w niewłaściwym czasie i niewłaściwych warunkach.

Eksperymenty, w których badanych uwarunkowano, aby reagowali lękiem na fotografie różnych obiektów (ożywionych i nieożywionych) w ten sposób, że najpierw połączono zdjęcia z łagodnymi wstrząsami elektrycznymi, wykazały, że ludzki mózg jest zaprogramowany tak, by łatwiej reagować lękiem na węże, pająki czy wysokość. Były to powszechne niebezpieczeństwa, na które z większym prawdopodobieństwem mogli się natknąć nasi przodkowie niż na obiekty nieszkodliwe, takie jak ptaki czy motyle. Niestety, nasz mózg nie nadąża za współczesnym światem. Mamy skłonność do lękania się węży, pająków czy rekinów, a nie papierosów czy samochodów, które zabijają dzisiaj znacznie więcej ludzi, jednak nie mieliśmy z nimi kontaktu na tyle długo, aby lęk przed nimi wpisał się w nasz mózg. Badania wykazały, że nasz mózg reaguje na współczesne obiekty, które są naprawdę niebezpieczne – na przykład broń, noże czy laski dynamitu – tak samo jak na motyle.

Łatwo warunkujemy się do odczuwania lęku przed wszelkiego rodzaju rzeczami, które nie są z natury niebezpieczne, czasami opierając się na fałszywych przekonaniach, a czasami na kłamstwach. Jak stwierdziliśmy, rozmawiając o uprzedzeniach, ogólnie rzecz biorąc, wciąż jesteśmy zaprogramowani do reagowania lękiem, kiedy spotykamy przedstawicieli innych ras czy grup społecznych, co stanowi źródło niekończącego się cierpienia w dzisiejszym wielokulturowym świecie, który opiera się na wzajemnej zależności i w którym współpraca z innymi grupami ma zasadnicze znaczenie dla naszego przetrwania.

Ponieważ jesteśmy wyposażeni we wspaniałą pamięć i wyobraźnię, można na nas oddziaływać tak, abyśmy reagowali lękiem nawet na wydarzenia, które zaszły setki lat temu. Kiedy odpowiadamy lękiem wynikającym z fałszywych przesłanek i przekonań, może z tego wyniknąć nieopisany ogrom ludzkiej tragedii.

Dlatego dzisiaj nie możemy już ufać, że lęk zawsze wiernie będzie nas chronił przed niebezpieczeństwem. Wynika to z jego potencjału do powodowania nieszczęścia i z naszego potencjału do ulegania manipulacjom opartym na lęku. Lęk pojawia się na skutek zniekształcenia rzeczywistości, wyolbrzymiania i kłamstwa oraz podkopuje ludzkie szczęście, niszczy nas – dlatego pozostanie czujnym jest bardzo ważne. Musimy zastosować swoją zdolność rozumowania, oceny i krytycznego myślenia, aby obserwować nasze lęki, upewniać się, że podchodzimy do nich w sposób realistyczny, jak proponuje Dalajlama, tak aby lękać się prawdziwych zagrożeń, a nie wytworów naszej wyobraźni, wyolbrzymień i kłamstw.

– Wasza Świątobliwość, biorąc pod uwagę, że lęk rodzi się z urojonych czy wyolbrzymionych zagrożeń i może prowadzić do przemocy, zgadzam się z propozycją Waszej Świątobliwości, aby najpierw przeanalizować, czy nasz lęk ma oparcie w rzeczywistości czy nie. A jeżeli odkryjemy, że wyolbrzymiamy stopień zagrożenia, zmniejszy to poziom naszego lęku oraz potencjał do uciekania się do przemocy...

– To prawda.

– Ale mam pytanie, jak ludzie powinni reagować, jeżeli w ich społeczeństwie naprawdę wszechobecne jest niebezpieczeństwo? Co z miejscami takimi jak Izrael? Były okresy, kiedy do ataków palestyńskich terrorystów dochodziło tam niemal codziennie, a terroryści świadomie obierali sobie za cel miejsca publiczne, do których ludzie wybierali się na zakupy czy w których jedli, i z pełnym rozmysłem zabijali i kaleczyli niewinnych cywilów, rodziny, młode pary, dzieci...

– W tym przypadku niebezpieczeństwo jest realne, bardzo realne. Jeżeli żyjemy w takich niebezpiecznych warunkach, wówczas nasz lęk jest uzasadniony i stanowi właściwą reakcję... – odpowiedział Dalajlama.

– Oto właśnie moje pytanie: Jak radzić sobie z uczuciem wszechobecnego lęku w codziennym życiu? Nie możemy przecież przez cały czas przesiadywać w domu, musimy wychodzić i żyć normalnym życiem, któremu jednak wciąż towarzyszy lęk.

– Nie ma na to łatwych odpowiedzi – przyznał Dalajlama. – Życie czasami stawia nas w niebezpiecznych sytuacjach. Sądzę, że kiedy uczymy się radzić sobie w takich okolicznościach, powinniśmy w pierwszej kolejności zacząć od podstawowego poglądu: uznania, że życie nigdy nie będzie całkowicie wolne od problemów i zagrożeń. To musimy zaakceptować. Czasami będziemy narażeni na niebezpieczeństwo. Na przykład w regionie, w którym mieszkam w Indiach, ostatnio pojawiło się realne zagrożenie z powodu konfliktu między Indiami a Pakistanem. Rzeczywistość jest taka, że gdyby wybuchła wojna, Pakistan z pewnością łatwo zostałby pokonany. Indie, będąc znacznie większym krajem, mają armię trzykrotnie większą od armii Pakistanu, która liczy 250 tysięcy żołnierzy. Indie są ponaddwukrotnie silniejsze, tak więc w naturalny sposób Pakistan by przegrał. Zważając na to, całkiem możliwe, że w akcie desperacji, który wyklucza moralne czy etyczne rozważania, Pakistan może zdecydować się zastosować przeciw Indiom broń nuklearną. Delhi najprawdopodobniej będzie jednym z pierwszych miejsc ataku na liście. Gdyby konflikt się pogłębiał, Pakistańczycy mogliby zrzucić kolejne bomby, których promieniowanie dotarłoby do Dharamsali, gdzie mieszkam.

Dalajlama opisywał sytuację tak rzeczowym tonem, że nie mogłem się powstrzymać i spytałem:

– Czy Wasza Świątobliwość nie bał się, kiedy nastąpiła eskalacja napięć pomiędzy tymi dwoma krajami?

– Howardzie, życie bez lęku w tak potencjalnie niebezpiecznej sytuacji może być naprawdę groźne.

– Dobrze, ale co zwykły człowiek może z tym zrobić? Mieszkańcy Dharamsali nie mają żadnej kontroli nad tym, kto zrzuca bomby jądrowe. Nie możemy powiedzieć: „Będę ostrożny, będę unikał bomb, jeżeli nas zaatakują".

Jego Świątobliwość odparł:

– W takiej sytuacji musimy po prostu zaakceptować możliwość, że coś takiego się wydarzy. Społeczność Dharamsali nie może się spakować i wynieść gdzie indziej.

– Może wszyscy nie mogą, ale poszczególni ludzie owszem...

– Kilkoro moich indyjskich przyjaciół z Delhi zasugerowało, że w Dharamsali jest bardzo niebezpiecznie, ponieważ znajduje się niedaleko Pakistanu, dlatego powinienem się wyprowadzić i zamieszkać właśnie w Delhi. Ale ja stwierdziłem, że ta propozycja jest jeszcze głupsza, ponieważ znacznie bardziej prawdopodobne jest to, że Delhi stanie się obiektem ataku, a nie Dharamsala. W przeszłości, kiedy dochodziło do konfliktów pomiędzy Indiami a Pakistanem, zwykle przenosiłem się do osad tybetańskich na południu Indii, ale teraz, z powodu bliskości miasta Bangalore, które jest bardzo ważną metropolią, ta opcja również nie ma większego sensu.

– Musi być jakieś rozwiązanie dla Waszej Świątobliwości i dla innych...

Dalajlama odpowiedział stanowczo:

– Dharamsala to mój dom. Zawsze będzie istniało jakieś ryzyko. Nie da się wyeliminować z życia wszystkich niebezpieczeństw, tak po prostu wygląda rzeczywistość.

Czując, że Jego Świątobliwość unika odpowiedzi na moje pytanie, jak rozwiać uzasadnione lęki, a może mając nadzieję na uzyskanie bardziej konkretnego wyjaśnienia, a przynajmniej czegoś bardziej zachęcającego niż stwierdzenie „życie jest ciężkie", spróbowałem raz jeszcze.

– Zastanawiam się, czy Wasza Świątobliwość przypomina sobie inne sytuacje, w których się bał?

– Tak, czasami czuję lęk – wyznał otwarcie.

Kiedy nalegałem, żeby mi opowiedział o tych sytuacjach, wspomniał o czasie, kiedy funkcjonariusze ochrony porządku publicznego odkryli dowody świadczące o tym, że może mu grozić niebezpieczeństwo ze strony kilku brutalnych, radykalnych członków pewnej organizacji. Trudno mi było wyobrazić sobie, że Dalajlama odczuwa lęk czy niepokój, spytałem więc:

– Czy Wasza Świątobliwość doświadczał wówczas zwykłych objawów lęku, takich jak napięcie i tym podobne?

– Oczywiście, jestem człowiekiem, więc tak to odczuwałem. Jednak ten stan za bardzo na mnie nie wpływał. Na przykład nie zakłócał mi snu, nawet przez jedną noc, ani nie odbierał apetytu. A jednak byłem świadomy zagrożenia.

– Jak Wasza Świątobliwość poradził sobie z tym lękiem? – spytałem.

– Był to przypadek uzasadnionego lęku, ponieważ istniało realne prawdopodobieństwo, że moje życie może być zagrożone. Lęk nie był więc bezpodstawny. Jak wspomnieliśmy, lęk oparty na projekcjach umysłowych czy błędnym postrzeganiu rzeczywistości można rozproszyć, starając się właściwiej zrozumieć daną sytuację. Ale w tym przypadku chodziło o uzasadnioną obawę. Trzeba wówczas przygotować się na taką możliwość. Oczywiście w reakcji na te doniesienia władze zaostrzyły środki bezpieczeństwa, zwiększyliśmy czujność.

Ponieważ miałem nadzieję przeanalizować z Dalajlamą podejście do radzenia sobie z lękiem, jakie mogą zastosować ci z nas, którzy nie posiadają osobistej ochrony, naciskałem:

– Wciąż się zastanawiam, czy istnieje jakiś sposób radzenia sobie z takim właśnie uzasadnionym lękiem, kiedy nie możemy zrobić nic, aby zmniejszyć zagrożenie. Czy jest coś, co mogłoby nam pomóc wieść w miarę normalne, codzienne życie, tak aby lęk nas nie paraliżował?

– W tym przypadku możemy starać się być opanowanym i czujnym, ale poza tym niewiele da się zrobić... – odparł Dalajlama.

Prawdopodobnie wyczuwając moje niezadowolenie z tej odpowiedzi, zaśmiał się i dodał:

– Cóż, Howardzie, chyba są tacy, którzy po prostu tak rzadko zastanawiają się nad życiem, że nie odczuwają żadnego lęku. Tacy, którzy tkwią w niewiedzy, nie zważając na niebezpieczeństwa, i przeżywają beztrosko całe życie, bez lęku...

– Wasza Świątobliwość ma na myśli szczęściarzy? – zażartowałem.

– Tak, szczęściarzy! – powtórzył, śmiejąc się.

Poczułem, że z pewnością Dalajlama ma więcej do zaproponowania, jako że znałem jego zdolność do zachowywania pozytywnego stanu umysłu we wszystkich sytuacjach. Jego Świątobliwość wspomniał o możliwości śmierci – własnej i innych – bez cienia niepokoju w głosie czy zachowaniu, z poczuciem całkowitej nieustraszoności i akceptacji, ale bez rezygnacji, jakby był w pewnym sensie pogodzony z tą możliwością. W jego głosie pobrzmiewało jednak współczucie, a nie obojętność. Na pewno, pomyślałem, taka postawa nie zrodziła się w nim spontanicznie, musi być jakiś sposób, aby ją kształtować.

Zdecydowałem się zmienić taktykę, zadając bardziej szczegółowe pytania, wciąż mając nadzieję na znalezienie konkretnego rozwiązania i wglądu.

– Może zapytam tak: Czy ktoś w Dharamsali rozmawiał kiedyś z Waszą Świątobliwością o swoim lęku przed wojną nuklearną?

– Tak.

– I co Wasza Świątobliwość powiedział tym ludziom? Co im poradził, kiedy przyszli do Waszej Świątobliwości i wyznali, że martwią się, że coś takiego się wydarzy?

– Rozmawiałem z nimi i powiedziałem, że ja też się tego obawiam.

Wciąż jakoś nie będąc w stanie zaakceptować jego odpowiedzi, nie przestawałem naciskać, jakby Dalajlama dysponował jakimś magicznym rozwiązaniem, którego jeszcze nie zdradził.

– Kiedy do Waszej Świątobliwości przychodzą ludzie, przyjaciele czy rodzina, i wyrażają swoje obawy przed wojną nuklearną, czy Wasza Świątobliwość nie może im powiedzieć nic oprócz tego, że podziela ich strach? To znaczy... czy jest coś, co może złagodzić ich lęki czy niepokoje? Jakieś słowa pocieszenia?

Dalajlama ze smutkiem pokiwał głową i z całkowitą rezygnacją, cicho powiedział:

– Niewiele można powiedzieć. Tak czy inaczej, nie możemy zapominać, że często tym, co przynosi ludziom pocieszenie i dodaje im pewności, jest fakt, że mogą się podzielić swymi lękami z kimś, kogo kochają. To ma wielkie znaczenie.

Cienie na dworze zaczęły się wydłużać, zrobiło się późno. Sekretarz Dalajlamy i jego pomocnicy czekali już za drzwiami. Nasza sesja tego dnia dobiegła końca.

Mówiąc o radzeniu sobie z uzasadnionymi lękami, opartymi na realnych zagrożeniach, Dalajlama rozpoczyna od zwyczajnej akceptacji faktu, że pewien stopień niebezpieczeństwa stanowi naturalną część ludzkiej egzystencji. Tę kwestię Dalajlama często podnosił w przeszłości jako ogólną strategię radzenia sobie z praktycznie każdym problemem czy formą ludzkiego cierpienia. Wyjaśnił kiedyś, że nasze fundamentalne nastawienie do problemów i cierpienia wpływa na to, jak sobie z nimi radzimy, kiedy one nieuchronnie się pojawią. Akceptowanie cierpienia jako naturalnego elementu ludzkiej egzystencji pozwala nam bardziej się skupić na znajdowaniu rozwiązania problemu, a mniej na poczuciu, że życie jest niesprawiedliwe, że niezasłużenie cierpimy, mniej wówczas jesteśmy uwięzieni w roli „ofiary".

Ale w tym kontekście poszukiwałem strategii radzenia sobie z realnymi lękami, a rada Dalajlamy była dość rozczarowująca. Z miną wyrażającą rezygnację, przynajmniej tak mi się wtedy wydawało, nie miał on nic do zaproponowania oprócz prostej rady, aby rozmawiać z innymi o swoich obawach i niepokojach. Trudno mi było pogodzić się z faktem, iż samo dzielenie się lękiem z innymi ludźmi może być praktyczną i skuteczną metodą pozwalającą go złagodzić. Oczywiście, pomyślałem, zawsze dobrze mieć wokół siebie ludzi, z którymi można pogadać. Ale wydawało mi się, że dzielenie się swoimi obawami z inną osobą, w ramach metody pomagającej zwalczyć lęk i radzić sobie z uzasadnionymi zagrożeniami, może koniec końców doprowadzić do tego, że zamiast złagodzić własny lęk, zwiększymy poziom lęku u tej drugiej osoby. Wówczas będą się bały dwie osoby zamiast jednej. Jak to może pomóc?

Myśląc, że rada Jego Świątobliwości jest zbyt płytka, zapomniałem o kilku rzeczach. Na przykład, że kiedy niegdyś zajmowałem się psychoterapią, niektórzy pacjenci donosili mi, że poziom ich niepokoju się zmniejszył i czują się o wiele lepiej po zaledwie jednej czy dwóch sesjach, podczas których zasadniczo nie zrobiłem nic, tylko ich słuchałem, kiwałem głową i udzielałem niezwykle błyskotliwych i wnikliwych odpowiedzi w rodzaju: „Mmm... hmm..." Często lekceważyłem takie szybkie poprawy jako „ucieczkę w zdrowie", zjawisko dobrze znane psychoterapeutom, a polegające na tym, że stan pacjenta bardzo szybko się poprawia po samym tylko wyznaniu, co go trapi. Terapeuci czasami interpretują to jako rodzaj zaprzeczenia, sposób na uniknięcie głębszego poruszania bolesnych tematów. Ostatnio jednak niektórzy teoretycy zaczynają uznawać, że to zjawisko świadczy o prawdziwej poprawie. Poza tym dzielenie się swoimi lękami i niepokojami podczas psychoterapii czasami samo w sobie może przynosić ogromną ulgę i złagodzić przynajmniej część niepokojów czy zmartwień. Wynika to z prostego odkrycia przez pacjenta, że jest on „normalny", że inni podzielają jego lęki, że nie jest nikim wyjątkowym czy osamotnionym w ich przeżywaniu. Z tej perspektywy sugestia, że dzielenie się swoimi obawami może pomóc je zmniejszyć, nawet w bardzo niebezpiecznych sytuacjach, nagle nie wydawała mi się taką kiepską strategią.

Początkowo odniosłem wrażenie, że propozycja Dalajlamy, aby mówić o swoich lękach i dzielić się nimi z innymi ludźmi, i w ten sposób przezwyciężać realne obawy w niebezpiecznych sytuacjach, ma tyle wyrafinowania, co ciasteczko z wróżbą. Przypuszczam, że byłem rozczarowany, ponieważ do tej pory każda jego teoria i każdy pogląd były uzasadnione naukowo, a uważając, że ta rada jest poniżej jego poziomu, nie oczekiwałem, że znajdę tyle samo dowodów naukowych na jej potwierdzenie. Kiedy jednak z innej perspektywy i głębiej przyjrzałem się znaczeniu wyznania swoich uczuć, stwierdziłem, że wyłania się z tego całkiem inny obraz.

W rzeczywistości w literaturze naukowej można znaleźć mnóstwo dowodów na to, że samo dzielenie się swoimi lękami i niepokojami związanymi z traumatycznymi wydarzeniami i niebezpieczeństwami może mieć ogromną wartość. Psychologowie społeczni na uniwersytetach na całym świecie przeprowadzili analizy najskuteczniejszych metod radzenia sobie z lękiem zarówno przed klęskami żywiołowymi, jak i nieszczęściami wywoływanymi przez człowieka – po różnych trzęsieniach ziemi, wojnie w Zatoce Perskiej, po atakach terrorystycznych w Izraelu, po tragedii w Bośni – i doszli do pewnych wniosków dotyczących najskuteczniejszych sposobów postępowania w sytuacjach, kiedy nie mamy kontroli nad rozgrywającymi się wydarzeniami. Psycholodzy kliniczni i psychiatrzy zgodnie twierdzą, że samo znalezienie w kimś bratniej duszy i dzielenie się swoimi niepokojami ma ogromne znaczenie.

Badania wykazały, że otwarcie się przed innymi buduje więzi społeczne, co z kolei zmniejsza stres, jak też zachęca innych, aby zrobili to samo, a takie podejście może z kolei zakorzenić się w społeczeństwie i osłabić najbardziej powszechne napięcia społeczne. Istnieje mnóstwo dowodów potwierdzających, jak wiele zalet ma nawiązywanie więzi społecznych i poczucie bliskości, począwszy od korzyści dla zdrowia fizycznego, a skończywszy na skutkach bezpośrednich w postaci poprawy samopoczucia i zwiększenia poziomu szczęścia. Badania potwierdziły to, co większość z nas bez trudu zauważa w czasach kryzysu: ludzie w naturalny sposób otwierają się na innych, a granice społeczne zanikają, kiedy zaczynamy prowadzić długie rozmowy nie tylko z rodziną czy przyjaciółmi, ale często również z nieznajomymi – w kolejce do kasy w sklepie, w windzie czy na przystankach autobusowych. Rodzi to poczucie solidarności, potężne antidotum na zbiorowe poczucie zagrożenia. Badania wykazały, że samo przebywanie z innymi i tworzenie pewnego poczucia więzi może złagodzić nasz lęk, nawet kiedy niebezpieczeństwo utrzymuje się na tym samym poziomie.

Analizując pozytywne skutki mówienia o traumatycznych wydarzeniach, badacze przyjrzeli się temu, co się dzieje w następstwie takich wydarzeń, jak trzęsienie ziemi w północnej Kalifornii w 1989 roku, wojna w Zatoce Perskiej czy zamach terrorystyczny w Oklahoma City, i określili kilka przewidywalnych etapów, które przechodzą społeczności, radząc sobie z bardzo stresującymi czy traumatycznymi zajściami. Odkryli, że trzy, cztery tygodnie po wydarzeniu ludzie chętnie je omawiają, otwarcie dzieląc się swoimi doświadczeniami, i w rezultacie – ogólnie rzecz biorąc – stosunkowo dobrze sobie z nim radzą. Jednak między czwartym a ósmym tygodniem po traumatycznych wydarzeniach ludzie często uważają, że powinni już dojść do siebie, i przestają tak dużo o tym mówić. Problem w tym, że większość wciąż wiele myśli o tym, co się stało, i chce o tym rozmawiać, ale nie ma już ochoty słuchać opowieści innych. Na przykład kilka tygodni po trzęsieniu ziemi w 1989 roku ludzie w rejonie Palo Alto zaczęli nosić koszulki z napisem: „Dziękuję, że nie opowiadasz mi, jak przeżyłeś trzęsienie ziemi". Ów konflikt pomiędzy potrzebą mówienia o tragedii a niechęcią do słuchania, jak inni o niej opowiadają, często prowadzi do gwałtownego wzrostu poziomu stresu, problemów zdrowotnych, rozdrażnienia, kłótni, a w niektórych przypadkach nawet zwiększenia liczby napadów z bronią w ręku. Wreszcie – osiem do dwunastu tygodni po wydarzeniu – na ogół następuje „faza adaptacji", a pod koniec tego okresu większość tych, których dotknęła trauma, powraca do normalnego funkcjonowania – co znowu świadczy o niezwykłej odporności człowieka.

Jeśli chodzi o korzyści wynikające z dzielenia się z innymi własnymi lękami, badanie przeprowadzone na Uniwersytecie Kalifornijskim wykazało inne fascynujące zjawisko: samo nazwanie lęku go umniejsza. W badaniach z zastosowaniem czynnościowego rezonansu magnetycznego naukowcy pokazali badanym serię zdjęć ludzkich twarzy, które wyrażały różne emocje, i poprosili, aby nazwali te emocje. Kiedy badani wypowiadali słowo „lęk", rezonans wykazywał pobudzenie kory przedczołowej, którą uważa się za obszar hamujący czynności ciała migdałowatego (gdzie powstaje lęk) i zmniejszający jego aktywność!

Moc ujawniania naszych myśli i uczuć jest w rzeczywistości tak wielka, że nawet jeżeli nie mamy z kim porozmawiać, sama świadomość, wyrażenie i nazwanie naszych negatywnych myśli i emocji przynoszą ogromne korzyści, zarówno na poziomie fizycznym, jak i umysłowym. Eksperymenty wykazały, że piętnaście minut przelewania na papier swoich myśli i uczuć związanych z niepożądanymi czy traumatycznymi wydarzeniami może zredukować stres i pomóc radzić sobie z tymi problemami. W pewnym eksperymencie jedną grupę badanych poproszono, aby napisała o swoich najbardziej naglących problemach osobistych, druga grupa zaś pisała na jakiś trywialny temat, przez dwadzieścia minut podczas czterech oddzielnych sesji. Ci, którzy ujawniali swoje myśli i uczucia, doświadczali mniej chorób w okresie przeprowadzania badania niż ci, którzy tego nie robili. W innym badaniu pobrano próbki krwi od badanych, którzy wyznawali swoje uczucia, oraz od tych, którzy ich nie wyrażali. Okazało się, że ci pierwsi mają więcej limfocytów T pomocniczych, które stanowią kluczowy element układu odpornościowego. Badacze wysnuli teorię, że opisywanie trudnych wydarzeń pomaga ludziom umieścić je w szerszym kontekście swojego życia, co stanowi swoiste ćwiczenie „poszerzające", przynoszące wielkie korzyści, które bardziej szczegółowo omówimy w kolejnych rozdziałach.

Oczywiście dzielenie się własnymi doświadczeniami, nadziejami i lękami z inną osobą nie stanowi panaceum na wszystkie niepokoje, nie jest też nim spisywanie na kartkach swoich doświadczeń. Nie każdy ma tę możliwość czy przywilej dzielić się swoimi uczuciami z kimś takim jak Dalajlama. Musimy więc kierować się zdrowym rozsądkiem, odkrywając przed innymi to, co jest właściwe w danej sytuacji – biorąc pod uwagę to, o czym mówimy, gdzie, kiedy i komu. Powinniśmy jednak, zachowując pewną dozę zdrowego rozsądku, pamiętać o tym, że – jak sugeruje Dalajlama – samo podzielenie się swoimi doświadczeniami z innymi ludźmi ma wielką moc rozpraszania lęku i wzmacniania wewnętrznej siły.

Kiedy następnego dnia się spotkaliśmy, zacząłem:

– Wasza Świątobliwość, wczoraj mówiliśmy o wszechobecnym lęku, który wydaje się narastać we współczesnym świecie. Dla ludzi żyjących tutaj, w Indiach, istnieje zagrożenie atakiem nuklearnym, w Stanach Zjednoczonych mamy do czynienia z groźbą ataków terrorystycznych, nie zapominajmy też o tym, jak się żyje w Izraelu! Nigdy nie wiadomo, kiedy i gdzie może dojść do tragedii, co rodzi ów podstawowy lęk. Wasza Świątobliwość dał do zrozumienia, że na pewnym poziomie niewiele możemy zrobić z uzasadnionym lękiem, który nie należy do sfery naszych projekcji czy urojeń.

Oczywiście Wasza Świątobliwość ma zdecydowanie rację w tej kwestii, ale ja wciąż mam wrażenie, że w tym może być coś jeszcze, nadal nie czuję się całkowicie usatysfakcjonowany odpowiedzią Waszej Świątobliwości, że nie możemy z tym lękiem zrobić nic innego, jak tylko podzielić się nim z ludźmi. Zanim więc przejdziemy do kolejnego tematu, chciałbym spytać, czy jest coś, o czym być może nie powiedzieliśmy w kontekście metod radzenia sobie z lękiem.

– Tak – odpowiedział Dalajlama – na przykład zawsze możemy zastosować podejście Śantidewy, które omawialiśmy w pierwszej książce *Sztuka szczęścia*. Krótko mówiąc, Śantidewa [wielki buddyjski nauczyciel pochodzący z Indii, który żył w VIII wieku] proponuje, abyśmy przeanalizowali sytuację, i bezustannie nam przypomina: jeżeli mamy do czynienia z problemem, który można rozwiązać, nie trzeba się tym martwić, w tym przypadku powinniśmy się skupić na znalezieniu rozwiązania. Z drugiej strony, jeżeli dany problem nie ma rozwiązania, również nie ma potrzeby się martwić, ponieważ i tak nie jesteśmy w stanie nic na to poradzić. Wychodząc z takiego założenia, nawet w obliczu tragedii mamy większe szanse, że sobie poradzimy. Takie podejście jest pomocne w pewnych sytuacjach.

– Oczywiście zdaję sobie sprawę, że istnieje wiele różnych rodzajów lęku na różnych poziomach. „Strach" obejmuje również całe spektrum różnych stanów mentalnych, które mogą stawać się stopniowo coraz bardziej intensywne i dokuczliwe, począwszy od tendencji do zamartwiania się codziennymi wydarzeniami, przez przewlekły, przejawiający się w różnych aspektach życia niepokój, aż do pełnoobjawowych napadów paniki, którym towarzyszą symptomy fizyczne, i epizodów śmiertelnego przerażenia. To, jakiego rodzaju lęku doświadcza dana osoba, zależy nie tylko od istoty sytuacji, ale również, ogólnie rzecz biorąc, od połączenia indywidualnych czynników natury biologicznej, psychicznej i środowiskowej.

– Zgadza się – przyznał Dalajlama. – Potrzebujemy więc różnych podejść do radzenia sobie z różnymi rodzajami lęku czy różnymi kontekstami, w jakich on występuje.

– Cóż, jeżeli mówimy o lękach i niepokojach jednostki, na poziomie osobistym, Wasza Świątobliwość ma rację: potrzeba tu wiele podejść, które mogą obejmować ocenę ogólnego stanu danej osoby, jej choroby fizyczne i zaburzenia psychiczne, takie jak zaburzenia lękowe. Powinniśmy też wziąć pod uwagę różne sposoby leczenia, które mogą zawierać także dietę i ćwiczenia, leki, psychoterapię, a szczególnie poznawcze techniki behawioralne. Jak kiedyś stwierdziliśmy, racjonalne podejście Śantidewy do radzenia sobie z niepokojem, choć zostało opisane w VIII wieku, bardzo przypomina dzisiejsze metody poznawcze. W rzeczywistości fragmenty tekstu Śantidewy czyta się tak, jakby były żywcem wzięte ze współczesnego podręcznika technik poznawczo-behawioralnych, w których do kwestionowania i aktywnego obalania naszych powstających automatycznie negatywnych myśli używa się rozumowania, logiki i analizy.

Ale kontekst, o którym tutaj mówię – przypomniałem – to sytuacja, gdy mamy do czynienia z uzasadnionymi lękami związanymi z ogólniejszymi problemami, niebezpieczeństwami i zagrożeniami występującymi w społeczeństwie, nad którymi nie mamy żadnej kontroli, w przeciwieństwie do bardziej konkretnych problemów w naszym życiu osobistym, przysparzających nam zmartwień. Zastanawiam się więc, czy Wasza Świątobliwość ma jakieś dalsze przemyślenia na temat radzenia sobie z tego typu lękami.

– W przypadku takich lęków... – powtórzył Dalajlama, przez chwilę się zastanawiając – ...oczywiście wierzącym może pomóc religia.

– To prawda – powiedziałem. – Cieszę się, że Wasza Świątobliwość o tym wspomina. Istnieje wiele dowodów naukowych świadczących o tym, jak wielkie znaczenie ma wiara religijna w radzeniu sobie z kryzysami i traumatycznymi doświadczeniami. Ale co z niewierzącymi?

– Głębiej analizując to zagadnienie, dostrzegamy ważną zasadę: nasze podstawowe podejście do życia i motywacja z pewnością wpływają na to, jak reagujemy na przeciwności losu, zagrożenia czy niebezpieczeństwa – odpowiedział Dalajlama. – Na przykład dobroć i współczucie dają nam wiarę w siebie, wewnętrzną siłę. To zmniejsza lęk. W rzeczywistości często możemy zaobserwować, kiedy w tej samej niebezpiecznej sytuacji znajdują się dwie osoby, że jedna radzi sobie dużo lepiej niż druga, a wynika to z ich różnych spojrzeń na świat. Tak naprawdę nasza indywidualna reakcja na niebezpieczną sytuację i zdolność radzenia sobie z lękiem często bardziej zależą od naszego podejścia do życia i naszych cech niż od samej sytuacji.

– Wasza Świątobliwość, pamiętam pewnego pacjenta, którego lata temu, kiedy prowadziłem praktykę psychiatryczną, leczyłem z nerwicy pourazowej. Człowiek ten pojechał do St. Croix ze swoją dziewczyną i jeszcze jedną parą, kiedy huragan Hugo uderzył w wyspę. Przeżył naprawdę traumatyczne doświadczenie i długo po tym wydarzeniu odczuwał jego skutki. Podczas jednej z sesji poprosił mnie, żebym spotkał się też z jego dziewczyną i tą drugą parą. Była to czwórka ludzi bardzo podobnych do siebie, o podobnym pochodzeniu, w tym samym wieku i tak dalej, a wszyscy oni przeżyli dokładnie to samo w czasie huraganu. Cała czwórka wtedy naprawdę się bała. Uderzyło mnie wówczas, że choć wszyscy przeszli przez to samo, znajdowali się w tych samych warunkach zewnętrznych, każda z tych osób zareagowała w całkowicie inny sposób, jeżeli chodzi o poziom lęku oraz zdolność radzenia sobie zarówno w czasie tego doświadczenia, jak i po nim.

Kiedy Wasza Świątobliwość stwierdził, że różni ludzie reagują na tę samą sytuację w różny sposób, przypomniała mi się właśnie ta historia. Ona doskonale ilustruje to, o czym mówił Wasza Świątobliwość: często nie samo zagrożenie decyduje o tym, jak wielki lęk przeżywamy oraz jak się zachowujemy, ale to, jak my postrzegamy i interpretujemy to zagrożenie. I oczywiście, jak wspomniał Wasza Świątobliwość, nasz podstawowy pogląd na życie, w tym przekonania religijne, w dużym stopniu wpływa na to, jak reagujemy na niebezpieczeństwa. Biorąc to wszystko pod uwagę, czy Wasza Świątobliwość może podać inne przykłady światopoglądów czy punktów widzenia, które mogą nam pomóc złagodzić lęk?

– Inne światopoglądy... – powtórzył Dalajlama. – Kolejnym czynnikiem, który ma tutaj znaczenie i może wpłynąć na reakcję ludzi na potencjalne zagrożenie, jest ich świadomość własnej nietrwałości. Ogólnie rzecz biorąc, w codziennym życiu większość ludzi jest tak pochłonięta zajęciami, że nie za często zastanawia się nad tym, że pewnego dnia każdy umrze. Ponieważ taka myśl nie przechodzi nam przez głowę, zwykle mamy podstawowe poczucie, że nasze życie będzie trwało i trwało, że będziemy żyć na wieki. Im mocniej chwytamy się tego przekonania, tym silniejszy będzie lęk, kiedy coś zagrozi naszej egzystencji.

– Wasza Świątobliwość, rozważamy teraz głównie kwestię, że nigdy nie wiemy, co przyniesie nam przyszłość, że przemoc, a nawet śmierć, mogą nas dosięgnąć w każdej chwili. Często nie mamy nad tym żadnej kontroli. Ale zastanawiam się, czy jest jakiś sposób, aby przekształcić lęk, wykorzystać go w pozytywny sposób. Na przykład może moglibyśmy rozmyślać nad własną śmiertelnością i wykorzystać to, aby doceniać każdą chwilę życia, zastanowić się, co w życiu jest dla nas najważniejsze, i żyć pełnią życia każdego dnia.

Dalajlama z entuzjazmem pokiwał głową.

– Tak, to bardzo możliwe... Istnieją buddyjskie medytacje, w których główny nacisk kładzie się na świadomość własnej śmiertelności i kontemplowanie nieuchronności śmierci. Ich celem jest wywołanie swego rodzaju poczucia pilności, rozpoznanie cenności ludzkiego życia. Jednym z efektów takiej medytacji jest to, że bardzo poważnie podchodzimy do każdej chwili, jako że nie ma żadnej gwarancji, że będzie ona trwała wiecznie. Zatem celem tego typu medytacji jest wykorzystanie życia w najlepszy sposób, włożenie całego wysiłku w to, aby nadać jak największe znaczenie chwili obecnej, a nie angażowanie się w niezdrowe przemyślenia o własnej śmierci.

Dlatego też w buddyjskich tekstach można znaleźć napomnienia, aby rozważać przemijalną naturę rzeczy – nie tylko własnej egzystencji, ale całego wszechświata! Wiesz, jest piękny fragment w jednym z tekstów, mówiący, że nawet Ziemia, na której żyjemy, żywioły wody, ognia, krótko mówiąc, cały wszechświat – przeminie, nic nie pozostanie, choćby w formie pyłu, za miliony lat. Jeżeli tak jest, dlaczego nasza własna, bardzo krucha egzystencja nie miałaby również mieć końca? Taka kontemplacja rodzi bardzo szerokie spojrzenie, które zmniejsza prawdopodobieństwo, że zareagujemy silnym lękiem. W rzeczywistości we współczesnej kosmologii i astrofizyce funkcjonują podobne poglądy. Przedstawiciele tych dziedzin obliczyli, że nasza Ziemia i wszystkie planety w galaktyce na pewno znajdują się na kursie kolizyjnym, a więc w odległej przyszłości dojdzie do ich ostatecznego unicestwienia. Kiedy na poziomie podstawowym uznajemy przemijalną naturę wszelkiej egzystencji, może to wpłynąć na naszą postawę wobec własnej nietrwałości, co przynajmniej złagodzi nasz lęk.

Dalajlama opowiadał o śmierci, wszechświecie, ruchu planet i galaktyk, w którym miliard lat jest jak mrugnięcie oka. Sprawy te były mu tak znajome, że mówił jak ktoś, kto opisuje właśnie rozkład swojego rodzinnego domu. Być może nie powinno to zaskakiwać, zważając na to, że jego codzienna praktyka medytacyjna, którą wykonuje przez całe życie, obejmuje medytację przygotowującą do śmierci. Ale kiedy, mówiąc o tych sprawach, tak je ożywiał – umieszczając nasze przemijające, ulotne, małe ludzkie żywoty na tle wieczności, niezmierzonych wymiarów przestrzeni – w jakiś sposób świat zaczął wyglądać trochę inaczej. Jak? Nie jestem pewien. Ale na pewno przestałem być niezadowolony z jego rady, jak radzić sobie z lękiem.

Bez wątpienia współczesny świat jest pełen niebezpieczeństw. Prawdziwe niebezpieczeństwo, uzasadnione zagrożenie naszego istnienia wywołuje lęk – to naturalne. Dalajlama podkreśla, że życie bez lęku to głupota – w końcu pełni on przecież funkcję ochronną. Pozostaje jednak podstawowe pytanie: Skoro na świecie jest tyle konfliktów, tak wiele zagrożeń wywołanych przez człowieka, które mogą się przejawić w każdej chwili, tak wiele niepewności, a rynki finansowe mogą się w każdym momencie załamać, jak mamy żyć na co dzień, nie pozwalając, aby lęk osłabił naszą zdolność do przeżywania radości, podkopał naszą pewność siebie i optymizm dotyczący przyszłości czy wręcz sparaliżował nasze życie?

Oczywiście, jak nieustannie poucza Dalajlama, nie ma łatwych odpowiedzi i jednego klucza, aby wyeliminować szeroko rozpowszechniony w społeczeństwie lęk, szczególnie tę jego odmianę, która może naruszyć ludzkie szczęście, wolność oraz wywołać konflikty i przemoc. Ale Jego Świątobliwość przedstawia nam podejście, które może nas właściwie ukierunkować, podejście przystające do odkryć współczesnej nauki, a zbieżność tych dwóch stanowisk daje nam prawdziwą nadzieję na przyszłość.

Jeżeli chodzi o perspektywę naukową, oczywiście naukowcy mieli mnóstwo okazji do przeprowadzenia badań nad lękiem i konfliktami w różnych wspólnotach i społeczeństwach na całym świecie. Analizowali wzorce zachowań w Izraelu, Irlandii Północnej, na Bałkanach oraz w wielu innych regionach i miejscach, gdzie życie jest niepewne, a lęk towarzyszy wszystkim, na obszarach rozdartych konfliktami. Zgromadzili wystarczająco dużo dowodów pozwalających określić skuteczne strategie radzenia sobie z lękiem, jak też osłabić cykl lęku i przemocy, a metody te zbliżone są do tego, o czym mówił Dalajlama.

Punktem wyjścia jest tutaj świadomość. Jak powiedzieliśmy, lęk może być przedświadomy, możemy tak reagować, jeszcze zanim sobie to uświadomimy. Tak więc uświadamianie sobie naszych lęków wprowadza je do świata rozumu. Na poziomie biologicznym oznacza to przeniesienie kontroli nad naszymi reakcjami z prymitywnego ciała migdałowatego do bardziej zaawansowanej kory i modyfikowanie naszych ślepych popędów za pomocą wyższych funkcji mózgu: rozumowania, krytycznego myślenia oraz szerszej, bardziej długoterminowej perspektywy, możemy złagodzić je ludzką dobrocią i współczuciem. Część procesu uświadamiania obejmuje określanie zwyczajowych sytuacji, które wywołują nasz lęk, oraz aktywne analizowanie różnych sposobów, w jakie zwykle wyrażamy i osłabiamy nasze lęki. Nie jest to trudne – musimy tylko obserwować własne zachowanie.

Głębsze uświadamianie sobie naszych lęków stanowi potężną strategię – w rzeczywistości, jak zauważyliśmy, samo nazwanie „lęku" go umniejsza. Ale pogłębianie świadomości to dopiero pierwszy krok w podejściu Dalajlamy. Zdając sobie sprawę, jak ważne jest przezwyciężanie lęku, a przynajmniej jego destrukcyjnych odmian, na kolejnym etapie musimy zastosować antidota, konkretne strategie czy techniki osłabiające strach i stres.

Oczywiście, kiedy mowa o lęku i niepokoju jako reakcjach na

niebezpieczne czy zagrażające sytuacje, aktywna praca nad zmniejszaniem niebezpieczeństwa czy zagrożenia będzie jak najbardziej na miejscu, nawet jeżeli odbywa się małymi kroczkami. Ale niewątpliwie, jeżeli nie mamy kontroli nad zewnętrznym zagrożeniem i jeżeli nie możemy podjąć żadnych praktycznych kroków, aby zmniejszyć grożące nam niebezpieczeństwo, musimy zwrócić się do wewnętrznych strategii radzenia sobie z lękiem.

Przypominając nam, że nie istnieje jedno podejście, które pozwoliłoby nam uporać się ze wszystkimi ludzkimi problemami, i że do pokonania destrukcyjnych emocji, takich jak gniew, nienawiść czy lęk, potrzebny jest nam cały arsenał, Dalajlama zaczyna od kilku postaw obejmujących dzielenie się własnymi lękami z innymi, techniki poznawcze (w tym receptę Śantidewy) oraz zwrócenie się do wiary religijnej.

Mówiąc o różnych podejściach pozwalających zmniejszyć lęk, Dalajlama wspomniał również, że nasza fundamentalna postawa i pogląd na świat mogą wpłynąć na to, jak radzimy sobie z tym uczuciem – począwszy od przyjęcia podstawowego poglądu, który uznaje i akceptuje, że w życiu zawsze w pewnym stopniu będziemy narażeni na niebezpieczeństwo, że stanowi ono część naszej egzystencji. Jego Świątobliwość wskazuje również na to, że nasz sposób postrzegania zagrażającej czy niebezpiecznej sytuacji ma wielkie znaczenie oraz, co ważniejsze, że możemy świadomie zmienić to postrzeganie i w ten sposób skutecznie zredukować lęk. W części trzeciej opisuję Dalajlamie eksperyment, w którym grupa badanych zmniejszyła swój poziom stresu, kiedy zaczęła traktować pewne zadanie jako wyzwanie, a nie zagrożenie, czyli zmieniła tylko swój światopogląd.

Wreszcie, analizując różne sposoby łagodzenia lęku i niepokoju, szczególnie w sytuacjach, nad którymi nie mamy żadnej kontroli, badacze, ogólnie rzecz biorąc, podkreślają znaczenie ważnego elementu ludzkiej natury, a mianowicie niezwykłe zdolności przystosowawcze człowieka. Proces ten, zwany habituacją, to pewien mechanizm w mózgu, który jest odpowiedzialny za to, iż przestajemy „słyszeć" tykanie zegara, które wydawało się nam bardzo głośne, kiedy ten zegar dostaliśmy, czy też hałas ruchu ulicznego za oknem, który wydawał się niemal nie do zniesienia, kiedy przeprowadziliśmy się do nowego mieszkania. Podobnie nasz poziom lęku i niepokoju w naturalny sposób się zmniejsza, w miarę jak przyzwyczajamy się do nowych warunków – nawet takich, w których występuje pewien stopień zagrożenia. W jednym z badań przeprowadzonych w Izraelu w okresie, kiedy regularnie dochodziło tam do ataków palestyńskich terrorystów na autobusy, badacze odkryli, że oprócz innych strategii radzenia sobie z lękiem, które rozwinęli poszczególni ludzie, samo częstsze korzystanie z autobusów łagodziło lęk i niepokój.

Strach może oddziaływać na poziomie jednostkowym, grupowym i społecznym. Konflikty, wojny oraz szeroko rozpowszechnione akty agresji i przemocy pojawiają się, kiedy lęk się w danym miejscu zakorzenia. Przyglądając się konfliktom, odkrywamy, że kiedy jedna lub obie strony sporu zaczynają przejawiać ciągły lęk – który na ogół obejmuje strach przed utratą bezpieczeństwa czy tożsamości – konflikt nigdy nie ustanie, dopóki druga strona jest postrzegana jako zagrożenie. To kluczowy problem w wielu trudnych do rozwiązania konfliktach. Co gorsza, przemoc w takich przypadkach jest szczególnie trudna do przezwyciężenia, ponieważ lęk z natury zniekształca myślenie, wyolbrzymia zagrożenie, podkopuje zdrowy rozsądek i ogranicza nasz punkt widzenia.

Wyeliminowanie lęku umożliwiłoby przerwanie wielu konfliktów, dlatego zajęcie się tym problemem po obu stronach sporu odgrywa coraz ważniejszą rolę w jego rozwiązaniu. Podejście to polega na tym, że negocjatorzy próbują pomóc stronom rozpoznać, wyrazić, a w końcu zrozumieć własne fundamentalne lęki, jak też lęki przeciwników. Kiedy strony zaczynają identyfikować wyolbrzymione i zniekształcone lęki oraz wyraźniej widzieć rzeczywistość, często rodzi się zaufanie, które może stać się początkiem ostatecznego zatrzymania spirali lęku i przemocy. Na tym etapie strony konfliktu zaczynają dostrzegać rozwiązania, których nigdy wcześniej nie zauważały.

Co więcej, próba świadomego zrozumienia lęków drugiej osoby może stać się podstawą empatii, umożliwić postawienie się na czyimś miejscu. Zarazem dzielenie się własnymi lękami z drugą osobą otwiera możliwość, że ona również wczuje się w naszą sytuację. Jak zobaczymy w ostatnim rozdziale tej książki, empatia to jeden z głównych kluczy do przezwyciężania konfliktów, przemocy i uprzedzeń – sposób rozwiązania wielu ludzkich problemów, o niebywałej wręcz skuteczności.

Pod koniec mojego tygodniowego pobytu w Dharamsali czułem, że udało nam się zrealizować nasze zamierzenia. Kiedy w tamtym tygodniu słuchałem Dalajlamy, miałem poczucie, że z naszych rozmów zaczyna się wyłaniać jaśniejsze zrozumienie zarówno źródeł przemocy, jak i natury naszych destrukcyjnych emocji. Dalajlama skłonił mnie również do świeżego spojrzenia na naszą podstawową ludzką naturę – a nie jest to coś, o czym często myślę – jak też do rozważania źródeł zła. Miałem także wrażenie, że Jego Świątobliwość podzielił się kilkoma dobrymi, praktycznymi strategiami, w tym niezwykle użytecznym podejściem do radzenia sobie z lękiem.

Pod koniec owego tygodnia zastanawiałem się również nad naszym poprzednim cyklem rozmów w Dharamsali. Miałem wrażenie, że obecne rozmowy były równie owocne i doprowadziły do głębszego zrozumienia tego, czym są uprzedzenia oraz jak zacząć przekraczać myślenie dzielące ludzi na nas i na nich. Poza tym nigdy wcześniej nie zastanawiałem się nad pierwszą kwestią, którą poruszył Dalajlama, mówiąc o narastającej samotności i alienacji w naszym społeczeństwie, jak też osłabieniu naszego poczucia wspólnoty i więzi z innymi. Kiedy jednak Jego Świątobliwość o tym wspomniał, było to tak, jakby ktoś otworzył mi oczy – nie tylko wszędzie dostrzegałem przejawy tego zjawiska, ale jego znaczenie dla ludzkiego szczęścia wydawało się tak ogromne, że dziwiłem się, jak mogłem wcześniej tego nie zauważyć.

Choć jednak nasze rozmowy były według mnie owocne, nie byłem w pełni usatysfakcjonowany. Wciąż miałem wrażenie, że czegoś brakuje. Oczywiście łatwo było określić jeden brakujący element: choć zgodziliśmy się co do tego, iż korzenie przemocy sięgają naszych destrukcyjnych emocji, czułem, że nie przeanalizowaliśmy w dostatecznym stopniu strategii, które pomogłyby nam sobie z nimi radzić, przezwyciężyć je. Ale było coś jeszcze, kolejny brakujący czynnik, który trudniej mi było sprecyzować. Uważałem, że realizowaliśmy główny cel naszych dyskusji, czyli analizowaliśmy poglądy Dalajlamy na temat znajdowania szczęścia w naszych trudnych czasach. Jego Świątobliwość wprost mówił o różnych ludzkich problemach czy kwestiach, które mogą wpływać na poziom szczęścia zarówno jednostek, jak i całych społeczeństw. Jego poglądy jak zwykle wydawały się rozsądne i logiczne, a praktyczne rady, których udzielał – bardzo pożyteczne. W końcu, po pewnym zastanowieniu, odkryłem, co powoduje moje niezadowolenie. Wydawało mi się, że zajmowaliśmy się różnymi problemami chaotycznie, wyrywkowo, stopniowo, że do tej pory były one jedynie nieuporządkowanym zbiorem tematów. Jak dotąd nie przedstawiliśmy żadnego nadrzędnego podejścia, mocnego tematu czy też ram, które połączyłyby wszystkie te pojedyncze kwestie i mogły posłużyć jako wytyczne pomagające nam obrać pewny kurs w stronę większego szczęścia osobistego i lepszego świata. Oczywiście nie było to nasze ostatnie spotkanie, miałem więc nadzieję, że w końcu wszystkie problemy znajdą swoje rozwiązanie.

CZĘŚĆ III

# SZCZĘŚCIE W TRUDNYCH CZASACH

ROZDZIAŁ 10

# JAK SOBIE RADZIĆ W TRUDNYCH CZASACH

Minęło kilka lat od naszego ostatniego cyklu rozmów w Dharamsali. Ponieważ odbyły się one niedługo po wydarzeniach 11 września, skupiliśmy się na tematach związanych z agresją, przemocą i lękiem, ciemniejszą stroną ludzkiej natury. Od tamtego czasu doświadczyliśmy inwazji na Afganistan i obalenia represyjnego reżimu talibów oraz inwazji na Irak i obalenia Saddama Husajna. Wydawało się, że zawsze, w tej czy innej części świata, na dużą lub niewielką skalę, dochodzi do przemocy, a konflikty są albo krótkotrwałe, albo ciągną się w nieskończoność. Wyglądało na to, że przemocy mającej rozwiązywać konflikty nie ma końca. Nie zbliżyliśmy się do urzeczywistnienia wizji Dalajlamy, wizji świata, w którym ludzie odczuwaliby łączącą wszystkich więź, spokojni i odprężeni, bez względu na to, z kim przestają; świata, w którym rządzi nasza fundamentalna dobroć i łagodność, gdzie nie ma miejsca na przemoc czy lęk, może oprócz kilku nieuniknionych sprzeczek tu i ówdzie. Dalajlama nie tracił jednak nadziei. To dopiero początek stulecia. Jest jeszcze czas, aby takie zmiany nastąpiły.

Zastanawiałem się, jak w obliczu tylu problemów, które trapią współczesny świat, Dalajlama wciąż może mieć nadzieję. Co podtrzymuje jego optymizm? A prócz trudnych problemów społecznych i stresów dnia codziennego, każdy z nas ma przecież własne problemy natury osobistej. Stanęliśmy więc w obliczu zasadniczego pytania: Jak odnaleźć szczęście w trudnych czasach?

Dalajlama przyjechał do Stanów Zjednoczonych, aby wygłosić

wykłady, tym razem w mieście Tucson. Odkąd po raz ostatni odbyliśmy pełen cykl rozmów w Indiach, od czasu do czasu się spotykaliśmy, ale zajmowaliśmy się innymi tematami związanymi z gospodarką, bogactwem, stylem życia, chciwością, konsumpcjonizmem i przepaścią między bogatymi i biednymi*. Towarzyszyłem również Jego Świątobliwości w kilku dodatkowych objazdach z wykładami, ale ponieważ jego program zagranicznych podróży jest wypełniony, nie był to, ogólnie rzecz biorąc, najlepszy czas, aby prosić go o spotkanie, na którym moglibyśmy dogłębnie omawiać skomplikowane zagadnienia.

W Tucson było jednak inaczej. To tu, w moim rodzinnym stanie Arizona, wiele lat temu przeprowadziliśmy nasze pierwsze rozmowy na temat ludzkiego szczęścia, które w końcu zostały zapisane w formie książki *Sztuka szczęścia*. Dalajlama po raz pierwszy od tamtego czasu powracał teraz do Arizony. Tak więc, po ponad dziesięciu latach, znowu tu przyjechaliśmy, wciąż zgłębiając temat ludzkiego szczęścia. Sceneria pustyni Sonora – skaliste wzgórza, wysokie kaktusy i subtelny zapach pustynnych krzewów – wywoływała uczucie nostalgii. Kontynuowanie dyskusji tutaj, w miejscu, które przypominało o cyklach życia, stale zmieniających się okresach obracających się wokół niezmiennego rdzenia – odwiecznego pytania, jak odnaleźć szczęście – wydawało się doskonałym pomysłem.

Dalajlama miał przed sobą cały dzień. Oprócz krótkiego, prywatnego lunchu w hotelowym apartamencie praktycznie każda minuta jego pobytu była zaplanowana. W tym tygodniu wygłaszał cykl nauk na temat jednego ze swoich ulubionych tekstów, *Bodhisattwacarjawatary*, napisanego przez Śantidewę**. Długie wykłady, zaplanowane na ranki i popołudnia, nie pozostawiały wiele czasu na inne zajęcia. Zwykle, kiedy tylko Dalajlama ma kilka wolnych chwil pomiędzy wykładami a prywatnymi spotkaniami, odbywają

---

* Treść tych rozmów pojawi się w którejś z kolejnych pozycji cyklu *Sztuka szczęścia*.

** Jedno z wydań w języku polskim: *Przewodnik na ścieżce bodhisattwy*, przeł. J. Janiszewska-Rain, Wydawnictwo Norbu, Warszawa 2008.

się krótkie audiencje. Jednak w tym przypadku, z powodu moich miejscowych znajomości, organizatorzy wizyty Dalajlamy w Tucson uprzejmie przeznaczyli dłuższy czas na nasze spotkania, po śniadaniu rano oraz po wykładach późnym popołudniem.

Przyjechałem do apartamentu hotelowego Dalajlamy dość wcześnie rano na nasze pierwsze spotkanie. Ponieważ nie należę do rannych ptaszków, ledwie zdążyłem wypić pierwszą filiżankę kawy i nie widziałem jeszcze dobrze na oczy. Kiedy wchodziłem do salonu w jego apartamencie, Dalajlama szybkim krokiem wyszedł z sąsiedniej sypialni i powitał mnie serdecznym uśmiechem, w doskonałym nastroju. Jak zwykle w czasie podróży, wstawał o 4, zdążył już więc poświęcić ponad trzy godziny na medytację i modlitwę, zjadł też proste śniadanie złożone z tradycyjnej tybetańskiej *tsampy**. Była to jego ulubiona pora dnia.

Rozpoczęliśmy od krótkiej, wstępnej rozmowy na ogólne tematy, a w tym czasie Dalajlama zdjął swoje sfatygowane, gumowe klapki i usadowił się w pozycji ze skrzyżowanymi nogami w wielkim tapicerowanym fotelu. Choć według standardów Arizony temperatura panująca tutaj wczesną jesienią była wyczekiwanym wytchnieniem po lecie, które jest nie do wytrzymania, Dalajlama, raczej nieprzepadający za upałami, wspomniał o pustynnym skwarze, a ja tymczasem usiadłem na sofie naprzeciw niego, wyciągając notatki. Kiedy ustawiałem dyktafon na stojącym przed nami stoliku, przez kilka chwil rozmawialiśmy o powrocie Dalajlamy do Tucson po tak wielu latach. Ale ponieważ miałem do niego wiele pytań, po chwili podjęliśmy na nowo nasze stałe rozmowy, zaczynając od tego, na czym skończyliśmy w Dharamsali.

Szybko przechodząc do sedna, czyli pytania, jak odnaleźć szczęście w trudnych czasach, zacząłem:

– Wasza Świątobliwość, kiedy pomyśli się o tych wszystkich problemach, które dotykają świat, podkopując ludzkie szczęście –

---

* Gruboziarnista mąka z prażonego jęczmienia, stanowiąca podstawę diety Tybetańczyków. Robi się z niej placki lub dodaje do słonej tybetańskiej herbaty maślanej [przyp. tłum.].

o przemocy, terroryzmie, uprzedzeniach, biedzie, przepaści między bogatymi i biednymi, zanieczyszczeniu środowiska i tak dalej – i o tym, jakie są one powszechne, czasami to wszystko wydaje się niemożliwe... To znaczy, skoro na świecie jest tak dużo cierpienia, perspektywa odnalezienia prawdziwego szczęścia wydaje się bardzo odległa.

– Rozmawialiśmy o ludzkim szczęściu na poziomie społecznym. A w takim przypadku zewnętrzne warunki mogą wpłynąć na szczęście tych, którzy żyją w danym społeczeństwie. Musimy więc pracować nad przezwyciężeniem wielu problemów, które trapią współczesny świat. Musimy włożyć pewien wysiłek w zmianę tego, co możemy zmienić, choćby nieznacznie, tak aby stworzyć warunki społeczne, które będą sprzyjać rozkwitowi szczęścia wszystkich członków społeczeństwa. To ważne. To nasza odpowiedzialność. Ale kiedy mówimy o działaniu na rzecz ludzkiego szczęścia, musimy zająć się tym na dwóch poziomach: wewnętrznym i zewnętrznym. Musimy starać się rozwiązać zewnętrzne problemy, ale zarazem powinniśmy znaleźć nowy sposób radzenia sobie z problemami wewnętrznymi, na poziomie indywidualnym, abyśmy potrafili zachować poczucie szczęścia osobistego w obliczu problemów świata.

– Chciałbym więc przejść do poziomu jednostki i przeanalizować sposoby odnajdywania szczęścia pomimo problemów, które trapią współczesny świat – powiedziałem.

– Bardzo dobrze – odparł Dalajlama.

– Wasza Świątobliwość – westchnąłem – dzisiaj mamy do czynienia z tyloma problemami, na co dzień doświadczamy tylu napięć i trudności, że czasami najlepszym sposobem radzenia sobie z nimi wydaje się zignorowanie wszystkiego, co się dzieje wokół nas, i zamknięcie się w jakiejś pustelni. Ale to nie jest rozwiązanie.

– Tak, współczesny świat stoi w obliczu wielu problemów – zgodził się Dalajlama. – Ale nie musimy się z niego wycofywać, aby odnaleźć szczęście.

Przerwał na chwilę, aby sięgnąć po kubek z herbatą na bocznym stoliku, po czym mówił dalej:

– Wiesz, to pytanie przypomina mi trochę sytuację, kiedy to

pewien niemiecki dziennikarz spytał mnie, czy moim zdaniem stres jest nieodłącznym elementem współczesnego świata i społeczeństwa.

– Co Wasza Świątobliwość odpowiedział?

– Że nie! Gdyby tak było, wówczas wszyscy musielibyśmy uciec do jakiegoś miejsca bez telewizji, bez środków komunikacji, bez nowoczesnych wygód i dobrego jedzenia! – odparł Dalajlama.

– Jeżeli o mnie chodzi – ciągnął – to bez względu na to, gdzie znajdowałoby się takie miejsce, nie sądzę, żeby żyło się tam przyjemnie i bez stresu! Stres czy niepokój to stany wewnętrzne, natomiast warunki, w których żyje nasze społeczeństwo, są natury zewnętrznej, nie powodują bezpośrednio naszego niepokoju. Stres czy negatywne stany umysłu to nasze reakcje na obiektywne warunki, świadczące o pewnym braku umiejętności radzenia sobie z tym, co nas otacza.

Jeżeli się nad tym zastanowimy, zobaczymy, że większość cierpienia, którego doświadczamy w życiu, nie wywołują zewnętrzne przyczyny, ale wydarzenia rozgrywające się w naszym wnętrzu, takie jak negatywne emocje. A najlepszym antidotum na wewnętrzny zamęt stanowi wzmacnianie własnej zdolności do radzenia sobie z tymi emocjami oraz uczenie się, jak funkcjonować w otoczeniu, w różnych negatywnych sytuacjach.

– Żeby wszystko było jasne – wtrąciłem się – kiedy Wasza Świątobliwość mówi o „radzeniu sobie z tymi emocjami", ma na myśli uczenie się, jak je regulować, czy też pracę nad przezwyciężaniem negatywnych emocji, takich jak gniew, nienawiść, chciwość, zazdrość, zniechęcenie i tak dalej? Innymi słowy, czy Wasza Świątobliwość mówi o procesie ćwiczenia umysłu?

– Tak – potwierdził Dalajlama. – Dawno temu rozmawialiśmy o ćwiczeniu umysłu czy też o tym, co czasami nazywam wewnętrzną dyscypliną, jako o metodzie budowania większego szczęścia, myślę więc...

Mając nadzieję, że Jego Świątobliwość nie potraktuje po macoszemu tego tematu, ponieważ rozmawialiśmy już o nim w przeszłości, szybko wtrąciłem:

– Tak, mówiliśmy o tym, ale sądzę, że to doskonały początek naszej dzisiejszej rozmowy! Podczas jednego cyklu naszych spotkań w Dharamsali jakiś czas temu omawialiśmy akty zła i przemocy i stwierdziliśmy, że ich korzenie sięgają negatywnych, destrukcyjnych emocji. Cóż, w tych rozmowach poświęciliśmy trochę czasu konkretnej negatywnej emocji, jaką jest lęk, ale nie zagłębiliśmy się w to, jak radzić sobie z innymi destrukcyjnymi emocjami. Chciałem wrócić do tego tematu, wspaniale by więc było, gdybyśmy dzisiaj porozmawiali o tym, jak przezwyciężać negatywne emocje! Mała powtórka ważnych tematów nie zaszkodzi – przekonywałem. – A poza tym w przeszłości mówiliśmy o tym jedynie w kontekście rozwoju osobistego, a teraz omawiamy te zagadnienia w szerszych ramach, ze świadomością czynników społecznych.

Z delikatnym uśmiechem na twarzy, który widać było głównie w oczach, a który pojawił się być może dlatego, że Dalajlama był zadowolony z mojego entuzjastycznego podejścia do tematu, przystał on na moją prośbę.

– Dobrze. A więc gwoli podsumowania, trening umysłu polega na rozwijaniu jego pozytywnych stanów i przezwyciężaniu stanów negatywnych, destrukcyjnych czy też inaczej przeszkadzających emocji. Jak powiedzieliśmy kiedyś, zgodnie z buddyjskimi naukami, pozytywne stany mentalne to te, które prowadzą do większego szczęścia. Negatywne czy destrukcyjne emocje zaś wywołują niepokój w naszym umyśle, niszcząc szczęście i prowadząc do większego cierpienia. Z buddyjskiego punktu widzenia pozytywne cechy umysłu uważane są za antidota na destrukcyjne czy przeszkadzające stany mentalne – tak więc w miarę wzmacniania pozytywnej emocji nastąpi odpowiednie zmniejszenie wpływu i siły emocji negatywnej. W praktyce buddyjskiej istnieją pewne pozytywne czynniki mentalne, które działają jako konkretne „odtrutki" na analogiczne negatywne czy przeszkadzające emocje – na przykład cierpliwość czy tolerancja działa jako antidotum na gniew, współczucie czy miłująca dobroć stanowi antidotum na nienawiść, a czynniki, takie jak zadowolenie czy skromność, działają jako antidota na pożądliwość i chciwość.

Jeszcze jedno – dodał po chwili – mówimy tutaj o wewnętrznej dyscyplinie. Ale jak zwykle powtarzam, że musi się ona wiązać z dyscypliną etyczną i z etycznym działaniem. W miarę łagodzenia negatywnych emocji musimy również pracować nad przezwyciężaniem destrukcyjnych zachowań, które im towarzyszą, a które również mogą prowadzić do nieszczęścia i cierpienia. Kiedy rozwijamy więc pozytywne właściwości umysłu, wewnętrzne zmiany muszą się przekładać na nasze zachowanie, na to, jak współdziałamy z innymi. To ważne.

Być może pewnego dnia świat powszechnie przyjmie zasady niestosowania przemocy, a głupota uprzedzeń i okrucieństwa rasizmu odejdą w przeszłość; ludzkość poradzi sobie z biedą i głodem, podstawowe prawa człowieka będą obejmować wszystkich, a warunki społeczne sprzyjające szczęściu będą rozkwitać. Może kiedyś. Nie wiadomo tylko, kiedy to nastąpi. Ale pewne jest, że zmiany społeczne wymagają czasu. Pozostaje pytanie, jak najlepiej radzić sobie z problemami naszego świata, pozostając szczęśliwym – pytanie, na które Dalajlama zaczął odpowiadać tego ranka. Wróciliśmy więc jeszcze raz do poziomu indywidualnego, badając wewnętrzne nastawienie do szczęścia, tak jak robiliśmy to tutaj w Tucson wiele lat temu. Teraz jednak zajmowaliśmy się tymi kwestiami w szerszym kontekście społecznym, mieliśmy też dostęp do badań naukowych, które świadczyły o słuszności podejścia Dalajlamy – do dowodów, jakich brakowało nam w czasie naszych pierwszych rozmów.

Kiedy słuchałem, jak Dalajlama zaczyna w skrócie przedstawiać swoje ogólne podejście do radzenia sobie z przeciwnościami i do bycia szczęśliwym, byłem zaskoczony, jak bardzo podobne jest ono do tego, co wynika z najnowszych odkryć naukowych. Od chwili wydania *Sztuki szczęścia* z uwagą śledziłem nowe doniesienia naukowe z dziedziny pozytywnych emocji i zaczynałem dostrzegać, że pewne kluczowe odkrycia rzuciły nowe światło na podejście Dalajlamy, które oczywiście opierało się na starożytnych buddyjskich zasadach i praktykach.

Mówiąc o tym, że pozytywne emocje działają jako antidota na nasze negatywne stany, Dalajlama zaprezentował podstawowe zasady buddyjskiej ścieżki do szczęścia. To nastawienie opiera się na koncepcji, że kiedy są zaspokojone nasze podstawowe potrzeby związane z przetrwaniem, o szczęściu bardziej decyduje nasz stan umysłu niż zewnętrzne warunki, sytuacja czy wydarzenia. Co więcej, z buddyjskiego punktu widzenia możemy świadomie rozwijać poczucie szczęścia, ćwicząc nasz umysł, zmieniając spojrzenie na świat oraz postawę. Z tej perspektywy możemy rozwijać szczęście, podobnie jak jakąkolwiek inną umiejętność, poprzez ćwiczenie i praktykę.

Praktyka ćwiczenia umysłu zaczyna się od zapoznawania się z różnymi rodzajami stanów mentalnych czy emocji, których doświadczamy w codziennym życiu, a następnie zaklasyfikowania ich jako pozytywnych i negatywnych zgodnie z tym, czy ostatecznie prowadzą one do większego szczęścia czy cierpienia. Dlatego emocje, takie jak współczucie, dobroć, tolerancja, przebaczenie, nadzieja, uznawane są za pozytywne. Nie tylko z buddyjskiej perspektywy wiążą się one z większym szczęściem. W ostatnich latach bowiem przeprowadzono setki badań naukowych, z których wynika, że pozytywne emocje korzystnie wpływają na nasze zdrowie fizyczne, umysłowe, na związki z innymi oraz ogólny sukces w życiu, również w sferze zawodowej i finansowej.

Oczywiście istnieje także wiele emocji i stanów umysłu, które prowadzą do cierpienia: wrogość, nienawiść, skrajny lęk, zazdrość, chciwość, nieuczciwość, uprzedzenia. Są to negatywne emocje, choć w naszych rozmowach czasami używaliśmy zamiennie innych określeń – takich jak destrukcyjne emocje czy skalania, w sanskrycie *kleśa*, co tłumaczy się jako „przeszkadzające emocje" czy „zaciemnienia". Choć powszechnie używa się określeń „pozytywne" i „negatywne emocje", kategorie te nie ograniczają się do tego, co potocznie określilibyśmy mianem emocji – na przykład uczciwość, tolerancja czy pokora należą do kategorii pozytywnych emocji, podczas gdy nieuczciwość czy brak samodyscypliny można postrzegać jako negatywne. Ale bez względu na to, jaką zastosujemy terminologię, kluczowa buddyjska zasada mówi, że negatywne emocje i ich antidota są zasadniczo nie do pogodzenia, nie można doświadczać ich jednocześnie – pozytywne emocje rozwiewają negatywne, niczym światło rozprasza ciemności. Kiedy więc stopniowo wzbudzamy pozytywne emocje, zwiększając ich siłę, następuje odpowiednie zmniejszenie negatywnych emocji, co przypomina wlewanie zimnej wody do gorącej – w miarę jak w naczyniu jest coraz więcej chłodnej wody, jej temperatura się obniża.

W poprzednim dziesięcioleciu pojawiły się nowe dowody naukowe w zaskakujący sposób potwierdzające zasadność buddyjskiej perspektywy. Na przykład w pewnym nowatorskim eksperymencie, przeprowadzonym przez doktor Barbarę Fredrickson, jedną z wiodących badaczek pozytywnych emocji na świecie, oraz jej współpracowników z Uniwersytetu w Michigan, w grupie badanych wywoływano niepokój i stres, mówiąc uczestnikom, że mają tylko kilka minut na przygotowanie przemówienia, które będzie oglądane i oceniane przez ich kolegów. Jak można się było spodziewać, poziom ich lęku i niepokoju gwałtownie wzrósł, wraz z fizyczną reakcją na stres, czyli przyspieszonym tętnem, wzrostem ciśnienia krwi, zwężeniem naczyń obwodowych, napięciem mięśni i tak dalej. Po wywołaniu tej reakcji poinformowano badanych, że przemówienia jednak odwołano. Uff! Następnie eksperymentatorzy podzielili badanych na cztery grupy i wywołali w każdej z nich inną emocję, zapraszając uczestników do obejrzenia fragmentów filmów, które powodowały wesołość (pozytywną emocję związaną z wysokim stopniem pobudzenia), zadowolenie czy spokój (pozytywne emocje związane z niskim stopniem pobudzenia) lub smutek (negatywną emocję). Była też neutralna grupa kontrolna, w której nie wywoływano emocji. Badacze odkryli, że badani, którzy odczuwali pozytywne emocje, znacznie szybciej dochodzili do siebie po skutkach niepokoju niż grupa kontrolna. Na przykład tętno i ciśnienie krwi u badanych o pozytywnych emocjach wracały do prawidłowego poziomu dużo szybciej niż u grupy kontrolnej, natomiast grupa „smutnych" wracała do normalnego stanu dłużej niż badani w grupie kontrolnej – co doprowadziło Fredrickson do sformułowania nowej teorii dotyczącej funkcji pozytywnych emocji. Nazywając ją „hipotezą odwrócenia" (ang. *undoing hypothesis*), wystąpiła ona z koncepcją, że pozytywne emocje służą do „odwracania" czy też przeciwdziałania umysłowym i fizycznym skutkom negatywnych emocji: innymi słowy, pozytywne emocje działają jako antidota na emocje negatywne!

Bezpośrednio wiąże się to z przekonaniem Dalajlamy, które wyraził on podczas rozmowy z niemieckim dziennikarzem, że życie we współczesnym społeczeństwie nie wywołuje stresu automatycznie. Oczywiście bez wątpienia ogólna kondycja świata i warunki, w jakich żyjemy, są ogromnie stresujące. Jednym z faktów powszechnie uznawanym przez naukowców jest to, że z perspektywy ewolucyjnej ludzkie ciało i mózg wykształciły się do życia w okresie lodowcowym, a nie we współczesnym społeczeństwie, uprzemysłowionym i rozwiniętym technologicznie. Rozwijaliśmy się, żyjąc w małych grupkach na rozległej sawannie, a nie w ogromnych metropoliach, gdzie ludzie są wtłoczeni do mieszkań ułożonych warstwami jedne na drugich, w wieżowcach wznoszących się setki metrów nad ziemią. Nasze ciało i mózg nie są przystosowane do stania w korkach, wysłuchiwania ryku klaksonów, przeprowadzania spotkań przez cały dzień, do przygotowywania prezentacji na ostatnią chwilę, do życia pod nieustannym ostrzałem stymulacji sensorycznej ze strony przemysłu filmowego i rozrywkowego, do rosnącego stosu korespondencji, na którą nie mamy czasu odpowiadać, ani do całodobowych relacji telewizyjnych i radiowych dotyczących wszelkiego typu klęsk żywiołowych i nieszczęść wywołanych przez człowieka. Nawet dziesięć minut oglądania wiadomości może gwałtownie podnieść poziom stresu. Badania wykazały, że wręcz szum w tle, który ignorujemy i którego nawet nie zauważamy, stanowi wyzwanie dla naszego układu nerwowego – wyzwanie, do jakiego nie jesteśmy przystosowani.

Skutkiem tego wszystkiego jest stale utrzymująca się reakcja stresowa o niskim stopniu natężenia, powodująca uwalnianie hormonów stresu w sposób, do którego nasze ciała nie są przystosowane. Hormony stresu, które miały nam pomagać podejmować szybkie, zdecydowane działanie w jednym intensywnym zrywie, a następnie wrócić do normalnego stanu, wyewoluowały w celu radzenia sobie z zagrożeniami ze strony drapieżników i agresorów, a nie do zamartwiania się przez kilka miesięcy z powodu zbliżającego się egzaminu, problemów finansowych czy utraty pracy. Nasze mechanizmy reagowania na stres ukształtowały się do szybkiej walki z tygrysem szablastozębnym, a nie do długotrwałej potyczki na rozprawie rozwodowej. To, co jest dobre dla naszego ciała w krótkoterminowym kryzysie, na dłuższą metę może być dla niego bardzo szkodliwe. Długofalowe pobudzenie mechanizmów reakcji na stres, czyli przewlekłe narażenie na działanie hormonów stresu, może również zmienić działanie i strukturę komórek mózgowych, które mają kluczowe znaczenie dla naszej pamięci. Może też spowodować mnóstwo innych problemów zdrowotnych. A oprócz tego przewlekłego stresu stanowiącego nieodłączny aspekt współczesnego życia musimy jeszcze zmagać się z niepożądanymi sytuacjami, które nas denerwują, wyzwalając negatywne emocje, takie jak gniew czy niepokój, związane z punktami szczytowymi reakcji stresowej walki lub ucieczki.

Na szczęście, jak twierdzi Dalajlama, istnieje sposób przezwyciężenia przewlekłych i ostrych reakcji stresowych i – jak pokazuje eksperyment Fredrickson – nasze pozytywne emocje mogą działać jako antidota, odwracając negatywne skutki reakcji stresowej. Oczywiście prowadzi nas to do zasadniczego pytania: Czy możemy się nauczyć regulować nasze emocje, panować nad nimi w świadomy sposób? Mówimy tutaj oczywiście o metodzie długotrwałego nasilania pozytywnych emocji, a nie krótkim, przelotnym ich doświadczeniu w wyniku obejrzenia filmiku.

W dalszym ciągu naszych rozmów Dalajlama odpowiedział na to pytanie.

Kontynuując naszą rozmowę na temat budowania szczęścia poprzez ćwiczenie umysłu, Jego Świątobliwość wyjaśnił:

– Oprócz konkretnych antidotów na negatywne emocje istnieje również antidotum ogólne. Jak wiesz, w tradycji buddyjskiej uważamy, że wszystkie negatywne emocje są zakorzenione w niewiedzy – błędnym postrzeganiu prawdziwej natury rzeczywistości. Dlatego antidotum na niewiedzę, tak zwany aspekt mądrości, czyli praktykowanie wglądu w prawdziwą naturę rzeczywistości, można traktować jako ogólną odtrutkę eliminującą wszystkie negatywne emocje u ich źródła.

Jeżeli chodzi o pozytywne i negatywne emocje, z buddyjskiego punktu widzenia mówimy, że pozytywne emocje mają słuszne podstawy, opierają się na rzeczywistości, natomiast negatywne emocje ich nie mają i ogólnie wynikają z błędnego postrzegania czy też zniekształcenia rzeczywistości. Na przykład współczucie dla innej osoby zasadza się na rozpoznaniu, że ona także, podobnie jak my sami, pragnie szczęścia, a nie chce doświadczać bólu i cierpienia. To właściwe postrzeganie, część rzeczywistości. Z drugiej strony, doświadczając takich emocji, jak nienawiść, można zauważyć, że zwykle opierają się one na postrzeganiu drugiego człowieka jako stuprocentowo złego, jakby to była jego stała, niezmienna natura. To wypaczenie rzeczywistości, ponieważ jeżeli dokładniej to przeanalizujemy, dojdziemy do wniosku, że każdy ma jakąś pozytywną cechę, ma też potencjał do zmiany.

Ponieważ te koncepcje były mi znane z wielu wykładów Dalajlamy, w których uczestniczyłem, jak i z naszych prywatnych rozmów, skinąłem głową, a następnie skierowałem naszą rozmowę z powrotem na moim zdaniem bardziej praktyczne tory, mówiąc:

– Cóż, pomijając słuszne podstawy czy trwałe wykorzenienie wszystkich negatywnych emocji, mówimy głównie o rozwijaniu zdolności radzenia sobie z naszym otoczeniem, przeciwnościami i stresami codziennego życia oraz o odnajdywaniu szczęścia. Jeżeli więc pozytywne emocje są antidotami, wówczas logiczne wydaje się pytanie, jak je wzbudzać... i myślę, że zasadniczo chodzi o radzenie sobie z...

Odgadując dalszy ciąg mojego pytania, Dalajlama powiedział:

– Myślę, że nasze nastawienie i postrzeganie odgrywa tutaj kluczową rolę. Jedno jest pewne: to, jak postrzegamy świat dookoła nas, jak widzimy innych oraz jak interpretujemy sytuacje i wydarzenia, z pewnością wpływa na to, jak na nie reagujemy. To jest podstawowy pogląd. I myślę, że wiąże się on bezpośrednio ze zdolnością radzenia sobie z problemami i doświadczania szczęścia. Musimy więc zwrócić uwagę na ten poziom oraz rozwinąć podejście i postawy, które dadzą nam siłę i dzięki którym poradzimy sobie z trudnościami.

– Chyba zadaję Waszej Świątobliwości to samo pytanie – zaśmiałem się – ale wciąż się zastanawiam, czy Wasza Świątobliwość może zaproponować jakieś konkretniejsze metody. Na przykład, jak dokładnie rozwijać pogląd na świat, który może dać nam siłę?

Dalajlama zaśmiał się.

– A ja w kółko powtarzam to samo, czyli że rozwiązanie jest takie: bądź realistą! Realistyczne podejście... wygląda na to, że powtarzam to jak mantrę: „...realistyczne podejście... realistyczne podejście..." Na przykład w naszej walce o wolność Tybetu, jak wiesz, zawsze byłem zwolennikiem realistycznego podejścia, które polega na rezygnacji z żądania pełnej niepodległości i dążeniu do prawdziwej autonomii. Niektórych Tybetańczyków, którzy krytykują moje nastawienie i nalegają na pełną niepodległość, ponoć strasznie irytuje, gdy mówię o „realistycznym podejściu"!

Tak czy inaczej, myślę, że podstawę poglądu, który jest najbardziej pomocny, stanowi realistyczne myślenie i realistyczna postawa. Polega ona na analizowaniu i pogłębianiu świadomości rzeczywistej sytuacji.

Choć w przeszłości omawialiśmy już owo kluczowe zagadnienie realistycznego myślenia w różnych kontekstach (ostatnio w kontekście destrukcyjnych emocji), tego ranka przyszło mi do głowy pewne zastrzeżenie.

– Nie jestem pewien, czy każdy się z tym zgodzi – zaprotestowałem. – Myślę, że niektórzy będą utrzymywać, że im bardziej uświadamiamy sobie wszystkie problemy świata, im bardziej realistyczne staje się nasze myślenie, im głębiej analizujemy i przyglądamy się rzeczom, tym większe prawdopodobieństwo, że odkryjemy trudne kwestie, których nie byliśmy dotąd świadomi. Możemy stwierdzić na przykład, że w naszym społeczeństwie istnieje więcej problemów niż rozwiązań. Nie jestem pewien, czy to nas uszczęśliwi, czy będziemy dzięki temu bardziej zadowoleni, czy też raczej poczujemy się przytłoczeni, przygnębieni i zniechęceni. Chodzi mi o to, że jeżeli martwi mnie istnienie broni nuklearnej i jeżeli przy tym analizuję i odkrywam „rzeczywistość", w której dookoła mojego miejsca zamieszkania znajdują się podziemne wyrzutnie takich pocisków, to nie sprawi, że będę lepiej spał w nocy. (To samo dotyczy większej świadomości globalnego ocieplenia czy czegoś w tym rodzaju – to raczej sprawi, że wpadnę w przygnębienie, niż że będę szczęśliwszy.)

– To znowu kwestia właściwej perspektywy – powiedział Dalajlama. – Takie odkrycie może również wywołać przekonanie, że zajęcie się tym problemem jest pilną sprawą, i pobudzi nasz zapał do przyłączenia się do jakiejś grupy lub sprawi, że wzrośnie nasze zaangażowanie polityczne czy też że podejmiemy konkretne działania, aby ten problem rozwiązać.

Proponując podejście opierające się na realistycznym myśleniu, zwiększonej świadomości i zbliżaniu się do rzeczywistości, musimy zrozumieć, co mamy na myśli. Nie mówię na przykład, żebyśmy przyglądali się wyłącznie problemom świata czy też rzeczywistości ograniczonej jedynie do negatywnych aspektów sytuacji. To tylko część rzeczywistości. Prawdziwie realistyczne podejście polega na patrzeniu na daną sytuację pod każdym kątem, na braniu pod uwagę wszystkich jej aspektów, dobrych i złych, a nie tylko tych ostatnich. Życie zawsze składa się z problemów, ale również z dobrych chwil. Myślę więc, że zasadniczą podstawą owego realistycznego spojrzenia czy postawy jest postrzeganie rzeczy z szerszej perspektywy. Jeżeli analizujemy i badamy, odkryjemy, że na problem można spojrzeć na różne sposoby. Na przykład zamiast patrzenia jedynie na bezpośrednią sytuację czasami pomocne będzie przyjęcie bardziej długofalowej perspektywy.

Ogólnie rzecz biorąc, mówimy o bardziej zrównoważonym, pełniejszym spojrzeniu. To realistyczny pogląd. Polega na elastyczności, patrzeniu na sytuację pod wieloma kątami. W przeszłości mówiliśmy o tym, że destrukcyjne emocje zniekształcają rzeczywistość i ograniczają naszą perspektywę. Musimy więc im przeciwdziałać, przyjmując szerszy i bardziej holistyczny punkt widzenia.

– Wasza Świątobliwość twierdzi, że istnieją różne sposoby realistycznego podejścia do rzeczy, postrzegania ich z szerszej perspektywy, oraz że może ono przezwyciężyć negatywne emocje i pomóc nam radzić sobie z życiowymi problemami.

– To prawda.

– Czy Wasza Świątobliwość mógłby opisać jeden z tych sposobów i wyjaśnić, jak może nam w tym pomóc?

Dalajlama milczał przez kilka chwil, po czym powiedział:

– Myślę, że możemy zacząć od własnego nastawienia do problemów i cierpienia w ogóle. Sądzę, że jeżeli mamy realistyczne podejście i rozumiemy, że problemy w naturalny sposób zawsze będą się pojawiać w tej czy innej formie, że to życiowy fakt, dużo skuteczniej będziemy potrafili sobie z nimi radzić.

– W jaki sposób pomoże nam to lepiej sobie radzić, zamiast nas przygnębić? – spytałem.

– Na przykład, mając takie nastawienie, nie będziemy zaskoczeni, kiedy trudności się pojawią, będziemy umieli stawić im czoło z mniejszym lękiem, będziemy mieli mniejszą skłonność do unikania lub udawania, że problemy nie istnieją. Będziemy mogli całą energię poświęcić na próbę znalezienia rozwiązania, a nie wyczerpywać ją na poczucie niesprawiedliwości, na złoszczenie się i martwienie, że coś takiego nas spotkało, czy też na poszukiwanie osoby czy instytucji, które moglibyśmy obarczyć winą, a następnie skierowanie całego naszego gniewu na to „źródło" wszystkich problemów.

Oczywiście właściwe nastawienie do cierpienia to tylko jeden aspekt. Musimy również znaleźć inne sposoby podejścia do rzeczy z szerszej perspektywy, przeanalizować postrzeganie naszych problemów pod różnym kątem, odkryć spojrzenie, które pomoże nam radzić sobie, kiedy kłopoty się pojawią, ale takie, które opiera się na rzeczywistości.

*Pewnego ranka dwaj mężczyźni jechali na bardzo ważne spotkanie biznesowe, na które byli już bardzo spóźnieni. Po drodze złapali gumę. Rzecz jasna, pasażera bardzo to zdenerwowało, ale zauważył on też, że kierowca zachował spokój i nie przejmując się powagą sytuacji, natychmiast zabrał się do zmiany opony. Kiedy to robili, pasażer był z każdą minutą coraz bardziej wzburzony, a kierowca wciąż pracował, nadal niewytrącony z równowagi. W końcu pasażer nie wytrzymał i spytał: „Strasznie się spóźnimy, jak możesz robić to wszystko z takim spokojem?" Kierowca odparł pogodnie: „To numer trzy!" Oczywiście niezadowolony z odpowiedzi pasażer poprosił go o wyjaśnienie. Kierowca odpowiedział: „Wiele lat temu, kiedy zaczynałem prowadzić, przeczytałem statystykę na temat przeciętnej liczby gum, jaką kierowcy łapią w swoim zawodowym życiu. Wtedy stwierdziłem, że będę czekał na tyle pękniętych opon, ile mi się należy. Swoją drogą do tej pory nie osiągnąłem tej liczby. Uświadomiłem też sobie, że bez względu na to, kiedy i gdzie pęknie opona w moim samochodzie, mogę być pewien, że zawsze będzie to nieodpowiedni moment. Stwierdziłem, że jest to po prostu część normalnych kosztów związanych z wygodą, jaką stanowi jeżdżenie samochodem, taką jak płacenie za paliwo. Tak więc to tylko jedna z gum, które musiałem kiedyś złapać. To wszystko".*

Dawno temu ktoś opowiedział mi tę historię i choć jej pochodzenie wyleciało mi z pamięci, dobrze ją zapamiętałem. Przypomina mi się ona od czasu do czasu, kiedy zaczynam czuć, że codzienne wydarzenia sprzysięgły się przeciwko mnie. Historia ta ilustruje zasady omawiane przez Dalajlamę tego ranka, ukazując, że akceptowanie problemów jako naturalnej części ludzkiej egzystencji może zmniejszyć niepotrzebne wzburzenie i negatywne emocje. Obrazuje ona również bardziej ogólną zasadę, że „realistyczne spojrzenie", polegające na spoglądaniu na problem z szerokiej perspektywy, może pomóc nam sobie z nim radzić.

Krok po kroku Dalajlama ukazuje potężną metodę pozwalającą odnaleźć szczęście w naszych trudnych czasach, postawę radzenia sobie z problemami codziennego życia bez poczucia przytłoczenia beznadziejnością, zniechęceniem i lękiem. Wspominając, że z buddyjskiej perspektywy pozytywne emocje działają jako antidota na określone negatywne stany umysłu, przeszliśmy do zdefiniowania pewnego uniwersalnego remedium, które może całkowicie wykorzenić wszystkie negatywne emocje poprzez przezwyciężenie ich podstawowej przyczyny – naszej fundamentalnej niewiedzy. „Niewiedza" w tym kontekście nie oznacza jedynie braku informacji. Pojęcie to odnosi się do fundamentalnej nieświadomości podstawowej, prawdziwej natury rzeczywistości, zwanej pustką. Oznacza bardziej aktywny rodzaj błędnego postrzegania czy niezrozumienia rzeczywistości, luki pomiędzy tym, jak rzeczy wyglądają, a tym, jak naprawdę istnieją. Według teorii buddyjskiej bezpośrednie postrzeganie ostatecznej natury rzeczywistości, „urzeczywistnienie pustki", oczyszcza umysł ze wszystkich negatywnych tendencji, czego wynikiem jest stan oświecenia. Osiągnąwszy je, uwalniamy się od wszelkiego cierpienia i wyzwalamy z samsary, niekończącego się cyklu narodzin, śmierci i kolejnych odrodzeń.

To trudne zadanie – według tekstów buddyjskich osiągnięcie tego stanu może zająć niezliczone wieki kolejnych żywotów! Oczywiste pytanie brzmi więc, jakie znaczenie ma to dla tych, którzy nie praktykują buddyzmu lub nie chcą czekać przez setki kolejnych odrodzeń na szczęście. Jak mogą z tego skorzystać ci z nas, którzy próbują sobie radzić w naszym targanym konfliktami świecie i znaleźć w nim choć odrobinę szczęścia i spokoju?

Według buddyjskiej filozofii istnieją dwa poziomy rzeczywistości – ostateczna i konwencjonalna. Jak wspomnieliśmy, ostateczna natura rzeczywistości odnosi się do koncepcji pustki, a bezpośrednie jej postrzeganie stanowi skutek duchowego urzeczywistnienia. Konwencjonalna rzeczywistość dotyczy zaś codziennego życia, naszej zdroworozsądkowej egzystencji, uznawania wszystkiego, co się pojawia, za prawdziwe. Podobnie możemy mówić o dwóch poziomach szczęścia. Wiele lat temu w jednej z naszych rozmów Dalajlama porównał oświecenie czy wyzwolenie do „najwyższego szczęścia". To szczęście ostateczne. Cel cyklu o *Sztuce szczęścia* jest dużo skromniejszy, ale wciąż niełatwy: osiągnięcie większego szczęścia i zadowolenia z życia na co dzień. To szczęście konwencjonalne.

Możemy teraz wrócić do idei, które podczas naszych rozmów wyjaśniał Dalajlama, i zacząć je porządkować. Podejście Dalajlamy do osiągania szczęścia w naszych trudnych czasach to zatem „podejście realistyczne", kształtowanie „realistycznego spojrzenia" polegającego na „badaniu i pogłębianiu świadomości rzeczywistości sytuacji, w której się znajdujemy". Tutaj Jego Świątobliwość mówi o rzeczywistości konwencjonalnej. To rodzaj uniwersalnej metody radzenia sobie z codziennymi problemami, z przeciwnościami, wzbudzania pozytywnych emocji i przezwyciężania negatywnych uczuć, które stanowią przyczynę wielkiego cierpienia w życiu. Dwa poziomy rzeczywistości są więc w jakimś sensie do siebie podobne:

świadomość ostatecznej natury rzeczywistości pustki prowadzi do „ostatecznego szczęścia", natomiast większa świadomość konwencjonalnej rzeczywistości codziennego życia prowadzi do szczęścia zwyczajnego. Obie można uznać za ogólne antidota na negatywne emocje i stany mentalne, przy czym „ostateczne" antidotum w pełni wykorzenia wszystkie negatywne stany umysłu, a „konwencjonalne" antidotum (które tutaj omawiamy) eliminuje czy też zmniejsza negatywne emocje i stany mentalne w takim stopniu, że możemy cieszyć się szczęśliwym życiem.

Wreszcie, stwierdzając podobieństwa pomiędzy opisaną przez Dalajlamę metodą przezwyciężania negatywnych emocji (i osiągania szczęścia) a najnowszymi badaniami naukowymi na ten temat, możemy dodać jeszcze jedną nową teorię naukową dotyczącą pozytywnych emocji. Wcześniej wspomnieliśmy, że hipoteza odwrócenia autorstwa Fredrickson świadczy o tym, iż pozytywne emocje działają jako antidota na stany negatywne. Przypomina to buddyjskie pojęcie „specyficznych antidotów" mówiące o tym, że każda negatywna emocja ma konkretny pozytywny odpowiednik, który działa jako jej antidotum. Jak się okazuje, Barbara Fredrickson i jej współpracownicy sformułowali również inną niezwykle istotną teorię, która przypomina buddyjską koncepcję „ogólnego antidotum" na wszystkie destrukcyjne emocje. Jej teoria poszerzania perspektywy i budowania zasobów osobistych w odniesieniu do pozytywnych emocji (*Broaden and Build Model of Positive Emotions*) wyjaśnia również, dlaczego metoda Dalajlamy jest tak skuteczna.

Aż do ostatniej dekady znaczna większość badań naukowych w zakresie ludzkich emocji skupiała się na tych negatywnych. W rezultacie neurobiolodzy i psycholodzy ewolucyjni sformułowali spójne teorie dotyczące przyczyny, dla której wykształciły się negatywne emocje, wyjaśniając, jak pomagały one przetrwać naszym odległym przodkom. Z perspektywy ewolucyjnej istnienie negatywnych emocji ma sens. Ale kiedy próbujemy znaleźć powód, dla którego odczuwamy pozytywne emocje, i zastanawiamy się, jak pomagały nam one przetrwać, trudno w tym znaleźć jakąś logikę. W przeciwieństwie do negatywnych emocji, z których każda wiąże się z konkretnymi tendencjami „myśl–działanie", popychającymi nas do działania w sposób zapewniający nam przetrwanie, pozytywne emocje nie wydają się nakłaniać nas do podejmowania jakiejś konkretnej aktywności, może tylko informują: „Hej, to jest dobre – rób to nadal, niczego nie zmieniaj!" Łatwo dostrzec, że przyjemność fizyczna, w połączeniu z radością płynącą z jedzenia czy seksu, miała znaczenie dla naszego przetrwania i rozmnażania, ale wartość adaptacyjna wielu innych pozytywnych emocji w dużym stopniu pozostawała dotąd tajemnicą.

Aspekt „konstrukcyjny" teorii poszerzania perspektywy i budowania zasobów osobistych mówi, że zadaniem negatywnych emocji było zapewnienie nam przetrwania, kiedy byliśmy w niebezpieczeństwie, pozytywne emocje zaś wykształciły się na okres, kiedy żyliśmy w bezpiecznych warunkach, a ich funkcją było zbudowanie zasobów fizycznych, intelektualnych i społecznych, które moglibyśmy wykorzystać w przyszłości, a które to zasoby zwiększyłyby nasze szanse na przeżycie. Emocje te wiążą się z inwencją i odkrywaniem, wymyślaniem nowych strategii pozyskiwania zasobów oraz sposobów przystosowania się do środowiska. Pomagają nam one budować więzi społeczne, których nawiązanie opłaca się na przyszłość, kiedy życie będzie trudne, a my będziemy musieli zwrócić się do innych o pomoc. W miarę jak ludzie coraz lepiej się rozwijali i żyli coraz dłużej, z pewnością opłacało się myśleć o przyszłości i zapewnić sobie kilka źródeł, z których moglibyśmy czerpać korzyści.

W jednym z pierwszych eksperymentów ukazujących „poszerzający" aspekt pozytywnych emocji Fredrickson i jej współpracownicy podzielili badanych na grupy, po czym w każdej grupie wywołali inną emocję, pokazując krótkie urywki filmów wywołujących zaskoczenie, gniew czy lęk. Fredrickson następnie na różne sposoby oceniała wpływ, jaki dana emocja wywierała na zdolność badanego do myślenia w szerokich lub węższych kategoriach, do widzenia albo „pełnego obrazu" sytuacji, albo do skupiania się na szczegółach. W jednym eksperymencie zastosowała „zadanie na przetwarzanie bodźców wzrokowych o charakterze ogólnym lub szczegółowym" (ang. *global-local visual processing task*) – pokazała badanym wykres zawierający kształty geometryczne, figurę „standardową". Następnie przedstawiła im dwa inne schematy, prosząc, aby ocenili, która z dwóch figur porównawczych najbardziej przypomina standardową. Żaden wybór nie był „właściwy" czy „błędny" – jedna figura porównawcza przypominała standardową w ogólnym kształcie, czyli „ogólnej konfiguracji", druga zaś była podobna do pierwszej w szczegółach. Okazało się, że ci, którzy odczuwali pozytywne emocje, byli bardziej skłonni do „postrzegania większego obrazu" i wybierania figury, która przypominała pierwszą w jej ogólnym kształcie. Ci zaś, którzy zostali uprzednio wprowadzeni w neutralny lub negatywny nastrój, z większym prawdopodobieństwem wybierali węższe wzorce myślowe i bardziej skupiali się na szczegółach. Od czasu przeprowadzenia tego pierwotnego eksperymentu Fredrickson i inni wykonali wiele podobnych badań, które ponad wszelką wątpliwość potwierdziły fundamentalne różnice w myśleniu pomiędzy osobami w dobrym lub złym nastroju.

Inna badaczka, Alice Isen z Uniwersytetu Cornella, jedna z prawdziwych pionierek w badaniu pozytywnych emocji, która obserwuje ich wpływ na myślenie od ponad dwudziestu lat, zgromadziła obszerne dowody ukazujące ich poszerzające działanie. W jednym badaniu wywołała u grupy badanych pozytywne uczucie, a następnie dała im do wykonania ćwiczenia na skojarzenia słowne. Wręczyła im listę trzech słów, na przykład „kolor", „owoc" i „wybuchowy", a następnie prosiła, aby wymyślili słowo, które odnosi się do nich wszystkich (odpowiedź: „granat"). Odkryła, że badani, którzy odczuwali szczęście, poradzili sobie z tym testem znacznie lepiej niż grupa kontrolna. Jej pierwotne badanie z wykorzystaniem tej metody zostało przygotowane do badania wpływu pozytywnych emocji na kreatywność, ale podczas przeprowadzania tego rodzaju eksperymentów okazało się również, że pozytywne emocje pozwalają ludziom widzieć rzeczy z szerszej perspektywy, w przeciwieństwie do zawężającego efektu, jaki mają negatywne emocje.

Jeżeli w tym kontekście ponownie przyjrzymy się „realistycznemu podejściu", jakie wyznaje Dalajlama, nagle odkryjemy, że jego słowa brzmią znajomo! Główną techniką czy też metodą, którą zaleca

Jego Świątobliwość w celu kształtowania realistycznej postawy, jest spojrzenie na niekorzystne sytuacje z szerszej perspektywy, pod różnymi kątami, przyjrzenie się „pełnemu obrazowi", przyjęcie długofalowej perspektywy, rozwijanie elastycznego sposobu myślenia, który pozwala widzieć rzeczy w nowy sposób. Jest to dokładnie ten typ myślenia, który badacze wiążą z pozytywnymi emocjami na podstawie przeprowadzonych w ostatnich latach eksperymentów.

Pojawia się tutaj kluczowe pytanie. Badania wykazują, że nasze pozytywne emocje czy uczucie szczęścia, ogólnie rzecz biorąc, poszerzają naszą perspektywę i spojrzenie. Dalajlama zaś sugeruje coś wręcz przeciwnego – że kształtowanie szerszego spojrzenia, bardziej rozległej i realistycznej perspektywy (przy użyciu własnej zdolności do logicznego rozumowania, analizowania i tym podobnych) stanowi skuteczny sposób radzenia sobie z problemami i budowania szczęścia. Zatem pozytywne emocje mogą prowadzić do poglądu, o którym mówi Dalajlama, ale czy odwrotna zasada również jest prawdziwa? Innymi słowy, czy świadome kształtowanie szerszego spojrzenia, patrzenie na swoje problemy pod różnymi kątami, prowadzi do bardziej pozytywnych emocji?

Mówiąc krótko – tak! Badania przeprowadzone przez Fredrickson i innych wykazały, że ta zasada działa w obie strony. Pozytywne emocje poszerzają myślenie, a praktyka szerszego myślenia wywołuje pozytywne emocje. W efekcie otrzymujemy tak zwaną spiralę wznoszącą: im bardziej praktykujemy szersze myślenie, tym więcej doświadczamy pozytywnych emocji i szczęścia, co z kolei prowadzi do coraz szerszego spojrzenia i tak dalej.

Nie ma zatem wątpliwości, że spoglądanie na sytuację z szerszej perspektywy może nam pomóc wzbudzić bardziej pozytywne emocje i lepiej radzić sobie z codziennymi przeciwnościami. Oczywiście istnieją pewne pozytywne uczucia czy stany umysłu, które mają szczególną wartość i znaczenie dla rozwiązywania poważniejszych i trudniejszych problemów: nadzieja, optymizm i odporność.

Następnego ranka zajęliśmy się więc tymi kluczowymi tematami.

ROZDZIAŁ 11

# NADZIEJA, OPTYMIZM I ODPORNOŚĆ

## NADZIEJA

Wiosna to pora pełna nadziei. Co roku na wiosnę wszyscy fani Chicago Cubs szczelnie wypełniają Wrigley Field podczas meczu otwierającego sezon, a serce każdego z nich przepełnia szczere przekonanie: „To właśnie ten rok! W tym roku wygrają trofeum baseballowe World Series!" A każdej jesieni, kiedy wieje chłodem, a dni stają się coraz krótsze, kiedy rozwiewają się ich marzenia o mistrzostwie, w duszy każdego kibica jest tylko jedna myśl: „Poczekajcie do przyszłego roku!" Co tak inspiruje fanów, którzy tłoczą się w następnym roku na stadionie, znowu wrzeszcząc: „To nasz rok!", choć ich drużyna nie wygrała mistrzostw od 1908? Nadzieja. Nadzieja to jeden z najcenniejszych zasobów wewnętrznych ludzkości. I na niej właśnie postanowiliśmy się teraz skupić.

– Wasza Świątobliwość – zacząłem – wczoraj wspomniał o korzyściach wynikających z przyjęcia do wiadomości faktu, że problemy i cierpienie na pewno nas kiedyś w życiu dotkną. Pomyślałem jednak, że pomimo potencjalnych pożytków wynikających z tego realistycznego spojrzenia, jeśli weźmie się pod uwagę wszystkie bolączki współczesnego świata, czasami może to nie być zbyt zachęcająca perspektywa.

– Dlatego potrzebne są nam różne podejścia – odparł Dalajlama – i różne sposoby traktowania problemów. Na przykład, nawet jeżeli myślimy o poważniejszych trudnościach w społeczeństwie czy kwestiach związanych ze środowiskiem, i czujemy się przygnębieni czy bezradni, to jeżeli spojrzymy na nie z szerszej perspektywy, zobaczymy, że wiele z nich powoduje nasza ludzka inteligencja, niewłaściwe jej wykorzystanie i brak wartości, takich jak dobre serce, które mogłyby stanowić dla niej przeciwwagę. Nasza inteligencja doprowadziła do rozwoju nowoczesnych technologii, ale bez poczucia odpowiedzialności technologia może stać się źródłem nieszczęść i katastrof. Jeżeli jednak określone problemy wywołuje nasza ludzka inteligencja, można ją też wykorzystać do ich rozwiązania, jeżeli mamy taką wolę i przyświeca nam właściwa motywacja.

– Cóż, nawet jeżeli możliwe jest znalezienie rozwiązań, myślę, że wielu ludzi i tak się zniechęci, ponieważ problemy są tak złożone, a postęp w ich przezwyciężaniu wydaje się powolny.

– Dlatego moim zdaniem tak ważne jest kształtowanie nastawienia, które pozwala podtrzymać nadzieję. Nadzieja ma ogromne znaczenie dla tego, jak reagujemy na problemy i trudności.

– Ponieważ tak właśnie jest, zastanawiam się, czy Wasza Świątobliwość może trochę więcej powiedzieć o nadziei oraz o sposobach jej wzbudzania.

– Tak... Jeżeli chodzi o nadzieję... Myślę, że z jednej perspektywy można stwierdzić, że samą naszą egzystencję podtrzymuje nadzieja. Jak wielokrotnie mówiliśmy, najbardziej fundamentalnym pragnieniem wszystkich ludzi jest dążenie do szczęścia i do przezwyciężenia cierpienia. Stojąc wobec wielu problemów w naszym życiu, idziemy spać. Ale robimy to z nadzieją, że obudzimy się następnego ranka!

Dalajlama zachichotał, po czym ciągnął:

– A następnego dnia rano w jakimś sensie to właśnie nadzieja motywuje nas do tego, byśmy wstali z łóżka i dalej wiedli nasze życie – to nadzieja, że koniec końców uda nam się zrealizować nasze pragnienie szczęścia, nadzieja, że jakoś zdołamy pokonać przeszkody. W życiu możemy mieć też inne, bardziej konkretne cele i to właśnie nadzieja pozwala nam stale pracować nad ich realizacją. Tak więc można powiedzieć, że żyjemy w dużej mierze dzięki nadziei.

Myśląc o tym, spytałem:

– Czy Wasza Świątobliwość mógłby powiedzieć, jak udało się Waszej Świątobliwości podtrzymać tę fundamentalną nadzieję w obliczu trudności związanych z sytuacją Tybetu, która pozostaje zasadniczo nierozwiązana do dzisiaj?

– Tak. Mówiliśmy o podejściu polegającym na przyjmowaniu szerszej perspektywy i ono właśnie jest niezwykle pomocne w podtrzymywaniu nadziei dotyczącej Tybetu, ponieważ im bardziej ograniczony jest nasz punkt widzenia, tym bardziej beznadziejna wydaje się sytuacja. Jeżeli przyjrzymy się jej w wąskim kontekście, biorąc pod uwagę jedynie ostatnie wydarzenia i obecny stan rzeczy, okaże się, że walczymy od pięćdziesięciu lat, a do tej pory nasze wysiłki spełzły na niczym.

Jeżeli jednak rozszerzymy nasz punkt widzenia i spojrzymy na sytuację z globalnej perspektywy, być może dostrzeżemy jakąś podstawę dla nadziei. W końcu cały świat się zmienia, nie ma powodu, dla którego Chiny miałyby być wyjątkiem. Któż jeszcze kilkadziesiąt lat temu przewidziałby upadek Związku Radzieckiego? W rzeczywistości dzisiejsze Chiny są zupełnie inne od tych sprzed dwudziestu lat. Jeżeli chodzi o Tybet, to gdy przeanalizujemy jedynie dawną politykę Chińczyków, możemy nie dostrzec potencjału dla nadziei. Ale mając na względzie szerszą perspektywę, odkryjemy, że w samym społeczeństwie chińskim zachodzą zmiany, szczególnie pośród zwykłych ludzi, którzy zaczynają wykazywać większe zainteresowanie tybetańską kulturą i buddyzmem. Nawet wśród Chińczyków można dostrzec rosnącą liczbę tych, którzy wspierają i okazują większą sympatię Tybetańczykom. Tutaj więc również widać, że im szersza jest nasza perspektywa, tym większa możliwość zrodzenia się nadziei.

Istnieje możliwość zmiany polityki, nawet jeżeli chodzi o masowe przesiedlenia ludności chińskiego pochodzenia do Tybetu, co wzbudza wśród Tybetańczyków poważne obawy, że przez to sami staną się mało znaczącą mniejszością we własnym kraju. Można sobie wyobrazić, że jeśli zabraknie zachęt ze strony chińskiego rządu dla Chińczyków Han, aby przeprowadzali się do Tybetu, migracja ludności może się nie tylko zatrzymać, ale być może nawet część Chińczyków, którzy obecnie zamieszkują Tybet, zdecyduje się wrócić do swoich domów położonych na mniejszej wysokości i w bardziej sprzyjającym klimacie. Wszystko może się zdarzyć.

Myśląc o tym, ile wewnętrznej siły i determinacji potrzeba, aby po kilkudziesięciu latach porażek w kontaktach z Chińczykami wciąż żywić nadzieję, spytałem:

– Czy były jakieś inne czynniki, oprócz szerszej perspektywy, które pomogły Waszej Świątobliwości mieć nadzieję?

– To podejście bardzo mi pomogło – odparł – ale w moim przypadku mogło mieć znaczenie wiele innych czynników. Przede wszystkim znajduję schronienie* w moich buddyjskich praktykach. Na przykład jest jeden fragment, który powtarzam codziennie, a który podtrzymuje mnie na duchu, dodaje siły i nie pozwala zgasnąć nadziei...

– Wasza Świątobliwość mówi o swoim ulubionym fragmencie z Śantidewy?

– Tak. – Następnie, recytując z taką świeżością w głosie, jakby robił to po raz pierwszy w życiu, powiedział: – *Dopóki trwa przestrzeń, dopóki żyją czujące istoty, niech ja również trwam, aby położyć kres cierpieniu świata.* Ta zwrotka pomaga mi zmienić perspektywę, znacznie szerzej zobaczyć świat, spojrzeć na sytuację w szerszym kontekście. Jeżeli patrzy się na dany problem z perspektywy dłuższego czasu, uznając, że zmiana jest nieuchronna, a nietrwałość to jedna z najpewniejszych cech egzystencji, można stwierdzić, że wszystko jest możliwe.

Oczywiście to głównie buddyjski punkt widzenia – przypomniał. – Trzeba pamiętać o tym, że jedną z przyczyn, dla których teksty, takie jak ten Śantidewy, wywierają na mnie tak potężny wpływ, jest to, że kiedy je recytuję, kryje się za tym cały system wierzeń. Obejmuje on wiarę w teorię ponownych odrodzeń, ideę niezliczonych wieków i tak dalej.

---

* Buddyjskie schronienie, inaczej Trzy Schronienia (sanskr.: *triśarana*; pali: *tisarana*) – przyjęcie ich jest pierwszym krokiem oznaczającym wejście na buddyjską ścieżkę. Ponieważ rzeczy doczesne, w których zwykle szukamy schronienia (jak na przykład majątek, sława i bliskość rodziny), są nietrwałe i kończą się cierpieniem najpóźniej w chwili śmierci, jedynym autentycznym schronieniem w buddyzmie jest schronienie w Buddzie, dharmie (naukach Buddy) i sandze (wspólnocie urzeczywistnionych) [przyp. tłum.].

Myślę, że ogólnie rzecz biorąc, to, czy ktoś jest wierzący czy nie, może w dużym stopniu wpływać na jego zdolność radzenia sobie z trudnościami. Uwzględniam tutaj każdą z głównych tradycji religijnych na świecie, ponieważ każda ma właściwe sobie idee i praktyki, które dają wierzącym wewnętrzną siłę i nie dopuszczają do pogrążania się w bezsilności czy rozpaczy, kiedy stajemy wobec problemów tego świata. Oczywiście – dodał – dla człowieka niewierzącego poglądy te mogą być trudne do przyjęcia.

– Wasza Świątobliwość, istnieje wiele dowodów naukowych na poparcie korzyści płynących z wiary religijnej. Zwiększa ona ogólny poziom szczęścia człowieka i pomaga radzić sobie z życiowymi trudnościami oraz traumatycznymi wydarzeniami. To temat, który chciałbym później głębiej zbadać z Waszą Świątobliwością. Teraz skupmy się może na bardziej świeckich strategiach.

Wasza Świątobliwość wspomniał, że recytowanie fragmentu z Śantidewy daje Waszej Świątobliwości szerszą czy też bardziej długofalową perspektywę, ale stoi też za tym cały system buddyjskich przekonań. Myślę jednak, że nawet ze świeckiego punktu widzenia, bez systemu wierzeń religijnych, można docenić wartość szerszej, dłuższej perspektywy.

Zastanawiam się więc, czy istnieją jakieś dodatkowe sposoby kształtowania takiego szerszego spojrzenia, bez uciekania się do myślenia o niezliczonych wiekach, odrodzeniach i tym podobnych... Próbuję znaleźć jakiś konkretny przykład związany z podtrzymywaniem nadziei.

Nagle coś przyszło mi do głowy.

– O, chyba już mam. Powiedzmy, że ktoś pracuje nad trudnym zadaniem, czymś, co wydaje się niemal niemożliwe... Powiedzmy, że badacz próbuje znaleźć lek na jakąś chorobę, ale oczywiście jest to tak skomplikowane, że może się wydawać niemal beznadziejne. Przypuśćmy, że zamiast czuć się przytłoczony faktem, że odkrycie leku jest mało prawdopodobne, ów badacz świadomie rozmyśla w ten sposób: „Owszem, to bardzo trudne zadanie, być może nie uda mi się go zrealizować. Ale jeżeli choć trochę przyczynię się do prac nad tym lekiem i posunę je o mały krok naprzód, być może inny naukowiec będzie mógł je kontynuować, a potem jeszcze ktoś inny i tak dalej". Jeżeli spojrzymy z takiego punktu widzenia, wówczas sprawy nie wydają się już takie beznadziejne. Badacz będzie miał nadzieję, że koniec końców lek zostanie znaleziony. Czy taki sposób rozumowania mógłby zastąpić ideę ponownych odrodzeń i niezliczonych wieków?

– Tak! Tak! Bardzo dobrze! – wykrzyknął Dalajlama. – To bardzo dobry przykład. Ponieważ tak naprawdę, jeżeli spojrzymy na historię współczesnej nauki i punkt, w którym ona się obecnie znajduje, dostrzeżemy efekty pracy ludzi z różnych stron świata i różnych pokoleń. Jedna osoba miała w czymś swój udział, a potem przyszła druga i kontynuowała pracę nad tym zagadnieniem. Potem znowu pojawił się ktoś inny i dołożył swoją cegiełkę. Można więc spojrzeć tylko na ostatnie stulecie i przeanalizować, jak rozwijała się nauka aż do poziomu, o którym pionierzy współczesnej nauki nigdy by nawet nie marzyli!

Tak więc myślę, że jest to w rzeczywistości pogląd dopełniający, a rozumowanie, jakie proponujesz, może pomóc w stworzeniu bardziej długofalowej perspektywy, która podtrzymuje nadzieję, szczególnie kiedy mówimy o problemach społecznych czy osiąganiu jakiegoś długoterminowego celu.

– Czy przychodzą Waszej Świątobliwości do głowy jeszcze inne czynniki czy strategie, które mogłyby pomóc podtrzymać nadzieję, inne sposoby spojrzenia na problem mogące dać nam siłę do realizowania naszych zamierzeń bez popadania w zniechęcenie czy poczucie beznadziei?

– Inne czynniki... – powtórzył łagodnie Dalajlama. – Wiesz, Howardzie, jeżeli chodzi o podtrzymywanie nadziei i determinacji w dążeniu do szlachetnego celu, ogólnie uważam, że kluczowe znaczenie ma jasne rozpoznanie, jak ważny jest to cel, jaką ma wartość. To bardzo istotne. Uznanie, że dążenie do danego celu to gra warta świeczki, że cel ten przyczyni się do dobra ogółu, do pomyślności wspólnoty, daje nam determinację do jego realizacji. A kiedy napotykamy trudności, samo przypomnienie sobie, jaką wartość ma ów cel, może nam pomóc zachować nadzieję i odwagę. Jeżeli na przykład zmagając się z trudnym problemem, przypomnimy sobie, że przyszłe pokolenia naszej rodziny czy przyjaciół zbiorą owoce naszych wysiłków, pomoże nam to utrzymać determinację i się nie poddać. Wtedy to, czy dany cel uda się zrealizować za naszego życia, tak naprawdę nie ma znaczenia. Na przykład, jeżeli przyjrzymy się historiom życia takich wielkich duchowych mistrzów, jak Budda czy Jezus Chrystus, stwierdzimy, że misje, które wypełniali, nie ograniczały się do ich życia.

– Czy Wasza Świątobliwość uważa, że idea „posiadania szlachetnego celu" wiąże się z poczuciem znaczenia i wyższego sensu życia? – spytałem.

– Tak, to możliwe – odparł Dalajlama. – Choć bowiem teraz mówię konkretnie o potrzebie uznania wartości celów, do których dążymy, jest również tak, że kiedy człowiek ma w swoim życiu poczucie celu, który wykracza ponad wąskie, osobiste sprawy, stanowi on źródło siły pozwalające znosić przeciwności losu i trudności. Tak więc jeżeli nasz cel wiąże się z takim poczuciem wyższego sensu, ma to duże znaczenie dla wzmacniania naszej determinacji.

Większości obserwatorów przyglądających się obecnej sytuacji w Tybecie marzenie Dalajlamy o uzyskaniu prawdziwej autonomii i wolności dla swojego ludu, nawet bez pełnej niepodległości, wydaje się beznadziejne. Trudno sobie wyobrazić, że chińskie władze nagle wykonają zwrot o sto osiemdziesiąt stopni i powstrzymają napływ Chińczyków Han do Tybetu, porzucając swój plan „rozrzedzenia" ludności tybetańskiej do takiego stopnia, aby stali się oni nieznaczącą mniejszością we własnym kraju.

Mimo to przez ostatnich pięćdziesiąt lat Dalajlama nieustannie walczy i niestrudzenie pracuje dla uzyskania większej wolności i poszanowania praw człowieka dla ludności Tybetu. Stara się informować społeczność międzynarodową, apelując do wszystkich, gdziekolwiek i kiedykolwiek może. Przez ten czas spotykały go same niepowodzenia. Na każdym kroku, bez względu na to, co robi i z kim się spotyka, gdy tylko pojawi się informacja o jego obecności w dowolnym zakątku świata, chiński rząd składa oficjalne protesty i nieoficjalne zażalenia, wywierając wszelkiego rodzaju naciski, aby zastraszyć i wymusić konkretne zachowania na osobie, która ma się spotkać z Dalajlamą. To się dzieje cały czas, w kółko, z bezwzględną i uporczywą monotonią. Przez pięćdziesiąt lat. A Dalajlama nie stracił nadziei.

Najwyraźniej posiadł „sztukę nadziei", a podczas naszej rozmowy tego ranka wyjaśnił, jak mu się to udało. Wskazując sytuację Tybetańczyków jako przykład, pokazał, jak jego „realistyczne podejście" może służyć kultywowaniu nadziei. Ogólna strategia czy też główna technika, o której mówiliśmy w tym tygodniu, polega na spoglądaniu na sytuację z szerszej perspektywy, pod różnymi kątami. Jak wspomnieliśmy, strategia ta ma całe spektrum zastosowań we wzbudzaniu pozytywnych emocji, takich jak nadzieja, oraz w łagodzeniu negatywnych, może nam też pomóc radzić sobie z życiowymi trudnościami. W literaturze naukowej strategia ta czasami nazywa się przeformułowaniem czy powtórną oceną – ujrzeniem w nowym świetle.

Ukazując, jak odnosi tę metodę do sytuacji Tybetu, Dalajlama zaczął od spoglądania z szerszego punktu widzenia w dwóch wymiarach: czasu i przestrzeni. Patrząc z szerszej perspektywy czasowej, przyjął bardziej długofalowy punkt widzenia. Natomiast spoglądając szerzej w wymiarze „przestrzeni", podchodzi do sytuacji nie tylko z punktu widzenia lokalnych warunków i okoliczności, ale umiejscawia ją w globalnym kontekście zmian zachodzących na całym świecie.

W miarę trwania naszych rozmów Dalajlama wspomniał też o innych sposobach „bardziej realistycznego" spoglądania na problemy czy też traktowania ich z „szerszej perspektywy". Dodał jedną z najważniejszych metod postrzegania spraw w nowym świetle, czyli przeformułowanie niekorzystnej sytuacji lub problemu: odnajdywanie większego sensu czy wyższego celu z nim związanego. Jak proponuje Dalajlama, im bardziej nasz cel „łączy się z poczuciem wyższego sensu", tym łatwiej będzie nam czerpać z niego siłę i zwiększyć determinację, która pozwoli nam przezwyciężyć w życiu każdą przeszkodę.

Wcześniej wspomnieliśmy, że pozytywne emocje mogą pomóc nam radzić sobie z trudnościami, działając jako antidotum na reakcję stresową związaną z takimi uczuciami, jak niepokój czy gniew. Podsumowując dowody naukowe na ten temat, Barbara Fredrickson powiedziała: „Pozytywne emocje pozwalają nam skuteczniej radzić sobie z problemami, a ich oddziaływanie polega na odnajdywaniu pozytywnej wartości problemów oraz przyjmowaniu szerokiej perspektywy". Analizując dane z prac innych badaczy oraz z własnych eksperymentów, podsumowała: „Odnajdywanie pozytywów stanowi prawdopodobnie najskuteczniejszą metodę wzbudzania pozytywnych emocji w czasach kryzysu".

Tradycyjnie najbardziej powszechnym sposobem odnajdywania sensu w życiu jest szukanie go w przekonaniach duchowych czy wierze religijnej. W jednej z naszych rozmów Dalajlama z całkowitą otwartością wyznał, że jego buddyjskie wierzenia i praktyki bardzo pomogły mu radzić sobie z trudnościami. Odnajdywanie pozytywnych aspektów przeciwności losu nie tylko ogólnie wzmacnia pozytywne emocje, ale również tę konkretną, o której teraz mówimy: nadzieję. W rzeczywistości poczucie sensu, jakie daje nam wiara religijna, jest prawdopodobnie największym źródłem nadziei w historii ludzkości, z którego korzysta niezliczona ilość osób, czerpiąc z niego siłę, inspirację i odwagę.

Bez wątpienia posiadanie celu i poczucia sensu w życiu jest jedną z najpewniejszych skarbnic ludzkiego szczęścia, a służy ono także podtrzymywaniu nadziei, dodając nam otuchy, kiedy musimy stawić czoło przeciwnościom losu, cierpieniu, tragedii, kiedy przechodzimy najczarniejsze okresy w życiu. Jak powiedzieliśmy, wiara religijna z pewnością nam to zapewni, ale cel i sens w życiu można odnaleźć również na wiele innych sposobów. Jak radzi Dalajlama, kiedy napotykamy w życiu trudności czy przeszkody, dążąc do jakiegoś celu, wtedy jednym ze sposobów zwiększania nadziei i siły, które pozwolą nam nie ustawać w realizowaniu naszych zamierzeń, jest przypominanie sobie o wartości tego celu poprzez rozważanie jego szlachetności, czyli tego, w jakim stopniu przyczynia się on do dobrego samopoczucia i dobrobytu innych. Zasadniczo jest to metoda odnajdywania sensu oraz skuteczna strategia wzmacniania nadziei, którą mogą stosować zarówno ludzie wyznający jakąś religię, jak i niewierzący.

Odnosząc się do badań własnych oraz przeprowadzonych przez innych, Fredrickson powiedziała: „Z zastrzykiem wiary religijnej lub bez niego ludzie mogą znaleźć sens w codziennym życiu, postrzegając niekorzystne sytuacje w dobrym świetle, nadając pozytywną wartość zwykłym wydarzeniom oraz dążąc do realistycznych celów i je osiągając". W miarę postępu naszych rozmów, kiedy mówiliśmy, jak ważne jest stawianie sobie realistycznych celów, okazało się, że praktyczne rady Dalajlamy doskonale współgrają ze współczesną teorią naukową.

## STAWIANIE SOBIE REALISTYCZNYCH CELÓW

– Wasza Świątobliwość podał nam kilka doskonałych, praktycznych rad dotyczących radzenia sobie z problemami, tak aby uniknąć całkowitego przytłoczenia. Zastanawiam się, czy Wasza Świątobliwość mógłby wymienić jeszcze inne czynniki, które mogłyby nam pomóc w realizacji celów w życiu – czynniki, które mogłyby zapobiec poczuciu zniechęcenia, kiedy napotykamy przeszkody?

– Tak. Jest coś jeszcze. Rozmawialiśmy o znaczeniu realistycznego podejścia i myślę, że kiedy dążymy do jakiegoś celu, ważne jest przeanalizowanie, na ile jest on realistyczny, na ile – obiektywnie rzecz biorąc – będziemy w stanie go osiągnąć. To, w jakim stopniu jesteśmy przygotowani na samym początku, ma ogromne znaczenie. Jak mówi Śantidewa w swoim *Przewodniku na ścieżce bodhisattwy*: zanim wyruszysz na wyprawę, dobrze wszystko przeanalizuj i zobacz, czy dasz radę. Nie powinieneś zbyt pochopnie rzucać się do celu. Myślę, że jasna świadomość tego, iż jego osiągnięcie jest naprawdę możliwe, może wzmocnić naszą nadzieję i determinację.

Na chwilę rozproszyły mnie problemy z dyktafonem, trochę się więc pogubiłem i zboczyłem z tematu.

– Wasza Świątobliwość, mam mętlik w głowie w pewnej sprawie. Wasza Świątobliwość wspomniał, że jednym z czynników, który może pomóc nam podtrzymać nadzieję, jest determinacja, pełna koncentracja na dążeniu do celu, oparta na rozpoznaniu jego wartości, bez względu na to, czy uda się go osiągnąć w tym życiu. Teraz Wasza Świątobliwość mówi o potrzebie stawiania sobie realistycznych celów, upewnianiu się, że są możliwe do zrealizowania, że uda się nam je osiągnąć. W pewnym sensie wygląda na to, że...

Nie czekając, aż skończę, Dalajlama odparł:

– Howardzie, mówimy o dwóch różnych rzeczach: o poziomie globalnym oraz indywidualnym. Jeżeli chodzi o ten pierwszy, o stawianie czoła ogólniejszym problemom społecznym, to nawet jeżeli cele nie zostaną osiągnięte za życia jednego człowieka czy w jednym pokoleniu, wciąż warto do nich dążyć. Ale w przypadku osobistych potrzeb cele powinny być praktyczne i możliwe do osiągnięcia. Nie ma tutaj sprzeczności. To dwa różne konteksty.

Wyjaśniwszy tę kwestię, ciągnął:

– Oczywiście kształtowanie realistycznego spojrzenia nie polega jedynie na określeniu, czy nasz cel jest możliwy do zrealizowania. Obejmuje również ocenę potencjalnych trudności, które mogą się pojawić na drodze do niego. Jeżeli na samym początku jasno rozumiemy, że niektóre cele mogą być trudniejsze do zrealizowania, a inne są łatwiej osiągalne, jeżeli jesteśmy świadomi tego rozróżnienia i je akceptujemy, to jeśli stwierdzimy, że nasz konkretny cel jest trudniejszy do osiągnięcia, możemy oczekiwać, że po drodze z pewnością pojawią się pewne problemy. A jeśli mamy tego świadomość, wówczas kiedy napotkamy trudności, będziemy znacznie lepiej przygotowani, mniejsze też będzie ryzyko, że stracimy nadzieję. Z drugiej strony, jeżeli od początku całkowicie ignorujemy fakt, iż przeszkody się pojawią, to kiedy napotkamy choćby niewielkie utrudnienie, tracimy nadzieję i reagujemy w przesadny sposób.

Dalajlama uważa nadzieję za istotny czynnik pomagający nam nie ustawać w wysiłkach, kiedy napotykamy przeszkody i trudności w życiu, i wytrwale poszukiwać rozwiązań życiowych problemów. Pogląd ten wspiera wiele badań naukowych. Nadzieja, z powodu jej niezwykłej wartości, stała się obiektem wielkiego zainteresowania psychologów z nurtu psychologii pozytywnej. Badając zagadnienie nadziei, większość badaczy klasyfikuje ją jako jedną z pozytywnych emocji, choć nie ma co do tego powszechnej zgody. Niektórzy uważają ją bardziej za proces myślowy czy też pewną cechę charakteru. Ale bez względu na to, do jakiej kategorii zaliczymy nadzieję, nie ma wątpliwości co do tego, iż stanowi ona kluczowy składnik w radzeniu sobie w trudnych czasach. Oprócz tego, podobnie jak inne pozytywne emocje, może bezpośrednio przyczynić się do doświadczanego przez nas szczęścia. Ponadto badania wykazały, że nadzieja ma rozległe korzyści dla naszego zdrowia fizycznego i umysłowego. Wiąże się z lepszymi osiągnięciami akademickimi i sportowymi wśród studentów, a dorośli o dużej nadziei budują silniejsze związki, odnoszą większe sukcesy w pracy, większe też jest prawdopodobieństwo, że ogólnie uda im się zrealizować wyznaczone cele.

Biorąc pod uwagę wszystkie korzyści wynikające z nadziei, nie jest zaskoczeniem, że przez ostatnich dziesięć czy dwadzieścia lat powstało wiele nowych teorii na temat jej natury oraz tego, jak ją wzbudzać. Niektóre z nich zyskały trochę zainteresowania. Większość jednak obalono. Ale w tej dziedzinie szczególnie istotny wkład wniósł pewien psycholog, Charles Richard Snyder z Uniwersytetu w Kansas, który w ogromnym stopniu przyczynił się do zrozumienia zjawiska nadziei. Zanim sformułował swoją teorię, powszechnie uważano, że nadzieja to pewne niezróżnicowane pragnienie czy poczucie, że potrafimy osiągnąć nasze cele. Snyder pomyślał o nadziei jako o procesie myślowym nakierowanym na cel, składającym się z dwóch współdziałających elementów: myślenia planowego (ang. *pathways thinking*) i myślenia sprawczego (ang. *agency thinking*). To pierwsze polega na zaplanowaniu sposobu osiągnięcia celów, drugie zaś obejmuje wolę czy motywację do jego przeprowadzenia. Snyder uważa, że oba te typy myślenia muszą zachodzić, aby podtrzymać nadzieję, oraz że wzajemnie się one wzmacniają.

Przyglądając się podejściu Dalajlamy do pielęgnowania nadziei z perspektywy tej teorii, łatwo zauważyć, że jego metoda wpływa zarówno na myślenie sprawcze, jak i planowe. Skuteczna sprawczość to determinacja, aby osiągnąć cel, odczucie, że mamy motywację, aby zacząć cel realizować, a potem dalej do niego zmierzać, nawet w obliczu trudności. Dalajlama mówi, że nawet kiedy nadzieja słabnie, jednym ze sposobów przywrócenia sobie siły i odwagi jest świadome rozważanie wartości i znaczenia naszego celu, ponieważ „uznanie jego wartości daje nam determinację, aby do niego dążyć". To zasadniczo sposób intensyfikowania sprawczości, wzmacniania motywacji i zdecydowania.

Dalajlama opowiada się za realistycznymi oczekiwaniami i świadomością swoich możliwości przy jednoczesnym stawianiu sobie osiągalnych celów oraz przewidywaniu potencjalnych przeszkód, co przyczynia się do myślenia planowego. Obejmuje ono poczucie, że istnieje jasno wyznaczona ścieżka do celu, praktyczny sposób jego zrealizowania. Można przypuszczać, że „realistyczne podejście" Dalajlamy z pewnością będzie sprzyjało myśleniu planowemu, a więc wzmocni nadzieję. Nawiasem mówiąc, choć powszechny wizerunek ludzi żywiących wielką nadzieję przywodzi na myśl pewnego rodzaju ślepy optymizm i fałszywe nadzieje, wygląda na to, że jest wręcz odwrotnie: badania wykazują, że ludzie o dużej nadziei tak naprawdę mocno stąpają po ziemi.

Myślenie planowe wiąże się również z podstawowym poczuciem, że potrafimy znaleźć nowe sposoby osiągnięcia celów, nawet jeżeli na naszej drodze pojawią się przeszkody; że zawsze potrafimy rozwiązać problem czy wymyślić plan, aby zrealizować cel. Dlatego im bardziej jesteśmy twórczy, im większa jest nasza zdolność rozwiązywania problemów, tym większa będzie nasza pewność, że uda nam się znaleźć „plan" czy też ścieżkę, aby przezwyciężyć trudności i osiągnąć cele. Podejście Dalajlamy pomaga wzmocnić również ten aspekt myślenia planowego. Jak powiedzieliśmy wcześniej, realistyczne nastawienie Dalajlamy do radzenia sobie z problemami obejmuje przyglądanie się sytuacji z szerszej perspektywy. To nasila pozytywne emocje, które z kolei wpływają na poszerzenie myślenia, czego efektem jest ciągła intensyfikacja szerszego myślenia i pozytywnych emocji, które wzajemnie się wzmacniają.

Istnieje wiele dowodów na to, że nasilenie pozytywnych emocji, następujące wskutek owego sprzężenia zwrotnego, wiąże się z szerszym myśleniem, które pomaga nam podchodzić do problemów w nowatorski sposób, „poszerzając" nasz zakres działania, umożliwiając nowe sposoby reagowania, nowe „plany" osiągania celów. Jeden z eksperymentów pięknie ilustruje tę zasadę. W klasycznym teście na kreatywność badacz układa na stoliku pudełko zawierające świeczki, zapałki i kilka pinezek. Badanych prosi się o przymocowanie świeczek do ściany tak, aby kiedy się je zapali, wosk nie ciekł na stół czy podłogę. Problem jest rozwiązany, kiedy badany opróżni pudełko, przygwoździ je pinezkami do ściany, a następnie wykorzysta jako podstawkę, na której postawi świeczkę. To rozwiązanie wymaga „rozszerzonego" myślenia, spojrzenia na pudełko w nowy sposób, a nie wyłącznie jako na pojemnik. Badania wykazały, że poprawienie nastroju badanego lub uprzednie wzbudzenie w nim pozytywnych emocji zwiększa prawdopodobieństwo znalezienia rozwiązania. A zatem większa kreatywność i umiejętność rozwiązywania problemów, która stanowi rezultat tych technik, ułatwia myślenie planowe wzmacniające naszą zdolność do podtrzymywania nadziei, nawet kiedy na drodze staną nam przeszkody.

Jak dotąd wszystko wskazywało na to, że poglądy Dalajlamy harmonizują z najnowszymi teoriami i odkryciami naukowymi, a korelację tę obserwowaliśmy również, kiedy coraz bardziej szczegółowo analizował on zagadnienie nadziei.

## OPTYMIZM

– Bardzo istotnym czynnikiem podtrzymującym nadzieję jest optymistyczne nastawienie – ciągnął Dalajlama. – Jeżeli od samego początku mamy pesymistyczne podejście, dążenie do celu skończy się całkowitą porażką, ponieważ będziemy myśleć, że „nic się nie uda".

– Czy Wasza Świątobliwość uważa się za optymistę, szczególnie biorąc pod uwagę trudności, którym muszą stawić czoło Tybetańczycy, oraz problemy świata? – spytałem.

– O tak, zdecydowanie – powiedział Dalajlama i zachichotał.

– Cóż, Wasza Świątobliwość bardzo wierzy w realistyczne postrzeganie sytuacji. A kiedy patrzymy realistycznie, czasami to, z czym mamy do czynienia, wygląda dość ponuro. Czy więc optymistyczne nastawienie nie jest pewną głupotą? Wiarą w coś, czemu zaprzecza rzeczywistość? – spytałem.

– Niekoniecznie – odparł Dalajlama. – Optymizm nie oznacza, że nie widzimy prawdziwego obrazu, ale że zawsze utrzymujemy pozytywny nastrój, aby zachować motywację do poszukiwania rozwiązania problemu. To znaczy uznajemy, że każda sytuacja ma wiele różnych aspektów – optymistyczne nastawienie obejmuje nie tylko sam problem, nie tylko rozpoznawanie negatywnych aspektów, ale również doszukiwanie się wymiaru pozytywnego, potencjalnej korzyści, aktywne przyglądanie się sytuacji pod względem możliwych dobrych efektów.

– Zastanawiam się, czy Waszej Świątobliwości przychodzą do głowy bardziej konkretne przykłady, jak można spojrzeć na problemy w kategoriach potencjalnych korzyści czy pozytywnych skutków?

– Przykłady, przykłady, znowu przykłady! – zaśmiał się dobrodusznie. – Howardzie, zawsze chcesz, żebym ci dawał więcej przykładów!

W jego śmiechu jak zwykle pobrzmiewała wyraźna życzliwość. Był to niewymuszony, naturalny śmiech, nie potrafiłem więc obrazić się na to łagodne besztanie. Tak naprawdę samego mnie to rozśmieszyło i prawie zachichotałem. Poza tym Dalajlama miał rację. Tak czy inaczej, przyjmując postawę obronną, powiedziałem:

– Przykłady zawsze pomagają zrozumieć, jak stosować różne zasady czy techniki, o których mówi Wasza Świątobliwość. A poza tym...

Nie musiałem kontynuować.

– W porządku – odpowiedział życzliwie, szybko ustępując. – Więcej przykładów...

Dalajlama miał mówić dalej, kiedy nagle dostał krótkiego ataku kaszlu. Kilka tygodni wcześniej spotkałem go w Europie, gdzie zaczęło go boleć gardło, raz na jakiś czas zanosił się też kaszlem. Choć był pod dobrą opieką lekarską i właśnie zaczął brać antybiotyki, uporczywość tych objawów mnie martwiła. Choć bowiem Dalajlama coraz bardziej się starzeje, jedynie bardzo poważna choroba mogłaby go nakłonić do ograniczenia intensywnego programu nauk.

Sięgnąwszy do kieszeni, podałem mu pastylkę do ssania.

– Dziękuję – odpowiedział, a wkładając ją sobie do ust, nagle wybuchnął śmiechem. – O właśnie! Oto mamy mały przykład: teraz boli mnie gardło, niewielki problem. To jest złe. Ale jeżeli przeanalizujemy tę sytuację, dostrzeżemy inny jej aspekt. Patrząc więc na nią pod innym, bardziej pozytywnym kątem, widzimy, że ten kaszel właśnie dał mi coś dobrego – cukierek od przyjaciela! To moment, kiedy ktoś się z kimś podzielił. Ta sytuacja nie jest więc całkiem zła. Chodzi o to, żeby przypominać sobie, że pomimo problemu w moim życiu wciąż dzieją się dobre rzeczy.

Rozmawialiśmy o tym, jak wąskie spojrzenie na zjawiska może zwiększyć poczucie beznadziei i inne negatywne emocje oraz wywołać większe cierpienie. Jeżeli jesteśmy zbyt egocentryczni, dbamy wyłącznie o swoje potrzeby, może to nas ograniczyć i spowodować różne trudności, zwiększając cierpienie. W przypadku bolącego gardła nie jest to wielki problem, ale gdybym zbytnio skupił się na sobie i cały czas rozmyślał: „Ale mam problem z tym gardłem, kaszel tak mnie irytuje, dlaczego mnie to spotyka?", wówczas tylko wyolbrzymiłbym sprawę i uczynił z niej prawdziwy kłopot. Jeżeli nasze spojrzenie jest ograniczone, jeżeli skupiamy się wyłącznie na danym problemie czy tragedii, możemy zostać całkowicie tym przytłoczeni, choć w rzeczywistości jest to możliwe do przezwyciężenia.

Można wszak temu zapobiec. Poszerzanie perspektywy działa jak antidotum na ten rodzaj wąskiego spojrzenia, a poszerzać perspektywę można na wiele sposobów. Możemy do tego użyć porównania, zestawiając naszą sytuację z życiem tych, którzy mają mniej szczęścia niż my. Ma to duże znaczenie, przynajmniej w kwestii osobistych problemów, i nadaje sprawom bardziej realistyczne proporcje. Na przykład, jeżeli męczy mnie ból gardła i irytujący kaszel, mogę sobie przypomnieć, że w tej chwili wiele osób na świecie doświadcza dużo poważniejszych kłopotów, cierpi, jest pogrążonych w bólu. W porównaniu z nimi moja dolegliwość to żaden problem. Można również przyjąć bardziej długofalową perspektywę, uświadamiając sobie, że owszem, jest to trochę denerwujące i sprawia pewien kłopot, ale to chwilowe i wkrótce minie.

A następnie, jak powiedzieliśmy wcześniej, pamiętając, że problemy i cierpienie w naturalny sposób z pewnością się pojawią, przyglądając się sytuacji w innym świetle, uświadamiamy sobie, że przecież dopóki mamy to ciało – Dalajlama poklepał się po ramieniu – to na pewno od czasu do czasu będzie nas bolało gardło. Taka jest rzeczywistość.

Tak więc to wszystko to po prostu rzeczywistość! Kiedy przeżywamy kryzys i kiedy spojrzymy na niego, nie tracąc z oczu ogólnego obrazu sytuacji, wówczas uświadomimy sobie następującą prostą prawdę: „Owszem, wciąż mam problem, jest on niezwykle uciążliwy, ale stanowi jedynie część mojego życia, niewielki jego element". Takie myślenie pomoże nam lepiej i skuteczniej sobie radzić.

– Myślę, że przykład kaszlu i bolącego gardła, jaki podał Wasza Świątobliwość, doskonale ilustruje to, jak można patrzeć na sytuację z bardziej pozytywnej strony, naświetla ten typ rozumowania – powiedziałem. – Tak więc mówiąc o różnych sposobach podchodzenia do problemów...

Wyglądało na to, że Dalajlama nabrał rozpędu, pochylił się do przodu, jakby powodowany rosnącym entuzjazmem, i kontynuował:

– O, mam jeszcze inny przykład... Trzeba pamiętać o tym, że nie musimy radzić sobie z problemami sami. Kiedy jesteśmy zmuszeni stawić czoło trudnościom, czasami mamy poczucie, jakbyśmy byli jakoś szczególnie wybrani do doświadczania nieszczęścia. To pewne zawężenie perspektywy, jakby nasz świat się kurczył, możemy czuć się bardzo osamotnieni. Ale jeżeli będziemy pamiętać, że są też inni, którzy przeszli lub obecnie przechodzą podobne doświadczenia, że nie jesteśmy sami, a w niektórych przypadkach możemy nawet udać się po wsparcie, to może być naprawdę pomocne.

Tak naprawdę bez względu na to, z jaką trudnością przyszło nam sobie radzić, każdy z nas stanowi część jakiegoś społeczeństwa czy wspólnoty, jeżeli oczywiście nie jest żyjącym w jaskini pustelnikiem. Możemy więc świadomie poszerzyć naszą perspektywę i uświadomić sobie, że jesteśmy członkami społeczeństwa. Jeżeli będziemy o tym pamiętać, jeżeli stanie się to elementem naszej podstawowej świadomości, zdamy sobie sprawę, że w trudnym dla nas okresie możemy czerpać z zasobów wspólnoty czy społeczności. Wspólnota zawsze daje ochronę, pocieszenie czy pomoc, którą znajdziemy, jeżeli będziemy jej aktywnie szukać. Być może istnieją ludzie czy instytucje, które mogą nam pomóc, o istnieniu których dotąd nie mieliśmy nawet pojęcia, ale teraz możemy się tym zainteresować. Nie żyjemy w izolacji, nie jesteśmy sami. Poszerzać świadomość można więc na wiele różnych sposobów.

Tak więc... oto twoje przykłady! – zaśmiał się, a mówiąc to, wykonał szeroki, niemal teatralny ruch ręką, jakby był magikiem, który właśnie wyjął królika z kapelusza.

Argumenty Dalajlamy były z pewnością mocne, miały głęboki, intuicyjny wydźwięk. Z naukowej perspektywy zaś stały się po prostu nie do odparcia, kiedy później analizowałem badania i dowody naukowe. Ale wydawało mi się, że trzeba poruszyć jeszcze jedną kwestię.

– W pełni się zgadzam, że kształtowanie postaw czy poglądów, o których wspomniał Wasza Świątobliwość, może nam pomóc radzić sobie z trudnościami i życiowymi problemami – powiedziałem. – Jak zwykle propozycje Waszej Świątobliwości opierają się na zdrowym rozsądku. Ale nie jestem pewien, jak skuteczne będzie przyglądanie się rzeczywistości, kiedy przechodzimy kryzys, i na ile pomoże nam wtedy przyjmowanie szerszej perspektywy. Przecież, jak kiedyś wspomniał Wasza Świątobliwość, gdy doświadczamy silnych emocji, takich jak gniew czy niepokój, nasza perspektywa zdaje się zawężać. Tak więc wygląda na to, że w takich momentach możemy nie umieć patrzeć na rzeczy z szerszego punktu widzenia, nie być w stanie analizować czy badać sytuacji w sposób bardziej holistyczny, spoglądać pod różnymi kątami i tak dalej.

– To prawda – odpowiedział Dalajlama. – Dlatego właśnie musimy włożyć pewien wysiłek w to, aby myśleć o tym zawczasu, stale, zaznajamiając się z tymi sposobami myślenia przez pewien czas. Musimy rozważać te poglądy bardzo głęboko, wzmacniać je, tak aby stały się częścią naszego podstawowego spojrzenia. Tym samym, kiedy pojawią się problemy, to nastawienie i holistyczny sposób postrzegania rzeczy przejawią się naturalnie.

Dalajlama spojrzał na zegarek i uświadomił sobie, że nasz czas dobiega końca.

– Wiem, że musimy wkrótce kończyć, ale czy Wasza Świątobliwość ma może jeszcze jakieś przemyślenia dotyczące sposobów radzenia sobie z problemami, którymi mógłby się podzielić, zanim się rozstaniemy?

– Powinniśmy zastosować różne podejścia, aby poradzić sobie z problemami, które spotykają nas na co dzień. Na przykład, jeżeli mieszkamy w środowisku, w którym dookoła wybuchają bomby, analizowanie sytuacji z szerszej perspektywy czy też przyglądanie się jej pod różnymi kątami nie jest najlepszym sposobem „radzenia sobie". – Dalajlama chichotał przez chwilę. – W tym przypadku najlepiej jest pobiec i gdzieś się ukryć!

Jeszcze jedno... choć mówimy tutaj głównie o podejściu, które polega na przyjmowaniu pewnego spojrzenia czy postawy, rozwijaniu naszych wewnętrznych zasobów, to myślę, że zewnętrzne doświadczenia również mogą mieć znaczenie dla tego, jak radzimy sobie z problemami.

– Czy Wasza Świątobliwość mógłby bardziej szczegółowo wyjaśnić, jak zewnętrzne doświadczenia mogą zwiększyć naszą zdolność radzenia sobie z trudnościami, czy też jak mogą pomóc nam regulować nasze negatywne emocje?

– Tak. Ale chyba na tym powinniśmy się teraz zatrzymać. Dokończymy rozmowę jutro.

Jakiś czas temu, prowadząc warsztaty na temat sztuki szczęścia, poprosiłem uczestników o udział w ćwiczeniu pozytywnego, nowego spojrzenia na niesprzyjające okoliczności, sytuacje czy wydarzenia. Najpierw mieli wybrać jakieś nieszczęśliwe doświadczenie czy okres w życiu, kiedy było im ciężko i cierpieli. Kiedy opisali to przeżycie na kartce, poprosiłem ich, aby je przeformułowali i poddali powtórnej ocenie, patrząc na nie z różnych punktów widzenia, spisując pozytywne skutki czy korzyści, które ostatecznie z niego wyniknęły, bezpośrednio albo pośrednio.

Zaproponowałem, aby wzięli pod uwagę następujące kwestie: czy nauczyłem się czegoś pożytecznego o sobie, o innych lub o innych aspektach życia? Czy w wyniku tego doświadczenia poznałem kogoś, bezpośrednio albo pośrednio, kto odegrał w moim życiu znaczącą rolę? Czy w końcu w jakiś sposób się rozwinąłem dzięki temu doświadczeniu? Czy doprowadziło ono do korzystnych zmian, do których inaczej by nie doszło? Czy otworzyło jakieś nowe drzwi, dało mi nowe możliwości?

W tym konkretnym warsztacie brało udział niewiele osób, co było celowe, ponieważ każdy uczestnik miał mieć możliwość podzielenia się swoimi doświadczeniami, jeżeli miał na to ochotę. Na drugim etapie uczestników poproszono, by opowiedzieli grupie o swoim doświadczeniu. Siedząc w kręgu, rozpoczęliśmy od pierwszej osoby, Josepha, eleganckiego, inteligentnego i elokwentnego sześćdziesięciolatka, który uprawiał wolny zawód.

– Po prostu nie wiem, co powiedzieć – zaczął. – Łatwo mi było przypomnieć sobie okres cierpienia: cztery lata temu moja córka zmarła na białaczkę. Siedzę tutaj i rozmyślam, lecz po prostu nie widzę niczego pozytywnego w tym doświadczeniu. Nie potrafię dostrzec niczego dobrego, co w jakiś sposób byłoby skutkiem tego wydarzenia, niczego, czego bym się z niego nauczył, oprócz bólu, nie widzę żadnych korzyści czy zmian na lepsze, które by z niego wynikały, bezpośrednio czy pośrednio – to po prostu było złe doświadczenie.

Ton jego głosu nie wyrażał złości, nie był prowokacyjny. Oczy i wyraz twarzy zdradzały pewne znużenie i pustkę, może oprócz subtelnych oznak głębokiego smutku i goryczy. Miał też charakterystyczny ton głosu ojca, który najwyraźniej uwielbiał córkę. Joseph wyjaśnił potem, że został ojcem w późnym okresie życie, kiedy miał pięćdziesiąt kilka lat, i zawsze brał pod uwagę, że prawdopodobnie nie dożyje czasów, kiedy będzie mógł się cieszyć wnukami. Nigdy nie przyszło mu do głowy, że któreś z dwójki jego dzieci umrze przed nim.

Uznając smutną prawdę, że czasami nasze cierpienie jest tak wielkie, a spotykająca nas tragedia tak przytłaczająca, że nie jesteśmy w stanie postrzegać tego wydarzenia z żadnej innej strony, kilkoro członków grupy wyraziło zrozumienie i współczucie, po czym kolejna osoba zaczęła dzielić się swoją historią. Choć uprzednio padła ogólna sugestia, aby ci, którzy po raz pierwszy wykonują to ćwiczenie, rozpoczęli od bardziej prozaicznych, codziennych problemów, a potem zajęli się większymi, tego popołudnia kilkoro uczestników wybrało największe wyzwania, którym musieli stawić czoło w życiu. Wysłuchaliśmy więc poruszających opowieści o walce z rakiem, bolesnej śmierci najbliższych, o zmaganiu się z bankructwem po tym, jak przez całe życie ciężko się pracowało – a każde z tych przeżyć, jak się okazało, miało jakieś korzyści, zgodnie z zasadą, że „nie ma tego złego, co by na dobre nie wyszło". Kiedy ostatnia osoba podzieliła się swoją opowieścią i mieliśmy przejść do dalszej części warsztatu, Joseph uniósł rękę i spytał, czy może powiedzieć parę słów.

– Chciałbym trochę zmienić to, co powiedziałem wcześniej. Słuchałem tych opowieści i rozmyślałem, a im dłużej myślałem, tym bardziej uświadamiałem sobie, że pomimo całego bólu z tej sytuacji wyniosłem ostatecznie dwie korzyści. Przede wszystkim myślę, że to doświadczenie w jakiś sposób mnie wzmocniło...

– W jaki sposób? – zapytałem.

– Cóż, śmierć dziecka to najgorsza rzecz, jaką można sobie wyobrazić. Myślę, że doświadczenie tej najgorszej rzeczy i jej przetrwanie dało mi wewnętrzną siłę – wiem, że skoro sobie z tym poradziłem, to poradzę sobie ze wszystkim. Niczego już nie muszę się bać, ponieważ bez względu na to, jak wielkie problemy będę miał w życiu, wiem, że przetrwałem najgorsze.

Druga sprawa jest taka – myślę, że jej śmierć sprawiła, że naprawdę doceniam moją młodszą córkę, Chloe. Codziennie uświadamiam sobie, jakim jest darem oraz że nie mogę tego przyjmować za rzecz oczywistą. Myślę, że dlatego jestem dla niej lepszym ojcem. Sądzę, że to kolejna, fundamentalna pozytywna zmiana.

Kiedy kontynuowaliśmy nasze rozważania, Dalajlama dodał kolejny składnik do swojego przepisu na radzenie sobie z życiowymi trudnościami i odkrywanie szczęścia w trudnych czasach: optymizm. Jak mówi, istnieje silny związek pomiędzy optymizmem a nadzieją – im bardziej optymistyczne mamy nastawienie, tym większe prawdopodobieństwo, że uda się nam zachować nadzieję w trudnym dla nas okresie. Większość badaczy zalicza optymizm do kategorii pozytywnych emocji, do tej samej rodziny co nadzieję, ponieważ zorientowane są na „przyszłość" i zawierają ogólne oczekiwanie pozytywnych rezultatów. Optymizm to jedna z najlepiej zbadanych pozytywnych emocji. Badania wykazały, że odgrywa on ważną rolę w radzeniu sobie z całym spektrum trudności i problemów życiowych: od codziennych, drobnych kłopotów, po traumy, straty i katastrofy. Podobnie jak w przypadku innych pozytywnych emocji, ma on niezliczone korzyści, zwiększając nasz fizyczny, mentalny i społeczny dobrostan – co wiąże się z lepszym zdrowiem, dłuższym życiem, silniejszymi związkami małżeńskimi oraz większymi sukcesami w szkole czy w pracy.

Metoda kultywowania większego optymizmu, którą proponuje Dalajlama, to zasadniczo ta sama ogólna technika, jaką stosuje się do wzbudzania nadziei – przyglądanie się negatywnym okolicznościom i wydarzeniom z szerszej perspektywy, patrzenie na niesprzyjające sytuacje pod różnymi kątami i tak dalej. Jednak w tej rozmowie Jego Świątobliwość dokładnie wyjaśnił, że technika ta polega na aktywnym poszukiwaniu pozytywnego aspektu danej sytuacji czy wydarzenia, potencjalnych korzyści czy dobrego wyniku. Technikę tę czasami określa się mianem przeformułowania, pozytywnej ponownej analizy czy też odnajdywaniem korzyści.

W lepszym zrozumieniu tej metody i jej skuteczności pomoże nam powrót do początkowego założenia Dalajlamy: nasze postrzeganie świata wokół nas, nasza interpretacja okoliczności i wydarzeń, które rozgrywają się dookoła, z pewnością wpływa na to, jak reagujemy na świat i jego problemy... wiąże się to bezpośrednio ze zdolnością radzenia sobie z problemami i utrzymywania szczęścia. Badania potwierdzają, że optymizm w dużym stopniu zasadza się na tym, jak postrzegamy i interpretujemy sytuacje, złe wydarzenia, problemy, niepowodzenia i inne komplikacje. Jasne, że kiedy coś złego się wydarza, ludzie zadają sobie pytanie: dlaczego? To, jak oceniają przyczynę, jak odpowiadają na to pytanie, określa ich reakcję na negatywne wydarzenie.

Kilka nowatorskich badań z tej dziedziny przeprowadził doktor Martin Seligman, jeden z czołowych ekspertów badających zagadnienie optymizmu, który zainteresował się tym tematem na wczesnym etapie swojej kariery zawodowej na Uniwersytecie Pensylwanii. Seligman sformułował teorię, że różnica między optymistami a pesymistami polega na „stylu wyjaśniania", czyli sposobie, w jaki tłumaczą oni złe rzeczy, które im się przydarzają. Zgodnie z badaniem przeprowadzonym przez Seligmana i jego współpracowników, istnieją dwa kluczowe aspekty optymistycznego i pesymistycznego stylu wyjaśniania: trwałość i wszechstronność. Tłumacząc złą sytuację, pesymiści mają skłonność do przypisywania jej przyczynom czy negatywnym warunkom, które będą trwały przez długi czas oraz wpłyną na inne obszary ich życia, podkopując wszystko, co robią. Stając w obliczu niepowodzenia czy nieszczęścia, optymiści postrzegają rzeczy w dokładnie przeciwny sposób: uważają, że przyczyny leżące u podstaw tego wydarzenia są chwilowe i ograniczone wyłącznie do tej jednej sytuacji. Dlatego, jeżeli pesymista doświadczy porażki, na przykład nie zda egzaminu, złoży to na karb swojego wrodzonego braku inteligencji czy nieumiejętności uczenia się i pomyśli: „Prawdopodobnie nie zaliczę tych zajęć i wyrzucą mnie ze szkoły!" Optymista w takiej sytuacji prawdopodobnie stwierdzi, że nie poświęcił wystarczająco dużo czasu na naukę: „Oblałem egzamin. Ale to nie oznacza, że pozostałe też obleję". Będzie postrzegał to wydarzenie po prostu jako chwilową komplikację oraz rodzaj wyzwania uświadamiającego, że następnym razem musi się bardziej przyłożyć.

Ponieważ optymizm i pesymizm w dużej mierze dotyczą stylu wyjaśniania, współcześni psychologowie uznają optymizm za coś, czego można się nauczyć – możemy nauczyć się zmieniać naszą reakcję emocjonalną na sytuację czy wydarzenie, przekształcając własny sposób jej postrzegania czy interpretowania. Główną techniką, którą wykorzystuje się do budowania optymizmu, jest klasyczna technika poznawcza. Jej skuteczności dowodzi wiele badań naukowych: przede wszystkim wychwyć swoje pesymistyczne, negatywne myśli, podstawowe założenia i przekonania, a następnie świadomie je zakwestionuj, szukając dowodów, które je obalają, czy alternatywnych, bardziej optymistycznych wyjaśnień.

Widać więc, że podejście Dalajlamy do radzenia sobie w naszych trudnych czasach jest zbieżne z technikami, które są powszechnie praktykowane w zachodniej psychologii. To, co Jego Świątobliwość nazywa „kształtowaniem realistycznego podejścia" czy też „spoglądaniem z szerszej perspektywy", psycholodzy określają mianem „technik poznawczych". Oba podejścia obejmują pozytywną, ponowną ocenę sytuacji. Umiejętność przeformułowania i ponownego spojrzenia na negatywne doświadczenia, postrzegania ich z szerszej perspektywy, pod bardziej pozytywnym kątem, stanowi jedną z kluczowych strategii kształtowania odporności, nadziei, optymizmu i całego wachlarza innych pozytywnych emocji. Kwintesencję tej metody można sprowadzić i zamknąć w jednym pytaniu: „Jak mogę spojrzeć na to inaczej?" Technika ta ma mnóstwo zastosowań. Możemy bowiem reagować na niekorzystne sytuacje i wydarzenia na wiele sposobów, na przykład gniewem, wściekłością, zazdrością, nienawiścią, skrajnym niepokojem czy przygnębieniem. Wszystko to są destrukcyjne emocje, które podkopują nasze szczęście. Metoda ta, zastosowana w sytuacjach, w których pojawiają się te niszczące emocje, może pomóc nam bardziej skutecznie radzić sobie z problemem, zwalczyć negatywną emocję i poprawić nasze ogólne samopoczucie.

Kiedy jednak mowa o patrzeniu na przeciwności losu i problemy z jaśniejszej strony, o szukaniu pozytywnych aspektów negatywnej sytuacji, często pojawia się pewien zarzut. Wiele osób pyta: „Czy ta strategia to przypadkiem nie to samo, co «pozytywne myślenie», kiedy to ludzie próbują wmówić sobie różne dobre rzeczy, zawsze «patrząc na sprawy optymistycznie», jednocześnie ignorując czy zaprzeczając negatywnym aspektom rzeczywistości? Czy nie jest to jakiś «pollyannizm»*, zwodzenie siebie?"

---

* Pollyanna to tytułowa bohaterka klasycznej powieści dla dziewcząt autorstwa Eleanor H. Porter oraz jej kontynuacji pt. *Pollyanna dorasta*. To również synonim

Oczywiście, podobnie jak w przypadku innych cech, istnieją znaczne różnice pomiędzy ludźmi w ich zwyczajowym poziomie optymizmu, a kiedy optymizm staje się skrajny, może być nierealistyczny i potencjalnie wpędzić nas w kłopoty – ponieważ nie doceniamy wówczas ryzyka, wyolbrzymiamy nasze zdolności czy ciągle winimy innych za nasze problemy, nawet kiedy sami je wywołaliśmy. Poza tym przeprowadzone lata temu badania dostarczają dowodów na to, że optymiści mają tendencję do filtrowania informacji przez pozytywne nastawienie, co zasadniczo polega na tym, że pozwalają dobrym wieściom dotrzeć do świadomego umysłu, jednocześnie odfiltrowując złe wiadomości. Badania te wykazały, że w rzeczywistości ludzie, którzy są lekko przygnębieni czy smutni, postrzegają sytuacje w sposób bardziej zgodny z prawdą.

Tutaj właśnie bardzo ważne stają się spostrzeżenia Dalajlamy. Jak stwierdziliśmy, jego podejście zasadza się na „realistycznym myśleniu". Upewniając się, że postrzeganie czy interpretacja wydarzeń u danej osoby zawsze opiera się na rzeczywistości, „realistyczne podejście" Dalajlamy ma wbudowany swoisty mechanizm zabezpieczający, który przeciwdziała niebezpieczeństwom wynikającym ze skrajnego czy nierealistycznego optymizmu.

Może się wydawać, że postrzeganie pewnych sytuacji z pozytywnej strony jest niemożliwe. Ale jak wskazuje przykład Josepha, ojca, który stracił dziecko, jeżeli przeanalizujemy sytuację uważnie, zawsze znajdziemy sposób bardziej optymistycznego postrzegania problemów, zarazem niezaprzeczający rzeczywistości. Ponieważ rzeczy istnieją w sposób względny, nie ma tylko jednego sposobu widzenia jakiegoś wydarzenia, możemy więc zdecydować, że będziemy zwracać większą uwagę na pozytywne aspekty naszych doświadczeń i kształtować postawę wdzięczności za dobre rzeczy, które przydarzają nam się w życiu, nie zaprzeczając przy tym rzeczywistości. A ponieważ nikt z nas nie potrafi przewidzieć przyszłości

---

osoby pogodnej, radosnej, z optymizmem podchodzącej do życia, szukającej w każdej (szczególnie z pozoru nieprzyjemnej) osobie, rzeczy i sytuacji jej czasami głęboko ukrytych pozytywnych cech [przyp. tłum.].

i ponieważ tak naprawdę nie wiemy, co się stanie, możemy wybrać optymistyczne, a zarazem realistyczne podejście. A nawet kiedy dana sytuacja jest skrajnie negatywna, i tak możemy traktować problemy jak wyzwania i być nastawionym na ich rozwiązanie, usilne dążenie do celu i wypatrywanie potencjalnych możliwości, które przyniosłyby zmiany na lepsze.

Co ciekawe, najnowsze badania wykazują, że większość optymistów pasuje do modelu „realistycznego", który sformułował Dalajlama. Mimo iż powszechnie postrzega się optymistów raczej jako takich, którzy bardziej niż pesymiści żyją w swoim świecie fantazji, oraz pomimo dawnych badań dowodzących, że lekko przygnębieni ludzie wyraźniej widzą rzeczywistość, istnieje coraz więcej dowodów obalających ten pogląd i świadczących o tym, że to pesymiści są bardziej skłonni do łudzenia się i zaprzeczania rzeczywistości.

Z wielu badań wynika, że ludzie o optymistycznym nastawieniu lepiej radzą sobie z trudnymi sytuacjami i doświadczają mniej cierpienia. Badania różnic w stylu radzenia sobie z problemami wykazują, że optymiści prezentują styl bardziej aktywny, skupiony na poszukiwaniu rozwiązania, i nie ustają w wysiłkach, aby stawić czoło wyzwaniu, podczas gdy pesymiści mają większą tendencję do unikania sytuacji czy udawania, że problemu nie ma. Okazuje się, że optymiści są bardziej elastyczni w znajdowaniu rozwiązań, bardziej skłonni do poddawania sytuacji ponownej ocenie w miarę upływu czasu, zgodnie z rzeczywistością. A kiedy dana sprawa znajduje się poza ich kontrolą czy też jest nierozwiązywalna, optymiści, ogólnie rzecz biorąc, podejmują wysiłek, aby przyjąć stresującą rzeczywistość. Nie jest to bynajmniej stoicka rezygnacja czy fatalistyczne poddanie się, ale raczej próba zaakceptowania rzeczywistości i zintegrowania jej ze swoim ogólnym poglądem na świat. Następnie stosują oni techniki poznawcze, aby ujrzeć złą sytuację w możliwie najlepszym świetle, i starają się czegoś nauczyć nawet z nieszczęścia.

Optymizm, podobnie jak wszystkie pozytywne emocje, to wielopłaszczyznowy stan umysłu, a zdolność do optymistycznego postrzegania określana jest po części przez nasze podstawowe usposobienie, wychowanie, doświadczenie życiowe oraz naturalną zdolność regulowania emocji. Ale jedno jest jasne: bez względu na to, jakie mamy zasadnicze usposobienie czy doświadczenia, optymizm można świadomie rozwijać, wkładając w to pewien wysiłek i, jak proponuje Dalajlama, ponownie kształtując swoje fundamentalne spojrzenie na życie.

## ODPORNOŚĆ

Jako siedemdziesięciopięciolatek Dalajlama ma za sobą naprawdę niezwykłe życie, odznaczające się nagłymi i gwałtownymi zmianami, gdy szczęście przeplatało się z nieszczęściem. Nie są mu obce trudności, rozczarowania czy porażki.

Jako dwulatek mieszkał z rodziną w tybetańskiej wiosce składającej się z dwudziestu rodzin, w odległym regionie kraju, z dala od stolicy, Lhasy. W swoim biednym gospodarstwie jego najbliżsi uprawiali trochę gryki, jęczmienia i ziemniaków. Chłopiec spał co noc przy żelaznym kuchennym piecyku, a w ciągu dnia dreptał po podwórku z kurczakami i dzomo (krzyżówka jaka i krowy).

Lhamo Dondrub nie skończył jeszcze dziesiątego roku życia, kiedy przyjął imię Dzietsun Dziampel Ngałang Lobsang Jesie Tenzin Gjatso, stając się najwyższym władcą starożytnego kraju, uwielbianym i czczonym przez wszystkich. Oprócz tego, że pełni rolę zwykłego króla, uważany jest również za czternaste wcielenie dalajlamy. Jak wynika z ponadsześćsetletniej tradycji, jest ucieleśnieniem Czenreziga, bóstwa współczucia, patrona Tybetu. Dalajlama jako mnich rozpoczął mające trwać całe życie studiowanie nauk buddyjskich. Kiedy tylko wypuszczał się poza mury wspaniałego zimowego pałacu dalajlamów, Potali o tysiącu komnat, otaczał go ogromny orszak. Dokądkolwiek się udawał, ośmiu tragarzy w wymyślnych strojach nosiło go w bogato zdobionej, żółtej lektyce, a każdej procesji towarzyszyło sto osób. Wszyscy mieszkańcy miasta gromadzili się tylko po to, aby choć na chwilę go ujrzeć, milcząc z respektem, ze łzami w oczach rzucając się na ziemię i oddając mu pokłon.

Nie minęło pięć kolejnych lat, kiedy oficjalnie intronizowano

Dalajlamę. Objął on też pełnię władzy politycznej, ale nie całkiem był gotowy na to, co czekało Tybet. Obejmował przywództwo nad krajem stojącym u progu wojny z najliczniejszym narodem na Ziemi, którego komunistyczna armia już najeżdżała jego ojczyznę, wyrządzając jego rodakom krzywdy, będące jednak niczym w porównaniu z tym, co miało ich potem spotkać.

Jako dwudziestoczterolatek Dalajlama został zmuszony do ucieczki ze swojej ukochanej ojczyzny, co o mały włos by się nie powiodło. W przebraniu dotarł do granicy z Indiami, po długich tygodniach ciężkiej przeprawy przez Himalaje. Przyjechał wyczerpany na grzbiecie dzomo, przemoczony do szpiku kości ulewnym, lodowatym deszczem, z gorączką i czerwonką. Pozostawiając niemal wszystko za sobą, przybył do Indii praktycznie z pustymi rękami.

10 marca 2008 roku grupa tybetańskich mnichów żyjących w Tybecie zorganizowała pokojową demonstrację, protestując przeciwko dziesięcioleciom tyranii i ucisku pod rządami Chińczyków. Była to czterdziesta dziewiąta rocznica nieudanego powstania, które doprowadziło do ucieczki Dalajlamy do północnych Indii. Ze stolicy Tybetu, Lhasy, podobne protesty zaczęły się rozprzestrzeniać na cały kraj, a nawet na sąsiadujące chińskie prowincje, które zamieszkuje spory odsetek ludności tybetańskiej. Wiele tych protestów szybko wymknęło się spod kontroli. W ciągu kilku dni cały świat przyglądał się największym w Tybecie od przynajmniej dwudziestu lat zamieszkom, przemocy, rozruchom i represjom. Reakcja Chin była błyskawiczna i ostra, wojska chińskie szybko rozprawiły się z uczestnikami protestów – nastąpiły masowe aresztowania, wielu ludzi wtrącono do więzień, było wiele ofiar, a w całym Tybecie zapanował stan wyjątkowy... Dalajlama natychmiast wystosował apel do obu stron, aby zaprzestać walk, i przez cały ten najgorszy kryzys, jak też po jego zakończeniu, niewzruszenie wzywał do niestosowania przemocy, wysyłając listy otwarte zarówno do Tybetańczyków, jak i Chińczyków. Apelował o obopólne zrozumienie, powstrzymanie się od dalszej agresji i o współczucie nawet dla wrogów.

W odpowiedzi na apel światowych przywódców, aby Chińczycy rozpoczęli dialog z wysłannikami Dalajlamy w celu złagodzenia napięć i znalezienia rozwiązania problemu, chińscy urzędnicy zaplanowali spotkanie. Zwykle ignorowali takie wezwania, ale tym razem chcieli dobrze wypaść przed zbliżającą się olimpiadą, która miała się odbyć właśnie w Chinach.

Spotkałem się z Dalajlamą w listopadzie 2008 roku, aby omówić z nim tę sytuację. Straciwszy wiarę w to, że chińskie władze mogą być prawdziwymi partnerami w negocjacjach, w owym czasie uważał, że sytuacja jest wręcz rozpaczliwa, ale nie miał już pomysłów, jak ją rozwiązać. Zwołał więc specjalne spotkanie Tybetańczyków, prosząc ich, aby przybyli do Dharamsali z różnych zakątków świata na swoiste referendum w kwestii Drogi Środka, którą obrał. Spotkanie to miało również stać się forum dla omówienia nowych pomysłów. Zanim jednak opiszę osobiste reakcje Dalajlamy na te wydarzenia, przybliżę kontekst sytuacji, przedstawiając krótką historię stosunków tybetańsko-chińskich od 1959 roku.

W tym roku Dalajlama udał się na wygnanie do północnych Indii wraz z około stu tysiącami innych Tybetańczyków, po upadku powstania ludu tybetańskiego przeciwko inwazji i okupacji chińskiej armii. Mijały lata, a Tybetańczycy nieustannie cierpieli: więziono ich, torturowano, wielu umarło z głodu lub zostało zabitych. Tysiące buddyjskich klasztorów zrównano z ziemią, podejmowano również systematyczne wysiłki, aby wykorzenić praktykę i ducha buddyzmu w Tybecie. Dzisiaj religia, kultura, język i tożsamość Tybetańczyków są bliskie zaniku na skutek tak zwanego kulturowego ludobójstwa. Bardzo niepokojący jest też rządowy plan przesiedlenia – polityka masowego przekwaterowywania ludności chińskiej pochodzenia Han na teren Tybetu, której celem jest pozbawienie Tybetańczyków władzy poprzez uczynienie ich mniejszością we własnym kraju. To samo chiński rząd zrobił w Mongolii Wewnętrznej, której pierwotni mieszkańcy stanowią obecnie jedynie 20 procent całej populacji.

Próbując przez pięćdziesiąt lat rozwiązać problem na drodze pokojowej, Dalajlama usiłował doprowadzić do poważnych negocjacji. Od 2002 roku odbyło się osiem rund rozmów pomiędzy wysłannikami Dalajlamy a przedstawicielami chińskiej władzy. Przez lata, które przeżył na wygnaniu, Jego Świątobliwość wypracował kompromisowe stanowisko, obejmujące podejście Drogi Środka oraz Pięciopunktowy plan pokojowy, w którym proponuje wycofanie się z żądania niepodległości w zamian za uzyskanie znaczącej autonomii, przestrzegania praw człowieka oraz większej wolności dla swoich rodaków. Żadna z tych rozmów nie przyniosła realnego postępu – planu nie przyjęto, nie przystąpiono nawet do poważnych negocjacji. Ostatnie spotkanie odbyło się w 2008 roku, po marcowych zamieszkach i ich stłumieniu. Wtedy stało się jasne, że Chińczycy nie negocjowali w dobrej wierze: nie tylko nie poczyniono postępów, ale powrócili oni do tego samego stanowiska, jakie przyjęli dwadzieścia lat wcześniej, stawiając Dalajlamie praktycznie niemożliwe do zrealizowania żądania, na przykład żeby Jego Świątobliwość oficjalnie przyznał, że Tybet zawsze stanowił część Chin, a to jest po prostu nieprawda, stanowiąca samo sedno sporu.

Tak więc po pięćdziesięciu latach niestrudzonej pracy dla Dalajlamy i innych stało się oczywiste, że negocjacje z chińskim rządem nie posunęły się nawet o krok naprzód. Oczywiście już przed tymi wydarzeniami pojawiało się mnóstwo świadczących o tym dowodów.

W ostatnich latach rządowi urzędnicy wznieśli swoją retorykę przeciwną Dalajlamie na nigdy wcześniej nieobserwowany poziom, nazywając go „separatystą", „kryminalistą", „zdrajcą", obrzucając go stekiem oszczerstw, bezczelnych kłamstw i twierdzeń, które były totalnym zaprzeczeniem rzeczywistości. Mogłyby one być mocno irytujące (przynajmniej dla tych, którzy znali Jego Świątobliwość), gdyby nie komizm niektórych obelg, który rozładowywał napięcie. Do moich ulubionych należy nazwanie go „wilkiem w szatach mnicha, diabłem z ludzką twarzą, ale z sercem potwora" – perełka, której dostarczył nam szef Partii Komunistycznej Tybetańskiego Regionu Autonomicznego.

Oprócz tego Chińczycy zwielokrotnili swoje wysiłki, aby zdyskredytować i zmarginalizować Dalajlamę. Kiedy świat pogrążony był w najgorszym kryzysie finansowym, Chiny wykorzystały swoją siłę gospodarczą, aby agresywnie zastraszać światowych przywódców, urzędników rządowych, znaczące osobistości czy organizacje, zmuszając ich do unikania kontaktu z Dalajlamą. Kiedy na przykład prezydent Francji Nicolas Sarkozy spotkał się z Jego Świątobliwością w 2008 roku, w odwecie Chiny nagle wycofały się z ważnego szczytu z Unią Europejską, którego celem było znalezienie rozwiązań kluczowych kwestii związanych z kryzysem finansowym. W rzeczywistości w marcu 2009 roku chiński minister spraw zagranicznych Yang Jiechi zuchwale oświadczył, że unikanie Dalajlamy powinno być traktowane jako jedna z „podstawowych zasad stosunków międzynarodowych [z Chinami]".

Po zakończonych niepowodzeniem rozmowach w 2008 roku wielu uważało, że od samego początku chiński rząd w oczywisty sposób gra na zwłokę, czekając, aż Dalajlama umrze, aby wprowadzić na jego urząd marionetkę. To również nie było zaskoczeniem, ponieważ wiele wcześniejszych wydarzeń na to wskazywało.

Wyglądało na to, że Chińczycy podejmują działania, aby się do tego przygotować. Czasami środki, po jakie sięgali, graniczyły z absurdem, a czasami znacznie przekraczały tę granicę. Na przykład w 2007 roku komunistyczny rząd o zdecydowanie ateistycznych, antyreligijnych poglądach wydał wyjątkowy zestaw przepisów: Zarządzanie sposobami poszukiwania reinkarnacji (*Management Measures on Reincarnation*), pod auspicjami Urzędu do Spraw Religijnych. Ustawy te dały rządowi pełną kontrolę nad reinkarnacją! Mówią one o tym, że jedynie rząd może zezwolić zmarłemu lamie, aby się odrodził! Dały rządowi uprawnienia, aby odmówić buddyjskiemu lamie z Tybetu zezwolenia na to, aby się reinkarnował po śmierci! W dokumentach tych stwierdza się, że rząd ma wyłączną kontrolę nad inkarnacjami wysokich buddyjskich lamów, a żadna zagraniczna organizacja czy osoba nie ma prawa ingerować w wybór reinkarnowanych lamów. Zawierają one również wymaganie, aby wszyscy lamowie tybetańscy odradzali się na terenie Chińskiej Republiki Ludowej, a nie za granicą! Jakież to wygodne! Zgodnie z tradycją tybetańską, każdy dalajlama jest inkarnacją wszystkich poprzednich dalajlamów, a wybierany jest zgodnie ze starożytnymi tradycjami i rytuałami buddyzmu tybetańskiego, które określają, kto jest nową inkarnacją dalajlamy, kiedy poprzedni umrze – przynajmniej dotąd tak było.

Na tle tych wydarzeń, w listopadzie 2008 roku, spotkałem się z Dalajlamą w jego domu. Po tym, jak po dziesięcioleciach starań poniesiono całkowitą porażkę w pokojowym rozwiązaniu sytuacji, wydarzenia z roku 2008 przedstawiały się bardzo źle. Kiedy zacząłem pytać Dalajlamę o marcowe zamieszki oraz ich stłumienie, troska na jego twarzy i znużenie w głosie wyrażały stopień zniechęcenia, jakiego nigdy wcześniej u niego nie obserwowałem, a od naszego pierwszego spotkania upłynęło już ponad dwadzieścia pięć lat.

– Od marcowego kryzysu naprawdę mam poczucie bezsilności – wyjaśnił. Jakby trudno mu było dobrać właściwe słowa, przerwał na chwilę, aby zebrać myśli, po czym kontynuował łagodniejszym, spokojniejszym tonem: – Miałem wrażenie, że przeżywam to samo, co 10 marca 1959 roku. – Znowu przez jakiś czas zachował milczenie i popadł na chwilę w zadumę, po czym mówił dalej: – Wtedy również Tybetańczycy mi ufali, pokładali we mnie wielkie nadzieje, a ja nie mogłem nic zrobić. Byłem bardzo, bardzo smutny. Bardzo smutny.

Kiedy zaczęliśmy rozmawiać, naprawdę zaniepokoiło mnie to, jak bardzo Dalajlama był przytłoczony całą sytuacją. Przez ponad dwie godziny mówiliśmy o jego reakcji na ostatnie wydarzenia w Tybecie oraz wieloletniej historii porażek w rozwiązywaniu kwestii tybetańskiej. Jednak w miarę trwania naszego spotkania zauważyłem niezwykły proces. Choć Jego Świątobliwość był zniechęcony i zmartwiony, to kiedy dopytywałem się, czy stracił nadzieję, zdecydowanie zaprzeczył. Zaczął podawać kolejne powody, dlaczego jego cele – a raczej, jak podkreślał, cele ludu tybetańskiego, w imieniu którego działa – są ostatecznie osiągalne bez stosowania przemocy. Wyjaśnił, że wydarzenia z 2008 roku sprawiły, że stracił wiarę, przynajmniej na razie, iż chiński rząd i władze mogą stać się prawdziwymi partnerami, z którymi można przeprowadzić obopólnie korzystne zmiany. Ale potem stwierdził, że jego wiara i zaufanie do chińskiego ludu są silniejsze niż kiedykolwiek wcześniej oraz że właśnie w nim pokłada nadzieje. Zauważył wzrost zainteresowania sprawą Tybetu i rosnącą solidarność pośród coraz większej liczby chińskich pisarzy, pracowników naukowych, intelektualistów. Wspomniał, że kilka wyraźnych zmian w ogólnej filozofii chińskich władz przez kilkadziesiąt lat sprawiło, że coraz bardziej prawdopodobna staje się perspektywa, iż komunistyczne rządy dobiegną końca. Przytoczył również inne powody, które znajdują oparcie zarówno w zdrowym rozsądku, jak i w dowodach naukowych. Wspomniał na przykład o tym, że nacisk rządu na wytwarzanie dóbr oraz wzrost praktyk kapitalistycznych ostatecznie doprowadzi do bogacenia się coraz większej części społeczeństwa, a kiedy podstawowe potrzeby ludzi związane z przetrwaniem są zaspokojone, wraz z pewnym minimalnym standardem życia, coraz ważniejsze stają się takie kwestie, jak wolność czy demokracja. W rezultacie ostateczna zmiana jest nieunikniona.

Każdy z argumentów Dalajlamy zasadza się na zdrowym rozsądku i rzeczywistości, a nie na fałszywej nadziei. W miarę trwania naszego spotkania dostrzegłem pewne przeobrażenie – Dalajlama na początku pogrążony był w bólu i zniechęceniu, a potem, kiedy zadawałem mu pytania, a on przytaczał swoje argumenty, coraz bardziej się ożywiał, był coraz bardziej pewny siebie i optymistyczny. Wyraźnie wyczuwałem jego wewnętrzną siłę i determinację, widziałem, jak jego nastrój poprawia się z minuty na minutę, tak że kiedy nasze spotkanie dobiegło końca, choć wciąż był zatroskany, poczucie beznadziei czy lęk zniknęły bez śladu.

Pod koniec naszego spotkania tego dnia wiedziałem już, co znaczy prawdziwa odporność.

Podejmując na nową naszą dyskusję kolejnego popołudnia, zacząłem:

– Wasza Świątobliwość skończył wczoraj na tym, że nasze zewnętrzne doświadczenia odgrywają ważną rolę w tym, jak radzimy sobie z trudnościami...

– Owszem – odparł.

– Czy Wasza Świątobliwość mógłby to wyjaśnić?

– Kiedy rozwijamy wewnętrzną siłę, która może nam pomóc przetrwać trudne czasy, potrzebna jest nam pewna odporność, zdolność stawienia czoła trudnościom bez utraty nadziei czy poczucia przytłoczenia. Odporność tę możemy czerpać między innymi z naszych doświadczeń. Myślę, że ci, którzy mieli w przeszłości ciężkie doświadczenia, czasami lepiej radzą sobie z nowymi problemami i trudnościami. Na przykład Europejczycy, na których ziemiach doszło do dwóch wojen światowych, kiedy napotykają poważny kryzys, choć uznają powagę sytuacji, zarazem mówią: „Tak, widzieliśmy to już wcześniej, przeszliśmy przez to i udało nam się przetrwać". Natomiast w społeczeństwach, które nie doświadczyły wcześniej takich przeżyć, odporność ludzi będzie prawdopodobnie słabsza. Czasami mogą oni wręcz uważać, że cierpienie jest nie do zniesienia, że jest niewyobrażalne, i będą reagować w pewien przesadny sposób.

Zasada mówiąca o tym, że trudności budują odporność, działa oczywiście zarówno na poziomie jednostkowym, jak i społecznym. Na przykład dzieci, które pochodzą z bogatych rodzin, dorastały w miłym otoczeniu i nigdy nie doświadczyły tragedii, trudności czy przeciwności losu, wszystko miały podane na tacy, często idą przez życie z nastawieniem: „Jestem zdrowy, jestem bogaty, dostanę wszystko, czego potrzebuję", jakby nie spodziewały się, że w życiu mogą napotkać jakieś problemy. To iluzja. To nierealne. Kiedy więc stają w obliczu trudności, mogą one całkowicie je przytłoczyć.

Jeżeli zaś przyjrzymy się ludziom, którzy mieli bardzo ciężkie życie, odkryjemy ich wielką odporność. Wykształcili ją w sobie, przeżywając różne tragedie, a tworzy ona pewną stabilność oraz inne nastawienie do trudności i cierpienia, tak że kiedy stykają się oni z nowymi kryzysami czy niesprzyjającymi sytuacjami, mają w sobie więcej akceptacji, sytuacja nie zakłóca tak bardzo ich spokoju. Mają siłę, stabilny stan umysłu, który bardzo im pomaga radzić sobie z problemami.

– Wasza Świątobliwość, to bardzo ważne stwierdzenie co do roli problemów w kształtowaniu odporności. Ale jeżeli chodzi o praktyczne metody jej budowania, o technikę, którą można by zastosować, to nie będzie ono chyba zbyt pomocne. Przecież bez względu na to, jak korzystne są problemy w nabieraniu odporności, nie będziemy ich przecież świadomie poszukiwać – odpowiedziałem.

Dalajlama pokiwał głową.

– Nie trzeba specjalnie szukać problemów, one same nas znajdą.

Trudności z pewnością się pojawią, to natura życia. Tego procesu nie musimy w jakiś celowy sposób praktykować, jest on naturalny, będzie zachodził samoistnie.

– Ale kiedy wcześniej mówiliśmy o kształtowaniu określonego spojrzenia na świat czy nastawienia w stosunku do cierpienia i przeciwności losu, Wasza Świątobliwość często wspominał, że obejmuje to bardziej aktywny proces uczenia się, badania, analizowania, pogłębienia swojej świadomości i...

– Ale tutaj mówimy o czymś innym – zaznaczył Dalajlama. – W tym przypadku trudności można postrzegać jako przeszkody, które pojawią się w naszym życiu. A w pewnym sensie stoją one w opozycji do naszych wysiłków mających na celu osiągnięcie pomyślności, uzyskania źródeł szczęścia i zadowolenia. To ta opozycja kształtuje naszą siłę, a prawo opozycji stanowi część świata natury. Na przykład, jeżeli chcemy mieć silniejsze ciało, większe mięśnie, potrzebny jest opór – przeciwna siła. Wcześniej mówiliśmy o tym, że przeciwstawne siły są konieczne dla utrzymania równowagi w organizmie, jak też o tym, że opór czy wyzwania dla naszego sposobu widzenia świata mogą zrodzić nowe pomysły i rozwój. Podobny proces zachodzi w przypadku kształtowania odporności.

Tak czy inaczej, z tej perspektywy możemy postrzegać życiowe trudności z bardziej pozytywnej strony, pamiętając, że mogą one przynieść potencjalną korzyść, przyczynić się do większej odporności i wewnętrznej siły – dodał Dalajlama.

Przerwał na chwilę, po czym mówił dalej:

– Przypomina mi to duchową zasadę tybetańskiej tradycji, ogólnie znaną pod nazwą *lodziong*, czyli „trening umysłu". Zgodnie z tym poglądem bardziej zaawansowani praktykujący duchową ścieżkę nie tylko potrafią przetrwać przeciwności, ale wręcz twórczo przekształcić je w możliwości.

– Czy Wasza Świątobliwość może wyjaśnić, na czym to dokładnie polega?

– Cóż, kluczowe jest tutaj znowu przyjęcie szerszej perspektywy. Tak więc na przykład jeżeli cierpimy na jakąś chorobę, zamiast mieć poczucie przytłoczenia i zniechęcenia, zamiast się zastanawiać:

„Dlaczego ja?", możemy to wykorzystać jako podstawę głębszego docenienia wszystkich tych rzeczy, które są dla nas w życiu najcenniejsze i najbardziej drogie. Wówczas trudne doświadczenie może nas otworzyć na prawdziwą możliwość rozpoznania, co jest naprawdę ważne w życiu, w przeciwieństwie do tak wielu rzeczy, które zajmowały nam dużo czasu i wydawały się niezwykle istotne, teraz zaś uświadamiamy sobie, że są po prostu błahe. Niektórzy mogą też dzięki temu pogłębić współczucie dla innych ludzi.

Przypominając sobie pewne wydarzenie sprzed kilku lat, powiedziałem:

– Przypomniało mi się, jak Wasza Świątobliwość sam zapadł na poważną chorobę i kiedy trzeba było z tego powodu odwołać inicjację Kalaćakry. Słyszałem, że Wasza Świątobliwość miał jakieś poważne schorzenie żołądkowo-jelitowe, ale nie znam szczegółów. Czy kiedy Wasza Świątobliwość cierpiał na tę chorobę, praktykował którąś z tych technik? Czy mógłby podzielić się tym, co się wtedy działo?

– Przyjechałem wówczas do Bodhgaja, gdzie przez kilka dni przygotowywałem się do inicjacji Kalaćakry. Wykorzystałem tę możliwość, aby pielgrzymować do Radźgiru i Nalandy. W drodze powrotnej przejeżdżaliśmy przez Patnę, gdzie zaczęło mnie boleć tutaj – powiedział, wskazując dolną część brzucha. – Ból stał się bardzo dotkliwy i ostry. Był tak silny, że aż się pociłem. Nie mogłem spać, nie mogłem leżeć wyprostowany, tylko zgięty jak... jak...

– W pozycji embrionalnej?

– Tak, w pozycji embrionalnej. Przejeżdżaliśmy zatem przez Patnę, która leży w stanie Bihar. To bardzo biedny stan, prawie najbiedniejszy w całych Indiach. Mieszka tam wielu ubogich ludzi, szczególnie zwróciłem wtedy uwagę na dzieci, chłopców i dziewczynki biegających boso, z teczkami szkolnymi, zbierających krowie placki, aby je potem wykorzystać na opał. A potem zauważyłem jednego chłopca, wyglądał na dziesięciolatka lub trochę młodszego. Miał na nogach szyny, pewnie po chorobie Heinego-Medina, i podpierał się na kulach. Stał na ulicy i wydawało się, że nikt się nim nie opiekuje. Potem, niedaleko, zobaczyłem starca leżącego w... takim jakby boksie, starej chacie, on tam po prostu leżał lub spał. Jego wygląd – długie, zmierzwione włosy, zarost, łachmany – wskazywał na to, że nikt się nim nie zajmuje. Doświadczyłem wtedy bardzo silnego poczucia beznadziei i bezradności. Niezwykle mocno poczułem, że nie jestem w stanie pomóc tym ludziom, nie potrafię ich wesprzeć, a jest ich tak wielu. Pomyślałem, że powinno się nimi zaopiekować państwo i że są dobrzy ludzie, którzy chcą pomagać, ale w stanie Bihar jest też wiele korupcji, niezmiennie panuje więc tam bieda. To bardzo smutne.

Wtedy odczuwałem bardzo silny ból, ale zamiast koncentrować się na własnym cierpieniu, myślałem o tych biednych ludziach, a szczególnie o tym małym chłopcu i staruszku, i martwiłem się ich losem. Pomyślałem, jakim jestem szczęściarzem, że tak wiele osób się mną opiekuje, okazuje mi troskę, a tymi ludźmi, którzy niczym się ode mnie nie różnią, są ludźmi tak samo jak ja, nikt się nie zajmuje... Tak czy inaczej, takie myślenie odwiodło mój umysł od skupiania się na własnej chorobie i bólu... A to doświadczenie pozwoliło mi na nowo docenić współczucie, na nowo przekonałem się o jego wartości.

Dalajlama na chwilę umilkł, po czym nagle się zaśmiał.

– Widzisz, choć martwiłem się losem tych ludzi, sam skorzystałem w tej sytuacji, ponieważ mój ból się zmniejszył.

A więc musiałem odwołać Kalaćakrę, podano do publicznej wiadomości informację, że odbędzie się ona w późniejszym czasie. Pojechałem do szpitala w Bombaju, zrobili mi badania i odkryli infekcję jelitową. Po terapii antybiotykowej i leczeniu tybetańskimi lekami całkowicie wróciłem do zdrowia.

Dalajlama na chwilę przestał mówić, wpatrując się w przestrzeń i popadając w zadumę, pogrążony we własnych rozważaniach. Myśląc o życiu Dalajlamy, tak najeżonym przeszkodami, zastanawiałem się, o czym tak rozmyśla, i spytałem:

– Mówiąc o życiowych wzlotach i upadkach, zastanawiam się, jaki okres był najtrudniejszy dla Waszej Świątobliwości, jakie były najgorsze czy najbardziej nieszczęśliwe chwile, a może problemy, jakim Wasza Świątobliwość musiał stawić czoło jako dziecko?

Moje pytanie wytrąciło go z zadumy, ale nie odpowiedział od

razu, milczał jeszcze przez chwilę, po czym niespodziewanie zaczął się śmiać.

– Jeżeli chodzi o trudności w okresie dzieciństwa, mój nauczyciel, Ling Rinpocze, czasami udzielał mi reprymendy, co było dość przerażające. Czasami, kiedy byłem przez niego rugany, czułem się tak zdruzgotany, że uciekałem do mamy! A wtedy ona dawała mi chleb i pocieszała mnie – znowu się zaśmiał. – Oczywiście nie można zbyt poważnie traktować doświadczeń z dzieciństwa...

Nagle się zasępił i mówił dalej:

– Ale prawdopodobnie najtrudniejsza dla mnie była noc, kiedy wyjeżdżałem z Lhasy i uciekałem z Tybetu. Wszystko było takie niepewne. Moje życie było zagrożone, również istnienie narodu tybetańskiego stanęło pod wielkim znakiem zapytania. Była to więc chwila wielkiej niepewności, wątpliwości i smutku...

Był też jeszcze inny okres, kiedy odszedł Ling Rinpocze... Nie, nie kiedy umarł, ale kiedy dotarły do mnie wieści o jego udarze... Inny mój nauczyciel zmarł poprzedniego dnia. Tak więc jednocześnie dowiedziałem się o jego śmierci i o udarze Linga Rinpocze...

Jego Świątobliwość znowu przerwał i cicho, ze smutkiem powiedział:

– Byłem wtedy w Szwajcarii – dodał po prostu. – To była bardzo smutna chwila.

– W jakim stopniu według Waszej Świątobliwości te doświadczenia wzmocniły jego odporność? – spytałem.

– Cóż, nie uważam się za jednego z najodporniejszych ludzi na świecie. Ale z drugiej strony nie znajduję się z pewnością na przeciwległym końcu skali – nie wszystko, co się wydarza, od razu mnie rani, nie jestem aż tak wrażliwy. Ale takie doświadczenia wywarły na mnie pewien wpływ.

Gdybym mieszkał w Tybecie i wiódł wygodne, bezproblemowe życie w pałacu Potala czy Norbulingka, być może byłbym dzisiaj zupełnie innym dalajlamą. Oczywiście, moje praktyki duchowe również nie pozostają bez znaczenia. Ale oprócz tego musiałem również radzić sobie z prawdziwymi życiowymi problemami, wieloma komplikacjami. W pewnym sensie można więc powiedzieć, że istnieją dwie możliwości praktykowania medytacji. Jedna to medytacja kontemplacyjna, codzienne praktyki duchowe, a druga to życiowa praktyka, codzienność, gdy musimy stawić czoło wszelkiego rodzaju przeciwnościom i wyzwaniom, dzięki którym się zmieniamy i rozwijamy.

Kiedy wydawało się, że Dalajlama zakończył już opowieść o życiowych trudnościach, najwyraźniej przyszła mu do głowy jeszcze jedna myśl.

– Skoro mowa o problemach, przypomniał mi się pewien wizerunek Buddy, który dla mnie osobiście jest głęboko inspirujący. Przedstawia Buddę, który wygląda prawie jak szkielet, a reprezentuje wczesny okres jego życia, kiedy praktykował on ascezę i przechodził ciężką próbę. Oryginalny posąg znajduje się obecnie w Muzeum Lahore w Pakistanie. W domu mam fotografię przedstawiającą tę rzeźbę, która dla mnie niezwykle przekonująco wyraża to, iż właśnie przeżywając trudności, dzięki niestrudzonemu wysiłkowi, Budda osiągnął pełne oświecenie. Kiedy widzę ten posąg, jestem głęboko poruszony, dodaje mi on odwagi.

– Kiedy Wasza Świątobliwość mówił o „przeciwnościach i wyzwaniach", przyszło mi coś do głowy: Wasza Świątobliwość mówił o tych dwóch rzeczach tak, jakby były równorzędne. Po części więc Wasza Świątobliwość twierdzi, że możemy postrzegać problemy jako wyzwania, a kiedy już uda nam się im sprostać, stajemy się silniejsi i bardziej odporni oraz zyskujemy większą umiejętność radzenia sobie z życiowymi trudnościami.

– To prawda.

– Przypomina mi to cykl eksperymentów, w których chciano zbadać zagadnienie odporności i przeanalizować czynniki mogące zwiększać naszą zdolność dochodzenia do siebie po kryzysie czy nieszczęściu...

Tu opisałem eksperymenty przeprowadzone przez Barbarę Fredrickson i jej współpracowników, które doprowadziły do sformułowania hipotezy odwrócenia. Jak opisałem wcześniej, polegały one na tym, że badanych wprowadzano w stan niepokoju i stresu, mówiąc im, że mają tylko kilka minut na przygotowanie przemówienia, a w końcu poinformowano ich, że wystąpienia zostały jednak odwołane. Badacze mogli wówczas określić, jaki poziom odporności prezentuje dana osoba, analizując, jak wiele czasu potrzebowała, aby dojść do siebie po reakcji stresowej – w tym konkretnym przypadku sprawdzano, kiedy tętno i ciśnienie krwi uczestników wrócą do normy. Opisałem pierwszą serię eksperymentów, które wykazały, że pozytywne emocje zwiększają odporność, przyspieszając proces regeneracji. Ale teraz określiłem jeszcze inny czynnik, który również zwiększał odporność badanych.

– Tak czy inaczej, przeprowadzając ten cykl eksperymentów, badacze zauważyli, że wszyscy uczestnicy doświadczyli mniej więcej podobnego poziomu stresu, ale nie wszyscy w takim samym tempie wracali do formy. Niektórzy przejawiali naturalnie wysoką odporność, podczas gdy inni mieli jej niski poziom. Podzielono więc badanych na dwie grupy. Kiedy badacze omawiali przygotowywanie się do wystąpienia, jednej grupie dali instrukcje, które zachęcały do postrzegania tego ćwiczenia w pozytywnym świetle, jako wyzwania, któremu trzeba stawić czoło, oraz do postrzegania siebie jako osoby, która jest w stanie mu sprostać. Wskazówki udzielane drugiej grupie wywoływały wrażenie, że zadanie jest bardziej zagrożeniem, ponieważ badanym powiedziano, że efekt ich pracy będzie analizowany przez ekspertów, a opinia ta posłuży do oceny ich przyszłych sukcesów.

Badacze odkryli, że ta zmiana w żaden sposób nie zmieniła poziomu odporności u tych badanych, u których był on wysoki: podobnie jak wcześniej, szybko wrócili oni do formy po reakcji stresowej. Ale zmiana ta wywarła wpływ na grupę o niskiej odporności: ci, którzy świadomie postrzegali to zadanie jako wyzwanie, wrócili do formy znacznie szybciej, natomiast tym, którzy nadal traktowali przemowę jako zagrożenie, zajęło to znacznie więcej czasu. Pomyślałem, że ten eksperyment wspaniale ilustruje stwierdzenie Waszej Świątobliwości, że nasz światopogląd czy też perspektywa mogą wpłynąć na zdolność radzenia sobie z problemami. W tym przypadku chodziło o zasadniczy wpływ na poziomie fizjologicznym.

– Tak, to dobry przykład – zgodził się Dalajlama.

Życie jest niepewne, a historia Dalajlamy stanowi tego świadectwo: z biednego, dwuletniego chłopskiego syna w wieku lat piętnastu przeistoczył się we władcę starożytnego kraju. Jako dziewiętnastolatek z wielkim wysiłkiem negocjował z przewodniczącym Mao. Kiedy miał dwadzieścia cztery lata, stał się uchodźcą, wciąż uwielbianym przez swoich rodaków i znanym w buddyjskim świecie, ale żyjącym w zapomnieniu, bo reszta świata praktycznie o nim nie pamiętała – dla wielu był jedynie zdetronizowanym przywódcą. Opowieść mogłaby się na tym zakończyć, podobnie jak historia życia ostatniego cesarza Chin. Dalajlama stał się jednak obywatelem świata, wielkim duchowym nauczycielem, laureatem Pokojowej Nagrody Nobla i orędownikiem niestosowania przemocy, propagatorem pokoju na świecie, praw człowieka i harmonii międzyreligijnej. Choć Jego Świątobliwość zaprzecza, że jest najbardziej odporną osobą na świecie, najwyraźniej jego wytrzymałość jest na tyle duża, że z wielkim powodzeniem poradził sobie z licznymi zmianami i przeciwnościami, którym był zmuszony stawić czoło.

Do naszej powiększającej się puli metod, które mogą nam pomóc radzić sobie ze zmianami i trudnościami, Dalajlama dodaje kolejną: odporność. Koncepcja odporności jest związana z budowaniem nadziei i optymizmu, ponieważ wszystkie te trzy czynniki pomagają nam radzić sobie z trudnościami i stresami życia. W przeciwieństwie jednak do nadziei i optymizmu, odporność to szersze pojęcie, które obejmuje sumę naszych wewnętrznych zasobów – to zdolność powrotu do formy po trudnych czy traumatycznych doświadczeniach, po ciężkiej próbie i stracie. Oprócz tego, że pomaga skutecznie radzić sobie z poważnymi problemami i żyć dalej, wspiera nas również w sprostaniu codziennym stresom i w przystosowywaniu się do zmieniającego się świata.

Istnieje wiele czynników, które mają potencjalny wpływ na zwyczajowy poziom odporności danej osoby. Utrzymywanie dobrych związków z innymi ludźmi, optymistyczny pogląd na świat, zachowywanie dystansu, stawianie sobie celów i aktywna praca na rzecz ich osiągnięcia, ufność we własne siły i umiejętność regulowania emocji – wszystkie te elementy wiążą się z większą odpornością.

Ludzie rozwijają różne strategie i cechy, które są dla nich oparciem w trudnych chwilach. Badania na temat odporności wykazują, że niektórzy próbują radzić sobie z napięciami i przeciwnościami losu w sposób „represyjny", po prostu je ignorując. Odkryto również, że ci, którzy mają dobrze rozwiniętą cechę „autowaloryzacji", radzą sobie z traumatycznymi wydarzeniami lepiej niż inni. To cecha osób, które mają szczególnie silne poczucie własnej wartości i wykazują tendencję do postrzegania siebie w możliwie najlepszym świetle. Choć cecha ta może dać tym osobom większe przekonanie, że poradzą sobie z traumatycznymi wydarzeniami, przez większość czasu inni ludzie uważają je za aroganckie czy denerwujące.

Analizując podejście Dalajlamy do kształtowania odporności, możemy rozpocząć od jego początkowego założenia, że nasze spojrzenie na życie, sposób postrzegania problemów, odgrywa kluczową rolę w tym, jak sobie z nimi radzimy. Pogląd ten potwierdza wiele badań naukowych. Podsumowując obecne dowody, psychologowie Anthony Ong i Cindy S. Bergeman, specjaliści z dziedziny ludzkiej odporności z Uniwersytetu w Notre Dame, podkreślają, że „różnice w przystosowaniu się do stresu mogą wynikać z naszego zwyczajowego poglądu na świat, czyli z tego, jak reagujemy, jak oceniamy oraz jak interpretujemy życiowe doświadczenia". Z eksperymentu, który opisałem Dalajlamie, jasno wynika, że nasze postrzeganie problemu może zdecydowanie wpłynąć na to, jak szybko zregenerujemy się po skutkach stresu: sposób postrzegania zadania przez badanych jako wyzwania lub groźby zasadniczo zmieniał ich zdolność radzenia sobie w trudnej sytuacji.

Co ważniejsze, eksperyment ten pokazuje, że możemy świadomie zmienić sposób, w jaki traktujemy zagrażające nam wydarzenie. W drugiej części badania po prostu poproszono osoby o niskiej odporności, by potraktowały zadanie jako wyzwanie, a nie zagrożenie! Stanowi to przykład pozytywnego przeformułowania – to ta sama technika, która skutecznie pozwala budować nadzieję i optymizm. To także jedna z metod, którą możemy zastosować, aby postrzegać negatywne sytuacje i wydarzenia z szerszej perspektywy, co z kolei stanowi główną strategię kształtowania realistycznego podejścia zalecanego przez Dalajlamę.

Istnieje wiele dowodów potwierdzających fakt, że patrzenie na problem z szerszej perspektywy może zwiększyć naszą odporność. Można tego dokonać przez ponowną pozytywną ocenę – odkrywanie w trudnej sytuacji pozytywnego sensu, wyższego celu czy potencjalnej korzyści, na krótką lub dłuższą metę. Pozytywna ponowna ocena może również obejmować przeformułowanie negatywnej sytuacji w bardziej pozytywną poprzez rozważanie, czego się z niej nauczyliśmy, jaki potencjalnie pozytywny skutek z niej wynika, bezpośrednio lub pośrednio. Techniki poznawcze, które opisaliśmy wcześniej, również mogą tutaj pomóc.

Metoda pozytywnej ponownej oceny, patrzenie z szerszej perspektywy – to dokładnie te same techniki, o których mówiliśmy wcześniej w kontekście zwiększania nadziei i optymizmu. W rzeczywistości nie tylko nadają się one do budowania nadziei czy optymizmu, ale można je również wykorzystać ogólnie do regulacji emocji, do świadomego łagodzenia negatywnych uczuć i wzbudzania pozytywnych. Jeśli chodzi o czynniki, które pomagają kształtować odporność, zarówno nadzieja, jak i optymizm odgrywają tutaj ważną rolę – im więcej bowiem mamy nadziei i optymizmu, tym bardziej jesteśmy odporni. Ale nadzieja i optymizm to nie jedyne pozytywne emocje, które zwiększają odporność. Badania wykazują, że budują ją zasadniczo wszystkie dobre uczucia czy stany umysłu (spokój, radość, wesołość, zadowolenie).

Jedną z badaczek, które analizują związek pomiędzy pozytywnymi emocjami a odpornością, jest Barbara Fredrickson. W jednym z badań wraz ze swoimi współpracownikami przeprowadziła ona sondaż wśród grupy studentów Uniwersytetu w Michigan, kilka miesięcy przed wydarzeniami z 11 września, badając ich poziom odporności. Ponownie przetestowano ich już po zamachach. Wtedy oczywiście niemal każdy odczuwał smutek, złość i lekki lęk. Zarówno studenci o wysokiej, jak i ci o niskiej odporności doświadczali negatywnych emocji i byli głęboko poruszeni narodową tragedią. A jednak ci, u których przed 11 września stwierdzono wysoką odporność, wykazywali potem więcej pozytywnych emocji i choć byli smutni i rozgniewani, doświadczenie to ich nie przytłoczyło, a negatywnym emocjom towarzyszyła również wdzięczność za dobre rzeczy, które wciąż wydarzały się w ich życiu. Uważali oni, że kryzys nauczył ich czegoś dobrego, i ogólnie byli nastawieni bardziej optymistycznie. Ludzie obdarzeni dużą odpornością potrafią doświadczać pozytywnych emocji w wirze stresujących wydarzeń. U badanych pozytywne uczucia wydawały się łagodzić negatywne skutki traumy, pozwalając im lepiej sobie z nią radzić – w porównaniu z osobami o mniejszej odporności i doświadczającymi mniej pozytywnych emocji mniejsze było u nich prawdopodobieństwo, że zapadną na depresję. Badacze stwierdzili, że ludzie o wysokiej odporności „wychodzili z bólu i cierpienia bardziej zadowoleni z życia, bardziej optymistycznie nastawieni i spokojniejsi – i przypuszczalnie jeszcze bardziej odporni – niż wcześniej".

Mając na uwadze wiele korzyści, jakie wypływają z pozytywnych emocji, w tym ich zdolność zwiększania odporności i umiejętności radzenia sobie z problemami dzisiejszego świata, to dobrze, że istnieją skuteczne strategie mogące bezpośrednio zintensyfikować pozytywne stany umysłu. Choć techniki, takie jak pozytywna ponowna ocena i przyglądanie się problemom z szerszej perspektywy, to główne metody wzbudzania pozytywnych uczuć, na których się skupialiśmy, istnieją również inne strategie. Jak się okazuje, formalna medytacja i techniki relaksacyjne nasilają takie pozytywne emocje, jak spokój i pogoda ducha. Humor i śmiech również działają cuda. Dlatego nie jest zaskoczeniem, że wiele badań wskazuje na to, iż poczucie humoru i śmiech mogą pomóc nam radzić sobie z mnóstwem codziennych problemów. Myślę, że nieprzypadkowo Dalajlama nie tylko tak dobrze radzi sobie z trudnościami, ale również jest znany ze swojego rubasznego poczucia humoru i łatwości wybuchania donośnym śmiechem.

Szukając podejścia pozwalającego zachować poczucie szczęścia w obliczu problemów, które stawia przed nami dzisiejszy świat, określiliśmy wiele różnych czynników odgrywających kluczową rolę w tym, jak radzimy sobie z trudnościami: nadzieję, optymizm, odporność, ogólnie pozytywne emocje, przyjmowanie szerokiej perspektywy, pozytywną ponowną ocenę sytuacji, znajdowanie sensu w przeciwnościach losu. Na tej scenie jest tak wielu graczy, że od czasu do czasu trzeba ich wszystkich wymienić, aby żaden nam nie umknął.

Michele M. Tugade z Boston College i Barbara Fredrickson w swojej pracy z 2004 roku, cytując doniesienia innych naukowców oraz własne odkrycia, tak opisują związek pomiędzy niektórymi z tych czynników: „Ludzie lepiej radzą sobie z trudnościami, ponieważ poszerzający efekt pozytywnych emocji zwiększa prawdopodobieństwo znalezienia pozytywnego znaczenia stresowych sytuacji. (...) Pozytywne emocje sprawiają, że odkrywamy pozytywną wartość trudności, co z kolei owocuje dalszym doświadczaniem pozytywnych emocji. Odkrywanie pozytywnego znaczenia reprezentuje zatem poszerzanie naszego nastawienia, kiedy radzimy sobie z przeciwnościami, co z kolei pomaga nam rozwijać zasoby psychiczne, takie jak odporność. Cykl ten może więc zachodzić na zasadzie «spirali nakręcającej się» w kierunku większego dobrostanu emocjonalnego".

Przyglądając się związkowi łączącemu te różne czynniki, odkrywamy złożoną sieć wzajemnych powiązań, które czasami mogą się wydawać nieco zagmatwane. Wygląda na to, że którykolwiek z wymienionych czynników może wzmacniać wszystkie pozostałe na zasadzie sprzężenia zwrotnego. Na przykład szersza perspektywa pomaga wzbudzić nadzieję, a im więcej mamy nadziei, tym łatwiej jest nam zobaczyć problemy z szerszej perspektywy. Wybierz losowo dwa z tych elementów, a odkryjesz, że wzajemnie się one napędzają. Na szczęście łatwo uprościć złożone powiązania pomiędzy wieloma rzeczami, które pomagają nam radzić sobie w trudnych czasach: przyglądanie się problemom i przeciwnościom z szerszego punktu widzenia pomaga nam dostrzec potencjalnie pozytywne aspekty sytuacji. Im więcej żywimy nadziei, optymizmu i innych pozytywnych emocji, tym łatwiej jest nam radzić sobie z zewnętrznymi problemami i zachować wewnętrzne szczęście.

ROZDZIAŁ 12

# SZCZĘŚCIE WEWNĘTRZNE I ZEWNĘTRZNE ORAZ ZAUFANIE

Kontynuowaliśmy naszą rozmowę następnego ranka, omawiając kwestię, która w moim odczuciu wciąż tego wymagała.

– Wasza Świątobliwość mówił wczoraj o praktyce polegającej na postrzeganiu problemów z szerszej perspektywy jako o metodzie rozwoju siły wewnętrznej, która pomaga nam radzić sobie w życiu, zachować optymizm i nadzieję. Omawiając rozmaite sposoby postrzegania spraw z szerszej perspektywy, Wasza Świątobliwość sugerował między innymi, abyśmy pamiętali, że stanowimy część większej społeczności, że łączą nas więzi z innymi ludźmi i nie jesteśmy odizolowani ani osamotnieni.

– Tak.

– Przypomniało mi to – ciągnąłem – nasze pierwsze rozmowy na ten temat, jakie prowadziliśmy w Dharamsali. Pamiętam, że podczas jednej z nich Wasza Świątobliwość wspomniał o swoim wrażeniu, że w wielu społeczeństwach brakuje poczucia wspólnoty, coraz bardziej narasta poczucie izolacji i osamotnienia oraz że jest to jeden z głównych czynników zakłócających szczęście na poziomie społeczeństw. Przyszło mi do głowy, że wspomniana wczoraj przez Waszą Świątobliwość strategia – pamiętanie o więzi ze wspólnotą jako źródle pocieszenia, siły wewnętrznej i pewności siebie – nie będzie zbyt skuteczna w przypadku osób, które czują się odizolowane i odseparowane od wspólnoty. Wracamy zatem do kwestii braku poczucia wspólnoty.

Podczas ostatniej serii naszych spotkań w Dharamsali przeszliśmy do omawiania kwestii przemocy i konfliktów w społeczeństwie, ale miałem wrażenie, że tak naprawdę nigdy nie dokończyliśmy rozmowy o wspólnocie. Wasza Świątobliwość przedstawił kilka kroków, które możemy podjąć dla wzmocnienia poczucia wspólnoty, takich jak refleksja nad korzyściami wynikającymi z istnienia więzi społecznych, analizowanie pochodzenia czy cech łączących nas z innymi, a następnie podjęcie działania polegającego na dołączeniu do grupy bądź nawiązaniu relacji z ludźmi w jakiś inny sposób. Wydaje się jednak, że nigdy nie dokończyliśmy rozmowy o tym, jak tworzyć więzi z innymi na głębszym, bardziej podstawowym poziomie.

Dalajlama zastanowił się przez chwilę, zanim odpowiedział:

– Myślę, że poczucie wspólnoty może być ściśle powiązane z kwestią zaufania.

– W jaki sposób? – zapytałem.

– Oczywiście brak poczucia wspólnoty może mieć różne przyczyny i zawsze jest wiele czynników... Sądzę jednak, że po części owa samotność i wyobcowanie wynikają z braku zaufania pomiędzy ludźmi. Oczywiście tam, gdzie brakuje poczucia więzi z innymi i osobistych kontaktów pomiędzy członkami wspólnoty czy społeczeństwa, gdzie nie ma ducha wspólnoty, tam powstają warunki, które mogą prowadzić do nieufności. Zatem działa to w obie strony.

Od naszej ostatniej serii rozmów w Indiach i dalszych refleksji na temat ludzkiego szczęścia w Tucson upłynął pewien czas. Przeprowadziłem dalsze badania nad kwestią szczęścia na szerszym poziomie społecznym. Analizując twierdzenie Dalajlamy, że brak poczucia wspólnoty obniża poziom szczęścia w społeczeństwie, natrafiłem na dane wiążące zaufanie zarówno z poczuciem wspólnoty, jak i poziomem odczuwanego szczęścia. Mając naukowe dowody na poparcie poglądów Jego Świątobliwości, planowałem sam nawiązać do tematu zaufania.

Chcąc podzielić się tymi informacjami z Dalajlamą, kontynuowałem:

– Wasza Świątobliwość, po naszym pierwszym spotkaniu w Dharamsali zebrałem trochę informacji na ten temat. Moim zdaniem to naprawdę ciekawe, że Wasza Świątobliwość wskazuje na zaufanie i poczucie wspólnoty jako najważniejsze czynniki sprzyjające poczuciu szczęścia na poziomie społecznym. Natrafiłem na doskonałe źródło,

Światowe badanie wartości, które oceniało średni poziom szczęścia obywateli różnych krajów. Naukowcy wyodrębnili sześć najważniejszych czynników, które w największym stopniu przyczyniły się do zróżnicowania wyników w poszczególnych krajach. Jednym z tych czynników była liczba osób powiązanych z organizacjami społecznymi, a zatem z innymi ludźmi. Innym czynnikiem wykazującym korelację ze średnim poziomem szczęścia w danym społeczeństwie była proporcja osób, które uważały, że inni ludzie są godni zaufania*.

Inne badanie przeprowadzone przez Uniwersytet Cambridge w Anglii obejmowało analizę szeroko zakrojonej ankiety, w której wzięły udział dziesiątki tysięcy ludzi z wielu regionów Europy. Ankieta wykazała, że w rejonach, w których poziom szczęścia był najwyższy, odnotowano też najwyższy poziom zaufania do władz państwowych i przepisów prawnych, a także najwyższy poziom wzajemnego międzyludzkiego zaufania. Dowody są więc jednoznaczne. Na jakiekolwiek badanie spojrzymy, Skandynawia zawsze należy do najszczęśliwszych obszarów świata. Jeśli przyjrzeć się charakterystyce osób zamieszkujących ten region, można zauważyć silne poczucie wspólnoty i zaufania do innych. W jednym z badań naukowcy zapytali dzieci w wieku od jedenastu do piętnastu lat, czy ich zdaniem koledzy i koleżanki z klasy są ogólnie mili i życzliwi. Wysoki odsetek badanych odpowiedział, że tak, co moim zdaniem stanowi dość dobry miernik ogólnego zaufania. Dowody naukowe z całą pewnością potwierdzają więc spostrzeżenia Waszej Świątobliwości. Poczucie zaufania może naprawdę znacząco wpłynąć na zmianę zwykłego poziomu szczęścia danej osoby.

Dalajlama wyglądał na zainteresowanego tymi wynikami – pochylił się do przodu w fotelu i słuchał z uwagą.

– To prawda, że zaufanie może się przyczynić do poczucia

---

* Według Światowego badania wartości (ang. *World Values Survey*) dotyczącego poziomu szczęścia w pięćdziesięciu krajach do tych sześciu czynników należą: wskaźnik liczby rozwodów, stopa bezrobocia, poziom zaufania, członkostwo w (pozareligijnych) organizacjach społecznych, jakość władzy państwowej oraz odsetek osób wierzących w społeczeństwie. Tych sześć czynników ma wyjaśniać około 80 procent różnic w poziomie szczęścia pomiędzy poszczególnymi krajami.

szczęścia na poziomie jednostki – zgodził się. – Nieufność prowadzi do podejrzliwości, nastawienia pełnego lęku i większego niepokoju psychicznego, gdy tymczasem bardziej ufne nastawienie zapewnia szczęśliwszy stan umysłu. Zaufanie ma też jednak znaczenie na innych poziomach. Patrząc szerzej, stanowi ono czynnik, który nie tylko wzmacnia poczucie wspólnoty oraz pomaga przezwyciężyć samotność i wyobcowanie, ale także może być pomocny przy rozwiązywaniu wielu problemów społecznych. Podczas jednej z dyskusji rozmawialiśmy na przykład o rozwiązywaniu konfliktów w drodze dialogu, a nie przemocy. Duch dialogu. To zasadnicza kwestia. W tym przypadku zaufanie odgrywa istotną rolę: aby dialog był udany, ważne jest budowanie zaufania pomiędzy stronami. Tak więc zaufanie jest ważne z wielu względów – powtórzył Dalajlama.

W pierwszych rozdziałach niniejszej książki Dalajlama wskazał społeczność tybetańską jako przykład grupy charakteryzującej się silnym duchem wspólnoty, którego tak często brakuje współczesnym zachodnim społeczeństwom. Wspominając swoją pierwszą wizytę w Dharamsali, gdzie mieszka Dalajlama i prężnie działa wspólnota tybetańska na wygnaniu, nie miałem żadnych wątpliwości, że ten przykład jest uzasadniony. Na każdym kroku można było dostrzec dowody aktywnego życia wspólnotowego, zarówno w obrębie wspólnoty klasztornej, jak i świeckiej. Dostrzegalne było ogromne wsparcie dla lokalnych instytucji, w tym tybetańskiej wioski dziecięcej, stowarzyszeń kultywujących tybetańską kulturę i sztukę oraz niezliczonej liczby innych organizacji zajmujących się badaniem i praktykowaniem buddyzmu. Duch wspólnoty nie przejawiał się jedynie poprzez istnienie tych licznych instytucji – można go było zobaczyć na każdej twarzy, usłyszeć w śmiechu dzieci bawiących się na ulicy, dostrzec w uśmiechach sąsiadów zatrzymujących się na pogawędkę w bramie, w duchowym zaangażowaniu staruszków obracających młynki modlitewne i w śpiewie mnichów dobiegającym z oddali. Wyczuwało się tam ducha jedności, jakby unosił się on w subtelnym zapachu tybetańskiego kadzidła – świeżym aromacie palonego jałowca i himalajskich ziół.

Wspomniałem także swój pierwszy udział w dużym zgromadzeniu Tybetańczyków. Było to z okazji serii nauk, jakie Dalajlama wygłosił w północnoindyjskim mieście Bodhgaja – świętym miejscu buddyzmu, gdzie książę Siddhartha Gautama usiadł 2500 lat temu pod drzewem, by oddać się medytacji, osiągnął oświecenie i stał się Buddą. Dziś na tym miejscu rośnie drzewo bodhi – ponoć bezpośredni potomek tego, pod którym niegdyś siedział Budda. Znajduje się tam także centralny kompleks świątynny z wieloma małymi czortenami (stupami) otaczającymi świątynię Mahabodhi o bogato rzeźbionych balustradach i misternie zdobionej wieży w kształcie piramidy, wznoszącej się majestatycznie w niebo.

Tybetańczycy przybyli wówczas całymi tysiącami z Indii i Nepalu – kilka osób nawet z samego Tybetu – tworząc świąteczną atmosferę, którą podkreślały delikatnie łopoczące na wietrze kolorowe chorągiewki modlitewne porozwieszane między drzewami. Było to prawdziwe zanurzenie w tybetańskim duchu wspólnoty. Podczas nauk rodziny siedziały na rozłożonych kocach, a ja po raz pierwszy dostrzegłem pewien drobny szczegół charakteryzujący tę wspólnotę. Nie było to nic szczególnie ważnego, ale z jakiegoś powodu uderzyło mnie jako jeden z najbardziej wzruszających i ujmujących oznak więzi i jedności łączącej wspólnotę: duża liczba małych dzieci, które najwyraźniej doskonale się czuły na łonie tej społeczności. Niektóre z nich dopiero uczyły się chodzić, kołysały się i przewracały na kolana uśmiechniętych i życzliwych nieznajomych. Starsze dzieci czasami odchodziły, by bawić się w swoim gronie, ale wydawało się, że nie mają takiej palącej potrzeby odseparowania się od rodziców, jaką w podobnych okolicznościach wykazywaliby ich amerykańscy rówieśnicy. Rodzice sporadycznie obserwowali dzieci kątem oka, ale bez niepokoju, pozwalając im swobodnie biegać, w poczuciu bezpieczeństwa, jakie (mimo dużej liczebności) zapewniała grupa. Nie było w nich tej obawy, która charakteryzuje wielu amerykańskich rodziców, gdy ich dzieci przebywają w większej grupie nieznajomych.

Z jakiegoś powodu widok dzieci w tłumie wzbudził we mnie tamtego dnia przed wielu laty uczucie nostalgii. Pamiętam, że zastanawiałem się nad przyczyną takiej reakcji, bo doświadczenia tamtych dzieci, dorastających w innym kraju i w odmiennej kulturze, nie mogły być bardziej różne od moich doświadczeń. Szybko zdałem sobie jednak sprawę, że chodziło mi o dominujące poczucie bezpieczeństwa i zaufania.

Oczywiście kiedyś takie samo poczucie zaufania i bezpieczeństwa było powszechne także w amerykańskim społeczeństwie. Kiedy byłem dzieckiem, każdego lata rodzice wsadzali nas do starego kombi i wieźli do miejscowości Venice w Kalifornii, gdzie wynajmowali mieszkanie nad morzem. W tamtych czasach duża część Venice była bardzo uboga, a główną atrakcją tej miejscowości – poza oceanem – były tanie mieszkania. Lokalne media ochrzciły Venice mianem „nadmorskiej Appalachii", a miejscowi mieszkańcy stanowili unikatową mieszankę złożoną z łagodnych starych Żydów, głównie imigrantów z Europy Wschodniej, spędzających ostatnie dni ziemskiego żywota na pogawędkach na ławeczkach przy plaży, oraz młodych przedstawicieli ruchu kontrkulturowego – bitników końca lat pięćdziesiątych i początku sześćdziesiątych, a później – w połowie i pod koniec lat sześćdziesiątych – hipisów. Razem z braćmi robiliśmy mniej więcej to samo każdego dnia: po śniadaniu biegliśmy na dwór i spędzaliśmy dzień na plaży, na molo, na deptaku, nigdy nie wracając do domu przed kolacją. W wieku siedmiu czy ośmiu lat spędzałem cały dzień bez opieki – a raczej pod opieką brata, który był ode mnie starszy tylko półtora roku – i robiłem mnóstwo różnych rzeczy. Łowiliśmy ryby na przystani Santa Monica, zajadaliśmy corn dogi, włóczyliśmy się po sklepach z pamiątkami, marząc o skarbach, na które nie było nas stać, a od czasu do czasu odwiedzaliśmy Pacific Ocean Park, zbudowany na szerokim, wrzynającym się w ocean pomoście.

W wielu dzisiejszych społecznościach rodzice, którzy regularnie pozwalają swojemu ośmioletniemu dziecku biegać po ulicy, zostaliby zgłoszeni do opieki społecznej, ale w tamtych czasach takie zachowanie było normalne. Obecnie, gdy w wielu zachodnich społeczeństwach dominuje lęk, siedmioletnie dzieci uczy się, że nieznajomy stanowi zagrożenie, tak jakby przygotowywało się je do bitwy. Słyszałem zresztą, że nawet wpajanie ostrożności wobec nieznajomych wychodzi obecnie z mody – zastępują je specjalne ćwiczenia mające przygotować dzieci na wypadek strzelaniny w szkole. Uczniowie mają znaleźć kryjówkę i pozostać w niej, nie rozmawiając, nie poruszając się ani nie wydając żadnego dźwięku. Wszyscy dziś myślą i mówią o ochronie, bezpieczeństwie, zabezpieczeniach i środkach ostrożności. Dzieci nie mogą już wskoczyć na rower i swobodnie pojeździć po okolicy. Zanim wsiądą na rower, są ubierane w kaski oraz ochraniacze na kolana, nadgarstki i łokcie. Następnie rowery przymocowuje się do samochodu i przewozi do strzeżonej strefy rekreacyjnej. Rodzice z wyprzedzeniem umawiają dzieci na wspólną zabawę, zachowując się jak sekretarki przyszłych prezesów.

Dzieci w Stanach Zjednoczonych wciąż uczy się nie ufać nikomu spoza kręgu bliskich i znanych osób, pojawia się więc pytanie o możliwość odwrócenia tego niepokojącego trendu. Byłem jednak ciekaw, co Dalajlama ma do powiedzenia na ten temat.

– Niestety, wydaje się, że poziom międzyludzkiego zaufania w wielu społeczeństwach jest coraz niższy – powiedziałem do Jego Świątobliwości. – Na przykład w Wielkiej Brytanii i Stanach Zjednoczonych przeprowadzono ankietę, której uczestnikom zadano następujące pytanie: „Czy uważasz, że ludzie są ogólnie godni zaufania czy też że trzeba zawsze zachować dużą ostrożność w kontaktach z innymi?" Od lat pięćdziesiątych liczba ludzi ufających innym zmalała o 50 procent – to ogromny spadek.

Wasza Świątobliwość, znowu jesteśmy w Tucson, wiele lat po naszych pierwszych rozmowach. Przypomniało mi to czasy, gdy mieszkałem tu przez cztery lata jako student medycyny. Pamiętam, że zajmowałem mały domek naprzeciwko uczelni i przez całe cztery lata nigdy nie zamykałem drzwi na klucz, ani w dzień, ani w nocy. Wygląda na to, że dziś mniej ufam ludziom niż kiedyś – do głowy by mi nie przyszło, żeby zostawić otwarte drzwi.

– Nie wiem, czy chodzi tylko o zaufanie do ludzi – odpowiedział Dalajlama lekko żartobliwym tonem. – Może po prostu nie miałeś wtedy niczego, co można by ukraść!

– Jeśli się nad tym zastanowić, to chyba rzeczywiście tak było – przyznałem. – Nawet na pewno – dodałem zaraz, przypominając sobie spartańskie warunki, w jakich wówczas mieszkałem.

– Zatem – ciągnął Dalajlama – trzeba być praktycznym. – Jeśli obecne warunki wymagają, żebyś zamykał drzwi na klucz, jest to zwykła przezorność. Postępowanie w sposób pozbawiony przezorności tylko dlatego, że uznaje się, iż natura ludzka jest z zasady dobra, czy też z powodu ogólnego poczucia więzi z innymi lub zaufania do członków swojej społeczności, jest pozbawione realizmu. Można być uprzejmym i łagodnym, a przy tym pozostać realistą.

Rozmowa o zamykaniu drzwi na klucz przywodzi mi na myśl dolinę Spiti* w północnych Indiach. W tamtejszych położonych na pustkowiu wioskach niegdyś ludzie nie mieli zamków w drzwiach. W ogóle nie było żadnych zamków. Podróżni mogli wejść i poczęstować się, czym chcieli. Nikt nawet nie pomyślał, że może być inaczej.

Słowa Dalajlamy wyczarowały inspirujący obraz – wspólnoty żyjącej bez zamków, w świecie absolutnego zaufania. Była to wizja świata, w którym mogła się przejawić zasadnicza dobroć ludzkiej natury. Ten obraz szybko zastąpiło jednak wyobrażenie współczesnego świata, ze wszystkimi jego problemami.

– Czy w tym regionie nadal tak jest? – zapytałem.

– To się oczywiście zmienia, choć trudno powiedzieć, w jakim stopniu – odparł Dalajlama.

– Chodzi o zmianę ogólnego poziomu zaufania, zakładanie zamków w drzwiach i tak dalej?

– Tak...

– Czemu więc Wasza Świątobliwość przypisuje te zmiany? Dlaczego spada poziom zaufania?

– Myślę, że dawniej gości było bardzo mało. Sądzę, że ludzie pozostawali przede wszystkim w obrębie własnej wspólnoty. A dziś jest oczywiście inaczej. Jest więcej turystów, są też robotnicy budujący drogi...

– Wasza Świątobliwość poruszył ważną kwestię, która wydaje

---

* Spiti – pustynna dolina górska w Himalajach, w północno-wschodniej części indyjskiego stanu Himaćal Pradeś. *Spiti* oznacza „ziemia pośrodku", to znaczy pomiędzy Tybetem a Indiami. Dolina należy do najsłabiej zaludnionych obszarów Indii, jest też centrum buddyzmu. Znajdują się tu klasztory Key oraz Tabo – jedne z najstarszych na świecie, szczególnie lubiane przez Dalajlamę [przyp. tłum.].

się powszechną cechą współczesnego społeczeństwa. Chodzi o to, że we wspólnotach jest coraz więcej obcych. Rozmawialiśmy już o tym w Dharamsali – współczesne uprzemysłowione społeczeństwo charakteryzuje większa mobilność, ludzie się przemieszczają. Ciągły napływ nowych osób może potencjalnie budzić nieufność i stres w społeczności.

Niedawno na przykład zetknąłem się z interesującym brytyjskim badaniem nad nową społecznością, która powstała po zbudowaniu kompleksu mieszkaniowego. Kompleks miał kilka pięter. Gdy zakończono budowę i mieszkańcy się wprowadzili, ktoś zauważył, że osoby mieszkające na parterze częściej doświadczają zaburzeń psychicznych.

Projektanci budynków zdecydowali się przeprowadzić eksperyment. Zbudowali mury, które zasłaniały ścieżki biegnące pod oknami mieszkań na parterze, tak że przechodziło nimi bardzo mało nieznajomych osób. Po zmianie projektu osoby mieszkające na parterze widywały za oknem przede wszystkim sąsiadów – osoby znajome. Po tej niewielkiej zmianie układu ścieżek liczba przypadków zaburzeń spadła o 24 procent.

Oczywiście problem polega na tym, że nie można biegać z cegłami i zaprawą, odgradzając ludzi od siebie murami. Zastanawiam się więc, czy Wasza Świątobliwość ma jakieś sugestie dotyczące sposobów przeciwstawiania się niszczącej sile nieufności?

Po krótkim zastanowieniu Dalajlama odpowiedział:

– W tym przypadku trzeba wziąć pod uwagę wiele czynników. Występowanie zaburzeń zależy od osobowości i konstrukcji psychicznej poszczególnych osób. Natomiast ogólnie rzecz biorąc, uważam, że zachodnie społeczeństwo ma tendencję do poszukiwania zewnętrznych środków, które rozwiązałyby wszystkie problemy i zapewniły nam szczęście i zadowolenie. Być może za sprawą takiego nastawienia ludzie są bardziej podatni na wpływ zmian w swoim otoczeniu.

Główny cel naszej analizy polega jednak na określeniu umiejętności, które możemy wykorzystać do budowania zasobów wewnętrznych, by nie trzeba było wznosić zewnętrznych murów – zauważył Dalajlama.

– Właśnie! – powiedziałem. Ucieszyłem się, że Jego Świątobliwość poruszył kwestię zasobów wewnętrznych. – Jak zatem uniknąć erozji zaufania?

– To skomplikowane, bo w grę wchodzi wiele czynników, dlatego musimy zdawać sobie sprawę, że na różnych poziomach potrzebne są odmienne metody. Na pewno jednak kontakty osobiste i wzajemne poznawanie się pomagają w budowaniu większego zaufania. Myślę, że niektóre metody tworzenia ducha dialogu, które omówiliśmy w przeszłości, można też odnieść do budowania zaufania.

– Jednak gdy w danej społeczności pojawia się coraz więcej nowych osób – tak jak w dolinie Spiti, gdzie ludzie zaczynają zakładać zamki w drzwiach – i nie ma możliwości nawiązania osobistego kontaktu ze wszystkimi...

– To, że te społeczności zaczynają stosować większe środki ostrożności, nie oznacza jeszcze, że nastąpiła gwałtowna zmiana poziomu zaufania albo że powszechna stała się podejrzliwość. Jeśli na przykład członkowie stuosobowej wspólnoty ufają dziewięćdziesięciu dziewięciu jej członkom, ale nie mają zaufania do jednej osoby, oczywiście będą stosować środki ostrożności. To jednak nie znaczy, że trzeba być podejrzliwym wobec wszystkich.

Myślę więc, że i tym razem wszystko sprowadza się do realistycznego nastawienia. Można stosować środki ostrożności, aby się chronić, zdając sobie sprawę, że niewielki odsetek ludzi ma złe zamiary, ale zarazem patrzeć na rzeczywistość z szerszej perspektywy i dostrzegać, że w większości ludzie są przyzwoici. Jeśli przy tym zachowa się realistyczne nastawienie i nie przerysuje skali problemu, takie podejście nie zmieni zasadniczych poglądów na temat ludzkiej natury. Nie trzeba więc odnosić się podejrzliwie do wszystkich nowych osób w społeczności.

Sytuacja się zmienia. Mieszkańcy przedmieść nie pozwalają już swoim dzieciom swobodnie biegać po okolicy. Psychiatra z Phoenix i Tybetańczyk z odludnej wioski w dolinie Spiti nie zostawiają już na noc otwartych drzwi. Co robić? Czy mamy zacząć ignorować zagrożenia, jakie niesie ze sobą współczesny świat, by wrócić do bardziej niewinnych czasów i odzyskać dawny poziom wzajemnego zaufania oraz poczucie wspólnoty?

Kiedy zadałem Dalajlamie fundamentalne pytanie – jak możemy budować większe zaufanie? – jego odpowiedzi początkowo mnie rozczarowały. Były to te same stare odpowiedzi i strategie, które już wcześniej omawialiśmy. Wielokrotnie. Potrzebne są różne metody... – wymijające! Kontakt osobisty... – nudne! Realistyczne nastawienie... – Boże, dopomóż! Czy nie miał nic nowego do dodania? W jednej z rozmów Jego Świątobliwość wspomniał, że niektórych jego tybetańskich przyjaciół irytuje, iż ciągle używa zwrotu „realistyczne nastawienie". Ja co prawda jeszcze nie byłem zirytowany, ale taka możliwość zaczęła się rysować.

Dopiero po pewnym czasie przyjrzałem się bliżej poglądom Dalajlamy i jego podejściu do wzbudzania nadziei, optymizmu, budowania odporności i zaufania, co zdaniem Jego Świątobliwości można uzyskać jedną metodą – poprzez „realistyczne nastawienie". Oczywiście podczas naszych rozmów miałem pewną świadomość związku pomiędzy poglądami Dalajlamy a badaniami naukowymi, ale dopiero kiedy poświęciłem czas na zapoznanie się z najnowszymi badaniami na temat szczęścia i pozytywnych emocji oraz powiązałem je z tematem rozmów z Jego Świątobliwością, zacząłem postrzegać podejście Dalajlamy w głębszy sposób i zdałem sobie sprawę z jego znaczenia. „Realistyczne podejście", które zaczynało mi się wydawać pustym frazesem, okazało się mylące w swojej pozornej prostocie – tak naprawdę zawierało w sobie ogromną mądrość i dogłębne rozeznanie. Było to raczej słowo-klucz i choć należało do zwyczajnej, świeckiej terminologii, kryło w sobie różnorodne i głębokie zasady oraz praktyki buddyjskie. Za pomocą prostych terminów, takich jak „świadomość" czy „realistyczne nastawienie", Dalajlama przedstawił różnorodne strategie zwiększania poczucia szczęścia i radzenia sobie ze światem – strategie oparte na fundamentalnych zasadach buddyzmu i poparte przez współczesną naukę. Na przykład, jak się przekonaliśmy, „realistyczne nastawienie" Dalajlamy opiera się na tych samych technikach, które psychologowie nazywają pozytywną ponowną oceną, przeformułowaniem, poszukiwaniem korzyści, pozytywnego znaczenia, technikami poznawczymi czy technikami poznawczo-behawioralnymi. Wszystkie one są poparte solidnymi dowodami naukowymi potwierdzającymi ich skuteczność.

Przyznaję, że w pewnym momencie byłem rozczarowany, że Dalajlama przedstawia realistyczne nastawienie jako główną technikę pielęgnowania praktycznie każdej pozytywnej emocji, o jakiej rozmawialiśmy. Na początku mi to nie przeszkadzało, ale gdy przeszliśmy do tematu zaufania, a Jego Świątobliwość nadal zalecał tę samą metodę, ja byłem już gotowy na inną technikę. Jeśli jednak wziąć pod uwagę dowody naukowe, podejście Dalajlamy zaczyna się wydawać całkowicie sensowne i w pełni uzasadnione. W tamtym tygodniu Dalajlama rozpoczął na przykład dyskusję od realistycznego podejścia („szersza perspektywa"), potem przeszedł do nadziei i optymizmu, a następnie – odporności i zaufania. Nie był to bynajmniej przypadek – naszym celem było przeanalizowanie kwestii, jak radzić sobie w trudnych czasach i pozostać szczęśliwym. Chociaż badania wykazują, że wszystkie pozytywne emocje mogą działać jak antidotum na skutki negatywnych uczuć i stresu oraz przyczynić się do zwiększenia szczęścia osobistego, to istnieje pewna określona grupa pozytywnych emocji, która wyjątkowo skutecznie pomaga nam radzić sobie z przeciwnościami oraz zewnętrznymi przeszkodami i problemami. Jakie emocje należą do tej grupy? Są to: nadzieja, optymizm, odporność i – owszem – zaufanie! Niektórzy badacze dodają tutaj także wiarę i pewność siebie. Oczywiście nie wszyscy naukowcy porządkują pozytywne emocje w ten sam sposób – klasyfikacje znacznie się między sobą różnią. W tym przypadku istnieje jednak przynajmniej podstawa logiczna. Psychologowie pozytywni, tacy jak dr Martin Seligman, zaliczają te emocje do tej samej grupy, ponieważ łączy je ogólne „przyszłościowe" nastawienie, obejmujące takie czy inne pozytywne oczekiwanie. Na przykład obiektem nadziei jest zazwyczaj konkretny cel w przyszłości, a optymizm to bardziej ogólne oczekiwanie pozytywnych rezultatów. W przypadku zaufania zaś przedmiotem pozytywnych oczekiwań jest zwykle osoba.

Gdy analizujemy spoglądanie z „szerszej perspektywy", nie wydaje się aż tak zaskakujące, że Dalajlama wybrał tę samą strategię pielęgnowania nadziei, optymizmu, odporności i zaufania, ponieważ uznaje się, że wszystkie te emocje należą do tej samej rodziny. Przekonaliśmy się wcześniej, że badania wskazują, iż wszystkie pozytywne stany umysłu i omówione przez nas techniki wzmacniają się nawzajem, dlatego jedna skuteczna i sprawdzona strategia powinna wystarczyć do wzmocnienia pozytywnych emocji, które bez wyjątku pomagają nam skuteczniej radzić sobie w naszych trudnych czasach.

Teraz zatem, gdy już rozumiemy, że Dalajlama nie zaproponował „realistycznego podejścia" jako techniki budowania zaufania tylko dlatego, że zabrakło mu nowych pomysłów, możemy po raz ostatni przyjrzeć się poglądom Jego Świątobliwości na pielęgnowanie zaufania.

Dalajlama proponuje nam podejście, dzięki któremu możemy zachować poczucie ogólnego zaufania do ludzi i otwartość obejmującą możliwość stworzenia potencjalnej więzi. Kiedy nawiązujemy kontakt z innym człowiekiem i tworzymy taką więź, staje się to podstawą naszego poczucia wspólnoty. Oczywiście najważniejsze pytanie brzmi: Jak mamy zachować zaufanie? Podejście Dalajlamy opiera się na pozbawionym lęku zaangażowaniu na rzecz odkrywania rzeczywistości i chęci jej przyjęcia – życia zgodnie z prawdą. W tym przypadku pierwszym krokiem na drodze do realizacji podejścia Dalajlamy jest głębokie zrozumienie ludzkiej natury i uznanie, że ludzie są w większości dobrzy i przyzwoici – chcą po prostu być szczęśliwi, kochani i nie chcą cierpieć. Tak jak my.

Zarazem trzeba równie jasno rozumieć to, że istnieją ludzie, którzy mają złe zamiary i krzywdzą innych. U zbiegu tych dwóch odmiennych poglądów leżą rozsądek i racjonalizm. Wyznając taki pogląd, można zawsze ufać ludziom – ufać, że ludzie są ludźmi. Niektórzy są w przeważającej części dobrzy, inni – w przeważającej części źli, a każdy z nas stanowi mieszankę dobra i zła. Oznacza to, że większość spotykanych przez nas ludzi jest dobra i nie nadużywa naszego zaufania, mniejszość zaś jest zła i może nas zawieść. Stosując podejście Dalajlamy, można jednak podjąć środki ostrożności, by zapewnić sobie ochronę. Należy zrobić wszystko, co konieczne, by uchronić się przed złą mniejszością, zachowując zarazem ogólne zaufanie do innych ludzi, nie pozwalając, by mniejszość zaburzyła naszą percepcję, nastawienie czy postawę.

## ZBIEŻNOŚĆ SZCZĘŚCIA OSOBISTEGO I SPOŁECZNEGO

– Gdy Wasza Świątobliwość mówił o korzyściach płynących z zaufania, uświadomiłem sobie coś bardzo ważnego. W tym tygodniu omawialiśmy czynniki, które pomagają nam wewnętrznie radzić sobie w trudnych czasach i znaleźć szczęście. Rozmawialiśmy o rozmaitych problemach zewnętrznych naszego społeczeństwa i świata, analizując sposoby ich przezwyciężenia. Wydaje mi się jednak, że Wasza Świątobliwość przedstawił podejście, które w pewnym sensie pozwala upiec dwie pieczenie na jednym ogniu – zapewnia zarazem szczęście wewnętrzne i społeczne. Wasza Świątobliwość wspomniał przed chwilą, jak zaufanie może się przyczynić do szczęścia osobistego, ale może też być ważnym czynnikiem przy rozwiązywaniu niektórych problemów świata. Większe zaufanie może wzmocnić poczucie wspólnoty, zwiększa też skuteczność dialogu w procesie rozwiązywania konfliktów.

– Oczywiście, że tak – odparł Dalajlama, jakby to było najbardziej naturalne i oczywiste spostrzeżenie pod słońcem, choć ja dopiero zaczynałem pojmować sens tych idei.

– Wydaje się, że inne pozytywne czynniki psychiczne, które omawialiśmy, są pod tym względem analogiczne: z jednej strony pozytywne stany psychiczne albo emocjonalne, takie jak nadzieja, optymizm czy odporność, w bezpośredni sposób przyczyniają się do szczęścia człowieka. Z drugiej zaś strony, stanowią także czynniki wzmacniające, które bezpośrednio pomagają nam kontynuować pracę nad doskonaleniem świata. Tak jak Waszej Świątobliwości nadzieja i optymizm pozwalają kontynuować walkę o poszanowanie praw człowieka i większą autonomię Tybetu, mimo pięćdziesięciu lat niepowodzeń.

– Zgadza się – ponownie potwierdził Dalajlama.

Byłem coraz bardziej podekscytowany, widząc, że rozbieżne i odrębne tematy, które omawialiśmy od tak dawna, zaczynają się łączyć w spójny system wiążący szczęście wewnętrzne i społeczne w ramach tego samego kontinuum. Walka o przezwyciężenie problemów naszego świata i walka o stworzenie szczęśliwszych społeczeństw nie wydawały się już dwiema odrębnymi, niezwiązanymi ze sobą sprawami. Nie czułem się tak, jakby nagle ujawniono jakiś zdumiewający nowy fakt czy informację, po prostu dawne informacje nagle zaczęły do siebie pasować i tworzyć całość.

– Szczęście wewnętrzne i zewnętrzne wydają się zbiegać w tym punkcie. Jeśli się zastanowić, ta zasada nie ogranicza się tylko do pewnych pozytywnych stanów umysłu, takich jak nadzieja, optymizm czy zaufanie – wydaje się raczej, że taki potencjał zwiększania szczęścia wewnętrznego i zewnętrznego mają wszystkie pozytywne emocje i poczucie zadowolenia ogólnie. Przypomina mi to badania, z których wynika, że szczęśliwe osoby są bardziej altruistyczne, skore do pomocy i życzliwsze. A więc i w tym przypadku szczęście wewnętrzne łączy się z pracą na rzecz doskonalenia świata.

– I działa to w obie strony – przypomniał Dalajlama. – Nie tylko szczęśliwi ludzie są bardziej skorzy do pomagania innym, ale też, jak często wspominam, pomaganie innym to najlepszy sposób, by zapewnić sobie samemu większe szczęście. Sami najwięcej na tym skorzystamy.

– Myślę, że na tym etapie możemy uznać pielęgnowanie pozytywnych emocji za czynnik bezpośrednio przyczyniający się do szczęścia poszczególnych osób, a zarazem pomagający (bezpośrednio lub pośrednio) przezwyciężać problemy społeczne i tworzyć w ten sposób szczęśliwszy świat.

Dalajlama z uśmiechem kiwnął głową.

Dodaliśmy tutaj bardzo ważną kwestię, podkreślając punkt, w którym nasz świat wewnętrzny przecina się ze światem zewnętrznym, i prezentując podejście pozwalające jednocześnie budować szczęście osobiste i społeczne. Nadaliśmy nowy wymiar zaufaniu, wskazując, że może ono wywierać pozytywny wpływ na szerszym poziomie społecznym. Jak się przekonaliśmy, badania wykazują, że poziom zaufania w społeczeństwie bezpośrednio wiąże się z poziomem szczęścia, jaki w nim panuje. Zaufanie może też przynosić wiele konkretnych korzyści w zakresie przezwyciężania problemów społecznych – zaufanie pomiędzy grupami zmniejsza podejrzliwość i lęk oraz sprzyja bardziej pokojowemu społeczeństwu. Większe zaufanie ogranicza uprzedzenia, dyskryminację i konflikty. Jeśli zaś już dojdzie do konfliktu, zaufanie zmniejsza prawdopodobieństwo przemocy.

Do najbardziej fascynujących i rewolucyjnych odkryć w ramach tej pracy należą badania wykazujące zdolność pozytywnych emocji do transformacji naszego świata zewnętrznego i wewnętrznego. Jest wiele dowodów potwierdzających, że pozytywne stany umysłu mogą bezpośrednio wspomagać nie tylko radzenie sobie z problemami świata, ale także zacząć aktywnie je zmieniać.

## POZYTYWNE EMOCJE JAKO ANTIDOTUM NA PROBLEMY SPOŁECZNE

Zaczynamy wreszcie dostrzegać ogólniejszą metodę na znalezienie szczęścia w naszych trudnych czasach, opartą na strategii polegającej na pracy nad zwiększaniem szczęścia osobistego i szczęścia społecznego. Ponieważ pozytywne emocje bezpośrednio przyczyniają się do większego szczęścia osobistego, warto także się przyjrzeć, w jaki sposób mogą one potencjalnie pomóc ograniczyć problemy społeczne.

Kiedy zaczęliśmy omawiać kwestię ludzkiego szczęścia w kontekście problemów społecznych, jednym z pierwszych, jakie wskazał Dalajlama, był coraz bardziej dojmujący brak zdolności tworzenia bliskich więzi w wielu społeczeństwach. Dotychczas skupialiśmy się na tym, jak więzi społeczne zwiększają nasze poczucie szczęścia. Bliskie związki z innymi prowadzą do większego szczęścia, a z kolei nasze szczęście lub pozytywne emocje skutkują poprawą interakcji społecznych. Nowe badania dostarczyły empirycznych dowodów na to, że szczęście i pozytywne stany umysłu w bezpośredni sposób wpływają na to, że ludzie stają się bardziej towarzyscy, i zwiększają powodzenie w relacjach społecznych. Wzbudzenie nastroju zadowolenia u badanego zwiększa prawdopodobieństwo, że nawiąże on rozmowę z nieznajomym, a w kontaktach z obcymi i znajomymi ujawni więcej osobistych informacji, utworzone przez niego więzi zaś będą silniejsze. Tego rodzaju zmiany z całą pewnością ułatwiłyby danej osobie skorzystanie z rad Dalajlamy i zwiększyły jej sukcesy w tworzeniu więzi z jakąś organizacją społeczną lub grupą ludzi.

## POZYTYWNE EMOCJE W DIALOGU I ROZWIĄZYWANIU KONFLIKTÓW

W naszej rozmowie Dalajlama wspomniał o swoim głębokim przekonaniu, że wojna i przemoc to przestarzałe metody rozwiązywania konfliktów. Jego Świątobliwość powiedział, że przewiduje nadejście kolejnego etapu światowej rewolucji kulturowej, na którym dialog zastąpi agresję jako narzędzie rozstrzygania sporów. Dalajlama wskazał jednak kilka wyzwań, którym trzeba sprostać, by umożliwić dialog. Wspomniał, że musimy się pozbyć dawnych uraz i starego, sztywnego spojrzenia na sytuację. Musimy popatrzeć na sporne kwestie w nowy i twórczy sposób, z innej perspektywy. Musimy umieć patrzeć z szerszej perspektywy i używać wyobraźni, by dostrzec także punkt widzenia drugiej strony. Musimy przyjąć szerszy, integrujący sposób myślenia, który pozwoli nam zauważyć obszary wzajemnych korzyści, zapewniające zaspokojenie najważniejszych potrzeb obu stron.

Zobaczmy... Musimy przyjąć sposób myślenia, który jest mniej sztywny, bardziej elastyczny i twórczy, mniej egocentryczny, pozwala łączyć różne punkty widzenia i znajdować wspólne motywy, umożliwia spojrzenie na sytuację pod różnymi kątami, otwarty na nowe informacje... hmmm...

Tak, to dobry opis dokładnie takiego myślenia, jakie na podstawie kolejnych eksperymentów uznano za powiązane z pozytywnymi emocjami. Pozytywne emocje zaś kształtują sposób myślenia, który idealnie nadaje się do tego, by nawiązać udany dialog mający na celu rozstrzygnięcie sporu.

Podobnie jak negatywne emocje są powiązane z pewnymi konkretnymi zawężonymi rodzajami myślenia, tak pozytywne emocje wiążą się z charakterystycznymi szerszymi typami myślenia, wykorzystującymi wyższe obszary rozumowania w mózgu – wygląda na to, że ten rodzaj myślenia został stworzony do sytuacji konfliktowych, gdy dwie lub więcej stron próbuje rozstrzygnąć spór. Pozytywne emocje wpływają korzystnie na myślenie integrujące, gdy trzeba przyjrzeć się wachlarzowi faktów związanych z daną sytuacją i bardziej skutecznie połączyć różnorodne informacje, by zaproponować nowe rozwiązanie. Pozytywny stan umysłu zapewnia także bardziej elastyczne myślenie – bardziej giętki umysł, który potrafi przyjrzeć się problemowi pod różnymi kątami. Pozytywne emocje sprawiają wreszcie, że umysł staje się podatny na nowe informacje, nowe spojrzenia. Ten rodzaj myślenia z całą pewnością sprzyja większej otwartości na inne punkty widzenia, co jest ważnym składnikiem udanego dialogu w próbie rozwiązania konfliktu.

Wcześniej opisaliśmy kilka eksperymentów, które wykazały, w jaki sposób pozytywne emocje wywołują zmiany w rozumowaniu, skutkujące poprawą zdolności patrzenia z szerszej perspektywy, bardziej twórczego myślenia oraz znajdowania nowych sposobów realizacji celów – są to wszystkie rodzaje myślenia pomocne przy skutecznych negocjacjach mających na celu rozwiązanie konfliktu lub sporu. Różni badacze przeprowadzili wiele eksperymentów dokumentujących wpływ dobrego nastroju, należą też do nich Alice Isen z Uniwersytetu Cornella i jej współpracownicy. Dwadzieścia lat badań potwierdziło, że kiedy ludzie dobrze się czują, ich myślenie staje się bardziej twórcze, integrujące, elastyczne i otwarte na informacje.

Podczas jednego z eksperymentów badacze zebrali grupę uczestników złożoną z lekarzy. Po wprowadzeniu niektórych badanych w dobry nastrój wszystkim przedstawiono historię pacjenta oraz odpowiednie badania diagnostyczne. Następnie poproszono lekarzy, aby „głośno myśleli", analizując przypadek krok po kroku podczas ustalania diagnozy (była to choroba wątroby). Analizując później treść tych ocen, badacze ustalili, że lekarze, którzy czuli się szczęśliwi, przejawiali większą zdolność krytycznego myślenia i rozumowania oraz umiejętności kliniczne. Szybciej łączyli ze sobą informacje dotyczące przypadku, istniało także mniejsze prawdopodobieństwo, że zatrzymają się na pierwszych przemyśleniach bądź przedwcześnie zamkną diagnozę. Zdolność do elastycznego myślenia, mniejsze prawdopodobieństwo pochopnego osądu i obstawania przy swoim poglądzie, większa otwartość i tym podobne, charakteryzują ten sam typ myślenia, który zapewniałby większe prawdopodobieństwo pozytywnego rozwiązania konfliktu. W innym eksperymencie Isen i jej współpracownicy wykazali, że negocjatorzy, u których wywoływano dobre samopoczucie podczas realizacji skomplikowanego zadania, mieli większe szanse na odkrycie integrujących rozwiązań prowadzących do udanego rezultatu.

Celowe pielęgnowanie pozytywnych emocji może prowadzić do wykształcenia nowych sposobów myślenia usprawniających dialog i zapewniających większy potencjał rozwiązywania konfliktów. Przedstawiona przez Dalajlamę wizja lepszej przyszłości bez przemocy być może kiedyś stanie się rzeczywistością. Nie będzie to Utopia, w której ludzie nigdy ze sobą nie walczą ani nie używają przemocy, ale przyszłość, w której pokojowy dialog nie będzie wyjątkiem, lecz normą dla przeważającej większości ludzkości, standardowym podejściem o dużych szansach powodzenia.

ROZDZIAŁ 13

# POZYTYWNE EMOCJE A BUDOWANIE NOWEGO ŚWIATA

## JAK ODNOSIMY SIĘ DO SIEBIE NAWZAJEM

Miałem poczucie, że zrobiliśmy duży krok naprzód, łącząc nasz wewnętrzny świat z większymi problemami społecznymi. Dalajlama też sprawiał wrażenie w pełni zaangażowanego, ale słysząc szum dochodzący zza drzwi hotelowego apartamentu, wiedziałem, że mamy mało czasu.

– Wasza Świątobliwość dość szczegółowo omówił pojęcie zaufania i powiązał je z poczuciem wspólnoty, wydaje się więc, że zatoczyliśmy koło, wracając do kwestii, którą zaczęliśmy omawiać w Dharamsali. Wasza Świątobliwość wskazał wtedy, że ogólny brak zaufania we wspólnocie powoduje osłabienie więzi wspólnotowych, ale też coraz większa izolacja społeczna i osłabienie poczucia wspólnoty stają się przyczyną braku zaufania.

Próbując zrozumieć przyczyny tych zjawisk, wskazałem na coraz większą mobilność społeczeństwa. Wasza Świątobliwość uważał jednak, że to nie musi prowadzić do erozji zaufania czy nadwerężać poczucia wspólnoty. Jak Wasza Świątobliwość wspomniał, wiele różnych czynników może stwarzać tego rodzaju powszechne problemy. Czy Wasza Świątobliwość może wskazać fundamentalną przyczynę, która leży u podstaw erozji zaufania w naszym społeczeństwie i osłabienia poczucia więzi społecznych, bądź też jakiś wspólny czynnik łączący te dwie sprawy?

Dalajlama zastanowił się przez chwilę, zanim odpowiedział:

– Nawiązujemy ponownie do kwestii, które omówiliśmy, gdy po

raz pierwszy zajęliśmy się tym tematem. W obu przypadkach chodzi o wzajemne relacje i ich podstawy. Czy odnosimy się do siebie, opierając się na różnicach pomiędzy nami czy też na tym, co nas łączy.

– Wasza Świątobliwość – zacząłem niepewnie, mając nadzieję, że nie zaliczy mojego pytania do kategorii głupich – dla jasności, skoro Wasza Świątobliwość wskazuje, że podstawa relacji to czynnik o zasadniczym znaczeniu, to czy Wasza Świątobliwość może pokrótce omówić swoje odczucia dotyczące rozróżnień, na podstawie których ludzie w naszym społeczeństwie zwykle opierają swoje relacje?

Dalajlama, który tym razem najwyraźniej nie miał zamiaru kwestionować zasadności mojego pytania, odpowiedział:

– Oczywiście ludzie mogą odnosić się do siebie na wiele rozmaitych sposobów, sugerując się pochodzeniem rodzinnym, sytuacją finansową, poziomem wykształcenia, pochodzeniem etnicznym, językiem i wieloma innymi czynnikami.

Tendencja, by odnosić się do siebie nawzajem na podstawie różnic, jest bardzo rozpowszechniona w dzisiejszym społeczeństwie. Przypisuje się jej duże znaczenie, co wydaje się odzwierciedlać nasze wartości społeczne i nacisk na zdobywanie dóbr materialnych. Ludzie skupiają się na tym, ile zarabiają, ile są warci i jaki mają status społeczny. Słyszałem, że zapytani niechętnie udzielają informacji o wysokości swoich zarobków, bo jest to postrzegane jako wskaźnik ich wartości i tego, kim są. Jednak podstawowy problem związany z tego typu podejściem polega na tym, że można zacząć nawiązywać relację z pieniędzmi, statusem czy władzą danej osoby, a nie z nią samą. Taka relacja opiera się bardziej na naszych nadziejach lub oczekiwaniach, na tym, co chcemy od tej osoby uzyskać. Jeśli jej status finansowy czy pozycja się zmienią, ucierpi na tym nasza relacja.

Jeśli zatem przypiszemy duże znaczenie takim czynnikom, jak pochodzenie rodzinne, sytuacja finansowa, wykonywana praca i tym podobne, i zaczniemy uznawać podstawowe człowieczeństwo za mniej znaczące, położymy nacisk na różnice, a to stwarza dystans między ludźmi. Otwiera drogę wielu problemom, takim jak brak zaufania – podsumował Dalajlama.

– Wasza Świątobliwość, podczas naszej pierwszej rozmowy o duchu wspólnoty mówiliśmy także o tym, że takie podejście sprzyja powstawaniu podziałów my kontra oni, które...

Domyślając się, do czego zmierzam, Dalajlama wszedł mi w słowo:

– Tak, ale trzeba pamiętać o jeszcze jednym bardzo istotnym czynniku. Ma on zasadnicze znaczenie. Wspomnieliśmy o istnieniu różnych poziomów „wspólnoty", które powstają na podstawie wspólnego miejsca zamieszkania, religii, kultury, zainteresowań i tym podobnych. W pewnym sensie poziom ten można postrzegać jako większą koncentrację na zewnętrznych cechach, które nas łączą. Istnieje jednak także głębszy poziom bardziej podstawowej relacji z innymi, opierającej się na przymiotach wewnętrznych. Są to wspólne cechy posiadane przez nas wszystkich, podstawowe cechy ludzkie.

Dodajemy zatem ten głębszy poziom nawiązywania relacji z innymi oparty na wspólnych cechach ludzkich. Niezależnie od tego, jakie inne czynniki leżą u podstaw naszego poczucia wspólnoty, i od tego, w jaki sposób odnosimy się do innych, jeśli uda nam się zachować poczucie więzi z innymi oparte na wspólnym człowieczeństwie, zapobiegnie to problemom.

– Wasza Świątobliwość, wydaje się zatem, że nie mówimy już tylko o pielęgnowaniu poczucia wspólnoty i wzmacnianiu więzi społecznych czy zaufania. Ze słów Waszej Świątobliwości wynika, że rozwiązanie wszystkich problemów, które omówiliśmy – przemocy, rasizmu i tym podobnych – zależy od owej podstawowej kwestii wzajemnych relacji międzyludzkich. Wygląda na to, że sprowadza się to do sposobu nawiązywania relacji.

– Zgadza się! – potwierdził Dalajlama, energicznie przytakując.

– Wasza Świątobliwość, dochodzimy do kwestii, nad którą zastanawiam się od pierwszego cyklu naszych rozmów na temat zmiany nastawienia z ja na my. Podczas tamtych rozmów Wasza Świątobliwość wspomniał pokrótce o znaczeniu relacji z innymi na podstawowym ludzkim poziomie. Jak to jednak zrobić? Czy są jakieś konkretne techniki, metody czy medytacje, które mogą pomóc w doskonaleniu zdolności nawiązywania relacji z innymi na owym podstawowym poziomie?

Zadając to pytanie, spojrzałem na zegarek i zdałem sobie sprawę, że do końca naszego spotkania pozostało zaledwie pięć minut, przygotowałem się więc na oczywistą odpowiedź Dalajlamy.

On także popatrzył na zegarek i odpowiedział ze śmiechem:

– To pytanie, na które bardzo trudno odpowiedzieć w pięć minut! Może lepiej poczekajmy, aż będziemy mieli więcej czasu.

W naszej rozmowie tamtego ranka Dalajlama poruszył bardzo istotną sprawę, wskazując na wspólne źródła braku zaufania i poczucia wspólnoty we współczesnym społeczeństwie – relacje opierające się w większym stopniu na różnicach niż podobieństwach między ludźmi. W jaki sposób możemy osiągnąć stan umysłu, w którym zachowamy poczucie własnej tożsamości i integralności osobistej, a zarazem zyskamy zdolność połączenia się z inną osobą w taki sposób, jakbyśmy niemal byli jej częścią? Na poziomie grupowym zaś, jak poszerzyć zakres naszej tożsamości, przyjmując inne grupy do tej, którą postrzegamy jako własną?

Poruszyliśmy tutaj kwestię potencjalnej roli pozytywnych emocji w rozwiązywaniu problemów społecznych. Badania z dziedziny psychologii pozytywnej i neurobiologii wykazały, że pozytywne emocje wspierają sposób nawiązywania relacji z innymi oparty na tym, co łączy ludzi, a nie na tym, co ich dzieli. Emocje te mogą spowodować zmiany w sposobie myślenia, których skutkiem jest zdolność dostrzegania większego podobieństwa między sobą a innymi. Pozytywne emocje poszerzają granice naszej tożsamości, przez co przypominają one bardziej przepuszczalną błonę niż mur nie do przebicia.

Eksperymenty dostarczyły dowodów, że pozytywne emocje wywołują bezpośrednią zmianę nastawienia z ja na my. Zachodzi to zarówno na poziomie interpersonalnym, jak i pomiędzy grupami. Na przykład na poziomie interpersonalnym w jednym z badań naukowcy poprosili badanych, by opowiedzieli o swoich relacjach osobistych. Po przerwie, podczas której część uczestników wprowadzono w dobry nastrój, mieli oni kontynuować opowiadanie o swoich relacjach. Naukowcy ustalili, że osoby, które czuły się szczęśliwsze, częściej używały słowa „my" i „nas", a rzadziej nawiązywały do „ja" i „mnie"!

Podobny efekt zaobserwowano na poziomie grup. Także i w tym przypadku korzystny wpływ pozytywnych emocji wynika z charakterystycznych zmian w myśleniu. Jedna z tych zmian polega na postrzeganiu rzeczywistości w bardziej „otwarty" sposób, na tendencji do dostrzegania, jak odrębne kategorie można połączyć i ująć w większą, wspólną kategorię. Objawia się to również ogólnie zmniejszeniem tendencji do kategoryzowania. Na przykład w jednym z eksperymentów badani otrzymali zestaw czternastu kolorowych żetonów i zostali poproszeni, by podzielić je kolorystycznie. Osoby w dobrym nastroju podzieliły żetony na mniej kategorii niż osoby w nastroju neutralnym lub negatywnym.

Osoby odczuwające pozytywne emocje zwykle mają też większe poczucie wzajemnych powiązań, łatwiej dostrzegają związki i poszerzają zwykłe granice kategorii. W pewnym eksperymencie opartym na kojarzeniu wyrazów badani odczuwający pozytywne emocje częściej dostrzegali związek pomiędzy słowem „winda" a „wielbłąd" – rozpoznając, że oba przykłady należą do kategorii „środek lokomocji".

Choć dzielenie kolorowych żetonów na kategorie i łączenie par wyrazów pozornie nie ma związku ze współczesnymi problemami społecznymi, okazuje się, że potencjalnie może mieć ogromne znaczenie, ponieważ odmienny sposób myślenia związany ze stanem zadowolenia wydaje się wpływać także na to, w jaki sposób postrzegamy kategorie społeczne. Eksperymenty wykazały, że osoba w dobrym nastroju bardziej otwarcie postrzega różne kategorie społeczne, łatwiej dostrzega powiązania pomiędzy ludźmi i grupami, mniej się skupia na różnicach pomiędzy grupami społecznymi oraz zauważa mniej różnic we własnej grupie i w innych, a także pomiędzy grupami zewnętrznymi. Innymi słowy, ten sposób myślenia nie tylko sprawia, że inne grupy wydają się nam bardziej podobne do naszej, lecz wpływa także na postrzeganie innych grup społecznych jako bardziej podobnych do siebie nawzajem.

Na poziomie praktycznym eksperymenty wykazały, że wzbudzenie pozytywnych uczuć ułatwia dostrzeganie związków z członkami innych grup społecznych, sprzyja tworzeniu wspólnej tożsamości we własnej grupie oraz ogranicza uprzedzenia i konflikty pomiędzy grupami. Jeśli przedstawiciele kilku grup uczestniczą w jakimś wspólnym działaniu, osoby mające dobry nastrój są bardziej skłonne postrzegać „ich" jako część bardziej otwartej, szerszej grupy „nas" i częściej odnajdują wspólną tożsamość grupy wewnętrznej oraz łatwiej postrzegają każdą z grup jako część jednej, większej grupy. Zwiększa to różnorodność osób, z którymi tacy ludzie potrafią pracować, i sprzyja współpracy pomiędzy grupami.

## POZYTYWNE EMOCJE A UPRZEDZENIA

Zmiany w myśleniu wywołane przez pozytywne emocje obejmują także promowanie postrzegania członków innych grup jako części kategorii „istoty ludzkie", a nie odrębnych, sztywno zdefiniowanych kategorii rasowych, narodowościowych czy społecznych. Przyczyniają się do łagodzenia uprzedzeń oraz ich potencjalnych negatywnych konsekwencji, takich jak dyskryminacja, rasizm, nienawiść, konflikty i przemoc. Eksperymenty dowiodły, że osoby szczęśliwsze postrzegają członków innych grup w sposób charakteryzujący się mniejszymi uprzedzeniami i nienawiścią.

W jednym z eksperymentów Barbara Fredrickson i jej współpracownicy wykazali na przykład wpływ dobrego nastroju na zjawisko stronniczości wobec własnej rasy (ang. *Own Race Bias*, w skrócie ORB). ORB to znane i dobrze udokumentowane zjawisko psychologiczne, badane od dziesięcioleci. Polega ono na tym, że ogólnie ludzie dużo lepiej potrafią rozpoznawać i rozróżniać twarze przedstawicieli własnej rasy niż innych ras. Potocznie można to nazwać syndromem „dla mnie oni wszyscy wyglądają tak samo". Za przyczynę tego zjawiska uznaje się naturalne uprzedzenie wobec innych ras, o którym mówiliśmy wcześniej, powodujące inny sposób przetwarzania informacji w przypadku, gdy patrzy się na twarz przedstawiciela własnej rasy, niż w przypadku twarzy przedstawiciela innej rasy.

Aby zrozumieć podłoże ORB, warto przyjrzeć się pokrótce temu, co się dzieje w mózgu, kiedy patrzymy na ludzkie twarze. Obszar mózgu odpowiedzialny za rozpoznawanie twarzy to ośrodek analizy twarzy. Uaktywnia się on za każdym razem, gdy patrzymy na twarze przedstawicieli własnej rasy. Badania przeprowadzone za pomocą technik obrazowania mózgu wykazały jednak, że kiedy patrzymy na twarze przedstawicieli innych ras, ośrodek analizy twarzy jest zazwyczaj znacznie mniej aktywny. Dlaczego? Wcześniej omówiliśmy, w jaki sposób nasze instynktowne uprzedzenia wobec grup zewnętrznych, takich jak inne rasy, wiążą się z aktywnością ciała migdałowatego. Jak się okazuje, kiedy ciało migdałowate jest aktywne, wysyła sygnały do ośrodka analizy twarzy, obniżając jego aktywność, a więc zmniejszając naszą zdolność rozróżniania rysów twarzy.

W ramach eksperymentu Fredrickson badacze pokazali badanym rasy białej twarze należące do przedstawicieli rasy białej i czarnej. U badanych wystąpiło zjawisko ORB, a przy ponownym badaniu potrafili oni lepiej rozpoznać widziane wcześniej twarze osób białych niż czarnych (w tym eksperymencie badani byli rasy białej, ale zjawisko ORB występuje u wszystkich ras). To oczywiście proces automatyczny, pozostający poza kontrolą świadomości, a badani na ogół nie zauważają nawet, że występuje u nich zjawisko ORB. Okazało się jednak, że kiedy po wprowadzeniu uczestników w dobry nastrój powtórzono badanie, pozytywne emocje wyeliminowały stronniczość wobec własnej rasy! Zdolność rozpoznawania twarzy osób rasy białej się nie zmieniła, ale trudności z rozpoznawaniem twarzy osób rasy czarnej zniknęły – innymi słowy, dobry nastrój spowodował, że badani rasy białej postrzegali twarze osób należących do rasy czarnej dokładnie w ten sam sposób, co twarze osób należących do własnej rasy. Postrzegali zatem „ich" jako należących do „nas", przynajmniej w zakresie badania.

Co ciekawe, w zwykłych okolicznościach, gdy nie występuje zjawisko ORB, mózg ma tendencję do rozpoznawania twarzy w sposób „całościowy" – jako złożoną całość, a nie zbiór części. Jak wcześniej wspomnieliśmy, jednym z ogólnych skutków pozytywnych emocji jest doskonalenie zdolności całościowego spojrzenia – patrzenia z szerszej perspektywy. Najprawdopodobniej owa zdolność bardziej całościowego postrzegania odgrywa rolę w osłabianiu zjawiska ORB przez pozytywne emocje. Wysnuto wniosek, że podczas ORB twarze przedstawicieli innych ras nie są analizowane całościowo, lecz w sposób bardziej zbliżony do przedmiotów. W tych warunkach obraz twarzy przechowywany w pamięci zostaje zazwyczaj wypaczony przez stereotypy rasowe danej osoby – na przykład twarz osoby rasy czarnej może zostać zapamiętana jako ciemniejsza, niż jest w rzeczywistości, a rysy twarzy zostają przyswojone jako bardziej zbliżone do stereotypowych. Natomiast pod wpływem pozytywnych emocji, gdy zjawisko ORB znika, wzrasta prawdopodobieństwo postrzegania przedstawiciela innej rasy jako osoby, złożonej istoty ludzkiej, maleje zaś prawdopodobieństwo, że taka osoba będzie postrzegana poprzez jednowymiarowy stereotyp rasowy.

## POZYTYWNE EMOCJE JAKO STRATEGIA ZMIAN SPOŁECZNYCH

Przedstawiliśmy argumenty przemawiające za tym, że pozytywne emocje mogą stanowić rozwiązanie niektórych omówionych przez nas problemów społecznych. Jak często powtarza Dalajlama, musimy mieć do dyspozycji wiele metod i rozwiązań. Nie ma jednego panaceum na społeczne bolączki. Istnieją jednak znaczące dowody, że wzbudzanie pozytywnych emocji to jedna ze strategii, za pomocą których można zwiększyć swoje osobiste szczęście, a zarazem wypracować sposoby myślenia i działania mogące ograniczyć wiele problemów dzisiejszego świata.

Nie trzeba dodawać, że wyzwanie, jakie się tu pojawia, wiąże się z pytaniem, jak wzbudzać pozytywne emocje na szeroką skalę. Podczas eksperymentów badacze wzbudzali pozytywne emocje na krótki czas, korzystając z takich metod, jak pokazywanie badanym budujących lub zabawnych klipów filmowych, obdarowywanie torebką cukierków albo aranżowanie sytuacji, w której badany niespodziewanie znajdował pieniądze w budce telefonicznej. Zwiększenie średniego poziomu szczęścia w skali narodu to zupełnie inna sprawa. Badania wykazały jednak, że istnieją sposoby zapewniania bardziej stabilnego wzrostu szczęścia. Na przykład skuteczne jest podejście Dalajlamy obejmujące zmianę podstawowego nastawienia. Jego metoda zwiększania nadziei i optymizmu poprzez postrzeganie sytuacji z szerszej perspektywy czy pozytywną ponowną ocenę ma dużo szersze zastosowanie i może być używana do ogólnego ograniczenia negatywnych emocji i wzmocnienia pozytywnych. Istnieją inne, poparte naukowymi dowodami metody wzmacniania pozytywnych emocji, takie jak medytacja, praktykowanie wdzięczności czy ćwiczenia fizyczne. Problem polega na tym, że nie można zmusić ludzi do zmiany sposobu myślenia czy zachowania, nawet jeśli taka zmiana uczyniłaby ich samych i ich rodziny szczęśliwszymi i przyczyniła się do zwiększenia szczęścia w społeczeństwie, w którym byłoby mniej uprzedzeń, nienawiści, konfliktów i przemocy.

Zwiększanie pozytywnych emocji jest jednak bardzo obiecujące, przynajmniej jako jedna z wielu metod przezwyciężania problemów społecznych czy globalnych. Jak zaleca Dalajlama, potrzebny jest do tego wspólny wysiłek edukowania za pośrednictwem mediów i innych środków na temat korzyści płynących z pozytywnych emocji oraz praktycznych strategii umożliwiających osiągnięcie szczęśliwszego stanu umysłu. Ta metoda przezwyciężania problemów społecznych może potencjalnie okazać się dużo skuteczniejsza niż wprowadzanie innego rodzaju programów kształcących i uświadamiających, obliczonych na ograniczenie uprzedzeń, rasizmu i przemocy. Przede wszystkim dlatego, że prawdopodobnie dużo łatwiej byłoby przekonać ludzi do praktyk zapewniających im osobiste szczęście i dobrobyt niż do zaangażowania w programy mające ograniczyć rozmaite problemy społeczne.

Ponadto pielęgnowanie poczucia szczęścia i pozytywnych emocji wywołuje pewien „skutek uboczny", który sprawia, że metoda ta idealnie nadaje się do wprowadzania zmian społecznych i budowania lepszego świata. Badania wykazały, że zwiększenie poziomu szczęścia i pozytywnych emocji powoduje wzrost altruizmu, życzliwości i gotowości do pomocy innym. Podobnie jak inne cechy pozytywnych emocji, spowodowałoby to szybsze zmiany społeczne niż próby rozwiązywania poszczególnych problemów z osobna poprzez zmianę zachowań pojedynczych członków społeczeństwa.

Inną korzyścią jest to, że pielęgnowanie pozytywnych emocji automatycznie prowadzi do zmiany w myśleniu i zachowaniu, a w konsekwencji do zwiększenia szczęścia. W przeciwieństwie do innych programów edukacyjnych i uświadamiających, zmiany spowodowane rozwijaniem pozytywnych emocji powinny z czasem nabierać rozpędu, zgodnie z efektem kuli śniegowej.

Ponadto pozytywne emocje są zaraźliwe. Niektóre osoby wymagają skoordynowanych wysiłków, by zmienić swoje podstawowe nastawienie i zwiększyć poziom pozytywnych emocji czy szczęścia w codziennym życiu, inne za to mogą w pewnym stopniu poczuć się szczęśliwsze przez sam kontakt ze szczęśliwymi ludźmi.

Podczas jednej z naszych rozmów Dalajlama powiedział:

– Budowanie bardziej pokojowego i szczęśliwszego społeczeństwa musi zaczynać się na poziomie jednostki, a następnie obejmować rodzinę, sąsiadów, wspólnotę i tak dalej.

Słowa te nabierają jeszcze większego znaczenia w świetle zdumiewających nowych badań nad zaraźliwą naturą emocji. Wykazały one, że szczęście jednostki może dosłownie przenosić się na rodzinę, sąsiadów czy wspólnotę.

O zaraźliwej naturze emocji wiadomo już od jakiegoś czasu. Pojęcie to oparto na badaniach, które wykazały, że kiedy jesteśmy świadkami, jak inne osoby wyrażają pewne emocje, sami zaczynamy je odczuwać. Badając mechanizmy działania mózgu odpowiedzialne za to zjawisko, niektórzy neurobiolodzy doszli do wniosku, że może ono być spowodowane przez neurony lustrzane. Są to komórki mózgowe, które reagują zarówno na wykonywanie działania, jak i na obserwowanie, jak wykonują je inni. Uważa się, że neurony te mogą pomagać nam w dostrojeniu się do emocjonalnego stanu innych ludzi, co może odgrywać rolę w empatii.

W zaskakującym badaniu, którego wyniki opublikował „British Medical Journal" (styczeń 2009), badacze z Uniwersytetu Kalifornijskiego w San Diego i Uniwersytetu Harvarda ustalili, że zaraźliwa natura szczęścia ma dużo głębszy, szerszy i bardziej długotrwały wymiar, niż moglibyśmy sobie wyobrazić. Szczęście rozprzestrzenia się w społeczeństwie jak wirus. Naukowcy odkryli, że obecność szczęśliwych osób w otoczeniu danego człowieka ogromnie zwiększa jego szanse na szczęście.

Jeśli jesteś szczęśliwy, o 34 procent zwiększasz prawdopodobieństwo, że twój sąsiad będzie szczęśliwy, a o 25 procent, że będzie taki twój przyjaciel (pod warunkiem że mieszka nie dalej niż 1,5 km od ciebie). Badacze ustalili, że stopień zaraźliwości emocji zależy od rodzaju relacji i odległości geograficznej pomiędzy osobami. Podają jednak, że każda szczęśliwa osoba w naszym otoczeniu zwiększa nasze szanse na szczęście średnio o 9 procent. Działa to w obie strony. Posiadanie szczęśliwej rodziny czy przyjaciół w swoim otoczeniu zwiększa nasze szanse na szczęście. Co istotne, naukowcy ustalili, że szczęście rozprzestrzenia się między ludźmi „do trzeciego stopnia". Nasze szczęście wpływa nie tylko na naszych przyjaciół, ale też na ich przyjaciół, a nawet przyjaciół ich przyjaciół – ludzi, których być może nigdy nawet nie spotkaliśmy ani o nich nie słyszeliśmy. Oprócz szerszego zasięgu tego oddziaływania, także jego trwałość jest znacznie większa, niż wcześniej szacowano. Naukowcy twierdzą wręcz, że skutki „zarażania się" szczęściem od innej osoby mogą trwać aż do roku! W miarę rozprzestrzeniania się szczęścia i pozytywnych emocji w otoczeniu, wspólnocie i społeczeństwie rozprzestrzeniać się będą także korzyści społeczne, które zakorzenią się w społeczeństwie obok korzyści osobistych.

Rola szczęścia i pozytywnych emocji w szerzeniu zmian społecznych i budowaniu lepszego świata wykracza poza kwestie, które tutaj omówiliśmy. Ronald Inglehart, profesor z Ośrodka Nauk Politycznych Uniwersytetu Michigan, przeprowadził na przykład badanie, które wykazało, że zwiększenie poziomu szczęścia wśród ludności spowoduje wzrost swobód i demokracji w danym kraju. Wydaje się więc, że szczęście i pozytywne myślenie niosą niezrównane korzyści. Zamiast postrzegać poszukiwanie większego szczęścia osobistego jako przejaw egocentryzmu i dogadzania sobie, stanowiący pewnego rodzaju luksus, można by argumentować, że jeśli naprawdę leży nam na sercu dobro innych i budowanie lepszego świata, to mamy obowiązek być szczęśliwi i podejmować wszelkie wysiłki zmierzające do osiągnięcia większego szczęścia.

## POZYTYWNE EMOCJE, MÓZG I NADZIEJA NA PRZYSZŁOŚĆ

Badając poważne problemy, z jakimi boryka się dzisiejszy świat, możemy stwierdzić, że ich źródłem są ludzkie serce i umysł. Próbując określić nasz potencjał umożliwiający ich przezwyciężenie – przynajmniej z naukowego punktu widzenia – musimy uwzględnić biologiczne podłoże ludzkich emocji i sposobu myślenia: mózg. To organ, za sprawą którego postrzegamy wszystkie rzekome różnice pomiędzy ludźmi, odpowiedzialny za odczuwanie wrogich, pełnych lęku lub agresji emocji, które prowadzą nas do przemocy, okrucieństwa lub głupich zachowań zmierzających do wyrządzenia krzywdy drugiemu człowiekowi.

Wcześniej omówiliśmy, w jaki sposób ludzki mózg ewoluował – głównie w plejstocenie – uzyskując obecną strukturę anatomiczną około 100 tysięcy lat temu. Przystosował się do problemów, które często napotykali nasi dalecy przodkowie. Dalajlama słusznie zwrócił jednak uwagę, że współczesny świat znacznie różni się od środowiska naszych przodków, dlatego też sposoby reagowania, które kiedyś były właściwe i przydatne, obecnie mogą doprowadzić nas do samozniszczenia. Impulsy te dawniej mogły chronić ludzi przed śmiercią, lecz my reagujemy w ten sam sposób na zagrożenia, które są wytworem wyobraźni lub projekcji mentalnej.

Można by się zastanawiać, czy skoro chodzimy po tym świecie z mózgami jaskiniowców, których data ważności upłynęła 100 tysięcy lat temu, to czy nie jesteśmy skazani na zagładę? Koniec końców, mając techniczne możliwości całkowitego zniszczenia życia na ziemi, czy naprawdę możemy sobie pozwolić na luksus siedzenia i grania w warcaby przez następne sto tysięcy czy milion lat, aż mechanizmy ewolucyjne zdołają przystosować nasze mózgi do współczesnych warunków?

Na szczęście nie jesteśmy skazani na zagładę. Nasz mózg ma co prawda połączenia nerwowe przystosowane do problemów długiego okresu społeczeństw myśliwsko-zbieraczych, ale posiada także bogate zasoby, które można wykorzystać w celu zmodyfikowania i przekształcenia zwyczajowych sposobów myślenia i reagowania na otaczający świat. Zasoby, którymi dysponujemy, są niemal nieograniczone. Choć nasze połączenia mózgowe są przystosowane do działania zgodnie z wcześniejszym programem pochodzącym z bardziej prymitywnych czasów, skłaniającym nas do reagowania w określony sposób, nie musimy tego robić. Owszem, mamy zdolność odczuwania gniewu, nienawiści, uprzedzeń i przesadnego lęku, ale potrafimy także być życzliwi, współczujący, tolerancyjni i altruistyczni. Owszem, odczuwamy bardziej prymitywne emocje układu limbicznego, ale mamy także bardziej zaawansowaną korę mózgową z jej zdolnością rozumowania: krytycznego myślenia, kreatywności oraz wyższymi funkcjami mózgowymi. Mamy też możliwość wyboru, które reakcje chcemy rozwijać i wzmacniać.

W każdej chwili naszego życia powstają nowe połączenia – synapsy – pomiędzy naszymi komórkami nerwowymi, które są reakcją na nowe informacje i doświadczenia. W każdej sekundzie powstaje milion takich nowych połączeń. Możemy tworzyć obwody, połączenia pomiędzy komórkami nerwowymi w mózgu, które mogą przekształcić jego strukturę i funkcje. Ta zdumiewająca zdolność mózgu nosi nazwę plastyczności układu nerwowego. Dzięki temu mózg nie jest nieodwracalnie ukształtowanym narządem – możemy tworzyć nowe programy określające nasz sposób reakcji na rozmaite sytuacje, a nawet nauczyć nasz umysł innego postrzegania rzeczywistości.

Właśnie te cechy mózgu pozwolą nam znajdować nowe, pozbawione przemocy sposoby rozstrzygania sporów i budowania więzi z innymi ludźmi. Jest to zdolność leżąca u podstaw serii *Sztuka szczęścia* – możemy nauczyć nasze umysły prawdziwego szczęścia, większej życzliwości i współczucia.

Potrzebna jest tylko wola i odrobina praktyki. Z perspektywy neurologicznej od urodzenia dysponujemy odpowiednimi narzędziami. Droga do bardziej pokojowego, pozbawionego przemocy świata, w którym ludzie cieszą się wewnętrznym szczęściem i zewnętrznym szczęściem społecznym, jest zapisana w nas samych. Są więc powody do optymizmu, a nawet świętowania. Wizja świata Dalajlamy, świata zdominowanego przez życzliwość, a nie okrucieństwo, w którym konflikty są rozwiązywane przede wszystkim w drodze dialogu, a nie przemocy, jest bardzo realna.

ROZDZIAŁ 14

# ODKRYWANIE WSPÓLNEGO CZŁOWIECZEŃSTWA

– Wiem, że jutro Wasza Świątobliwość wyjeżdża z Tucson, by odwiedzić kolejne miasto. Tam się już jednak nie zobaczymy, jest to więc nasze ostatnie spotkanie. Od jakiegoś czasu chciałem zadać Waszej Świątobliwości pytanie o konkretną metodę budowania głębokiego poczucia więzi z innymi. Oczywiście wczoraj nie mieliśmy czasu, by to omówić, dlatego chcę zacząć od tego pytania dzisiejsze spotkanie.

– Dobrze – odparł Dalajlama.

– A więc, dla przypomnienia, wczoraj doszliśmy do wniosku, że większość problemów społecznych w taki czy inny sposób wiąże się z niezdolnością nawiązywania relacji na podstawowym ludzkim poziomie, który polega na postrzeganiu, że inni są takimi samymi ludźmi jak my. Ta kwestia jest zatem bardzo ważna. Mam nadzieję, że dziś będziemy mogli ją dokładnie przeanalizować i zaproponować praktyczne podejście umożliwiające budowanie związków z ludźmi, nawet z tymi, z którymi pozornie nic nas nie łączy.

– W tym przypadku możemy zastosować popularną buddyjską metodę rozwiązywania problemów. Mam na myśli analogię do leczenia choroby. Najpierw musimy zrozumieć, na czym polega problem, następnie zbadać jego przyczyny i uwarunkowania, dowiedzieć się, czy istnieje lekarstwo, i wreszcie, jeśli ustalimy, że lekarstwo istnieje, zastosować właściwe środki – powiedział Dalajlama.

– Podoba mi się to podejście – odpowiedziałem z entuzjazmem. – Na podstawie tego modelu można by uznać problemy omawiane przez nas w ostatnich rozmowach za poważne bolączki społeczne –

byłyby to takie choroby, jak brak poczucia wspólnoty, narastające wyobcowanie i izolacja, brak zaufania, a także ostrzejsze schorzenia: uprzedzenia, konflikty, przemoc. Mam rację? – zapytałem.

– Tak, to prawda – odpowiedział Dalajlama.

Ponieważ było to nasze ostatnie spotkanie w tym cyklu rozmów, podsumowałem:

– Przyczynami tych chorób są destrukcyjne emocje, wypaczony sposób myślenia oraz uwarunkowania środowiskowe, a na bardziej podstawowym poziomie nasza tendencja do dzielenia ludzi na grupy, na nas i na nich. Niektóre z tych „chorób" powstają na gruncie uprzedzeń, jakie grupy żywią wobec innych grup, jak też bardziej aktywnych form dyskryminacji. Prawda?

– Tak – ponownie potwierdził Dalajlama, dodając: – Być może należałoby tutaj uwzględnić także skrajny indywidualizm, który polega na tym, że człowiek czuje się samowystarczalny i sądzi, iż nie potrzebuje innych ludzi, jak również fałszywe poczucie wyższości. Jednak analizując te problemy, oczywiście odkrywamy wiele różnych przyczyn i czynników.

– Kontynuując zatem naszą medyczną analogię, co Wasza Świątobliwość zaliczyłby do kategorii lekarstw? – zapytałem.

– Jak zwykle powtarzam – zaczął Dalajlama – że zajmując się ludzkimi problemami, musimy stosować różne metody na różnych poziomach. Rozmawialiśmy na przykład o zasadniczym znaczeniu realistycznego myślenia – analizowania danej sytuacji lub problemu poprzez jasne zrozumienie rzeczywistości. Sądzę też, że kolejnym głównym czynnikiem jest kontakt osobisty. Na przykład w przypadku przemocy osobisty kontakt i dialog mają zasadnicze znaczenie dla rozwiązywania konfliktów. Kontakt osobisty tworzy również podstawę większego poczucia wspólnoty. To zawsze pomaga. Tak więc omówiliśmy już wiele konkretnych antidotów na konkretne problemy.

– To prawda – potwierdziłem. – Wracając zatem do głównej kwestii, teraz szukamy ogólnego lekarstwa na problemy globalne lub społeczne. Pozostając przy modelu medycznym, powiedzmy, że Wasza Świątobliwość stwierdził, że istnieje lekarstwo na te problemy.

Powiedzmy, że ustaliliśmy, iż zdolność tworzenia więzi z innymi na głębokim poziomie, pielęgnowanie takiego poczucia bliskości, gdy czujemy, że wszyscy ludzie są naszymi braćmi i siostrami, to skuteczny środek zapobiegający tym problemom i je przezwyciężający. Jak zatem go „zastosować"? Chodzi mi o praktyczne metody lub strategie pomocne w tworzeniu takich więzi.

– Tworzenie takiego poczucia więzi z innymi wymaga fundamentalnej zmiany naszego nastawienia i sposobu nawiązywania relacji z innymi – odparł Dalajlama.

– Konkretnie chodzi mi raczej o to, od czego powinniśmy zacząć, jeśli naprawdę chcemy zmienić swoją perspektywę i zbudować autentyczne związki z innymi, ze wszystkimi ludźmi.

– I tym razem wszystko sprowadza się do świadomości.

Roześmiałem się.

– Zatem znowu wracamy do kwestii świadomości. Ciągle krążymy wokół tego tematu! Wydaje mi się, że podczas naszych pierwszych rozmów w Dharamsali Wasza Świątobliwość też wspomniał o potrzebie pogłębiania świadomości naszego wspólnego człowieczeństwa. Biorąc jednak pod uwagę znaczenie tych idei i ich powiązanie z empatią i współczuciem, które chcę omówić z Waszą Świątobliwością, zastanawiam się, czy Wasza Świątobliwość mógłby precyzyjniej opisać to, co powinniśmy sobie uświadomić. Chodzi mi o wskazanie konkretnych faktów bądź idei, których moglibyśmy „być świadomi" albo nad którymi moglibyśmy się zastanowić, by pomóc sobie w zmianie podstawowego nastawienia i pielęgnowaniu głębszego poczucia więzi ze wszystkimi ludźmi.

Niemal spodziewając się standardowej odpowiedzi, że wszystko zależy od okoliczności, kontekstu, jednostki i tak dalej, byłem bardzo zaskoczony precyzyjną wypowiedzią Jego Świątobliwości.

– Mamy tutaj trzy rzeczy – odparł zdecydowanie. – Po pierwsze, refleksję nad naszą społeczną naturą, po drugie, refleksję nad naszą wzajemną zależnością i wreszcie po trzecie, refleksję nad naszym wspólnym człowieczeństwem.

– To brzmi interesująco. – Powiedzmy zatem, że aby uleczyć nasze społeczne i indywidualne bolączki, musimy rozwinąć głębszą świadomość tych trzech zagadnień. Czy Wasza Świątobliwość mógłby bardziej szczegółowo omówić, co konkretnie możemy rozważać?

– Jak powiedziałem, uważam, że przede wszystkim należy uznać, że my, ludzie, jesteśmy zasadniczo istotami społecznymi. Musimy pielęgnować głębokie zrozumienie naszej społecznej natury. Łączenie się, tworzenie więzi wspólnotowych i działanie w duchu współpracy to część naszej natury. Popatrzmy na pszczoły – od współpracy zależy ich przetrwanie. Jeśli jedna pszczoła poleci w jedną, a druga w inną stronę, zginą. Wszystkie! Zatem nie mając religii, praw ani konstytucji, te małe owady współpracują ze sobą – wiedzą, że muszą współdziałać, aby przeżyć. My mamy podobną naturę.

Rozumiejąc naszą społeczną mentalność i potrzebę współpracy, będziemy naturalnie zwracać uwagę na dobro innych. Dzięki temu powstanie stabilne, szczęśliwsze i bardziej pokojowe społeczeństwo, na czym skorzystają wszyscy. Nie ma co do tego wątpliwości. W przeciwnym razie, przy braku zrozumienia społecznej natury człowieka, jeśli poszczególni ludzie zupełnie nie mają na względzie dobra innych, w ostatecznym rozrachunku cierpią na tym wszyscy, także oni sami. Nieprawdaż?

– Skoro zatem pielęgnowanie świadomości naszej społecznej natury jest tak istotne, to czy zanim przejdziemy dalej, Wasza Świątobliwość mógłby wymienić dodatkowe sposoby pogłębiania tej świadomości?

– Może to być choćby zwracanie uwagi na dowody i przykłady potwierdzające społeczną naturę człowieka – odpowiedział Dalajlama.

– Czy przychodzą Waszej Świątobliwości do głowy jakieś przykłady? – zapytałem.

Dalajlama zastanowił się przez chwilę.

– Popatrzmy, co się dzieje, kiedy jakaś społeczność staje w obliczu kryzysu. Często możemy wtedy zobaczyć przejawy naszego współdziałania: ludzie pomagają sobie nawzajem, radząc sobie wspólnie z trudnościami, a ich największą troską staje się dobro społeczności. To bardzo podstawowa ludzka reakcja, wzajemne poleganie na sobie, udzielanie sobie wsparcia i ochrony, co można uznać za przejaw naszej społecznej natury.

Weźmy na przykład to, co się stało w Nowym Jorku po tragedii 11 września. W obliczu kryzysu mieszkańcy miasta pomagali sobie wzajemnie jak nigdy dotąd, wzmacniając poczucie wspólnoty i współpracując ze sobą. Bariery dzielące ludzi nagle zniknęły, a powstało niespotykane dotąd poczucie więzi. Słyszałem, że ludzie patrzyli sobie w oczy, pozdrawiali się na ulicach i odnosili się do siebie jak nowojorczyk do nowojorczyka, niezależnie od statusu społecznego czy stroju. Uważam także, że miało to trwałe skutki. Słyszałem, że kiedy Nowy Jork dotknęła awaria energetyczna, dał się odczuć niezwykły duch współpracy – ludzie byli otwarci wobec siebie nawzajem, życzliwsi i traktowali to zdarzenie jako wspólne doświadczenie.

Dodałem:

– Oczywiście pozostaje pytanie, dlaczego nie zawsze zachowujemy się w ten sposób, dlaczego dopiero kryzys zbliża nas do siebie.

Dalajlama zamilkł na chwilę. Czasem zdarzały mu się nieoczekiwane przerwy na refleksję. Zwykle takie rozmyślania trwały krótko. Wyraz zadumy na twarzy Dalajlamy zdradzał, że Jego Świątobliwość coś rozważa, być może próbując lepiej zrozumieć jakąś fundamentalną kwestię. Siedząc ze skrzyżowanymi nogami, kołysał się delikatnie i rozmyślał. Kolejny raz w ciągu wielu lat podziwiałem sposób, w jaki analizował problemy w prawdziwym duchu odkrywczości. Nawet kiedy omawialiśmy temat poruszany już niezliczoną ilość razy, Dalajlama zachowywał świeże podejście i gotowość do zmiany poglądów.

Zakończywszy najwyraźniej krótką wewnętrzną kontemplację, Dalajlama wrócił do rozmowy równie nieoczekiwanie, jak ją przerwał:

– Myślę, że jest to zgodne z naszą medyczną analogią: kiedy odczuwamy ból fizyczny, szukamy lekarstwa. Natomiast jeśli choroba nie jest dla kogoś oczywista, nie szuka on leku. Może dostrzegamy przyczyny rozwijającego się problemu, ale jeśli nie odczuwamy bólu, nie będzie nas to obchodzić, dlatego że nie ma bezpośredniego zagrożenia ani cierpienia. Zwykle człowiek musi doznać silnego bólu, zanim zareaguje.

– Cóż, rozmawiamy tutaj o sposobach wzmocnienia naszego poczucia więzi z innymi. Możemy powiedzieć, że jedyne, co łączy ludzi w duchu współpracy i poczucia więzi, to kryzys albo wspólne cierpienie. A jednak nie jestem pewien, czy rozmyślne wywoływanie kryzysów i powodowanie cierpienia, które moglibyśmy wspólnie znosić, to najskuteczniejsza metoda tworzenia poczucia więzi i wspólnoty! – powiedziałem nieco żartobliwie.

Dalajlama zaśmiał się krótko.

– Kontynuujmy zatem naszą medyczną analogię: roztropny człowiek nie czeka, aż choroba tak się rozwinie, że ból stanie się nie do zniesienia, lecz zajmuje się nią zawczasu. Dużo lepiej, gdy uczymy się rozpoznawać objawy choroby i uświadamiamy sobie przyczyny problemu, zanim pojawi się ból. Możemy wtedy sprawdzić, co się dzieje, i lepiej o siebie zadbać. Podobnie rzecz się ma w przypadku społeczeństwa. Nawet bez kryzysu, gdyby ludzie zastanawiali się głębiej, dostrzegliby swoją głęboko społeczną naturę i wzajemne zależności pomiędzy dobrem wszystkich członków społeczeństwa. Roztropnie byłoby uświadomić to sobie, zanim dojdzie do kryzysu.

Jeśli poświęcimy trochę czasu na taką refleksję, zdamy sobie sprawę, że dobro jednostki w społeczeństwie jest zależne od dobra całego społeczeństwa – interesy splatają się ze sobą. Wspomniałem już, że możemy zwiększyć naszą świadomość tych kwestii poprzez szukanie przykładów, dowodów naszej społecznej natury. Na szczęście, jeśli będziemy ich szukać, to je znajdziemy – bo faktem jest, że ludzie potrafią współpracować. Jest to przejaw naszej podstawowej natury.

Rozważając wielkie tajemnice, odwieczne kwestie i źródła cech charakteryzujących ludzką egzystencję, takich jak głęboko zakorzeniona społeczna natura, możemy zacząć od jednego: od właściwości, która odróżnia nas od wszystkich innych zwierząt – mózgu. A być może powinniśmy zacząć od praprzyczyny wszystkich wielkich osiągnięć ludzi, wspaniałych dzieł ludzkiej cywilizacji, które stały się możliwe dzięki naszym dużym mózgom. Ta praprzyczyna to... niedojrzały owoc.

Nie mam tutaj na myśli jabłka rosnącego na zakazanym drzewie poznania dobra i zła. Mówię o zwykłym niedojrzałym owocu, który wisiał sobie na zwyczajnym drzewie w afrykańskim lesie jakieś piętnaście, dwadzieścia milionów lat temu. Pewnego ranka małą małpkę ominęło śniadanie, była więc dość głodna. Ominęło ją śniadanie, bo zaspała i wszystkie dojrzałe owoce, które spadły z drzew, zostały już zjedzone przez jej przyjaciół. Burczało jej w brzuchu i była taka głodna, że postanowiła ugryźć niedojrzały owoc, chociaż wiedziała, że na nic się to nie zda, bo małpy nie trawią niedojrzałych owoców. Okazało się jednak inaczej. Małpa odkryła, że niedojrzały owoc jej nie zaszkodził – co więcej, zaspokoiła głód i strawiła zjedzony kawałek! Był to jej szczęśliwy dzień, bo od tej pory dzięki tej mutacji genetycznej mogła codziennie najadać się do syta – inne małpy musiały czekać, aż owoce dojrzeją, ale ona mogła podjadać, gdy tylko chciała. Ponieważ nie musiała poświęcać całego czasu na poszukiwanie dojrzałych owoców, miała go dużo na rozmnażanie, przez co doczekała się licznego potomstwa, które także mogło jeść niedojrzałe owoce. W ciągu kilku pokoleń w lesie mieszkała cała grupa małp zdolnych do trawienia niedojrzałych owoców; żyły sobie jak u Pana Boga za piecem.

W tym samym czasie obok małp żywiących się niedojrzałymi owocami w lesie mieszkał też cały klan kuzynów, którzy nadal mogli jeść tylko dojrzałe owoce i zaczynali się lekko irytować całą sytuacją. Nagle ogromna część owoców znikała z drzew, zanim w ogóle zaczęła dojrzewać, a małpy niezdolne do trawienia niedojrzałych owoców chodziły głodne. To nie było w porządku! Ostatecznie sytuacja tak się pogorszyła, że kilku małpich kuzynów zdecydowało, iż mają dość i wyprowadzają się z lasu – przynajmniej na jego skraj, tam gdzie zaczyna się sawanna. Oczywiście znaleźli tam więcej jedzenia, bo konkurencja ze strony przeklętych zjadaczy niedojrzałych owoców była mniejsza! Pojawił się jednak inny problem. Żyły tam dziwne, straszne stworzenia, wielkie koty i psy, które – jak się okazało – zjadały małe małpki równie chętnie, jak one same zjadały dojrzałe owoce.

Nikt nie chciał wracać do lasu, gdzie było bezpiecznie, ale przez większość czasu nie było co jeść. W lesie małpy przywykły do niezależności, bo każda mogła sama podnosić leżące na ziemi dojrzałe owoce, nie musiały więc zbytnio współpracować. Teraz jednak zdały sobie sprawę, że jeśli będą działać jako zespół, ostrzegając się nawzajem przed drapieżnikami i próbując wspólnymi siłami je odstraszyć, to ich szanse na przeżycie znacznie wzrosną. Spróbowały więc – z powodzeniem! Mimo to sytuacja była wciąż daleka od ideału. W lesie każda małpa mogła robić to, na co miała ochotę. Choć teraz musiały pracować w grupach, nadal chciały postępować po swojemu, ale pojawiła się konieczność zrównoważenia własnych potrzeb w taki sposób, by nie kolidowały one z funkcjonowaniem grupy. Sprawy zaczęły się komplikować. W miarę wzrastania liczebności grupy powstawały sojusze, a życie stało się bardziej skomplikowane i pełne niuansów – nie chodziło już tylko o to, żeby zachować bezpieczeństwo, znaleźć jedzenie i od czasu do czasu z kimś się przespać.

Ci mieszkańcy sawanny byli dalekimi przodkami szympansów, goryli i ludzi. Taki też był początek naszego dużego mózgu, przynajmniej zdaniem wielu prymatologów, którzy od dziesięcioleci zajmują się badaniem ssaków naczelnych. W naszej kulturze istnieje popularne przekonanie, że ewolucja dużego mózgu miała związek z przeciwstawnymi kciukami – że nasz mózg ewoluował, abyśmy potrafili wytwarzać narzędzia i przechytrzyć przedstawicieli innych gatunków. Przedstawiona wyżej teoria (zwana teorią inteligencji makiawelicznej lub teorią „mózgu społecznego") przypisuje jednak ewolucję dużego mózgu społecznej naturze człowieka. Główne założenie jest takie, że pochodzimy od przodków, których sukces indywidualny i grupowy zależał od zrównoważenia potrzeby współpracy z innymi i potrzeb osobistych, dobrego funkcjonowania na poziomie jednostki i grupy, jednoczesnej rywalizacji i współdziałania. Gdy zaczęliśmy żyć w grupach, wiązało się to z nowymi obciążeniami dla mózgu: członkowie grupy musieli rozwinąć inteligencję, by poradzić sobie ze zrównoważeniem potrzeb własnych i innych członków grupy, nauczyć się współpracy oraz pewnej umiejętności samoograniczania. Konieczne było także zrozumienie zachowań innych członków grupy, tworzących dynamiczne i zmienne sojusze. W miarę jak struktury społeczne stawały się coraz bardziej skomplikowane, zdolność rozumowania i tworzenia złożonych strategii ułatwiała zachowanie bezpieczeństwa, zapewnienie żywności, dalsze rozmnażanie oraz chroniła przed grożącą śmiercią izolacją od grupy.

Prymatolodzy uważają tę teorię za bardzo przekonującą, ponieważ znajduje ona potwierdzenie w dostępnych informacjach, takich jak fakt, iż wśród gatunków naczelnych względna wielkość kory mózgowej (najpóźniej rozwiniętej struktury mózgu odpowiedzialnej za myślenie) w stosunku do reszty mózgu bezpośrednio wiąże się z liczebnością grup społecznych, jakie tworzy dany gatunek. Na podstawie wielkości kory mózgowej danego osobnika prymatolodzy mogą wręcz podczas sekcji zwłok dokładnie określić liczebność grupy tego gatunku. Teoria niedojrzałych owoców jest też zgodna ze wzrostem rozmiarów ciała u późniejszych naczelnych (co dawało większe szanse obrony przed drapieżnikami), a także wyjaśnia mnóstwo zachowań występujących u naczelnych, takich jak iskanie, które miało się rozwinąć w celu wzmocnienia sojuszów wewnątrz grupy i tworzenia bliższych więzi.

Jeśli teoria ta jest prawdziwa, to ludzki mózg, cecha wyróżniająca nasz gatunek, rozwinął się po to, by umożliwić nam współdziałanie, a społeczna natura człowieka należy do podstawowych ludzkich cech.

Po odkryciu związku pomiędzy wielkością mózgu naczelnych a liczebnością grupy społecznej przeprowadzono obliczenia mające wskazać maksymalną liczebność naturalnych grup społecznych człowieka. Badacze obliczyli, że jest to około 150–200 osób. Nasze mózgi były przeznaczone do życia w grupie o takiej liczebności – przy czym należy pamiętać, że ludzki mózg został dostosowany do potrzeb społeczności myśliwsko-zbieraczych. „Naturalna liczebność grupy" to wielkość grupy, w której możemy żyć i organizować się w najbardziej wydajny i bezproblemowy sposób oraz śledzić rozmaite cechy osobowe poszczególnych członków i dzięki temu umieć przewidywać ich zachowania. Jest to taka wielkość grupy, przy której możemy zachować optymalne relacje interpersonalne, wchodząc w osobiste interakcje ze wszystkimi. Na tym poziomie presja społeczna służy odpowiedniej kontroli zachowań, a członkowie grupy mogą rozwiązywać problemy bezpośrednio między sobą, bez konieczności uciekania się do reguł, władz i tym podobnych. Kiedy usłyszałem o tej optymalnej liczbie, zafascynował mnie fakt, że – jak opowiadał Dalajlama – przy zakładaniu wspólnot uchodźców w Indiach przyjęto zasadę dzielenia na „obozy" liczące 160 osób.

Jakie ma to implikacje dla nas, skoro w XXI wieku żyjemy w „grupach" liczących miliony osób zorganizowane w „państwa narodowe"? Nie najlepsze. Oznacza to, że jesteśmy zdolni – przynajmniej na podstawie anatomii mózgu – do jednoczesnego nawiązywania relacji na poziomie „osobistym" z około 150 osobami. Po przekroczeniu tej liczby ludzie stają się tylko abstrakcyjnymi członkami jakiejś grupy o stereotypowych cechach. W pewnym sensie liczba 150 oznacza maksymalną liczbę osób, jaką mózg jest w stanie jednocześnie uznawać za prawdziwych ludzi o osobistych cechach, z którymi łączy nas poczucie więzi. Rozwinęliśmy wiele strategii pozwalających nam radzić sobie z większą liczbą osób, wśród których żyjemy. Mamy wspólny język, w którym możemy przekazywać informacje o ludziach, dzięki czemu nie musimy żyć w małych grupach, gdzie wiadomości takie uzyskuje się z pierwszej ręki. Rozwinęliśmy hierarchie społeczne i rządy. Mamy władze reprezentujące dużą liczbę ludzi. Swobodnie korzystamy ze stereotypów, przypisując członkom dużych grup pewne cechy, aby dzięki temu „wiedzieć" coś o wielu osobach bez konieczności osobistego poznawania ich wszystkich.

Niektórzy twierdzą jednak, że z biologicznego punktu widzenia im bardziej wzrasta liczebność grupy, tym bardziej zaczynamy instynktownie postrzegać innych ludzi jako bezimienne, pozbawione twarzy „obiekty" – jako „to" lub „rzecz", a nie „jego" czy „ją". Na co dzień możemy żyć w otoczeniu tysięcy ludzi, a nawet mieć z nimi osobisty kontakt, ale ograniczamy ich człowieczeństwo – ktoś codziennie doręcza nam listy, ale jeśli nie znamy go osobiście, to na poziomie intuicyjnym (czy też mózgowym) postrzegamy go jako „to coś, co przynosi listy". Analogicznie, ktoś raz w tygodniu wywozi nasze śmieci (możemy sobie wyobrazić, co by się stało, gdyby nikt nigdy tego nie robił), a jednak w zwykłych okolicznościach uważamy tę osobę za „to coś, co zabiera śmieci".

To wiele wyjaśnia. Im bliższa naszej „grupie" jest inna osoba, tym bardziej „realna" nam się wydaje i tym większe jest prawdopodobieństwo, że odczujemy współczucie lub troskę o nią. Dlatego bardziej emocjonalnie reagujemy na śmierć sąsiada niż na podaną w wiadomościach informację o dziesięciorgu nastolatkach, którzy zginęli w wypadku autobusu na drugim końcu miasta. Dlatego również bardziej dotyka nas śmierć młodych mieszkańców naszego miasta niż pięćdziesięciu tysięcy ludzi ginących na skutek trzęsienia ziemi po drugiej stronie globu. Być może z tego względu wiadomość, którą usłyszałem tego ranka, gdy po raz pierwszy spotkałem się z Dalajlamą i o której wspomniałem na początku tej książki – historia autentycznego ludzkiego cierpienia, cierpienia ludzi takich jak ja – nie zrobiła na mnie większego wrażenia na głębokim poziomie emocjonalnym.

Nie trzeba dodawać, że jest to tylko jeden z wielu czynników przyczyniających się do problemów współczesnego świata. Na szczęście istnieją sposoby, aby zmienić „to coś, co zabiera śmieci" w prawdziwego człowieka, i sposoby, aby nadać status osoby stereotypowo postrzeganej jednostce, aby dostrzegać prawdziwych ludzi mających godność i zasługujących na szacunek – ludzi, wobec których umiemy odczuwać empatię i współczucie. Omówiliśmy już niektóre z tych metod – na przykład metodę „warzywną" opracowaną przez Susan Fiske czy strategię kontaktu osobistego. Tutaj zaś Dalajlama dodaje ostatnią metodę – pogłębianie głębokiej świadomości naszej społecznej natury, wzajemnej zależności i wspólnego człowieczeństwa oraz postrzegania wszystkich napotykanych osób przez ten pryzmat.

Niezależnie od tego, co ktoś sądzi o prawdziwej naturze człowieka, jedno jest pewne: z ewolucyjnego i biologicznego punktu widzenia Dalajlama ma absolutną rację, mówiąc, że ewoluowaliśmy, by współpracować w grupach, a ludzie nie są w stanie przeżyć bez współdziałania. Oczywiście cecha ta nie jest zastrzeżona tylko dla ludzi – większość innych naczelnych, podobnie jak ich ludzcy kuzyni, żyje w grupach i przejawia wyraźne oznaki smutku w przypadku oddzielenia od grupy. W eksperymentach, w których pojedyncze małpy izolowano od grupy, uporczywie pociągały one za dźwignię, choć jedyną nagrodą była możliwość zobaczenia innej małpy. Zarówno z punktu widzenia socjobiologii, jak i psychologii ewolucyjnej, wśród większości naukowców panuje zgodność, że jest to głęboko uwarunkowana genetycznie cecha ludzkiego zachowania. Istnieje też wiele dowodów naukowych potwierdzających pogląd Dalajlamy na temat społecznej natury istot ludzkich.

Dalajlama przypomina jednak, że uznanie i zrozumienie naszej społecznej natury nie stanowi jedynie przedmiotu zainteresowania naukowców. Nie jest to tylko zagadnienie filozoficzne bądź religijne czy też teoria akademicka, lecz raczej kwestia o podstawowym znaczeniu egzystencjalnym. W czasach gdy z takiego czy innego powodu coraz więcej ludzi żyje we względnej izolacji, zajmując się swoimi codziennymi sprawami, w iluzji niezależności i samowystarczalności, wiele osób nabrało przekonania, że nie odczuwamy potrzeby tworzenia więzi z szerzej pojętą społecznością czy ludzkością – że jest to coś, co możemy, ale czego nie musimy robić. W ciągu ostatnich dwóch stuleci straciliśmy z oczu podstawową ludzką potrzebę więzi społecznych, zapomnieliśmy, że to od nich zależy nasze przetrwanie. W dalszej części naszej rozmowy Dalajlama wyraźnie przypomniał nam tę fundamentalną prawdę.

## KONTEMPLOWANIE NASZEJ WZAJEMNEJ ZALEŻNOŚCI

*Znajdujemy się w sieci wzajemności, z której nie można uciec, zaplątani w jedną materię przeznaczenia. Cokolwiek bezpośrednio dotyka jednego z nas, pośrednio dotyka wszystkich pozostałych. Tak urządzony jest ten świat.*

DR MARTIN LUTHER KING

Dalajlama przekonująco opowiedział o społecznej naturze ludzi i o tym, że jej głębokie uznanie i zrozumienie może przyczynić się do zmiany postrzegania samych siebie i nastawienia do innych. Przeszliśmy więc do omówienia drugiego istotnego faktu.

– Wasza Świątobliwość omówił pierwszy czynnik, który możemy rozważać i wykorzystywać, aby rozwijać poczucie wspólnoty ze wszystkimi ludźmi. To nasza społeczna natura. Czy Wasza Świątobliwość mógłby teraz omówić drugi ze wspomnianych czynników?

– Tak – odpowiedział natychmiast. – Myślę, że kolejnym czynnikiem wiążącym nas ze sobą jest nasza wzajemna zależność. Jako ludzie musimy na sobie nawzajem polegać, aby przetrwać. Uważam, że we współczesnym społeczeństwie stajemy się jeszcze bardziej wzajemnie od siebie zależni i ze sobą związani. W przeszłości więcej ludzi żyło oddzielnie, jako rolnicy i nomadzi. Ludzie ci nie byli w takim stopniu zależni od siebie nawzajem. Być może w przeszłości poczucie niezależności było więc bardziej zgodne z rzeczywistością – poszczególni rolnicy ciężko pracowali i w ten sposób zapewniali sobie byt. Sytuacja się jednak zmieniła. Coraz więcej ludzi mieszka w miastach, a społeczności miejskie opierają się na zasadzie współdziałania. Oczywiście od czasów grup plemiennych do dzisiaj można zauważyć, że ludzie lubią żyć razem – w naturalny sposób łączymy się w grupy. Jednak wraz z rozwojem coraz bardziej złożonej struktury społeczeństwa i powstaniem współczesnych metropolii coraz bardziej potrzebne jest nam współdziałanie – poczucie wspólnoty.

Dlatego często powtarzam, że świat staje się coraz mniejszy – ciągnął Dalajlama. – Oznacza to, że z pomocą nowoczesnych technologii i sposobów komunikacji mamy coraz większe możliwości nawiązywania kontaktów z ludźmi na całym świecie, a za sprawą współczesnej struktury gospodarczej nasze życie coraz bardziej splata się z życiem innych ludzi, nasze dobro zaś jest ściśle powiązane z dobrem innych. Na przykład każda nowa fala przemocy na Bliskim Wschodzie natychmiast wpływa na ceny ropy naftowej. Następuje swoisty efekt domina, reakcja łańcuchowa skutków, które boleśnie odczuwają nawet zwykłe rodziny żyjące po drugiej stronie globu.

– Na nasze życie wpływają dziś bezpośrednio wydarzenia rozgrywające się w otaczających nas społeczeństwach, a nawet wydarzenia globalne. Na przykład nadmierne zanieczyszczenie w naszym regionie spowodowane przez lokalny przemysł czy określony styl życia może mieć dalekosiężne skutki, które odczuje nasza społeczność czy kraj, a które mogą nawet wpłynąć na stan warstwy ozonowej na całym świecie. Często jednak, jak powiedzieliśmy, ludzie nie zastanawiają się nad wpływem swoich działań na inne osoby. Mamy tendencję, by czuć się niezależnymi i nie odczuwać więzi z żadną większą społecznością czy społeczeństwem.

Zastanawiałem się właśnie – ciągnąłem – czy nie jest to niemal paradoksalne, że choć dzisiejszy świat w tak dużym stopniu opiera się na wzajemnej zależności i powiązaniach, my sami mamy jeszcze większe poczucie izolacji i niezależności...

Weźmy na przykład ludzi pracujących w takiej czy innej branży lub firmie, gdzie do prowadzenia działalności albo wytworzenia produktu potrzeba wielu osób. A mimo to gdy raz na dwa tygodnie ci ludzie odbierają wypłatę, mają poczucie: „No cóż, zrobiłem swoje, dostałem wynagrodzenie za ciężką pracę. Utrzymuję się z tego, a to, co robią inni ludzie w firmie, to ich sprawa – mnie tam bez różnicy".

Dalajlama pokiwał głową z wyrazem zadumy na twarzy.

– Wydaje mi się, że kiedy jesteśmy bardzo mali, w bardzo młodym wieku, mamy wrodzone poczucie więzi z matką, poczucie, że możemy liczyć na jej opiekę i troskę. Później jednak, gdy przestajemy być zależni od matki i dorastamy, zaczynamy sądzić, że umiemy sobie radzić zupełnie sami – tak jakbyśmy mogli istnieć niezależnie od innych. Uważam, że to błąd.

Na przykładzie podanego przez ciebie przykładu pracownika dużej firmy – mówił z ożywieniem Dalajlama, którego nasza rozmowa zaczynała coraz bardziej absorbować – widać, że wszystko sprowadza się do postawy i nastawienia. Duża firma to rodzaj wspólnoty. Na przykład w branży samochodowej poszczególne osoby pracują na linii produkcyjnej, gdzie powstaje tylko jeden element pojazdu, ale wspólnym produktem ich pracy jest samochód, więc mówią: „Robimy samochody", a nie „Robię samochody". Rozumieją więc, że każda osoba jest częścią większej grupy wspólnie wytwarzającej dany produkt.

Wszystko jest więc kwestią perspektywy – ciągnął Dalajlama. – Różnica sprowadza się do postawy. Ludzie mają wybór. Mogą uznać swoją wzajemną zależność, jak pracownik, który ma poczucie więzi z innymi osobami zatrudnionymi przy produkcji samochodu. Mogą także zachować postawę: „Tak, jestem wolny i niezależny, sam zarabiam swoje pieniądze i kupuję swoje rzeczy". Oczywiście takie nastawienie prowadzi do braku poczucia zależności od innych, a to z kolei – do braku poczucia więzi z nimi.

Jeśli się nad tym zastanowić, nietrudno znaleźć w naszym świecie niezliczone przykłady wzajemnej zależności i powiązań, które z każdym upływającym rokiem stają się coraz bliższe. Współczesną historię charakteryzuje wykładniczy wzrost wzajemnych powiązań i zależności na każdym poziomie – od zaawansowanych technologii komunikacyjnych, przez Internet, transport, wzajemne powiązania gospodarcze, po koszmarny rozwój przemysłu zbrojeniowego, który doprowadził do powstania takich koncepcji, jak „wzajemne zagwarantowane zniszczenie" (ang. *Mutually Assured Destruction*) – idei zapobiegania wojnie nuklearnej poprzez świadomość, że taki akt byłby równoznaczny z całkowitym unicestwieniem obu stron. Nowoczesna technika rozwija się w oszałamiającym tempie. Wystarczy wziąć pod uwagę, że kamienne narzędzia z czasów kultury olduwajskiej* były używane w niezmienionej formie – poza drobnymi poprawkami – przez prawie dwa miliony lat. Kolejny duży przełom nastąpił około 300 tysięcy lat temu, gdy jakiś geniusz wpadł na pomysł, że można przymocować uchwyt do kamiennej siekiery i uzyskać narzędzie złożone z więcej niż jednej części. Choć postęp miał początkowo ślimacze tempo, z czasem ludzka cywilizacja zaczęła się coraz szybciej rozwijać technicznie (i nie tylko), aż zmiany osiągnęły dzisiejszą nie-

---

* Kultura olduwajska (oldowajska) albo preszelskoaszelska to najstarsza kultura paleolitu (2 mln lat). Jej nazwa pochodzi od wąwozu Olduvai w północno-zachodniej Tanzanii [przyp. tłum.].

mal niewyobrażalną prędkość. W ciągu zaledwie dwustu ostatnich lat byliśmy świadkami rewolucji przemysłowej, która wstrząsnęła światem, oraz kolejnych zmian zachodzących w coraz szybszym tempie – także w ubiegłym stuleciu. Wzajemne zależności związane z tymi zmianami miały podłoże gospodarcze – jak w przypadku krachu na Wall Street w 1929 roku, którego reperkusje odczuł cały świat – albo militarne, jak dwie wojny światowe, które miały straszliwe konsekwencje dla cywilów i późniejszych kombatantów ponoszących dotkliwe „straty uboczne".

Dochodzimy wreszcie do czasów obecnych, gdy niemal każdego dnia jakiś nowy wynalazek wywraca nasze życie do góry nogami. Wzajemne zależności z ubiegłego wieku bledną w porównaniu z tym, jak bardzo – według słów Dalajlamy – „kurczy się" dzisiejszy świat. Wieloaspektowe i coraz bardziej złożone wzajemne zależności łączą ludzi z całego świata we wszystkich aspektach życia. Niektóre z nich są dobre, inne – złe. Tradycyjne więzi gospodarcze czy militarne coraz bardziej zyskują na znaczeniu, do takiego stopnia, że na przykład wzajemna penetracja kapitału inwestycyjnego i powiązania rynkowe tworzą zależności gospodarcze, które bezpośrednio łączą społecznoekonomiczne losy praktycznie całej planety. Nawet kultury wchodzą w interakcje, wpływając na siebie nawzajem – nasze ikony kultury, mody i popularne idee przekraczają granice, łącząc ludzi z różnych części świata. Sam Dalajlama jest zresztą dobrym tego przykładem – jego imię, twarz i przesłanie mówiące o dobroci, uniwersalnej odpowiedzialności i prawach człowieka są znane na całym świecie.

Nie ma wątpliwości co do tego, iż świat staje się coraz bardziej wzajemnie zależny, w związku z czym współpraca pomiędzy społecznościami i narodami nabiera kluczowego znaczenia. Dalajlama rozszerza zasadę wzajemnej zależności na wszystkie poziomy ludzkiego istnienia, zarówno osobiste, jak i społeczne, rozumiejąc, że dobro jednostki jest nieodłącznie związane z dobrem innych. Jeśli dobrze poszukać, można znaleźć przykłady wzajemnie wiążących czynników w każdej możliwej skali – od planetarnej po mikrobiologiczną. W skali planetarnej żadna kwestia nie ma tak wielkiego znaczenia jak wzajemna zależność w zakresie środowiska naturalnego – na co zwraca uwagę Dalajlama. Nagła i ogromna zmiana charakteru konsumpcji oraz rozwój techniki, przemysłu produkcyjnego i transportu masowego w XX wieku uczyniły zasadniczą kwestię wzajemnej zależności ekologicznej. Takie wydarzenia, jak katastrofa elektrowni jądrowej w Czarnobylu, niszczenie lasów tropikalnych, zanieczyszczenia przemysłowe oraz stosowanie gazów CFC i podobnych substancji, wyrządziły szkody środowisku naturalnemu, które mają wpływ na nas wszystkich, ponieważ rozprzestrzeniają się podstępnie, przekraczając granice krajów. Oczywiście nawet na poziomie mikrobiologicznym można spojrzeć z tego punktu widzenia na wirusy i bakterie, które nie mają poszanowania dla granic państwowych i rozprzestrzeniają się za pośrednictwem żywych istot, łącząc ludzi na całym świecie, czasem ze śmiertelnym skutkiem. Dzieje się tak od czasów hiszpańskich konkwistadorów – którzy w XVI wieku przenieśli patogeny z Hiszpanii do Nowego Świata, wskutek czego choroba zdziesiątkowała osiemdziesięciomilionową populację Indian – aż po czasy współczesne dotknięte tragiczną epidemią AIDS.

Łatwo dostrzec działanie zasady wzajemnych zależności na każdym poziomie, nawet jednostkowym. Jedną z popularnych i skutecznych metod kontemplowania naszej wzajemnej zależności jest pojęcie sześciu stopni oddalenia. Obecnie koncepcja ta jest najbardziej znana pod postacią gry „sześć stopni Kevina Bacona", w której gracz musi znaleźć związek pomiędzy dowolnym aktorem a Kevinem Baconem przy pomocy maksymalnie sześciu pośredników. Twórcą tej koncepcji jest węgierski pisarz Frigyes Karinthy, autor tomu krótkich opowiadań napisanych w 1929 roku, w tym opowiadania *Łańcuchy*, którego bohater twierdzi, że współczesny świat kurczy się z powodu coraz ściślejszych powiązań międzyludzkich i postępu w dziedzinie komunikacji i transportu. Bohaterowie opowiadania wymyślają grę opartą na założeniu, że można wybrać dowolnego obcego człowieka żyjącego gdziekolwiek na świecie i przy pomocy maksymalnie pięciu innych osób, z których każda jest znajomą jednej z pozostałych, skontaktować się z tak wybranym człowiekiem wyłącznie za pośrednictwem sieci wspólnych znajomych (na zasadzie „znałem kogoś, kto znał kogoś, kto znał... wskazaną osobę"). Najważniejsze nie są jednak – o czym wyraźnie mówi Dalajlama – konkretne fakty służące zilustrowaniu czy wzmocnieniu poczucia naszej wzajemnej zależności, ale sama chęć rozważenia zasadniczego znaczenia wzajemnych zależności w naszym życiu w osobisty i intymny sposób poprzez uznanie, że nasze szczęście w dużym stopniu zależy od innych, a zatem nasze dobro jest nieodłącznie związane z dobrem innych. Jeśli ktoś nie jest całkowicie samowystarczalnym pustelnikiem mieszkającym w jaskini ani rozbitkiem na bezludnej wyspie – jak grany przez Toma Hanksa bohater filmu *Poza światem* – jego przetrwanie zależy od innych.

Do przypomnienia o naszej fundamentalnej społecznej naturze i wzajemnej zależności, o tym, że rodzimy się, by żyć i pracować z innymi ludźmi, oraz że nasze przetrwanie zależy od innych, może posłużyć prosty eksperyment myślowy, który ma szanse stać się skutecznym ćwiczeniem pomocnym we wzmocnieniu tej idei: do przeprowadzenia tego ćwiczenia można wybrać dowolny produkt, od którego jesteśmy zależni lub którego regularnie używamy, bądź też rzecz ważną albo lubianą (jakiś przedmiot nieożywiony). Następnie należy poświęcić co najmniej pięć minut na wyobrażanie sobie jak największej liczby ludzi osobiście zaangażowanych w produkcję, przygotowanie lub transport tego przedmiotu, w tym także jego części i surowców niezbędnych do jego wyprodukowania. Z pomocą wyobraźni trzeba następnie dostrzec prawdziwe człowieczeństwo przynajmniej niektórych spośród być może tysięcy osób zaangażowanych w powstanie tego przedmiotu. Można próbować sobie wyobrazić, jak wyglądają, jakie ubrania noszą, czy mają rodziny i tym podobne.

Tę skuteczną praktykę można stosować codziennie przez tydzień, a nawet dłużej. Można eksperymentować, modyfikując ćwiczenie w zależności od tego, co ma na nas największy wpływ, ale dobrze jest wybierać inny przedmiot lub produkt każdego dnia. Często ludzie wybierają posiłek – na przykład gotowane jajko i tosta – i wyobrażają sobie po kolei: osobę, która przyniosła jedzenie do domu, jeśli sami tego nie zrobili, pracownika supermarketu, magazyniera, dostawcę, rolnika, który dostarczył jajko, i osobę, która je zapakowała, producenta i dostawcę paszy dla kur... Listę tę można bez końca wydłużać. Można sobie wyobrażać monterów traktora użytego do uprawy pszenicy na mąkę, zagranicznych górników, którzy wydobyli rudę użytą do produkcji metalu, z którego zrobiono traktor, i tak dalej. Przy odrobinie praktyki ćwiczenie to pomoże nam docenić, jak bardzo jesteśmy powiązani z innymi ludźmi na całym świecie i zależni od nich pod względem zaspokojenia naszych podstawowych potrzeb. W miarę pogłębiania tej świadomości rodzi się także poczucie wdzięczności.

Moja przyjaciółka wykonała niedawno to ćwiczenie, jedząc kawałek gotowego ciasta czekoladowego. Opisała różne osoby, które sobie wyobraziła, w tym robotników zbierających trzcinę cukrową na wilgotnym polu gdzieś na tropikalnej wyspie, osoby uprawiające pszenicę, produkujące mąkę i zbierające ziarna kakaowca, a także robotnika w białym fartuchu, który w jakiejś fabryce pracuje w aromacie świeżo upieczonych ciast czekoladowych. Powiedziała, że kiedy skończyła ćwiczenie, podczas którego wyobraziła sobie ludzi ciężko pracujących, aby zebrać, zapakować i wysłać składniki, poczuła się, jakby jakiś egzotyczny władca z dawnych czasów rozkazał tysiącom osób z całego świata, aby dostarczyły jej kawałek ciasta czekoladowego. Przez chwilę smakowało jej ono jak największy rarytas.

## KONTEMPLOWANIE NASZEGO WSPÓLNEGO CZŁOWIECZEŃSTWA

Po refleksji na temat naszej społecznej natury i wzajemnej zależności przechodzimy teraz do trzeciej prawdy, której kontemplowanie proponuje Dalajlama – „naszego wspólnego człowieczeństwa". Dalajlama zaleca, aby potraktować refleksję nad tymi trzema prawdami jako środek służący wzbudzeniu głębokiego poczucia więzi ze wszystkimi ludźmi – sposób nawiązania relacji z innymi oparty na tym, co nas łączy, a nie na tym, co nas dzieli. Na pozór może się wydawać, że kontemplowanie naszego wspólnego człowieczeństwa powinno samo w sobie wystarczyć do wzbudzenia głębokiego poczucia więzi z innymi. W porównaniu do tego kontemplowanie naszej społecznej natury i wzajemnej zależności może wydać się niektórym nieco jałowe i akademickie. Po co w ogóle kontemplować najpierw naszą społeczną naturę i wzajemną zależność?

Po głębszej refleksji możemy jednak dostrzec ogromną mądrość, jaką wykazał Dalajlama, uwzględniając kontemplację naszej społecznej natury i wzajemnej zależności. Przede wszystkim zrozumienie faktu, iż jesteśmy istotami społecznymi, a nasza społeczna natura leży u podstaw ludzkiej tożsamości, podkreśla znaczenie tych kwestii, pomagając nam dostrzec zasadniczą rolę, jaką to odgrywa w przetrwaniu naszego gatunku. Kontemplowanie naszej wzajemnej zależności pomaga nam również zrozumieć, w jaki sposób nasze dobro nieodłącznie wiąże się z dobrem innych ludzi. Po rozważeniu naszej społecznej natury i rosnącej wzajemnej zależności możemy zacząć traktować te kwestie jako istotne dla naszego przetrwania oraz szczęścia i dobra osobistego, wzmacniając w ten sposób znaczenie i wartość praktyczną pogłębiania świadomości naszego wspólnego człowieczeństwa, zamiast tylko analizować „nasze wspólne człowieczeństwo" wyłącznie jako zagadnienie czysto religijne, moralne czy akademickie.

– Wasza Świątobliwość, doszliśmy zatem do trzeciego proponowanego tematu kontemplacji. Zanim przejdziemy dalej, czy Wasza Świątobliwość mógłby wyjaśnić pokrótce, jak rozumie zwrot „wspólne człowieczeństwo"? – zapytałem.

– To dosyć prosta idea. Aby rozważyć nasze wspólne człowieczeństwo, zaczynamy od ustalenia, jakie są najbardziej podstawowe cechy wspólne dla wszystkich ludzi. Po uważnej refleksji dochodzimy do wniosku, że wszystkich nas łączy zasadnicze dążenie do szczęścia i przezwyciężania cierpienia. Dla mnie jest to najbardziej fundamentalna prawda o naturze człowieka. Oczywiście do naszych wspólnych cech należą także potrzeba głębokiego uznania i uczucia ze strony innych ludzi oraz zdolność do empatii. My, ludzie, dysponujemy także cudowną inteligencją i bogatą wyobraźnią.

Sądzę, że być może najważniejsze w tym wszystkim jest rozwijanie świadomości fundamentalnej równości wszystkich ludzi – ciągnął Dalajlama. – Wszyscy mamy takie same ciała, emocje i umysły. Jeśli ktoś ugodzi cię nożem, krwawisz, jeśli ktoś ugodzi mnie nożem, ja także będę krwawił. Jeśli stracisz kogoś, kogo kochasz, odczuwasz smutek, jeśli ja stracę kogoś, na kim mi bardzo zależy, również odczuję smutek. Jeśli rozważasz ważną prawdę, zyskujesz nowe spostrzeżenia – jeśli ja rozważam ważną prawdę, też zdobywam nową wiedzę.

Moim zdaniem wszystkie różnicujące nas cechy, takie jak zamożność, pozycja, status i tym podobne, mają drugorzędne znaczenie. Naprawdę wierzę, że możemy nauczyć się wzajemnych relacji na głębszym poziomie opartym na naszym wspólnym człowieczeństwie. Chodzi przede wszystkim o to, że jeśli ludzie nawiązują relacje na podstawowym poziomie człowieczeństwa, opierając się na posiadaniu ludzkich cech, natychmiast tworzy się podstawa zaufania.

Na koniec Dalajlama przedstawił sedno tej głębokiej praktyki, mówiąc:

– W moich osobistych kontaktach z ludźmi, niezależnie od tego, czy mam do czynienia z prezydentem, ważnym biznesmenem czy też zwykłym zjadaczem chleba albo żebrakiem bądź chorym na AIDS, bezpośrednia relacja opiera się na naszym fundamentalnym wspólnym człowieczeństwie.

Potem podsumował:

– Jest to poziom, na którym staram się nawiązywać relację z drugą osobą. Umożliwia mi to odczuwanie głębokiej więzi z drugim człowiekiem. To najważniejsze.

Ostatnie słowa Dalajlama wypowiedział zwyczajnie i bezpośrednio, z typową dla siebie otwartością, szczerością i brakiem egzaltacji. Nie było nic nadzwyczajnego w sposobie, w jaki to zrobił, ale jako świadek właśnie takich jego kontaktów i relacji z ludźmi przez ponad dwie dekady byłem wzruszony. Widziałem, jak nawiązuje relacje z wieloma ludźmi z całego świata i ze wszystkich sfer społecznych. Byłem świadkiem tego, że traktuje wszystkich z równym szacunkiem i względami, w uznaniu ich ludzkiej godności. Widziałem wielu ludzi, którzy spontanicznie płakali z radości, spotykając go po raz pierwszy, i nie byli to tylko Tybetańczycy, dla których spotkanie z Dalajlamą to spełnienie życiowego marzenia.

Nie można stwierdzić, co kryje się w sercach innych ludzi i dlaczego osoby z tak różnych środowisk spontanicznie reagują łzami radości na spotkanie z Dalajlamą. Zastanawiam się jednak, czy ta reakcja nie jest po części wynikiem niezwykłego traktowania innych z szacunkiem i miłością, które opiera się na człowieczeństwie, a nie jest – jak w przypadku zwyczajowych interakcji międzyludzkich – zależne od roli, jaką odgrywa dany człowiek (przyjaciela, pracownika, szefa, ucznia i tym podobne). Widziałem także, jak ludzie niezmiennie wychodzili z tych spotkań uśmiechnięci i odprężeni, jakby nagle się pożywili po długim poście.

Przechodzimy więc teraz do ostatniej kontemplacji – naszego wspólnego człowieczeństwa. W pierwszych rozdziałach niniejszej książki Dalajlama zalecił metodę budowania większego zaufania i wzmacniania poczucia wspólnoty poprzez dołączenie do większej grupy ludzi z podobnych środowisk lub mających podobne zainteresowania. W pewnym sensie może to być recepta na złagodzenie objawów choroby społecznej, przynosząca chwilową ulgę. Dalajlama oferuje jednak jeszcze jedną receptę, która umożliwia leczenie na bardziej podstawowym poziomie. To metoda uzdrawiania bolączek społecznych, którą można postrzegać jako wzmocnienie podstawowego emocjonalnego układu odpornościowego społeczeństwa. Jego Świątobliwość proponuje mianowicie wyjście poza krąg wspólnych zainteresowań – poza grupę graczy w kręgle, członków klubu, metodystów, osób grających w piłkę, amatorów szachów i kolarstwa, wielbicieli trufli czy kotów – aby odkryć podstawowe cechy wspólne dla wszystkich ludzi, których spotykamy w codziennym życiu – nasze wspólne człowieczeństwo. Fundamentalna transformacja naszego podstawowego nastawienia, tak by obejmowało ono świadomość zarówno wspólnych cech ludzkich, jak i różnic pomiędzy poszczególnymi osobami, to ostateczne rozwiązanie zapewniające stworzenie szczęśliwszego społeczeństwa, którego członkowie mają poczucie więzi i zaufania, podstawową relację ze wszystkimi pozostałymi członkami.

Choć to brzmi prosto, oczywiście nie oznacza, że jest łatwe. Rozwiązanie to wymaga czegoś więcej niż tylko uznania tego, co łączy nas z innymi ludźmi, czegoś więcej niż tylko rozpoznania naszej społecznej natury, wzajemnej zależności czy wspólnych cech. Wymaga celowej i świadomej refleksji na ten temat, głębokiej i wielokrotnie powtarzanej do momentu, aż pogląd ten stanie się częścią naszego wnętrza i fundamentalnego nastawienia, aż taka automatyczna percepcja czy postawa zacznie spontanicznie się rodzić przy spotkaniu z każdym człowiekiem, niezależnie od tego, czy jest on przyjacielem czy wrogiem.

Taka wewnętrzna transformacja nie jest łatwa, ale jest możliwa. Można zmienić swoje nastawienie do innych ludzi, tak aby odnosić się do nich na podstawie wspólnego człowieczeństwa i łączących nas cech, a nie różnic. Dalajlama jest jednym z żywych dowodów na to, że można to osiągnąć.

Kiedy zastanawiam się nad tym, w jaki sposób odnosi się on do każdej napotkanej osoby, z myślą o wspólnym człowieczeństwie, traktując wszystkich z tym samym szacunkiem i uznaniem dla ludzkiej godności, przez głowę przebiegają mi niezliczone obrazy z ostatnich dwudziestu pięciu lat, będące świadectwem tej prostej prawdy. Trudno mi znaleźć dobry przykład, bo pamięć przywołuje kolejne sceny w takim tempie, że trudno się zatrzymać i wybrać konkretną sytuację. Z jakiegoś powodu przypomniałem sobie jednak teraz krótką przerwę podczas biznesowego lunchu w Minneapolis kilka lat temu, w trakcie jednej z podróży Dalajlamy po Stanach Zjednoczonych, w której mu towarzyszyłem. Była to bardzo ekskluzywna, zamknięta impreza zorganizowana dla lokalnych szych – bogatych i wpływowych osób, które miały się spotkać z przywódcą Tybetańczyków. Weszliśmy do budynku tylnymi drzwiami, a ochrona zaplanowała przejście do sali balowej przez labirynt korytarzy oraz kuchnię. Personel kuchenny, pomocnicy kelnerów i pomywacze zebrali się, aby zobaczyć Dalajlamę, i ustawili wzdłuż korytarzy, którymi przechodził, uśmiechając się i witając ich serdecznie. Dalajlama miał wygłosić przemówienie przed obiadem. Zostało trochę czasu i musieliśmy zaczekać kilka minut za kulisami, aż prowadzący go zapowie. Obok miejsca, gdzie się zatrzymaliśmy, stał młody pomocnik kelnera, z którym Dalajlama zamienił kilka słów w oczekiwaniu na swoją kolej. Kiedy prowadzący go zapowiedział, Jego Świątobliwość wyszedł na scenę i wygłosił mowę. W tej krótkiej zakulisowej wymianie zdań pomiędzy nim a pomocnikiem kelnera nie było nic nadzwyczajnego. Była to po prostu spontaniczna i naturalna reakcja na chwilę obecną, pozbawiona pozorów, ukrytych motywów czy ostentacji. Nic nadzwyczajnego, może poza zaskoczeniem chłopaka. Później jednak uderzyło mnie, że Dalajlama odnosił się do bogatych i wpływowych gości na obiedzie dokładnie tak samo jak do pomocnika kelnera. Wykazywał ten sam stopień zainteresowania, pełnego skupienia na rozmówcy i serdeczności. Zachowywał się tak, jakby jego rozmówca był w tym momencie najważniejszym człowiekiem na świecie, wręcz jedynym.

Z tamtego obiadu zapamiętałem kolejny zwykły szczegół bez znaczenia, który jednak wydał mi się doskonałą metaforą prawdy, że wszyscy jesteśmy ludźmi i na tym fundamentalnym ludzkim poziomie nie różnimy się zbytnio od siebie. Kiedy wyszliśmy przodem, zauważyłem przepierzenie oddzielające scenę od pomieszczeń roboczych i kuchni – była to bardzo cienka ścianka ze sklejki pokrytej okleiną z ciemnego drewna. Tylko tyle dzieliło bogatych biznesmenów, jedzących pieczoną kaczkę przy stołach nakrytych białymi obrusami, wśród kryształów i sreber, od niewidzialnych pracowników, którzy przygotowali całą tę ucztę i elegancką oprawę. Tylko tyle dzieliło te dwa kompletnie różne środowiska i typy ludzi – pół centymetra!

Z jakiegoś powodu uznałem to za doskonałą metaforę tego, że myślimy, iż od innych dzieli nas przepaść, że różnice między ludźmi są tak wielkie – zwłaszcza między biednymi a bogatymi, potężnymi a pozbawionymi wpływów. Myślimy, że tak wiele nas różni, ale w rzeczywistości często jest to złudzenie. Tak naprawdę dzieli nas bardzo niewiele. Wydaje się, że Dalajlama w swoim postępowaniu instynktownie kieruje się tą prawdą – zdaje sobie sprawę, że wszyscy jesteśmy tacy sami, przynajmniej na fundamentalnym poziomie, i zgodnie z tym odnosi się do ludzi.

Wiadomo, że Dalajlama ma wielką umiejętność nawiązywania relacji z innymi ludźmi na fundamentalnym ludzkim poziomie, pozostaje jednak pytanie: W jaki sposób my wszyscy możemy wypracować tę umiejętność? Wiedząc, że jego postawa jest w dużym stopniu wynikiem wielu lat praktyki duchowej, zapytałem:

– Wasza Świątobliwość, zastanawiam się, czy istnieją jakieś formalne medytacje, techniki albo ćwiczenia, które ludzie mogliby regularnie praktykować, aby wzbudzić w sobie głębokie poczucie zaufania i więzi z innymi – może jakiś rodzaj medytacji buddyjskiej opracowany w celu wzbudzenia takiego stanu umysłu, którą mogliby praktykować nie tylko buddyści?

– Istnieje wiele medytacji i rodzajów praktyk. Ich skuteczność może się różnić w zależności od osoby. Jednak nawet nie uciekając się do formalnej medytacji na siedząco, można wykorzystywać omówione przez nas idee do swego rodzaju medytacji „analitycznej" – wyjaśnił Dalajlama.

Wreszcie do czegoś zmierzamy, pomyślałem. Liczyłem pewnie, że Jego Świątobliwość przedstawi jakąś specjalną buddyjską metodę wzbudzania takiego stanu umysłu. A może się spodziewałem, że nagle podsumuje nasze rozmowy w inny, buddyjski sposób, według jakiejś tajemnej formuły, którą można stosować jako codzienne ćwiczenie medytacyjne. Sam nie wiem. Niecierpliwie oczekując, że Dalajlama ujawni jakąś bardziej ustrukturyzowaną technikę medytacji, opracowaną pod kątem pielęgnowania poczucia naszego wspólnego człowieczeństwa, powiedziałem:

– Porozmawiajmy więc bardziej szczegółowo o tej medytacji analitycznej.

– Po pierwsze, możemy świadomie rozważać, że jesteśmy istotami społecznymi. Można wzmocnić tę ideę poprzez rozmyślanie o innych zwierzętach społecznych i o tym, jak muszą polegać na sobie wzajemnie, aby przetrwać. Po drugie, szczególnie we współczesnym świecie, interesy i dobro nas wszystkich są ze sobą wzajemnie powiązane. Świat staje się coraz mniejszy z każdym dniem. Coraz bardziej zależymy od siebie nawzajem, a nasze dobro ściśle wiąże się z dobrostanem ludzi wokół nas. Po trzecie, możemy rozważać naszą fundamentalną równość jako istot ludzkich – na przykład to, że każdy z nas pragnie szczęścia i chce uniknąć cierpienia.

– Przecież to są te same trzy rzeczy, które dopiero co omówiliśmy! – zaprotestowałem.

– Właśnie! – odparł Dalajlama z szerokim uśmiechem, jakbym wreszcie zrozumiał, w czym rzecz.

ROZDZIAŁ 15

# EMPATIA, WSPÓŁCZUCIE I ODNAJDYWANIE SZCZĘŚCIA W TRUDNYCH CZASACH

– Wasza Świątobliwość, to nasze ostatnie spotkanie tutaj. Chciałbym, żebyśmy spróbowali powiązać kilka tematów, które omawialiśmy, i ustalili, czy istnieje jakaś wspólna zasada dotycząca odkrywania szczęścia w obliczu tak wielu problemów.

– Dobrze – zgodził się wesoło Dalajlama, jakby był gotów zmierzyć się z każdym tematem.

Wspominając, że jest to nasze ostatnie spotkanie w Tucson, wróciłem na chwilę myślami do naszej pierwszej serii spotkań, które odbyły się tutaj wiele lat wcześniej. Jedno z pierwszych pytań, które wówczas zadałem, brzmiało: „Czy Wasza Świątobliwość jest szczęśliwy?" Przypomniałem sobie jego odpowiedź: „Tak, zdecydowanie".

Teraz pojawiło się nowe pytanie, bardziej związane z kontekstem naszych ostatnich rozmów.

– Przez lata zauważyłem, że Wasza Świątobliwość sprawia wrażenie autentycznie szczęśliwego, mimo że nie zawsze miał łatwe życie. Pamiętam, że zapytałem o to kiedyś, a Wasza Świątobliwość odpowiedział, że jest szczęśliwy. Zastanawiam się więc, czy szczęście Waszej Świątobliwości nie jest, przynajmniej po części, związane ze sposobem odnoszenia się do innych na podstawie wspólnego człowieczeństwa?

– Myślę, że tak – odpowiedział po prostu.

– A zatem przede wszystkim chciałbym zapytać, czy Wasza Świątobliwość mógłby pokrótce omówić niektóre korzyści lub skutki takich relacji z innymi ludźmi.

– Jeśli chodzi o skutki... – zaczął powoli Dalajlama – ...myślę, że kiedy nawiązujemy relacje z innymi na fundamentalnym ludzkim poziomie, doświadczamy uczucia wolności. Otwierają się wówczas wewnętrzne drzwi i możemy łatwiej dosięgnąć innych. Rodzi się poczucie podstawowego zaufania i bezpieczeństwa.

– Czyli na poziomie praktycznym – wtrąciłem – zakładam, że to poczucie zaufania pomoże przezwyciężać takie problemy, jak uprzedzenia albo brak poczucia wspólnoty, o których rozmawialiśmy.

– Zgadza się – potwierdził Dalajlama, a potem ciągnął: – A więc kiedy nawiązujemy relacje na tym poziomie, spotykając innych ludzi, nie potrzebujemy właściwie się sobie przedstawiać. Mamy poczucie, jakbyśmy już znali tę osobę, nawet jeśli widzimy się po raz pierwszy. W tym sensie nie ma żadnych nieznajomych.

Kiedy się tego nauczymy, pozwalamy swojej naturalnej zdolności do empatii przejawiać się bardziej spontanicznie. Myślę, że ten rodzaj empatii to jedna z najwspanialszych ludzkich cech. Kiedy człowiek ma głęboką świadomość fundamentalnej prawdy o ludzkiej egzystencji – że inni tak samo jak on pragną osiągać szczęście i przezwyciężać cierpienie oraz mają takie samo do tego prawo – automatycznie odczuwa empatię i bliskość z nimi. Dzięki temu może łatwiej przejawiać autentyczną troskę o dobro innych. To współczucie.

– Cieszę się, że Wasza Świątobliwość poruszył kwestię empatii i współczucia, bo właśnie chciałem o tym porozmawiać, żeby dokładniej wyjaśnić kilka spraw. Jeśli chodzi o empatię, z definicji polega ona na zdolności tworzenia więzi z innymi, nawiązywania relacji, rozumienia ich uczuć, wspólnego przeżywania doświadczeń. Można więc pomyśleć, że nawiązywanie relacji lub tworzenie więzi z innymi na podstawie naszego wspólnego człowieczeństwa, wspólnych ludzkich cech, to w zasadzie metoda wzbudzania empatii. Ten rodzaj empatii można jednak odczuwać wobec wszystkich ludzi. Nie jest on zależny od możliwości poznania indywidualnych cech czy osobistych doświadczeń danego człowieka.

– Zgadza się – powiedział Dalajlama.

– Empatia i współczucie są też ze sobą blisko związane – ciągnąłem. – Współczucie polega na otwarciu się na cierpienie drugiej osoby, udział w tym jej doświadczeniu i pragnienie uwolnienia jej od cierpienia. Zatem empatia jest warunkiem koniecznym do powstania współczucia. Aby odczuwać autentyczne współczucie, trzeba bowiem umieć nawiązać relację z daną osobą, uczestniczyć w jej doświadczeniach i odczuwać to, przez co przechodzi.

Podsumowując zatem te kwestie i ich wzajemne powiązania, możemy powiedzieć, że pielęgnowanie poczucia naszego wspólnego człowieczeństwa jest sposobem wzbudzania empatii, a im głębsza empatia, tym silniejsze współczucie.

– Zgadza się – ponownie potwierdził Dalajlama.

– Teraz więc zapytam, czy Wasza Świątobliwość chciałby dodać coś jeszcze na temat współczucia, szczególnie w kontekście odkrywania szczęścia – zarówno szczęścia wewnętrznego, jak i szczęśliwszego społeczeństwa, w którym zaczniemy przezwyciężać niektóre problemy dzisiejszego świata.

Dalajlama zastanowił się przez chwilę, by uporządkować myśli, a potem powiedział:

– Przede wszystkim, jak zawsze powtarzam, że kiedy odczuwamy współczucie wobec innych, pierwszą osobą, która na tym korzysta, jesteśmy my sami. Współczucie jest prawdziwym źródłem szczęścia. Pielęgnowanie uczucia bliskości i serdeczności wobec innych automatycznie uspokaja umysł, pomaga pozbyć się lęku i niepewności oraz daje nam siłę do pokonywania napotykanych przeszkód. To podstawowe źródło sukcesu w życiu. Wierzę, że na każdym poziomie społeczeństwa – rodzinnym, narodowym i globalnym – kluczem do szczęśliwszego i lepszego świata jest rozwój współczucia. Współczucie jest więc czymś naprawdę wartościowym. Nie jest to wyłącznie temat religijny czy duchowy albo kwestia ideologiczna. Nie jest to też luksus, lecz konieczność.

– Znam zdanie Waszej Świątobliwości na temat wszystkich praktycznych korzyści i zalet płynących z większego współczucia oraz opinię, że w ostatecznym rozrachunku od współczucia może zależeć nawet nasze przetrwanie jako gatunku. Wydaje mi się jednak, że wiele osób nie traktuje poważnie pielęgnowania współczucia, ponieważ nadal postrzega je jako zagadnienie duchowe lub religijne – mimo tego, co Wasza Świątobliwość powiedział o praktycznej wartości współczucia i o tym, że wykracza ono poza ramy religijne. Wasza Świątobliwość wspomniał na przykład, że współczucie wpływa korzystnie na nasze zdrowie fizyczne i psychiczne, ale większość ludzi nadal uważa, że jest to kwestia religijna, a nie zdrowotna.

Ja sam na przykład, rozmawiając z Waszą Świątobliwością o współczuciu wiele lat temu, nie mogłem zaprzeczyć, że to wspaniałe uczucie, ale i tak miałem wrażenie, że trochę „przesłodzone" jak na mój gust. Sądziłem, że jest to raczej zagadnienie z dziedziny duchowości. Dopiero po wielu latach zacząłem myśleć o współczuciu w kontekście jego ogromnych zalet praktycznych i zaakceptowałem stwierdzenie Waszej Świątobliwości, że uczucie to prowadzi do osobistego szczęścia oraz przynosi praktyczne korzyści społeczeństwu. Jednym z głównych powodów, które skłoniły mnie do zmiany zdania, był dowód naukowy potwierdzający słowa Waszej Świątobliwości, opublikowany dopiero w ostatnich latach.

Tak czy inaczej, chcę powiedzieć, że zgadzam się, iż gdyby więcej ludzi – na ogromną skalę – przyjęło niektóre poglądy Waszej Świątobliwości i na przykład zaczęło poważniej traktować współczucie, miałoby to głęboki wpływ na nasze społeczeństwo. Ponieważ jednak jest mało prawdopodobne, aby większość ludzi Zachodu przyjęła buddyzm jako swoją główną duchową ścieżkę, to jeśli chcemy, by zasady te rozpowszechniły się w naszym społeczeństwie, musimy je przedstawiać w świeckim kontekście, co głównie oznacza konieczność badania ich i prezentowania z naukowego punktu widzenia.

– Tak, to prawda – odpowiedział Dalajlama.

– Na szczęście – ciągnąłem – istnieje obecnie wiele dowodów naukowych na potwierdzenie korzyści płynących ze współczucia. Wiem, że Wasza Świątobliwość wie o ich istnieniu dzięki swoim spotkaniom z ludźmi nauki. Poza tym są także dowody naukowe wskazujące, jak możemy uczyć swój umysł większego współczucia i zadowolenia oraz jak wpływ takiego „treningu współczucia" zmienia strukturę i funkcje mózgu. Myślę, że to również jest bardzo istotne, ponieważ wiele osób żywi błędne przekonanie, że współczucie i życzliwość to kwestia genetycznie uwarunkowanego temperamentu człowieka czy też jego wrodzonych predyspozycji – to przekonanie, że człowiek albo się rodzi jako zdolny do współczucia, albo nie, i jeśli nie jest z natury serdeczny ani współczujący, to nic nie może z tym zrobić, podobnie jak nie może zmienić swojego wzrostu. Oczywiście to nieprawda.

Chodzi mi o to, że obecnie istnieje wiele dowodów naukowych potwierdzających poglądy Waszej Świątobliwości oparte na zasadach buddyzmu, ale aby badania te wywarły wpływ na społeczeństwo, trzeba wyjść z informacjami poza uniwersytety, laboratoria, czasopisma naukowe i konferencje, tak by przeciętni ludzie zaczęli zmieniać swoją postawę wobec współczucia.

– Tak, zgadzam się z tym, co mówisz – odparł Dalajlama. – Właśnie dlatego staram się wskazywać ludziom, że musimy promować te idee w społeczeństwie i edukować innych. Można to robić za pośrednictwem mediów czy systemu edukacyjnego. Ty także powinieneś przeprowadzić jakieś badania czy analizę i umieścić te dowody w naszej książce. Powinniśmy starać się promować te idee na wszystkie możliwe sposoby. Oczywiście musimy nie tylko uczyć się rozpoznawać znaczenie empatii czy współczucia i nie tylko o tym mówić, ale także wzmacniać te koncepcje, aby przełożyły się na nasze działania, na relacje z ludźmi i otaczającym nas światem.

Po uzupełnieniu naszej dyskusji o tematy empatii i współczucia miałem wrażenie, że różne poruszone w wielu rozmowach kwestie połączyły się teraz w zgrabną całość.

Kiedy Dalajlama podsumowywał naszą dyskusję, dodając ostatnie uwagi, w jego głosie słychać było wyraźny ton pewności i nadziei płynącej z niezłomnej wiary w możliwość lepszej przyszłości, lepszego świata, który możemy stworzyć poprzez nasze działania.

– Jeśli każdy z nas nauczy się odnosić do innych z większym współczuciem, poczuciem wzajemnej więzi i w głębokim uznaniu wspólnego człowieczeństwa, a co ważniejsze, nauczy tego swoje dzieci, to jestem przekonany, że w znacznym stopniu przyczyni się to do ograniczenia konfliktów i problemów, jakie obserwujemy dziś na świecie. Wierzę, że w ten sposób możemy pomóc zwiększyć szczęście poszczególnych ludzi oraz stworzyć szczęśliwsze społeczeństwo i bardziej pokojowy świat – zakończył Dalajlama.

Rozpoczynamy ostatni etap na drodze do naszego celu, którym jest odkrywanie szczęścia w trudnych czasach. Metoda ta obejmuje rozwijanie szczęścia wewnętrznego przy jednoczesnym podejmowaniu działań zmierzających do przezwyciężenia wielu problemów, z którymi boryka się świat. W naszej ostatniej rozmowie Dalajlama dodał elementy uzupełniające jego spójną, racjonalną metodę realizacji naszego celu. Podsumujmy:

*Rozpoczynamy od wzbudzania głębokiego poczucia naszego wspólnego człowieczeństwa, dogłębnej świadomości wspólnych cech, które łączą nas z każdym człowiekiem. To podstawa wzbudzenia uczucia empatii wobec każdej osoby, a ona z kolei staje się podstawą współczucia. Wzbudzenie współczucia prowadzi bezpośrednio do zwiększenia szczęścia osobistego. Postępowanie oparte na współczuciu skutkuje podjęciem działań zmierzających do przezwyciężenia problemów dzisiejszego świata, a ostatecznie prowadzi do powstania szczęśliwszego społeczeństwa i pokoju na świecie.*

Niektórym osobom podejście to może się wydać nadmiernie uproszczone lub naiwne. Tak nie jest. Jest ono niezwykle potężne i skuteczne. Wymaga jedynie chęci, by je wypróbować. Zgodnie z sugestią Dalajlamy uzupełniłem naszą rozmowę dowodami empirycznymi i badaniami naukowymi, które potwierdzają słuszność i skuteczność jego metody. Dzięki tym informacjom jeszcze wyraźniej widać wielką głębię, mądrość i moc tego podejścia. Zanim przedstawię niektóre z tych dowodów, pokrótce podsumuję najważniejsze wiadomości, umieszczając tę metodę we właściwym kontekście.

## KRÓTKIE PODSUMOWANIE: RADZENIE SOBIE Z PROBLEMAMI DZISIEJSZEGO ŚWIATA

Podczas naszych rozmów Dalajlama wskazał szereg problemów, z jakimi boryka się świat – między innymi brak poczucia wspólnoty, wyobcowanie społeczne, uprzedzenia, nienawiść, rasizm, konflikty i przemoc. Problemy te zaburzają ludzkie szczęście na wielu poziomach – jednostkowym, wspólnotowym, społecznym i światowym. Odnosząc się do tych trudności, Dalajlama rozpoczął od przypomnienia, że do takich problemów społecznych może prowadzić wiele różnych przyczyn i uwarunkowań. Przyczyny te mogą istnieć na różnych poziomach – zarówno na poziomie „wewnętrznym" – co obejmuje takie czynniki, jak negatywne emocje, fałszywe lub wypaczone przekonania i stereotypy – jak i na poziomie „zewnętrznym" – chodzi tu na przykład o niekorzystne warunki społeczne lub okoliczności sytuacyjne. Dalajlama przypomina nam także, że do przezwyciężenia tych trudności potrzebujemy wielu strategii i podejść. We wcześniejszych rozdziałach omówiliśmy niektóre bardziej konkretne przyczyny tych problemów oraz strategie, jakie możemy stosować, aby sobie z nimi radzić. Przyjmując lubiany przez Jego Świątobliwość „model medyczny", możemy powiedzieć, że określone strategie radzenia sobie z niektórymi przyczynami problemów społecznych można traktować jako leczenie objawowe – konkretne środki usuwające objawy niepokoju w świecie.

Wracamy tutaj jednak do podstawowej przyczyny tych problemów na głębszym, bardziej fundamentalnym poziomie. Dalajlama wskazał bardziej całościową przyczynę naszych bolączek społecznych, przypisując źródło wszystkich tych „chorób" naszym relacjom z innymi ludźmi i ich fundamentowi – czy opierają się one na tym, co nas łączy, czy też na tym, co nas dzieli. Jest to podstawowa przyczyna wielu naszych problemów na każdym poziomie – zarówno globalnych, społecznych, wspólnotowych, jak i interpersonalnych.

Na owym głębszym poziomie antidotum stanowi nawiązywanie relacji z innymi na podstawie tego, co nas łączy, przełamywanie sztywnych, nieprzeniknionych granic pomiędzy ja i my albo pomiędzy my i oni. Taką transformację sposobu nawiązywania relacji z innymi ludźmi, zarówno na poziomie interpersonalnym, jak i międzygrupowym, można uznać za bardziej całościowy, ogólny środek zaradczy – być może nawet lekarstwo.

Przeanalizowaliśmy jedno antidotum, które sprawdza się na bardziej fundamentalnym poziomie, zmieniając nasze postrzeganie i zwyczajowe sposoby myślenia – chodzi o wzbudzanie pozytywnych emocji. Widzieliśmy, w jaki sposób mogą one zmienić nasze relacje z innymi poprzez „poszerzanie" naszego sposobu myślenia i percepcji, przesunięcie granic tożsamości poza ja i my oraz zlikwidowanie barier pomiędzy my i oni. Nawiasem mówiąc, w dyskusji na temat korzystnych skutków pozytywnych emocji bardzo luźno je zdefiniowaliśmy, uwzględniając wiele różnych pozytywnych stanów umysłu. W ogólnej kategorii pozytywnych emocji ujmujemy nie tylko stany mentalne ogólnie uznawane za emocje, takie jak radość czy szczęście, ale także pozytywne stany umysłu zawierające komponent poznawczy, na przykład pozytywne nastawienie, percepcję lub postawę.

Przekonaliśmy się, że „poszerzanie" i wiele innych naukowo udowodnionych korzyści wynikających z pozytywnych emocji można w jakimś stopniu zaobserwować praktycznie w przypadku wszystkich dobrych uczuć. Ustaliliśmy również, że wzbudzanie pozytywnych emocji jest praktyką z pogranicza szczęścia osobistego i społecznego. To potencjalnie bardzo skuteczna strategia odkrywania szczęścia w trudnych czasach poprzez wzmacnianie poczucia wewnętrznego szczęścia oraz zmiany zachowania prowadzące do ograniczenia niektórych współczesnych problemów. Oprócz ogólnych skutków pozytywnych emocji omówiliśmy także możliwość pewnego ich konkretnego zróżnicowania w zależności od rodzaju emocji. Przekonaliśmy się na przykład, że rodzina „nadziei" (nadzieja, optymizm, zaufanie, odporność) przynosi te same skutki ogólne, co wszystkie pozostałe pozytywne emocje, ale szczególnie pomaga ludziom przetrwać trudne czasy i przeciwności, pozwalając wytrwale zmierzać do celu, nawet gdy pojawiają się przeszkody, oraz radzić sobie z problemami życia codziennego. Po ustaleniu, że mogą występować pewne różnice w zakresie skutków oddziaływania pozytywnych emocji, przejdziemy teraz do omówienia konkretnej pozytywnej emocji, o której Dalajlama wspomniał w naszej rozmowie, a która ma pewne wyjątkowe właściwości. Uzupełnijmy więc naszą dyskusję o ostatnie elementy.

Pod koniec naszego spotkania Dalajlama wskazał w końcu konkretną pozytywną emocję, którą można uznać za najbardziej sprzyjającą pielęgnowaniu szczęścia i dobrego samopoczucia wewnętrznego, a która zarazem przemienia nasze relacje z innymi – a mianowicie współczucie.

## EMPATIA – DEFINICJA I PODSTAWOWE FUNKCJE

Zanim szczegółowo zajmiemy się współczuciem, musimy najpierw skoncentrować się na innym pozytywnym stanie umysłu, który jest zasadniczym czynnikiem zapewniającym współczuciu moc przezwyciężania problemów społecznych: na empatii.

Istnieje wiele jej definicji. Niezależnie od różnic między nimi, wszystkie one uwzględniają podstawowe cechy. Po pierwsze, obejmuje ona pewien rodzaj więzi emocjonalnej z drugą osobą. Po drugie, zawiera element poznawczy, taki jak osąd lub pogląd odnoszący się do drugiej osoby. Istnieje też oczywiście pewien mechanizm odpowiedzialny za zachowanie granic pomiędzy własnym ja a drugą osobą – coś, co pomaga człowiekowi śledzić, które cechy lub emocje przynależą do niego, a które do drugiej osoby.

Na zwyczajnym poziomie empatię najczęściej rozumie się jako umiejętność „postawienia się w czyjejś sytuacji", zdolność wyobrażenia sobie lub odczucia tego, czego doświadcza druga osoba. Naukowcy prowadzący badania nad empatią najczęściej stosują technikę jej wzbudzania noszącą nazwę „przyjmowania punktu widzenia". Polega ona na tym, że badanego prosi się, by wyobraził sobie siebie w sytuacji drugiej osoby albo że jest tą osobą.

Jak wskazuje Dalajlama, ludzka zdolność do empatii należy do naszych najwspanialszych cech, szczególnie gdy jest wykorzystywana w służbie miłości, współczucia i życzliwości. Jednak nawet gdy brakuje tych szlachetnych stanów umysłu, odgrywa ona zasadniczą rolę w codziennym życiu. Jak zauważył Dalajlama, ludzie są istotami społecznymi. Aby dobrze funkcjonować w grupach, potrzebujemy umiejętności „odczytywania" innych ludzi, przewidywania ich zachowań i reakcji, a empatia, która nam w tym pomaga, odegrała istotną rolę w ewolucji człowieka.

Empatia jest dziś równie ważna – a może nawet ważniejsza – jak w czasach naszych dalekich przodków, którym pomagała przetrwać. Rozmaite funkcje empatii służą zachowaniu więzi z innymi ludźmi i zapobiegają wykluczeniu społecznemu. Są to niezwykle ważne funkcje, ponieważ wykluczenie społeczne może mieć katastrofalne konsekwencje dla człowieka. Badania wykazały, że pociąga ono za sobą mnóstwo różnych złych skutków, które odbijają się praktycznie na każdym aspekcie funkcjonowania, wywołując problemy zdrowotne, depresję, a nawet obniżając zdolności logicznego rozumowania. Empatia pomaga zapewnić gładki przebieg interakcji społecznych, koordynuje zachowania społeczne i dostosowuje bądź synchronizuje nasze zachowanie z zachowaniem innych osób w grupie społecznej. W ogólnym ujęciu empatia przyczynia się do wzmocnienia więzi społecznych – a silne więzi społeczne są oznaką dobrej kondycji psychicznej.

W dzisiejszym świecie większej niezależności i złożonych systemów społecznych empatia stała się jeszcze bardziej niezastąpiona. Jak już mówiliśmy, pomaga ona koordynować i dostosowywać zachowanie jednostki do innych członków grupy, zapewnia gładki przebieg relacji interpersonalnych oraz wspomaga interakcje społeczne na wiele różnych sposobów. Zdolność przyjęcia punktu widzenia innej osoby od dawna uznaje się za zasadniczy składnik prawidłowego funkcjonowania społecznego. W miarę jak współczesne społeczeństwo staje się coraz bardziej wielokulturowe, a my nawiązujemy kontakty z różnorodnymi populacjami i ludźmi, nasza zdolność do empatii nabiera coraz większego znaczenia.

## SKUTKI EMPATII: POSTRZEGANIE INNYCH JAKO TAKICH SAMYCH JAK MY

Dalajlama powiedział, że kluczem do przezwyciężenia wielu problemów społecznych jest nawiązywanie relacji z innymi na podstawie podobieństw, a nie różnic. Istnieje imponująco dużo badań przeprowadzonych w ciągu ostatnich dwudziestu lat, których wyniki jednoznacznie wskazują, że praktykowanie empatii ma konkretny skutek, polegający na zmniejszeniu dystansu pomiędzy własnym ja a drugim człowiekiem.

Jeden z eksperymentów badacze rozpoczęli od przeprowadzenia testów, aby określić autopercepcję badanych: zwyczajowe sposoby postrzegania samych siebie, cechy, przymioty i atrybuty, z którymi się utożsamiali. Następnie w „niezależnym" eksperymencie badani oglądali nagrania wideo przedstawiające studentów opowiadających o swoich doświadczeniach w college'u. Jedna grupa badanych otrzymała polecenie, aby podczas oglądania filmu wyobrażać sobie, co myśli i czuje opowiadający, albo zastanowić się, jak sami czuliby się w jego sytuacji. Druga grupa otrzymała polecenie, aby oglądać film bez przyjmowania konkretnego punktu widzenia, z neutralnym i obiektywnym nastawieniem, i zwracać uwagę jedynie na zachowanie studenta. Obie grupy poproszono następnie o wypełnienie kwestionariuszy oceniających studenta występującego w filmie, określających, jakim jest człowiekiem. Osoby, które oglądały film z empatią, znacznie częściej oceniały studentów jako dużo bardziej podobnych do siebie, przypisując im własne cechy i przymioty.

Ważnym szczegółem dotyczącym tej zmiany w sposobie postrzegania innych pod wpływem empatii jest to, że uwarunkowane w ten sposób przypisywanie innym własnych cech odnosi się tylko do tych pozytywnych – własne cechy negatywne nie są przypisywane innym.

Ponadto empatyczni uczestnicy eksperymentu nie tylko przypisywali ocenianej osobie własne cechy, ale w ogóle obszerniej ją opisywali. Jakie znaczenie mają te wyniki? Oznaczają one przede wszystkim, że przez pryzmat empatii postrzegamy innych ludzi dużo bardziej realistycznie, widząc w nich złożone osoby mające wiele różnych cech, podobnie jak my sami.

Co zaskakujące, pod wpływem empatii postrzegamy też innych w taki sposób jak samych siebie w odniesieniu do wyjaśniania przyczyn zachowania oraz interpretacji działań. Zazwyczaj bowiem sposób wyjaśniania własnego zachowania różni się od tego, w jaki interpretujemy zachowania innych ludzi.

W zwykłych warunkach wyjaśniamy własne zachowania jako bardziej zależne od sytuacji – na przykład zastając po powrocie z pracy bałagan w mieszkaniu, tłumaczymy to okolicznościami („Pracowałem wczoraj do późna i nie miałem czasu ogarnąć mieszkania dziś rano" albo „Byłem już spóźniony"). Natomiast wyjaśniając zachowania innych ludzi, zwykle upatrujemy przyczyn w ich skłonnościach – na przykład „on taki jest", to nieodłączny element jego charakteru czy usposobienia. Jeśli więc zobaczymy bałagan w mieszkaniu sąsiadki, to pomyślimy, że nie dba ona o porządek – że taka po prostu jest. Ta fundamentalna różnica pomiędzy sposobem wyjaśniania własnych zachowań a sposobem wyjaśniania zachowań innych ludzi nosi nazwę podstawowego błędu atrybucji (ang. *Fundamental Attribution Error*, w skrócie FAE).

Badania wykazały, że pod wpływem empatii podstawowy błąd atrybucji znika, a my interpretujemy zachowanie innych tak jak własne – upatrując przyczyn w warunkach lub okolicznościach, a nie ogólnym usposobieniu danej osoby („on taki jest"). Postrzegamy zatem ludzi w sposób bardziej zbliżony do tego, jak widzimy samych siebie.

## KORZYŚCI PŁYNĄCE Z EMPATII: ANTIDOTUM NA PROBLEMY SPOŁECZNE

Zdaniem Dalajlamy przyczyna wielu problemów społecznych leży między innymi w sposobie nawiązywania relacji. Choć o relacjach tych decyduje wiele czynników, empatia jest zdecydowanie najważniejszym z nich. Ma ona potężny, niemal magiczny wpływ polegający na zmianie naszej perspektywy, na postrzeganiu innych osób przez pryzmat podobieństw, a nie różnic. To czynnik, który pomaga nam nawiązywać relacje z innymi i rozumieć, czego doświadczają. W ostatnich latach zebrano dużo dowodów naukowych potwierdzających wpływ empatii na nasze myślenie, percepcję, osąd i zachowanie. Empatia idealnie nadaje się na antidotum wobec nieufności, uprzedzeń, nienawiści, rasizmu, konfliktów oraz wielu innych bolączek społecznych.

Pod wpływem empatii uznajemy, że inni ludzie mają wiele różnych cech i przymiotów, że ich poglądy i zachowanie zależą od okoliczności, tak samo jak nasze, oraz że są zdolni do różnorodnych reakcji w zależności od sytuacji. Prawdą jest, że projekcja własnych cech na inną osobę może się wiązać z pewnym zniekształceniem, ale ryzyko to jest mniej istotne niż fakt, że pod wpływem empatii ogólnie postrzegamy innych dużo bardziej realistycznie, przypisując im bogatsze i bardziej zróżnicowane życie wewnętrzne. Wynikiem wywołanych przez empatię zmian myślenia i postrzegania jest coraz lepsze zrozumienie tego, że druga osoba jest prawdziwym, żywym człowiekiem o złożonej osobowości.

Niezależnie od problemu, proponowane przez Dalajlamę podejście do radzenia sobie z nim zawsze obejmuje „realistyczne nastawienie". Metoda Dalajlamy znajduje potwierdzenie w badaniach naukowych. Wykazują one, że empatia wobec drugiego człowieka pomaga nam bardziej realistycznie go postrzegać, a ma to niezwykłe znaczenie dla przezwyciężenia problemów społecznych. We wcześniejszych rozdziałach dowiedzieliśmy się, że personalizacja członka grupy zewnętrznej postrzeganej przez pryzmat stereotypów (na przykład za pomocą „metody warzywnej") zwykle automatycznie eliminuje nasze uprzedzenia i negatywne stereotypy. Ten sam proces zachodzi w przypadku empatii, ponieważ postrzegamy daną osobę bardziej jako wyjątkową jednostkę – możemy zatem uznać empatię za antidotum na stereotypizację.

Przeprowadzono wiele badań, które wykazały, że empatia służy jako bezpośredni środek przeciwko uprzedzeniom. Dobrze udokumentowanym skutkiem empatii, popartym wieloma eksperymentami, jest fakt, że pod jej wpływem nie tylko postrzegamy innych jako bardziej podobnych do siebie, ale też bardziej ich lubimy. To znana psychologiczna zasada: ludzie bardziej lubią osoby podobne do siebie. Jest to jedna z dynamik warunkujących faworyzowanie własnej grupy. Po utożsamieniu się z grupą zwykle przypisujemy swoje cechy osobowe innym jej członkom. Skojarzenie własnej grupy z samym sobą prowadzi do jej faworyzowania. Jedno z ważnych odkryć, do którego doprowadziły badania nad empatią, wskazuje, że pod wpływem empatii wobec członka „obcej" grupy podlegającej stereotypizacji zmienia się także sposób postrzegania całej jego grupy, przez co wydaje się ona bardziej podobna do naszej i dlatego rośnie nasza sympatia wobec niej.

Pozytywne skutki i korzyści wynikające z empatii są dalekosiężne – empatię od dawna wiąże się na przykład z przebaczeniem, mniejszą liczbą konfliktów w grupie oraz promowaniem dialogu jako sposobu rozwiązywania konfliktów. Praktykowanie empatii zmniejsza także poziom agresji społecznej i wpływa na poprawę postaw wobec „obcych" grup oraz ich ocenę.

## MECHANIZMY PSYCHOLOGICZNE LEŻĄCE U PODSTAW EMPATII

Wielu naukowców prowadzących badania nad empatią wysunęło tezę, że mechanizmem psychologicznym leżącym u jej podstaw jest pewne połączenie autopercepcji (naszego poczucia tożsamości, czyli sumy wszystkich naszych cech) oraz wizerunku drugiej osoby (poglądu na temat tożsamości drugiej osoby, czyli sumy wszystkich jej cech). Mechanizm ten obejmuje włączanie innej osoby do swojej autopercepcji, co naukowcy nazywają „nałożeniem własnego i cudzego ja" (ang. *self-other overlap*). W wyniku takiego nałożenia następuje niemal dosłowne psychologiczne zjednoczenie własnego ja z ja drugiej osoby i częściowe zatarcie granic pomiędzy nimi. Cechy uważane za własne oraz te uznawane za przynależne innym osobom splatają się ze sobą, podobnie jak poczucie odrębności własnego ja i ja drugiej osoby, a my doświadczamy poczucia „jedności". Nałożenie własnego i cudzego ja uważa się za podstawowy, niezmienny rdzeń wszystkich pozytywnych skutków empatii, ponieważ trudno przejawiać stronniczość, uprzedzenia czy stosować przemoc, postrzegając drugą osobę jako część siebie – przynajmniej w pewien psychologiczny sposób.

Oczywiście empatia zachodzi na różnych poziomach – niektórych elementów czy aspektów tego procesu jesteśmy świadomi, inne zaś są podświadome i automatyczne. Praktykując empatię, na przykład świadomie odczuwamy niektóre aspekty poczucia jedności wynikającego z nałożenia własnego i cudzego ja – możemy odczuwać bliskość uczuciową z drugą osobą, postrzegać ją jako podobną do nas, troszczyć się o jej dobro albo po prostu mieć większe poczucie zadowolenia z relacji z tą osobą.

Z kolei innych aspektów tych procesów psychicznych w ogóle nie jesteśmy świadomi, co czasem wywołuje dziwne skutki. Na przykład zdaniem niektórych naukowców zjawisko nakładania własnego i cudzego ja zachodzi w dwóch kierunkach. Jak wyjaśniliśmy, jeden kierunek polega na przypisywaniu własnych cech drugiej osobie. Natomiast przebieg tego zjawiska w kierunku odwrotnym może mieć nieco dziwny charakter. Polega on na tym, że przypisujemy sobie cechy posiadane przez drugą osobę, asymilując ja tej osoby z własnym. Jeśli obiekt naszej empatii jest członkiem grupy „obcych" postrzeganej przez pryzmat stereotypów, występuje także tendencja do przypisywania sobie stereotypowych cech tej grupy.

Przeprowadzono kilka fascynujących eksperymentów, w których zademonstrowano to zjawisko. Adam Galinsky, psycholog społeczny z Uniwersytetu Northwestern, wykonał serię eksperymentów z wykorzystaniem zdjęć przedstawiających kilka stereotypowych grup. Eksperymenty te wykazały, że w wyniku empatii wobec członka grupy „obcych" podlegającej stereotypizacji ludzie przypisują sobie cechy tej grupy. Naukowcy pokazali badanym zdjęcie atrakcyjnej cheerleaderki na meczu futbolowym, nakłaniając ich do przyjęcia punktu widzenia osoby ze zdjęcia. Poproszono ich, aby opisali typowy dzień z jej życia, w pierwszej osobie, wyobrażając sobie, jak ona żyje. Później badanych poproszono – rzekomo w ramach innego niezależnego badania – o wypełnienie kwestionariusza osobowościowego. Mieli w nim szczegółowo opisać samych siebie, między innymi oceniając własną atrakcyjność, urodę i seksowność. Osoby, które brały udział w ćwiczeniu polegającym na przyjęciu punktu widzenia cheerleaderki – zarówno mężczyźni, jak i kobiety – znacznie wyżej oceniły własną atrakcyjność i seksowność niż badani z grupy kontrolnej, którzy nie musieli postawić się w jej sytuacji.

W podobnych eksperymentach bodźcem poprzedzającym było nakłonienie badanych do przyjęcia punktu widzenia różnych stereotypowych grup, czasami z zastosowaniem opisu „dzień z życia" lub filmów wideo, w których członkowie grup opisywali swoje życie, a badani mieli słuchać z empatią (podczas gdy grupa kontrolna otrzymywała polecenie, by zachować obiektywizm i nie zastanawiać się nad punktem widzenia danej osoby). Członkami grup byli: czarnoskóry mężczyzna w średnim wieku, biały profesor politologii i starszy mężczyzna. Badani ocenili się wyżej zarówno w zakresie pozytywnych, jak i negatywnych stereotypowych cech tych grup. Co dziwniejsze, zaobserwowano, że badani przejawiali zachowania zgodne z tymi stereotypami – na przykład po przyjęciu punktu widzenia czarnoskórego mężczyzny uczestniczący w badaniu biali mężczyźni przejawiali głośniejsze i agresywniejsze zachowania oraz wrogie gesty, a także osiągnęli gorsze wyniki w przeprowadzonym później teście intelektualnym, zgodnie ze stereotypowymi poglądami. Badani, u których bodźcem poprzedzającym była aktywizacja stereotypów dotyczących osób starszych, mieli gorsze wyniki w wykonywanych później zadaniach pamięciowych; zaobserwowano również, że poruszali się po korytarzu wolniej niż wcześniej, nie uświadamiając sobie tej zmiany. Wreszcie osoby, które obejrzały film z profesorem i przyjęły jego punkt widzenia, osiągnęły znacznie lepsze wyniki w wykonanych później zadaniach intelektualnych oraz formalnych testach umiejętności akademickich i zdolności rozumowania.

W wyniku tych eksperymentów odkryto zadziwiający fakt: dzięki empatii badani wykazali spadek stereotypizacji i uprzedzeń, a mimo to przejawiali stereotypowe zachowania. Świadczy to o oddzieleniu zachowania i postrzegania oraz osądu, którego przyczyną były odrębne połączenia nerwowe w mózgu odpowiedzialne za każdą z tych czynności.

## MECHANIZMY MÓZGOWE LEŻĄCE U PODSTAW EMPATII

Gdy niektórzy badacze próbowali z perspektywy psychologicznej wyjaśnić korzyści wynikające z empatii, na przykład formułując takie teorie, jak nałożenie własnego i cudzego ja, w tym samym czasie wielkie zainteresowanie budziło też rozpracowywanie mechanizmów nerwowych leżących u podstaw empatii. W tej dziedzinie dokonano w ostatnich latach zdumiewających odkryć.

Wszyscy ludzie rodzą się ze zdolnością do empatii, jest ona zaprogramowana w ludzkim mózgu. Nie ma jednak wątpliwości, że tak jak w przypadku wielu innych wrodzonych cech człowieka, tak w przypadku empatii występują indywidualne różnice dotyczące stopnia tej zdolności – począwszy od nielicznych osób z zaburzeniami procesów zachodzących w mózgu i wywołujących empatię aż po ludzi, którzy przychodzą na ten świat z ogromną zdolnością do empatii i współczucia.

Dużej części odkryć związanych z powstawaniem empatii w mózgu dokonano – podobnie jak w przypadku innych pozytywnych emocji – w ciągu ostatnich dwóch dziesięcioleci. Niektóre z nich są zdumiewające. Jednego z najbardziej fascynujących odkryć dokonano przypadkiem na początku lat 90. ubiegłego wieku. Naukowcy Giacomo Rizzolatti i Vittorio Gallese z Uniwersytetu Parmeńskiego we Włoszech badali neurony w mózgu makaków, odpowiadające za wysyłanie informacji do ramienia i dłoni, aby wyciągnąć i chwycić przedmiot – w tym przypadku orzeszek ziemny. (Jak wiadomo, za każdą funkcję ciała odpowiada konkretny obszar mózgu złożony z grup komórek nerwowych zwanych neuronami. Neurony wysyłają komunikaty do organów docelowych za pośrednictwem sygnałów chemicznych i elektrycznych, przewodzonych przez sieć włókien nerwowych. Informacje te zawierają instrukcje postępowania. Istnieje na przykład obszar sterujący ruchami rąk, obszar odbierający informacje zmysłowe z rąk i tak dalej.)

Pewnego dnia jeden z badaczy sięgnął po orzeszek, aby podać go małpie. Zobaczył wówczas, że w mózgu małpy uaktywniły się dokładnie te same neurony, co wówczas, gdy zwierzę samo sięgało po orzeszek. Było to dziwne i całkowicie nieoczekiwane odkrycie. Po dalszych badaniach naukowcy ustalili, że w pewnych rejonach mózgu istnieją specjalne komórki, które reagują zarówno wtedy, gdy zwierzę samo wykonuje jakąś czynność, jak i wtedy, gdy obserwuje ono, jak ktoś inny to robi. Naukowcy nazwali te komórki neuronami lustrzanymi, ponieważ odzwierciedlają one zachowanie innej osoby (jak gdyby zwierzę samo fizycznie podejmowało czynność, którą tak naprawdę tylko obserwuje). Później ten sam rodzaj komórek odkryto w ludzkim mózgu. W pewnym sensie można to więc uznać za odpowiednik zjawiska nałożenia własnego i cudzego ja w układzie nerwowym. Komórki te nie potrafią odróżnić, czy „same" wykonują daną czynność, czy też robi to ktoś inny. Choć wykryto je tylko w pewnych rejonach, takich jak obszar kontrolujący ruchy rąk i ust, niektórzy naukowcy sądzą, że neurony lustrzane mogą występować także w innych obszarach mózgu i uczestniczyć we wzbudzaniu empatii.

Dalsze badania prowadzone przez ostatnie dziesięciolecie wykazały istnienie fascynujących mechanizmów nerwowych łączących własne ja z ja drugiej osoby. Istnieje wiele wiarygodnych badań i dowodów eksperymentalnych popierających teorię zwaną modelem percepcji–działania, która również odgrywa rolę we wzbudzaniu empatii, być może i w tym przypadku na zasadzie nerwowego (mózgowego) odpowiednika nałożenia własnego i cudzego ja. Teoria ta zakłada, że kiedy człowiek obserwuje inną osobę doznającą emocji, mózg obserwatora automatycznie uaktywnia obszary odpowiedzialne za wzbudzanie tej samej emocji. Taki system miałby umożliwiać obserwatorowi odtworzenie stanu obserwowanej osoby, by w ten sposób mógł on lepiej wczuć się w jej sytuację. W mózgu obserwatora uaktywniają się obszary związane z tworzeniem zamiaru określonego działania – jak gdyby obserwator przygotowywał się do tych samych ruchów i procesów fizjologicznych, które obserwuje u innej osoby – to znaczy jakby obserwator i obserwowany byli jedną osobą.

Monitorowanie aktywności mózgowej za pomocą czynnościowego rezonansu magnetycznego wykazało, że samo oglądanie innej osoby doznającej bólu uaktywniało w mózgu badanych kilka obszarów związanych z bezpośrednim jego odczuwaniem – te same połączenia nerwowe wykazywały zwiększoną aktywność zarówno wtedy, gdy badany doznawał bólu, jak i wtedy, gdy obserwował, jak inna osoba go doświadcza. Świadczy to o istnieniu bezpośrednich „wspólnych doświadczeń" na poziomie nerwowym, swego rodzaju „jedności" własnego ja i ja drugiej osoby – neurologicznej odmiany zjawiska nałożenia własnego i cudzego ja.

Na szczęście, kiedy badani obserwują inne osoby doznające bólu, zjawisko nałożenia nie obejmuje pobudzenia obszarów mózgu odpowiadających za kodowanie aspektów zmysłowych, to znaczy tej części mózgu, która informuje człowieka o odczuwaniu fizycznego bólu. Obszary wspólnej aktywacji obejmują „motywacyjne" i „afektywne" aspekty bólu. Oznacza to, że zarówno u osoby obserwującej, jak i u osoby doznającej bólu uaktywniają się obszary mózgu zaangażowane w przygotowania do odsunięcia się od źródła bólu (np. zabrania ręki od ognia) oraz obszary odpowiedzialne za wzbudzanie nieprzyjemnych emocji. Niezależnie od rodzaju obserwowanego doznania, zjawisko nałożenia ma jedynie częściowy charakter. Gdyby wszystkie analogiczne obszary mózgu zostały aktywowane u obserwatora, spowodowałoby to rodzaj halucynacji odtwarzającej obserwowane doznanie.

Oczywiście istnieje najzupełniej logiczne uzasadnienie różnic pomiędzy bezpośrednim doświadczaniem bólu a jego obserwacją (czy też przyczyn częściowego, a nie pełnego nałożenia połączeń nerwowych wywołujących ból). Jak mówiliśmy, gdyby wszystkie połączenia nerwowe odpowiedzialne za wywołanie doznania uaktywniały się podczas obserwacji zachowania innej osoby, obserwator myślałby, że sam tego doświadcza – wywołałoby to rodzaj halucynacji odtwarzającej realia danego doznania.

## ROZWIJANIE WIĘKSZEJ EMPATII

Poznaliśmy zatem ogromne korzyści wynikające z praktykowania empatii – zarówno jako konkretnego rozwiązania pomocnego w przezwyciężaniu problemów społecznych, jak i antidotum usprawniającego funkcjonowanie społeczne na zwykłym, codziennym poziomie. Choć każdy człowiek rodzi się z pewnym naturalnym poziomem empatii, wiele badań naukowych wykazało, że zdolność do empatii (jak wiele innych umiejętności) można zwiększyć poprzez ćwiczenia i świadomy wysiłek.

Najczęściej stosowany sposób praktykowania i wzmacniania empatii polega, jak stwierdziliśmy, na świadomym przyjmowaniu perspektywy innej osoby i wyobrażaniu sobie siebie na jej miejscu. Wzbudzanie empatii poprzez przyjmowanie punktu widzenia innej osoby jest skuteczne, ale wiąże się z nim kilka naturalnych ograniczeń. Dalajlama proponuje alternatywną metodę – skuteczniejszą – która nie jest zależna od możliwości naszej wyobraźni ani zdolności odniesienia się do konkretnych okoliczności czy warunków życiowych obiektu empatii. Radykalnie odmienne podejście Dalajlamy polega na głębokiej kontemplacji naszego wspólnego człowieczeństwa.

## EMPATIA KONWENCJONALNA: OPARTA NA PRZYJMOWANIU PERSPEKTYWY

Zwyczajna metoda celowego i świadomego zwiększania empatii polega na próbie wyobrażenia sobie siebie w okolicznościach, w jakich znajduje się dana osoba, albo bezpośredniego wyobrażenia sobie, że jesteśmy tą osobą. Mówiliśmy już o dwukierunkowej naturze zjawiska nałożenia własnego i cudzego ja. Pierwszy kierunek to dostrzeganie u danej osoby własnych cech. Drugi kierunek polega na przypisywaniu sobie cech danej osoby. To pierwsze nie wymaga żadnej wiedzy o drugiej osobie, swoje cechy bowiem można przypisać każdemu, nawet zwierzęciu. To drugie wymaga pewnej wiedzy o danej osobie albo przynajmniej przekonania, że ją mamy. Istnieją pewne dowody eksperymentalne sugerujące, że nie trzeba znać żadnych szczegółów osobistej historii drugiej osoby, aby odczuwać empatię. Wydaje się jednak, że empatia się wzmacnia, jeśli odnosimy się do doświadczenia drugiej osoby na podstawie przeżyć z własnej przeszłości – na przykład kobiecie, która doświadczyła macierzyństwa, łatwiej jest odczuwać empatię wobec matki, a komuś, kto był strażakiem – wobec innego strażaka. Posiadanie wiedzy o drugim człowieku i dostrzeganie w nim pewnych podobieństw do siebie nie jest konieczne do odczuwania empatii, ale pomaga.

Jest to jedno z ograniczeń zwyczajowej praktyki przyjmowania punktu widzenia innej osoby w celu wzbudzenia empatii. Ostatecznie zasób konkretnych okoliczności życiowych, które mogą nas łączyć z innymi, jest ograniczony.

Istnieją też inne wady tego podejścia. Niektórzy naukowcy wyrażają na przykład obawę przed tym, że ktoś mógłby próbować wzbudzić w sobie empatię wobec skinheada neonazisty. Gdyby taka osoba miała nieświadomie przejąć stereotypowe cechy grupy, jak w eksperymencie opisanym powyżej, skinheadzi nie byliby może najlepszą grupą do naśladowania. Grupa ta nie byłaby też najlepszym wyborem do nakładania własnego i cudzego ja, w której dane osoby mają podobne wartości i cechy. Na szczęście jest to mało prawdopodobne, ponieważ inne badania wykazały, że „połączenie" cech, które następuje w wyniku empatii oraz związanego z nią nałożenia własnego i cudzego ja, dotyczy zwykle tych pozytywnych. Jeszcze bardziej prawdopodobne jest to, że jeśli ktoś zacznie mówić, iż potrafi przyjąć perspektywę neonazistowskich skinheadów, choćby nawet nie zgadzał się z ich punktem widzenia, bardzo szybko zadziała cenzura publiczna i reperkusje społeczne.

## EMPATIA OSTATECZNA: OPARTA NA WSPÓLNYM CZŁOWIECZEŃSTWIE

Metoda proponowana przez Dalajlamę ma ogromną przewagę: więź z innymi na podstawie wspólnego człowieczeństwa! Gdy przyjmujemy punkt widzenia innej osoby, musimy polegać na swojej wyobraźni, wyobrażać sobie, jak to jest być na miejscu drugiego człowieka, w jego konkretnej sytuacji, z uwzględnieniem stanu cywilnego, pracy, dzieci czy pochodzenia. Stosując „realistyczne podejście" Dalajlamy, możemy oprzeć się na niezaprzeczalnym fakcie, że z każdą osobą łączy nas człowieczeństwo. Nie trzeba zgadywać. Nie ma potrzeby wyobrażać sobie, jak żyje dana osoba, ani przypisywać jej własnych cech bez względu na to, czy rzeczywiście je ma czy też nie. W tej metodzie opartej na kontemplacji wspólnego człowieczeństwa nałożenie własnego i cudzego ja odbywa się na podstawie cech wspólnych łączących wszystkich ludzi – na przykład, że wszyscy chcą być szczęśliwi, nikt nie chce cierpieć, wszyscy odczuwają ból czy wszyscy chcą być kochani. Dzięki temu nasza empatia jest silniejsza, bo stoi za nią moc i siła rzeczywistości. Ponadto, stosując metodę Dalajlamy, można odczuwać empatię wobec każdego człowieka, nawet takiego, z którym pozornie ma się niewiele wspólnego.

Dowiedzieliśmy się, że zwyczajne przyjmowanie punktu widzenia drugiej osoby pomaga przezwyciężyć stereotypy i uprzedzenia, a wzbudzanie empatii wobec członka „obcej" grupy podlegającej stereotypizacji rozszerza się na całą tę grupę, dzięki czemu znikają uprzedzenia wobec niej. Jednak wyeliminowanie stereotypów i uprzedzeń wobec jednej grupy nie obejmuje innych stereotypowo postrzeganych grup. Można na przykład przezwyciężyć uprzedzenia wobec Afroamerykanów, ale nie wpłynie to na uczucia wobec innych grup rasowych. Natomiast opierając empatię na naszych wspólnych ludzkich cechach, rozszerzamy jej zakres, obejmując nią wszystkie stereotypowo postrzegane grupy!

Przedstawiliśmy już wiele korzyści mogących wynikać z celowego praktykowania empatii, zarówno dla osiągnięcia szczęścia osobistego, jak i przezwyciężenia problemów społecznych. Prawdziwa potęga empatii wykracza jednak poza omówione przez nas kwestie. Badania z udziałem osób, które ratowały Żydów podczas II wojny światowej, wykazały na przykład, że empatia odegrała ważną rolę w ich postępowaniu. W wielu przypadkach była ona głównym czynnikiem motywującym, pozwalającym im przeciwstawić się złu i ogromnej presji społecznej. Ludzie ratowali Żydów od pewnej śmierci, co często wiązało się z ogromnym ryzykiem. Wymagało to wielkiej siły wewnętrznej, najwyższej odwagi i prawości moralnej. Często to właśnie potęga empatii (oraz oczywiście współczucia, którym zajmiemy się wkrótce) pomagała im w tej bohaterskiej mobilizacji.

Badania wykazały, że ludzie są bardziej skłonni do odczuwania empatii wobec osób, które postrzegają jako w pewien sposób podobne do siebie. Na poziomie praktycznym oznacza to, że gdyby ratownicy postrzegali w ten sposób ofiary – pod względem pochodzenia etnicznego, postaw, osobowości czy kultury – byłoby im łatwiej utożsamić się z nimi i odczuć zwyczajną empatię, co zwiększyłoby prawdopodobieństwo udzielenia pomocy. W tym przypadku mówimy o konwencjonalnej empatii opartej na przyjmowaniu perspektywy innych. Niektórzy badacze Holokaustu przedstawiają tezę, że osób ratujących Żydów w czasie II wojny światowej było tak mało, ponieważ Żydzi rzadko bywali podobni do otaczających ich ludzi.

Niektórzy naukowcy sugerują jednak również, że te nieliczne osoby, które pomagały Żydom w okupowanej przez nazistów Europie, można podzielić na dwa typy. Pierwszy typ to osoby, które utożsamiały się z ofiarami i postrzegały je jako podobne do siebie pod względem kwestii politycznych, teologicznych czy społeczno-ekonomicznych. Ludzie ci pomagali Żydom, kierując się zwyczajną empatią.

Drugi typ był zupełnie inny. Zespół badaczy Holokaustu – doktorzy Sam i Pearl Olinerowie określili konkretną cechę, która charakteryzowała ten drugi typ osób ratujących Żydów. Zauważyli, że odznaczały się one niezwykle wysokim poziomem tak zwanej wszechogarnialności. Tę szczególną cechę zdefiniowano jako „więź z innymi poprzez postrzeganie wspólnego człowieczeństwa". Takie osoby odczuwały empatię z powodu łączącego ich z ofiarami człowieczeństwa, a nie na skutek podobieństwa konkretnych cech społecznych, finansowych, politycznych czy religijnych.

Jaka była różnica pomiędzy zwyczajną empatią a empatią opartą na wspólnym człowieczeństwie? W Danii przed wojną populacja nieżydowska silnie utożsamiała się z Żydami. Relacje z Żydami opierano na wspólnym człowieczeństwie, a nie wąskim zakresie podobieństw związanych z konkretnymi cechami. W takich krajach, jak Polska czy Litwa, przedwojenne różnice polityczne i religijne wyraźnie się zaznaczały, a ludzie byli bardziej skłonni do odczuwania empatii wyłącznie wobec osób z tej samej grupy politycznej, religijnej czy społecznej. W Danii uratowano 96 procent ludności żydowskiej! W Polsce i na Litwie 95,5 procent Żydów zginęło!

Głębokie zrozumienie wspólnego człowieczeństwa, empatii i współczucia, świadomość ich prawdziwej wartości praktycznej oraz odwaga ich wprowadzania w codziennym życiu mogą nie tylko wpłynąć na poziom szczęścia osobistego i społecznego, czasami zależy też od nich życie i przetrwanie. Ostatecznie mają one potencjał, by ukształtować przyszłość ludzkości.

## DEFINICJA WSPÓŁCZUCIA

Dochodzimy wreszcie do samego szczytu ludzkich emocji: współczucia. Współczucie definiuje się często jako rodzaj współodczuwania lub otwarcia na cierpienie drugiego człowieka, często związanego z pragnieniem, by został on uwolniony od tego cierpienia. Niektóre definicje uwzględniają też chęć pomocy cierpiącej osobie.

Dla naszych celów lepiej byłoby jednak postrzegać współczucie raczej jako zespół pokrewnych emocji lub pozytywnych stanów mentalnych niż pojedyncze uczucie, podobnie jak w przypadku przyjętego przez nas wcześniej pojęcia „rodziny nadziei". W tym modelu możemy założyć, że do „rodziny współczucia" należy kilka pokrewnych pozytywnych stanów mentalnych i emocjonalnych – empatia, życzliwość i tym podobne. W ciągu wielu lat Dalajlama używał różnych terminów na określenie pozytywnych stanów umysłu należących do tej rodziny – trzy często używane przez niego zwroty to „dobre serce", „uczucie" oraz „życzliwe serce". Kiedy Jego Świątobliwość mówi o przyjaźni, ton jego głosu wyraża to samo. W ostatnich latach, mówiąc o współczuciu, stosuje częściej pojęcie „troska".

## ZALETY WSPÓŁCZUCIA

Współczucie można uznać za stan umysłu na pograniczu szczęścia wewnętrznego i zewnętrznego, gdzie w jednym punkcie zbiegają się szczęście osobiste i szczęście społeczne. To uniwersalny eliksir, który może służyć jako antidotum zarówno na osobiste niedole, jak i na problemy społeczne. Przynajmniej według Dalajlamy, a także dowodów naukowych i zdrowego rozsądku.

W jaki sposób? Przeanalizowaliśmy wiele złożonych i zróżnicowanych problemów współczesnego świata. Dalajlama przyznaje, że ich rozwiązywanie wymaga wielu metod i działania na wielu poziomach. Jego Świątobliwość wyjaśnił jednak, że najbardziej fundamentalną przyczyną większości problemów społecznych jest pewne zniekształcenie sposobu postrzegania i myślenia przez negatywne emocje oraz zwyczajowy sposób nawiązywania wzajemnych relacji. Potencjalnie grozi to nam wzajemnym unicestwieniem.

Poza bardziej konkretnymi „lekarstwami" czy środkami zaradczymi na problemy społeczne, które omówiliśmy w poprzednich rozdziałach, wykazaliśmy także, że ogólnie rzecz biorąc, wzbudzanie pozytywnych emocji działa jako antidotum na fundamentalne przyczyny tych trudności. Współczucie niesie ze sobą zarówno korzyści związane z empatią, jak i z pozytywnymi emocjami. Jako jedna z najbardziej pozytywnych emocji zapewnia ono wszystkie potencjalne korzyści, jakie wiążą się z dobrymi odczuciami. Jak dowiedzieliśmy się z badań, które wykazały zalety pozytywnych emocji, naukowcy stwierdzili, że w zasadzie wszystkie pozytywne emocje przynoszą takie właśnie efekty – nie miało znaczenia, czy wzbudzoną podczas eksperymentu emocją była radość, spokój czy też bardziej ogólne poczucie „szczęścia" lub „pozytywny afekt". Zatem współczucie, które jest jedną z najpotężniejszych pozytywnych emocji, niesie ze sobą wszystkie potencjalne korzyści jak cała reszta dobrych uczuć.

Następnie dowiedzieliśmy się, że empatia zapewnia te same ogólne korzyści, co pozostałe pozytywne emocje, a oprócz tego ma też wyjątkowe właściwości, mianowicie przemienia nasz sposób nawiązywania relacji z innymi ludźmi, wzmacniając więzi społeczne i zmieniając sposób myślenia, co może nam pomóc przezwyciężyć wiele problemów dzisiejszego społeczeństwa. Współczucie również niesie ze sobą wszystkie korzyści, jakie zapewnia empatia. Dzieje się tak dlatego, że empatia to ważny element współczucia. Tam, gdzie jest współczucie, można zawsze znaleźć jakiś stopień empatii. Ponieważ współczucie polega na zdolności odczuwania cierpienia innych ludzi, aby być do niego zdolnym, trzeba żywić pewną empatię wobec drugiego człowieka. Zatem skoro współczucie z samej definicji wymaga empatii, można uznać za pewnik, że wzbudzenie współczucia przyniesie ze sobą wszystkie omówione przez nas potencjalne zalety empatii.

Jak zauważył Dalajlama, empatia i współczucie są ze sobą blisko związane. Z naukowego punktu widzenia wiele badań wskazuje na związek pomiędzy przyjmowaniem perspektywy innych, współczuciem i altruizmem: empatia zwykle w naturalny sposób prowadzi do współczucia i skłonności do pomagania innym – obiektom współczucia i empatii. Batson na przykład przeprowadził szeroko zakrojone badania nad związkiem między empatią i współczuciem i stwierdził, że przyjmowanie punktu widzenia innych zwiększa poziom „empatycznej troski", stanu umysłu prowadzącego do pomagania innym wyłącznie z chęci poprawy ich losu. Oczywiście zawsze istnieją zmienne i wiele różnych czynników, które wpływają na zdolność danej osoby do empatii, współczucia oraz reagowania na drugiego człowieka. W niektórych przypadkach spojrzenie z punktu widzenia drugiej osoby nie prowadzi automatycznie do wzrostu współczucia wobec niej.

W innych przypadkach zaś współczucie może nie od razu prowadzić do pomocnego zachowania. Czasami na przykład empatia i współczucie danej osoby są tak wielkie, że dotkliwie odczuwa ona cierpienie drugiego człowieka, przez co przepełnia ją uczucie osobistej boleści, uniemożliwiające działania. W takich przypadkach trzeba użyć strategii zmierzających do zmniejszenia niepokoju i lęku, które omówiliśmy w rozdziale 9. Zawsze występują indywidualne różnice. Kiedyś zapytałem Dalajlamę, jak sobie radzić w takich przypadkach. Jego zdaniem taka osoba powinna popracować nad wzmocnieniem współczucia, które ostatecznie stanie się dość silne, by przezwyciężyć uczucie osobistego cierpienia.

## WSPÓŁCZUCIE A ZMIANY SPOŁECZNE

Mówiąc o potencjalnej zdolności współczucia do wywoływania pozytywnych zmian w naszym społeczeństwie – poprzez eliminację uprzedzeń, dyskryminacji, rasizmu, konfliktów, przemocy i innych problemów – widzimy wyraźnie, że współczucie samo w sobie nie może niczego zmienić. Ostatecznie to tylko stan umysłu. Do zmian społecznych potrzebne jest działanie – musimy zmienić zachowania związane z destrukcyjnymi stanami umysłu. Oczywiście, jak stwierdziliśmy, współczucie ma potencjał, aby przezwyciężyć takie stany umysłu, jak uprzedzenia i nienawiść, może także przemienić nasze widzenie innych ludzi, umożliwiając postrzeganie ich w bardziej realistyczny i mniej stereotypowy sposób. Już samo to powinno odnieść skutek w postaci zmiany naszych relacji z osobami, z którymi mamy kontakt, a przez to w niewielki sposób wpłynąć na ludzi z naszego najbliższego otoczenia. Ze względu na zaraźliwość pozytywnych emocji oraz współzależną naturę naszego dzisiejszego świata, każdy dobry wpływ, jaki wywieramy na nasze najbliższe otoczenie, doprowadzi ostatecznie do ogólniejszych skutków, niczym fale rozchodzące się po powierzchni stawu.

Na szczęście wpływ współczucia na zachowanie człowieka wykracza poza bierną neutralizację osobistych tendencji do uprzedzeń, rasizmu, konfliktów czy przemocy. Współczucie wzbudza zazwyczaj motywację do podjęcia aktywnych kroków w celu pomocy innym, zmniejszenia ich cierpienia i działania na rzecz ich dobra. Oczywiście ludzie różnią się pod względem posiadanych zasobów, zdolności, talentów i możliwości niesienia pomocy innym oraz propagowania zmian społecznych. Muszą sami zdecydować, jak najlepiej i najskuteczniej mogą się przyczynić do budowania lepszego świata. Pierwszym krokiem jest jednak pielęgnowanie stanu umysłu, który motywuje nas do tworzenia takiego świata.

## WSPÓŁCZUCIE A SZCZĘŚCIE OSOBISTE

Stwierdziliśmy, że współczucie jest punktem stycznym szczęścia osobistego i społecznego oraz przyczynia się do zwiększenia jednego i drugiego. Dotychczas omówiliśmy, jak współczucie może przezwyciężyć problemy społeczne, a przynajmniej wywołać zmiany w sposobie myślenia, które prawdopodobnie przyczynią się do złagodzenia trudności. Pozostaje zatem wykazać związek pomiędzy szczęściem osobistym a współczuciem. Koncepcja ta stopniowo zyskuje popularność na Zachodzie, chociaż wciąż mamy do czynienia z przepaścią pomiędzy wizją Dalajlamy, zakładającą ścisły związek pomiędzy współczuciem i szczęściem osobistym, a dominującymi zachodnimi poglądami.

W naszej rozmowie tamtego popołudnia w Tucson Dalajlama nie zagłębiał się w temat ogólnie pojętego współczucia. Wielokrotnie omawialiśmy to w przeszłości, aby się więc nie powtarzać, Jego Świątobliwość skupił się na samej istocie współczucia, na jego głównym przesłaniu, i przekazał uwagi związane z kontekstem bieżącej rozmowy. Poza tym, po dogłębnym omówieniu kwestii pielęgnowania wspólnego człowieczeństwa i podobnych tematów, których nigdy wcześniej nie wyjaśniał w ten sposób, nie pozostało wiele do dodania. Dla lepszego zrozumienia jego poglądów dotyczących związku pomiędzy współczuciem a szczęściem osobistym warto jednak dodać kilka komentarzy.

W ciągu lat przeanalizowałem z Dalajlamą niektóre różnice pomiędzy jego poglądami – opartymi na zasadach buddyzmu tybetańskiego – a zachodnim pojęciem współczucia. Z jego punktu widzenia współczucie polega na głębokiej świadomości cierpienia drugiej osoby i serdecznej trosce, szczerym życzeniu, by osoba ta została uwolniona od doznawanego cierpienia, oraz pragnieniu przyniesienia jej ulgi. Zachodnie pojęcie cierpienia wiąże się z ideą altruizmu zakładającego poświęcenie – uważa się, że stuprocentową korzyść ze współczucia lub altruizmu odnosi druga osoba, a własne szczęście nie jest brane pod uwagę. Co więcej, panuje przeświadczenie, że jeśli ktoś, okazując życzliwość wobec innych, myśli też o swoim dobru, „nie liczy się to" jako akt altruizmu ani czystego współczucia. Odnosząc się do owego pomijania własnej osoby jako uprawnionego obiektu współczucia, Dalajlama ocenił, że ludzie Zachodu pozbawiają się w ten sposób pewnej szansy. Zdaniem Jego Świątobliwości nie ma nic złego w odczuwaniu współczucia wobec samego siebie w tym samym stopniu, co wobec innych, podobnie jak nie ma nic złego w odniesieniu osobistej korzyści w wyniku odczuwania współczucia wobec innych – czyli w odkrywaniu szczęścia osobistego na skutek wzbudzania w sobie współczucia dla innych.

Zachodnia kultura nie wiąże współczucia ze szczęściem osobistym, ale odkrycia naukowe zaczynają to zmieniać. Kiedy informacje o tym wyjdą poza laboratoria i sale uniwersyteckie i trafią do głównego nurtu współczesnej kultury popularnej, być może będziemy świadkami diametralnych zmian w naszym społeczeństwie, spowodowanych tym, że coraz więcej osób zacznie aktywnie pielęgnować współczucie dla innych jako sposób osiągania szczęścia osobistego i życiowej satysfakcji.

Kiedy powstawał pierwszy tom serii *Sztuka szczęścia*, istniało niewiele badań na temat samego szczęścia, a jeszcze mniej na temat współczucia, szczególnie jego biologicznych aspektów. W tamtym tomie wspomnieliśmy o jednym czy dwóch badaniach nad szczęściem, przeprowadzonych przez pionierów, wówczas osamotnionych w swojej dziedzinie. Od tamtej pory na całym świecie zaszła jednak rewolucja szczęścia, prawdziwa eksplozja badań nad pozytywnymi emocjami, dzięki której odkryto wiele dowodów potwierdzających związek pomiędzy szczęściem osobistym a współczuciem. Do najbardziej ekscytujących w tej dziedzinie należy badanie przeprowadzone przez Richarda Davidsona, dyrektora Laboratorium Neurobiologii Afektywnej na Uniwersytecie Wisconsin-Madison. Tę przełomową pracę po części zainspirował kontakt Davidsona z Dalajlamą w ramach serii spotkań Instytutu Umysł i Życie. W wyniku tych badań monitorujących aktywność mózgu za pomocą obrazowania metodą czynnościowego rezonansu magnetycznego Davidson zlokalizował obszar związany ze szczęściem. Dokładniej rzecz biorąc, zidentyfikował obszar mózgu w lewej części kory przedczołowej związany z pozytywnymi, szczęśliwymi stanami umysłu – takimi jak zapał, entuzjazm, radość, żywiołowość i lotność. W jednej z serii badań Davidson chciał sprawdzić, co się dzieje w mózgu osoby odczuwającej współczucie.

W ramach jednego z moich ulubionych eksperymentów w celu zbadania skutków współczucia Davidson i jego współpracownicy zaprosili do laboratorium francuskiego mnicha praktykującego buddyzm tybetański. Mnich ten był doskonale wytrenowanym buddystą, spędził wiele lat w Himalajach, oddając się medytacji nad współczuciem. Po podłączeniu mnicha do elektroencefalografu i czynnościowego rezonansu magnetycznego Davidson zaczął monitorować jego funkcje mózgowe w stanie spoczynku, aby ustalić punkt odniesienia dla pomiaru aktywności mózgu. Następnie poprosił mnicha o przeprowadzenie intensywnej buddyjskiej medytacji na temat współczucia. Wyniki wykazały, że podczas medytacji nad współczuciem znacznie wzrosła aktywność lewej części kory przedczołowej mózgu, w tym „obszaru szczęścia", na podstawie czego Davidson wysnuł następujący wniosek: „Sam zamysł troski o dobro innych poprawia człowiekowi samopoczucie". Czy można znaleźć bardziej jednoznaczny dowód na istnienie związku pomiędzy szczęściem a współczuciem?

Przeprowadzono także wiele badań łączących szczęście osobiste i życzliwość. Na przykład w jednym z eksperymentów dr Sonja Lyubomirsky i jej współpracownicy z Uniwersytetu Kalifornijskiego w Riverside poprosili grupę badanych o wybranie jednego dnia w tygodniu, w którym mieli oni dokonywać „przypadkowych aktów życzliwości". Nie musiało to być żadne bohaterskie poświęcenie – mogły to być tak proste czynności, jak otwarcie komuś drzwi z serdecznym uśmiechem albo anonimowe wrzucenie monety do parkometru z myślą o kierowcy, któremu kończy się opłacony czas. Po sześciu tygodniach uczestnicy badania odczuli znaczny wzrost ogólnego poziomu szczęścia i satysfakcji z życia.

Takie eksperymenty potwierdziły prawdziwość fundamentalnego przekonania Dalajlamy: „Jeśli chcesz, żeby inni byli szczęśliwi, praktykuj współczucie. Jeśli chcesz być szczęśliwy, praktykuj współczucie".

Przedstawię teraz kolejny dowód na korzystny wpływ współczucia – dodatkowe badanie przeprowadzone przez Davidsona i jego współpracowników. Istnieją obecnie znaczące dowody na to, że możemy opanować umiejętność ćwiczenia umysłu w przezwyciężaniu negatywnych emocji oraz wzmacnianiu współczucia, szczęścia i tym podobnych uczuć. W badaniu, które chcę omówić, naukowcy analizowali zdolność poszczególnych osób do ćwiczenia umysłu, koncentrując się na umiejętności regulowania negatywnych emocji. Na początku badanym pokazano wstrząsające zdjęcia, monitorując jednocześnie ich mózgi za pomocą czynnościowego rezonansu magnetycznego. Zdjęcia miały wzbudzać bardzo negatywne reakcje, były to przede wszystkim fotografie chorych lub okaleczonych ludzi, na przykład dziecka z dużym guzem w miejscu oka. Zdjęcia te wywoływały takie emocje, jak wstręt i lęk, oraz ogólny negatywny stan emocjonalny. Potwierdziły to wyniki badania metodą rezonansu magnetycznego, które wykazały uaktywnienie takich struktur, jak ciało migdałowate, które – jak wiemy – wiąże się z niepokojem i lękiem oraz reakcją na stres.

W kolejnej części eksperymentu badani ćwiczyli technikę mającą złagodzić negatywne reakcje emocjonalne. Technika ta polegała na wzbudzaniu współczucia. Badanych poproszono o ponowne obejrzenie tego samego zdjęcia, ale tym razem ze szczerym pragnieniem uwolnienia przedstawionej na zdjęciu osoby od cierpienia oraz życzeniem szczęśliwego zakończenia. Oglądanie zdjęcia z nowym nastawieniem działało jak antidotum na negatywne emocje – przeciwdziałało uaktywnieniu ciała migdałowatego! Istnieją zatem dowody potwierdzające, że praktykowanie współczucia reguluje bądź łagodzi negatywne emocje i stres oraz wzbudza emocje pozytywne i poczucie szczęścia. Nawiasem mówiąc, technikę tę można także uznać za ćwiczenie pozytywnej ponownej oceny wstrząsającego zdjęcia albo metodę poszerzania punktu widzenia, patrzenia pod innym kątem, z bardziej pozytywnej perspektywy. Jest to więc ta sama technika, którą Dalajlama zalecał w poprzednich rozdziałach jako metodę radzenia sobie z przeciwnościami i codziennymi problemami. Jeszcze raz widzimy zatem, że to bardzo skuteczna technika przezwyciężania negatywnych emocji, która działa jako antidotum na reakcję stresową.

Dowiedzieliśmy się więc, że praktykowanie współczucia nie tylko zmienia nasz sposób myślenia i nawiązywania relacji z innymi oparty na zaufaniu oraz rozbudza ducha wspólnoty, przezwycięża stereotypy, uprzedzenia i rasizm, a także zapobiega konfliktom i przemocy, ale może też być niewyczerpanym źródłem szczęścia i dobrego samopoczucia na poziomie osobistym. Z tego punktu widzenia nie będzie przesadą stwierdzenie, że współczucie można uznać za najwyższą pozytywną emocję czy stan umysłu, punkt styczny szczęścia osobistego i społecznego. A najbardziej bezpośrednim i skutecznym środkiem służącym tworzeniu głębokiego poczucia więzi z innymi, które może być podstawą współczucia, jest – jak pokazał nam Dalajlama – pielęgnowanie głębokiego zrozumienia i świadomości wspólnego człowieczeństwa.

## ZMIANA POSTRZEGANIA WSPÓŁCZUCIA PRZEZ OPINIĘ PUBLICZNĄ

W dzisiejszym świecie niestety nieczęsto spotykamy się z praktykowaniem współczucia i życzliwości. Być może jedną z głównych przyczyn takiego stanu rzeczy jest to, że opinia publiczna nadal nie postrzega współczucia jako źródła szczęścia osobistego. W powszechnej świadomości nie funkcjonuje także wiedza o mnóstwie praktycznych korzyści, jakie to z sobą niesie. Postrzegamy współczucie jako dar dla drugiej osoby, który nie ma związku z naszym szczęściem. Uważamy je za zagadnienie religijne, duchowe czy moralne, a nie stan umysłu mający wiele praktycznych zastosowań, oparty na nastawieniu do życia, które można świadomie pielęgnować poprzez stosowanie sprawdzonych metod. Wciąż sądzimy, że współczucie to kwestia własnego uznania – raczej luksus niż konieczność.

Trudność polega na zmianie sposobu, w jaki opinia publiczna postrzega praktykowanie współczucia, tak aby zaczęto je uznawać za stan umysłu o wymiernej wartości praktycznej, wynikający z nastawienia, które można pielęgnować poprzez odpowiedni wysiłek. Istnieje być może promyk nadziei na szybkie przyjęcie przez opinię publiczną znaczenia współczucia, dzięki czemu duża część amerykańskiego społeczeństwa zacznie stosować praktyki mające na celu jego wzbudzanie. Tego promyka upatruję we wspomnianym badaniu doktora Davidsona i jego współpracowników, dotyczącym regulowania negatywnych emocji. Naukowcy chcieli się dowiedzieć, jak techniki te wpływają na funkcjonowanie mózgu badanych nie tylko w laboratorium, ale także w życiu codziennym.

Jak wspomniałem wcześniej, kortyzol to jeden z hormonów wydzielanych podczas reakcji stresowej. W normalnych warunkach, gdy dana osoba nie znajduje się pod wpływem stresu, hormon ten jest wydzielany do krwiobiegu w największych ilościach rano, a później jego poziom stopniowo opada. Można to przedstawić na wykresie jako linię opadającą stromo od poranka do wieczora. Pod wpływem stresu zaś hormon ten jest wydzielany w tych samych ilościach przez cały dzień – na wykresie przedstawia to płaska linia. W celu monitorowania poziomu stresu doznawanego przez badanych pobierano od nich próbkę śliny o sześciu różnych porach dnia. Po przedstawieniu wyników na wykresie naukowcy zauważyli, że w przypadku osób praktykujących współczucie lub technikę ponownej oceny linia spadku była bardziej stroma, co wskazywało na niższy poziom stresu.

Przejdźmy jednak do sedna. Stały poziom kortyzolu oznaczający ciągłe jego wydzielanie spowodowane stresem wiąże się z kilkoma szkodliwymi dla organizmu skutkami. Jeden z nich to większy obwód pasa – otyłość brzuszna. Im bardziej stromy spadek linii przedstawionej na wykresie, tym mniejszy obwód pasa, a więc szczuplejszy brzuch. Może da się to wykorzystać do wywołania błyskawicznej przemiany amerykańskiego społeczeństwa w bardziej współczujące – może znaleźliśmy magiczny sposób, by zmienić świat i skończyć z przemocą i nienawiścią. Może wystarczy kilka nagłówków w prasie brukowej sprzedawanej w supermarketach: NOWOŚĆ!!! ZDUMIEWAJĄCE ODKRYCIE!!! LEPSZE NIŻ *SEKRET*!!! DIETA WSPÓŁCZUCIA!!! TAK, TO PRAWDA! ŻYCZLIWOŚĆ I WSPÓŁCZUCIE POMOGĄ CI STRACIĆ 7,5 CM W TALII NIEMAL Z DNIA NA DZIEŃ!!!

Żarty żartami, ale bardzo możliwe, że dzięki wysiłkom Dalajlamy i innych ludzi prezentujących prawdziwą wartość tego stanu umysłu sposób postrzegania współczucia przez opinię publiczną zacznie wkrótce ulegać zmianie, a jego praktykowanie stanie się powszechne, przynosząc ogromne korzyści poszczególnym ludziom i całemu światu. Nauka także może odegrać w tym istotną rolę, zmieniając sposób postrzegania praktykowania empatii, współczucia i innych pozytywnych emocji. Może to trochę potrwać, już pojawiają się jednak oznaki, że idee te z każdym dniem zyskują coraz większą akceptację. Wydaje się, że istnieje realna nadzieja na odnalezienie autentycznej drogi prowadzącej zarówno do szczęścia osobistego, jak i zbudowania lepszego świata.

Ostatnia sesja w Tucson była kulminacją kilku serii rozmów prowadzonych w ciągu kilku lat. Ponieważ nim rozpoczniemy kolejny cykl, może minąć trochę czasu, przyniosłem ze sobą *katak* – biały jedwabny szal, którym Tybetańczycy zwyczajowo obdarowują się nawzajem przy pierwszym spotkaniu oraz przy pożegnaniu. Mój *katak* był wyjątkowo piękny – miał około trzech metrów długości i sześćdziesięciu centymetrów szerokości, był utkany we wzory tradycyjnych symboli pomyślności i zawierał wersy z życzeniami szczęścia i powodzenia.

Nasza sesja dobiegła końca. Sekretarz Dalajlamy wszedł do pokoju, co oznaczało, że przybyła już kolejna umówiona osoba. Dalajlama skinął głową i zwrócił się do mnie, mówiąc:

– A więc, Howardzie, pora kończyć. Chciałbym ci podziękować. Nasze rozmowy były dla mnie przyjemnością. Miejmy nadzieję, że nasze długie analizy przyniosą korzyść przynajmniej niektórym czytelnikom.

Zdając sobie sprawę, że ktoś czeka na swoją kolej, zacząłem szybko zbierać dyktafon i notesy, a potem, lekko podenerwowany, sięgnąłem po *katak*, aby wręczyć go Dalajlamie.

– Wasza Świątobliwość, dziękuję za hojnie poświęcony mi czas. W ciągu lat poruszyliśmy tematy związane z problemami społecznymi, takie jak przepaść pomiędzy bogatymi i biednymi, kwestia osobistego stylu życia, konsumpcjonizm oraz chciwość i wiele innych. Mam nadzieję, że w przyszłości będziemy mogli kontynuować nasze rozmowy.

– Dobrze – odpowiedział.

Choć *kataki* są zwykle zwinięte w taki sposób, by można je było łatwo rozwinąć, ten był zrolowany tak ciasno, że minęło kilka chwil, zanim udało się go całkowicie rozwinąć. Kiedy się z nim zmagałem, Dalajlama powiedział:

– Zwyczaj obdarowywania się *katakami* ma bardzo piękną symbolikę. Inspirację zaczerpnięto z Indii, gdzie dla uczczenia specjalnych okazji ludzie obdarowują się girlandami z kwiatów lub szalami. Materiał, z którego wykonany jest *katak*, to tradycyjna chińska tkanina, a sam zwyczaj stanowi część tradycji tybetańskiej. Można w nim więc dostrzec harmonię pomiędzy trzema sąsiednimi ludami – Indii, Chin i Tybetu. To wspaniałe! – Dalajlama roześmiał się swoim cudownym, beztroskim i wesołym śmiechem, który zawsze podnosi mnie na duchu i daje nadzieję, że znalezienie prawdziwego szczęścia jest możliwe.

W tym momencie Jego Świątobliwość spontanicznie podał mi rękę na pożegnanie, sięgając mojego ramienia drugą ręką, i serdecznie mnie uściskał.

# O AUTORACH

Jego Świątobliwość Dalajlama urodził się 6 lipca 1935 roku w rodzinie ubogich rolników w północno-wschodnim Tybecie. Kiedy miał dwa lata, został rozpoznany jako XIV Dalajlama, duchowy i ziemski przywódca Tybetu, którego poprzednicy przewodzili temu narodowi przez 600 lat. W wieku sześciu lat rozpoczął trwający całe życie trening buddyjskiego mnicha. Od 1959 roku Dalajlama mieszka na wygnaniu w Dharamsali w Indiach, po ucieczce z Tybetu w następstwie nieudanego powstania Tybetańczyków przeciwko chińskim okupantom. Jego niestrudzone wysiłki na rzecz poszanowania praw człowieka, pokoju na świecie i podstawowych ludzkich wartości przyniosły mu międzynarodowe uznanie. Otrzymał liczne wyróżnienia i nagrody, w tym Pokojową Nagrodę Nobla w 1989 roku oraz Złoty Medal Kongresu Stanów Zjednoczonych.

Pytany o swoją życiową rolę, Dalajlama często odpowiada, że jest „prostym buddyjskim mnichem". Inni często uważają go za jednego z najwybitniejszych duchowych przywódców naszych czasów oraz jednego z czołowych badaczy i nauczycieli buddyzmu. Podczas swoich licznych podróży występuje także jako żarliwy orędownik trzech głównych spraw. Po pierwsze, propaguje podstawowe ludzkie wartości czy też – jak sam o tym mówi – „świecką etykę". Po drugie, głosi harmonię i porozumienie pomiędzy największymi światowymi tradycjami religijnymi. Po trzecie, angażuje się na rzecz „sprawy Tybetu", dobra narodu tybetańskiego, występując jako rzecznik jego walki o większe poszanowanie praw człowieka, autonomię i wolność. W każdym odwiedzanym zakątku świata Dalajlama szczerze apeluje do swoich słuchaczy o większą życzliwość, współczucie, tolerancję i uniwersalną odpowiedzialność.

Więcej informacji o Dalajlamie, w tym program jego nauk, można znaleźć na stronie: www.dalailama.com

Howard C. Cutler jest psychiatrą, autorem bestsellerów i mówcą. Wraz z Jego Świątobliwością Dalajlamą współtworzy uznaną serię książkową *Sztuka szczęścia*, która została przetłumaczona na pięćdziesiąt języków i trafiła na listy bestsellerów na całym świecie. Przełomowy pierwszy tom, *Sztuka szczęścia: poradnik życia*, figurował na liście bestsellerów „The New York Timesa" przez dziewięćdziesiąt siedem tygodni. Jako czołowy ekspert w dziedzinie nauki o ludzkim szczęściu i pionier psychologii pozytywnej, dr Cutler wygłasza prezentacje oraz prowadzi warsztaty i kursy na temat szczęścia dla pojedynczych osób oraz organizacji w Stanach Zjednoczonych i na świecie.

Dr Cutler ma licencjaty ze sztuki i zoologii oraz dyplom lekarza medycyny uzyskany w Kolegium Medycznym Uniwersytetu Arizony. Ma także specjalizację z psychiatrii. Jest członkiem Amerykańskiej Rady Psychiatrii i Neurologii oraz redaktorem czasopisma „American Journal of Psychotherapy". Poświęcił życie pomaganiu innym w odnajdywaniu większego szczęścia, spełnienia i powodzenia. Obecnie mieszka w Phoenix, w stanie Arizona.

Więcej informacji na temat *Sztuki szczęścia*, w tym książek, warsztatów i kursów, a także dane kontaktowe dr. Cutlera, można znaleźć na stronie: www.theartofhappiness.com